essen & trinken

DAS GROSSE BUCH VOM KOCHEN

essen & trinken

DAS GROSSE BUCH VOM KOCHEN

Einkaufen, vorbereiten, kochen und servieren – leicht gemacht

NAUMANN & GÖBEL

Sonderausgabe für Naumann & Göbel Verlagsgesellschaft, Köln
Alle Rechte bei Gruner + Jahr AG & Co., Hamburg
Redaktion: Gisela Gramenz, Renate Peiler
Layout: Jürgen Pengel
Rezeptentwicklung: Marieluise Schultze, Rudolf Steinert
Kochtechnik-Fotos: Richards Stradtmann; Arrangement: Nina Lindemann
Rezeptfotos: „essen & trinken“
Zeichnungen: John Günther

ISBN 3-625-10900-X

INHALT

1. KAPITEL
BRATEN IN DER PFANNE

- Die Kochkunst fängt beim Braten an
- Bratzeiten-Tabelle
- Das richtige Zubehör
- Perfekte Steaks
- Welches Fett kommt in die Pfanne?
- Was sonst noch in die Pfanne kommt: z. B. Geschnetzeltes und Kotelett „natur"
- Wie Sie schnell zu einer kleinen Sauce kommen
- Warum panieren?
- Wie brät man eigentlich Spiegeleier? Und Fisch? Und Bratwurst? Und Buletten?

Wenn man weiß, wie's richtig gemacht wird, läßt sich das alles in der Pfanne braten: Speck und Filet, Steak und Bulette, Lammkotelett und Bratwurst, Tomaten und Zwiebelchen. Wir erklären Ihnen im folgenden Kapitel alle Tricks für den richtigen Umgang mit der Bratpfanne.

Die Kochkunst fängt beim Braten an

Bei Gerichten aus der Pfanne kann man nicht schummeln. Wer sich daran gewöhnt, bei den ersten Tastversuchen in Sachen Küchentechnik genau zu sein, wird auch kompliziertere kulinarische Methoden meistern.
Die Pfanne: Sie soll stabil sein und einen handlichen, gut isolierten Griff haben. Der Rand soll so hoch sein, daß man ein Saucengericht darin rühren kann. Er darf aber nicht steil sein, sondern sollte schräg verlaufen, damit beim Anrichten der Pfanneninhalt besser auf den Teller gleiten kann. Der Boden muß für Elektroplatten plangeschliffen (eben) sein, damit die Pfanne die Hitze gleichmäßig aufnehmen kann, während sich für die Gasflamme alle Pfannen mit dickem Boden aus gut leitendem Material eignen. **Pfannen mit Antihaft-Schicht:** Besonders pflegeleicht, gut für Fisch, Eierspeisen und Paniertes (weil in ihnen nichts anhängt!). **Schwere Gußeisenpfannen:** Für Steaks usw. (weil sie besonders gut bräunen!). Für viele Zwecke: **Stahlpfannen** und **emaillierte Pfannen.**
Die Hitze: Wer einen Gasherd hat, hat's leicht, weil Gasflammen gleich voll da sind und sich ebenso schnell regulieren lassen. Elektroplatten verteilen ihre Wärme gleichmäßiger, brauchen aber länger, bis sie auf voller Kraft laufen, sie reagieren beim Herunterschalten entsprechend langsamer. **Wichtig:** Den Kochvorgang beobachten. Ausprobieren, bei welcher Schalterstellung und in welchem Augenblick die richtige Wärme erreicht ist.
Das Fett: Sehr wesentlich hängt der Braterfolg vom Fett ab. Welches Sie für welches Bratgut nehmen, lesen Sie auf der nächsten Seite.

Garzeiten für Steaks, 2 cm dick

Außen dünne braune Kruste, innen blutig (roh) = blau, raw bzw. bleu: 1 Minute von jeder Seite bei starker Hitze.
Braune Kruste, innen rosa, blutiger Kern = blutig, rare bzw. saignant: 2 Minuten von jeder Seite, starke Hitze.
Außen braun, innen rosa = rosa, englisch, medium, anglais bzw. à point: 1 Minute von jeder Seite bei starker Hitze, danach 3 Minuten bei mittlerer Hitze von jeder Seite.
Innen völlig grau = ganz durchgebraten, well done bzw. bien cuit: 1 Minute bei großer Hitze, wenden, insgesamt noch fünf Minuten von jeder Seite.

Brat-Zubehör

*Das **Küchenbrett** muß so geräumig sein, daß 4 Steaks nebeneinander liegen können. Je dicker und schwerer es ist, um so besser läßt sich darauf hacken. Dünne Bretter biegen sich leicht und wackeln dann! Sehr gut zum Tranchieren: **Brett mit Saftrinne,** damit man den Fleischsaft in die Sauce geben kann. **Küchenmesser** in verschiedenen Größen sollen gut in der Hand liegen und scharf geschliffen sein. Das Heft soll durch Nieten mit dem Griff verbunden sein, damit sich die Klinge beim Spülen nicht vom Griff löst. Ein **Pfannenwender** (Palette) mit einem Knick in der Laffe und mit langem Griff schützt die Finger vor dem heißen Pfannenrand. Ein **Zeitmesser,** der sich möglichst genau einstellen läßt, erleichtert die Minutenarbeit beim Braten (und hilft auch beim Eierkochen!).*

Perfekte Steaks

Sie geraten am besten in schwarzen, gußeisernen oder dunkel emaillierten Stahlpfannen, weil diese am meisten Hitze abstrahlen. Lassen Sie die Pfanne sehr heiß werden, bevor Sie soviel Öl oder Pflanzenfett hineingeben, daß der Boden gerade gut bedeckt ist. Legen Sie dann die gut abgetrockneten Steaks hinein. Dabei muß es zischen, sonst ist die Pfanne nicht heiß genug (zur Probe zuerst vorsichtig eine Ecke eintauchen, notfalls noch einen Augenblick warten!). Die Pfanne muß so groß sein, daß die Steaks überall flach auf dem Boden liegen und sich gegenseitig nicht berühren. Nach ungefähr 1 Minute ist die Unterseite gebräunt, die Steaks lassen sich leicht vom Boden lösen (nicht mit Gewalt! Lieber noch einen Moment warten!). Sie werden jetzt mit dem Pfannenwender umgedreht, die zweite Seite bei starker Hitze 1 Minute gebraten. Dann schalten Sie die Hitze herunter und braten die Steaks nach Wunsch weiter (s. Bratzeiten-Tabelle). Dabei werden sie noch einmal gewendet.

Kleiner Steak-Trick

Rumpsteaks (aber auch andere Fleischstücke zum Braten, z. B. Koteletts) sind an einer Seite von einer festen Haut aus Bindegewebe und einer Fettschicht umgeben. Sie muß sorgfältig mit einem scharfen Messer eingekerbt werden (1), sonst zieht sich das Fleisch beim Braten wellig zusammen. Wenn rosa Fleischsaft austritt, ist das Steak „rare" bis „medium" (2).

1

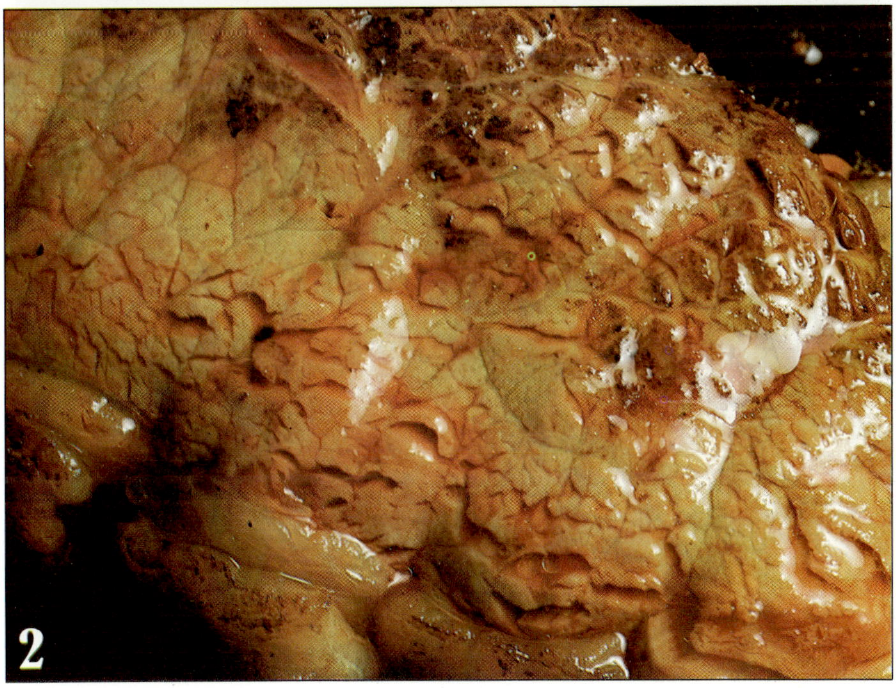

2

Welches Fett?

Zum Braten braucht man Temperaturen weit über 100 Grad, und die können nur durch Fett übertragen werden, das hohe Temperaturen aushält, ohne zu verbrennen.

Butter und Margarine: Enthalten 16% Wasser, außerdem Milcheiweiß und Salz. Schäumen und spritzen deshalb, verbrennen schnell. Nur gut fürs Braten bei milder Hitze.

Butterschmalz: Reines Butterfett ohne Wasser und Zusatzstoffe, hoch erhitzbar, verbrennt nicht. Sehr gut für Kurzgebratenes.

Pflanzenfette: Aus Kokos- oder Erdnußfett. Reines Fett. Ohne Geschmack. Hoch erhitzbar (bis über 200 Grad). Gut für alles, was schnell knusprig braun werden soll.

Öl: Läßt sich gut erhitzen, Erdnuß- und Keimöle sind geschmacksneutral. Olivenöl hat starken Eigengeschmack. Das wertvolle, kaltgepreßte „extra vergine" ist zum Braten nicht geeignet.

Schweine- und Gänseschmalz: Lassen sich gut erhitzen. Typischer Eigengeschmack, der nur zu bestimmten Gerichten (z. B. Leber) paßt.

Was sonst noch in die Pfanne kommt

Es müssen nicht immer große, schiere Stücke wie Steaks und Koteletts sein, die zum schnellen Braten in die Pfanne wandern. Sie können auch anderes zartes Muskelfleisch verwenden, wenn Sie sich die Mühe machen (oder Ihren Fleischer darum bitten), alle störenden Sehnen und Häutchen vorher sorgfältig zu entfernen und das Fleisch in feine Streifen oder Scheibchen (quer zur Muskelfaser!) zu schneiden, zu schnetzeln.

Zum Schnetzeln eignen sich: Vom Kalb alle Teile bis auf Brust und Haxen, vom Schwein Keule, Schulter und Kamm, vom Rind nur das zarte Steakfleisch (besonders beliebt: Filetkopf für „Minutengulasch" und Filetspitzen für „Filet Stroganoff"), außerdem von den Innereien Leber und Nieren. Für echtes „Zürcher Geschnetzeltes" wird Kalbfleisch genommen (Kochanweisung unten beim Foto).

Worauf Sie beim Schnetzeln achten müssen: Alle Stücke, die auf einmal in die Pfanne kommen, müssen ungefähr die gleiche Größe und Form haben, damit sie gleichmäßig gar werden. Sie sollen möglichst aus dem gleichen Stück (also nur aus der Schulter oder nur aus der Keule) geschnitten sein. Und auf keinen Fall dürfen Sie zwei verschiedene Fleischsorten mischen und zu gleicher Zeit in einer Pfanne braten!

Worauf Sie beim Braten achten müssen: Die Fleischstücke müssen vorher sorgfältig trokkengetupft werden. Sie können sogar leicht mit Mehl eingepudert werden, damit sich schnell eine Kruste bildet (besonders gut bei Leber und Nieren!). Schließlich: Die Fleischstücke müssen immer soviel Platz in der Pfanne haben, daß das beim Braten austretende Wasser sofort verdunsten kann. Die Fleischstücke dürfen niemals eng aneinander liegen (s. Foto unten). Sonst wird aus dem Braten ein Kochen im eigenen Saft. Wenn das Geschnetzelte eben gar ist (dann muß es innen noch leicht rosa sein!), wird es aus der Pfanne genommen und warm gestellt, während die nächste Portion brät oder die Sauce zubereitet wird (s. nächste Seite).

Wichtig: Alles Geschnetzelte muß schnell und kurz, also heiß gebraten werden. Zum Schluß nur noch einmal in der Sauce erwärmen, aber keinesfalls kochen lassen! Sonst wird das Geschnetzelte hart und zäh.

Geschnetzeltes

Für echtes „Zürcher Geschnetzeltes" zuerst vom Kalbfleisch aus der Keule große Scheiben abschneiden, dann in dünne Streifen oder Scheibchen teilen (Foto). Das Fleisch sorgfältig trockentupfen. Wenn es sehr feucht ist, hauchdünn mit Mehl bepudern. Fett in der Pfanne erhitzen (Butterschmalz oder Öl), bis es raucht. Fleischstreifen darin schnell von allen Seiten hellbraun braten, aus der Pfanne nehmen und warm stellen. Vorbereitete feingehackte Schalotten (oder Zwiebeln) und nach Belieben auch blättrig geschnittene Champignons in der Pfanne andünsten, mit einem Schuß herbem Weißwein ablöschen, einkochen lassen, mit Sahne zu einer cremigen Sauce verkochen, salzen und pfeffern – und dann das Fleisch samt Saft darin wieder kurz erwärmen – aber nicht mehr kochen, weil es sonst hart und zäh wird!

Einen Teil dieser Zutaten (je nach Rezept und Geschmack) sollten Sie schon vor dem Bratbeginn bereit stellen, um aus dem Bratensatz eine kleine schnelle Sauce zu bereiten (links). – Mit wenig Flüssigkeit (Wein, Sahne, Brühe) wird der angebratene Fleischsaft vom Pfannenboden gelöst (oben).

Wie Sie schnell zu einer kleinen Sauce kommen

Ob Sie Steaks in der Pfanne braten, Koteletts oder Geschnetzeltes, Leber oder Nieren – immer finden sich in der Pfanne nach dem Braten außer Fett auch noch kleine braune Krusten. Es wäre jammerschade, sie achtlos im Spülwasser abzuwaschen, schließlich handelt es sich um ausgebratenen, karamelisierten Fleischsaft! Selbst wenn nur Spuren vorhanden sind – Sie können damit eine kleine, köstliche Sauce machen.

Zunächst: Fleisch aus der Pfanne nehmen, zugedeckt (mit Alufolie) warm stellen. Falls sehr viel Fett in der Pfanne ist: Vorsichtig abgießen, dabei den Bratensaft zurückhalten. Dann geht's los: So viel Flüssigkeit in die Pfanne gießen, daß der Boden gerade eben zwei, drei Millimeter hoch bedeckt ist (Rot- oder Weißwein, Sherry, Port oder Marsala, oder Fleischbrühe, oder nur Wasser), und aufschäumen lassen (kleines Foto oben). Mit Salz und Pfeffer abschmecken, vielleicht noch ein Stückchen frische Butter darin zergehen lassen – fertig ist die einfachste Sauce der Welt, die Ihrem Steak oder Ihrem Schnitzel mehr Würze verleiht. Sie dürfen auch Sahne oder Crème fraîche dazu nehmen. **Kleiner Tip:** Falls die Sauce etwas dünn geraten ist, schnell unter Rühren einfach wieder einkochen lassen.

Wenn Sie mehr Sauce haben möchten, empfiehlt es sich, ein wenig mehr Mühe zu investieren. Sie können im Bratensatz Pilze (abgetropfte aus der Konserve oder frische, in Scheiben geschnittene) durchschmoren und mit Sahne/Crème fraîche aufgießen. Oder feingehackte Zwiebeln, Suppengrün und Kräuter mit Weißwein und Sahne durchschmoren. Oder etwas Knoblauch, abgezogene Tomaten und Oregano oder Basilikum (alla pizzaiola) mit einem Schuß Olivenöl schmoren. Oder Zwiebeln, Knoblauch, Senf und Crème fraîche für eine kleine Senfsauce abschmecken (besonders gut zu Nierchen). Lassen Sie Ihrer Phantasie freien Lauf. **Wichtig ist nur:** Alle Zutaten müssen bereitstehen, ehe Sie mit dem Braten beginnen – und die festen Zutaten müssen so vorbereitet sein, daß sie in wenigen Minuten gar sind.

Pfeffermühle

Pfeffer sollte immer frisch gemahlen werden, und zwar erst in letzter Minute vor dem Servieren. Nur so entfaltet sich sein volles Aroma. Gute Pfeffermühlen haben eine Kurbel und ein Mahlwerk, das sich von grob bis fein einstellen läßt. Wichtig: Zum Pfeffern das Gericht immer von der Kochstelle ziehen!

Schnelle Stücke für die Bratpfanne

Kotelett und Schnitzel, das helle Fleisch von Schwein und Kalb überhaupt, wird immer ganz durchgebraten, weil's einfach besser schmeckt. (Gilt auch für Hühnerbrustfilets, Putenschnitzel, Rückenfilets von Kaninchen.) **Durchgebraten heißt:** Gerade eben gar, nicht mehr rosa, aber noch saftig. Ein Zustand, der sehr viel Fingerspitzengefühl verlangt, zumal sich eine genaue Garzeit nicht angeben läßt, weil sie immer auch davon abhängt, wie dick das Fleisch geschnitten ist, ob es gerade aus dem Kühlschrank kommt oder bei Zimmertemperatur aufbewahrt wurde. **Garprobe:** Fachleute prüfen den Garzustand mit einem Fingerdruck auf dem Fleisch in der Pfanne. Wer Angst hat, sich dabei zu verbrennen, kann auch einen Kochlöffel nehmen. Wenn das Fleisch elastisch nachgibt, ist es innen noch roh, bei leichtem Nachgeben eben rosa, und wenn es sich fest anfühlt, ist es durchgegart. **Tip:** Sollten Koteletts und Schnitzel versehentlich zu lange gegart und deshalb hart sein, schalten Sie die Hitze herunter, gießen etwas Wein oder Brühe an, legen den Deckel auf und schmoren das Fleisch leise 20–30 Minuten. **Koteletts, die am Knochen gebraten werden,** sind saftiger und würziger. **Kleiner Tip:** Damit die Hitze besser eindringen kann, lösen Sie das Fleisch mit einem flachen Schnitt etwas vom Knochen (Foto unten). **Koteletts und Schnitzel** legen Sie gut abgetrocknet ins heiße Fett und braten sie dann auf mittlerer Hitze weiter. Sie können die Fleischstücke vor dem Braten auch leicht mit Mehl oder mit einer Mischung aus Mehl und Gewürzpaprika bepudern. So werden sie besser braun und schmecken kräftiger.

Bratzeiten

Unpanierte Kalb-, Schweine- u. Putenschnitzel, Hühnerbrustfilets (etwa 1 cm): 6–8 Minuten. **Panierte Schnitzel** (etwa 1 cm): 10–12 Min.; **Schweinekoteletts** (etwa 2 cm): 10–12 Min.; **Kasseler Koteletts** (etwa 2 cm): 6–8 Min.; **Kalbskoteletts** (etwa 2 cm): 8–10 Min.; **Lammkoteletts:** rosa 6 Min., durchgebraten 8–10 Min.; **Bratwürste** (je nach Dicke): 6–10 Min.; **Buletten:** 8–12 Minuten. Die angegebenen Zeiten sind **Insgesamt-Bratzeiten.**

Kotelett „natur"

Egal, ob das Kotelett vom Kalb oder vom Schwein stammt – es wird, dem Rippenknochen entsprechend, immer mindestens 2 cm dick geschnitten. Das bedeutet: Koteletts werden immer bei mäßiger Hitze gebraten. Und um sicherzugehen, daß das Fleisch auch am Knochen durchbrät und nicht blutig bleibt, macht man dort (s. Foto) einen kleinen Einschnitt. Koteletts können vor dem Braten mit Pfeffer, Paprika, Kräutern und Knoblauch gewürzt werden (mit den Gewürzen und etwas Öl einreiben, einige Zeit in den Kühlschrank stellen). ***Ganz wichtig:*** *Gesalzen wird immer erst nach dem Braten!*
Einen dicken Fettrand, so vorhanden, sollten Sie einkerben (s. Rumpsteak) oder abschneiden. Dann würfeln Sie das Fett, lassen es in der Pfanne aus und braten die Koteletts darin. Das Fleisch ist gar, wenn sich farblose Saftperlen zeigen. Den braunen Bratensatz lösen Sie (wie auf der vorhergehenden Seite beschrieben) für die Sauce. Überschüssiges Fett gießen Sie vorher ab!

Warum panieren?

Beim Panieren bekommt gut trockengetupftes Fleisch (oder Fisch) vor dem Braten ein „Hemd“ aus Mehl, zerklopftem Ei und feingeriebenen Semmelbröseln (Paniermehl), ehe es in die Pfanne wandert. Diese Hülle, eigentlich eine Art Eierkuchenteig, sorgt dafür, daß das Umhüllte außen knusprig wird und dabei innen saftig bleibt. Deshalb müssen panierte Stücke in der Konsistenz zart und nicht zu dick geschnitten sein. Sonst bleiben sie innen halb roh, während die Hülle bereits gebräunt ist. Paniertes Fleisch wird nur zuerst in heißes Fett gelegt, dann bei mittlerer Temperatur weiter gebraten. Es wird immer in reichlich Fett gebraten, das man nachher nicht mitißt. Alle panierten Stücke vor dem Servieren gut abtropfen! Paniertes Fleisch wird vorher nicht gesalzen (Salz zieht Wasser aus dem Fleisch). Dafür wird das Ei kräftig mit Salz, Pfeffer, Streuwürze, Tabasco oder Kräutern abgeschmeckt. Ein Ei, mit 1 El Wasser verschlagen, reicht für 3–4 Schnitzel. Garzeit: 10–12 Minuten.

Drei Schüsseln oder Teller bereitstellen: Eine mit Mehl, eine mit verquirltem Ei (mit 1 El Wasser verschlagen), eine mit fein geriebenen Semmelbröseln. Fleisch erst im Mehl wälzen, überschüssiges abschütteln.

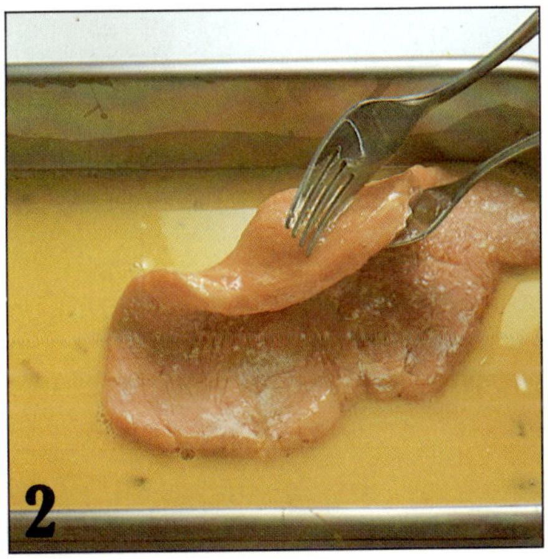

Fett in der Pfanne erhitzen. Gleichmäßig mit Mehl bedecktes Schnitzel mit zwei Gabeln so durch das verklepperte Ei ziehen, daß es ganz davon umhüllt ist.

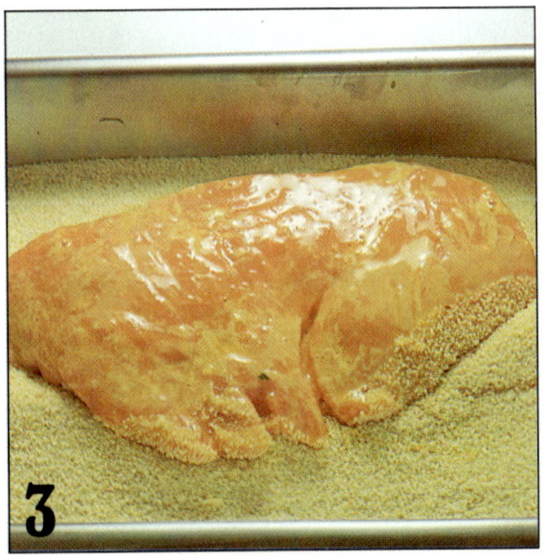

Schnitzel jetzt in die Semmelbrösel drücken. Es muß von allen Seiten gleichmäßig paniert sein. Danach Schnitzel nicht mehr lange liegenlassen! Sonst wird die Panierung feucht und blättert beim Braten ab.

Schnitzel in reichlich Fett fast schwimmend bei mittlerer Hitze braten. Erst wenden, wenn sich die Unterseite gebräunt hat. Vor dem Servieren gut abtropfen.

Bratwurst

Kommen Bratwürste direkt ins heiße Fett, kann es eine kleine Katastrophe geben: Sie platzen und spritzen, weil sie relativ viel Wasser und Fett enthalten. Das können Sie verhüten: Würste zuerst in heißem Wasser so lange erwärmen, bis sie fest werden, mit der Gabel ein-, zweimal einpieken, in wenig Fett langsam braten. Oder: Würste roh einpieken, in die trockene Pfanne legen, 5 mm hoch warmes Wasser angießen, bei milder Hitze erwärmen, bis es verdunstet ist, im eigenen Fett bräunen.

Buletten

Buletten (Frikadellen, Fleischpflanzerl) sollen außen braun und knusprig, innen saftig, aber ganz durchgebraten sein (außer Hacksteaks aus schierem Rinderhack, die einen rosa Kern behalten dürfen). Buletten in reichlich heißes Fett (Schmalz, Butterschmalz oder Öl, wenn sie kalt gegessen werden) geben. Hitze sofort herunterschalten, bei mittlerer Hitze weiter braten. Warten, bis die Unterseite braun ist (nicht eher wenden, sonst bleibt die Kruste hängen!). Noch zwei-, dreimal wenden.

Fisch in der Pfanne

Alle Fische haben zartes, eiweißreiches, aber bindegewebsarmes Fleisch, das schon bei relativ niedrigen Temperaturen gart. Brät man sie zu heiß und schnell, sind sie außen verbrannt und innen roh. Brät man sie zu langsam, zerfallen sie oder werden trocken und faserig. **Die richtige Methode:** Fische immer in reichlich Fett braten, weil sie kaum eigenes haben und deshalb auch leicht am Pfannenboden anhängen. Deshalb eine Pfanne mit Anti-Haftschicht nehmen. **Wichtig:** Die Fische müssen bequem nebeneinander Platz haben, sie müssen in ihrer ganzen Länge und Breite Kontakt mit dem Boden haben, sonst garen sie nicht gleichmäßig. Zum Braten dürfen sie höchstens 3–4 cm dick sein. Zuerst immer in sehr heißes, wasserfreies Fett geben, sofort auf mittlere Hitze schalten, erst umdrehen, wenn die Unterseite braun ist. Zum Schluß Fett abgießen und etwas Butter in der Pfanne aufschäumen lassen.

„Natur" gebraten: Kabeljau-Kotelett

Außer Kabeljau sind alle festfleischigen Fische geeignet, entweder als Filets oder als Koteletts mit Haut und Gräten (halten besser und bleiben saftiger!). Vor dem Braten gut trocknen, in reichlich Fett bei mittlerer Hitze braten, erst wenden, wenn die Unterseite gebräunt ist. Salzen, mit Kräuterbutter, Tomatensauce oder gedünstetem Gemüse servieren.

Auf Müllerin-Art: Forellen

„Müllerin" (à la meunière) heißt immer: Fische abtrocknen (bei Bedarf schuppen), Mehl mit Salz würzen. Fische darin wenden, überschüssiges Mehl abschütteln. Fische in Butter langsam braun braten. Vor dem Servieren mit etwas Zitrone beträufeln, mit gehackter Petersilie bestreuen, mit brauner Butter begießen. Geeignet: Zander, Hecht, Seezunge, Scholle.

Paniert gebraten: Scholle

Eine gute Methode für alle zarten, fettarmen Fische, für Fischfilets aller Art, weil sie durch die Hülle aus Ei und Semmelbröseln zusammengehalten werden und saftig bleiben (s. vorhergehende Seite: Warum panieren?). Fische erst mit Zitronensaft säuern, stehenlassen, abtrocknen, panieren. Langsam in Butterschmalz, nachher in Butter braten.

Spiegeleier und Speck

Bei einem gutgelungenen Spiegelei ist das Eiweiß fest und weiß, das Eigelb aber noch flüssig. Ob der äußere Rand eine zartbraune Spitzenkruste haben soll, ist Geschmackssache und muß schon bei Bratbeginn entschieden werden. Sollen die Eier weiß bleiben, werden sie in die Pfanne geschlagen, wenn die Butter bei schwacher Hitze gerade zu zerlaufen beginnt. Für Eier mit braunem Rand läßt man die Butter bei mittlerer Hitze leicht bräunen, schaltet die Hitze zurück, gibt noch ein kleines Stück frische Butter und gleich die Eier hinein (sie sollen immer genügend Platz in der Pfanne haben). **Eier immer bei milder Hitze garen, Pfanne dabei ab und zu rütteln, damit sie nicht anhängen. Erst nach dem Braten salzen und pfeffern (mit der Mühle)!** Wenn es Speck dazu geben soll: Möglichst dünne Speckscheiben in die kalte Pfanne legen und bei milder Hitze (zuerst mit einem Deckel zugedeckt), ganz langsam ausbraten. Deckel öfter lüften, Speckscheiben umdrehen, damit sie nicht wellen. Zum Schluß offen garen, um die Bräunung zu kontrollieren (zu scharf gebratener Speck schmeckt unangenehm bitter!). Speckscheiben vorsichtig herausnehmen, abtropfen lassen. Werden die Eier im Speckfett gebraten: erst einen Teil Fett weggießen, frische Butter zugeben. Die richtige Pfanne: emailliert oder eine mit Antihaft-Beschichtung.

REZEPTE, DIE ZU DIESEM KAPITEL PASSEN:

2. KAPITEL

KOCHEN IM GROSSEN TOPF

- **Kochen ist (leider nicht) ganz einfach**
- **Perfekt gekocht: Kartoffeln, Reis, Klöße, Knödel, Nudeln**
- **Zeit für eine gute Brühe: Alles über die richtigen Zutaten, die Zubereitung, das Entfetten und das Klären**
- **Ganz einfach: Fisch kochen**
- **Der richtige Fischtopf**
- **So kochen Sie: Krebse, Muscheln, Fischsuppe**
- **Perfekt Gemüse kochen**
- **Was ist eigentlich blanchieren?**

Das Beste ist gerade gut genug, um in den großen Suppentopf zu wandern. Wir erklären Ihnen in diesem Kapitel ganz ausführlich, wie Sie zu einer meisterhaften Brühe kommen.

Gute Brühe braucht Zeit

Eine gute Brühe in einem großen Suppentopf zu kochen und zugleich noch ein saftiges Stück Fleisch oder das berühmte Huhn im Topf zu haben, ist eigentlich ganz einfach und kostet auch keineswegs soviel Arbeitszeit, wie Sie denken: Wenn die Brühe erst einmal kocht (oder richtiger gesagt: leise simmert), können Sie ruhig für Stunden den Platz am Herd verlassen und etwas anderes tun. Sie müssen nur den Küchenwecker einstellen (und möglichst mitnehmen), der Sie daran erinnert, zum richtigen Zeitpunkt nachzusehen, das Fleisch einzulegen oder das

1

Die Zutaten für eine gute Fleischbrühe

Für 1½–2 Liter kräftige Fleischbrühe brauchen Sie: 500 g Knochen (gut sind „krause“ Knochen und ein, zwei Stück Markknochen), dazu etwa 1 kg Fleisch (Suppenfleisch wie Querrippe und Brust oder Beinfleisch, das wegen des eingelagerten Bindegewebes besonders saftig wird beim Kochen), 1 Zwiebel (mit 1 Lorbeerblatt und 2 Gewürznelken besteckt), 1 Bund Suppengrün (mindestens 1 Stange Porree, 1 große Möhre, 1 Petersilienwurzel, etwa 200 g Sellerieknolle), 1 El Pfefferkörner, Salz (oder besser: etwas Fleischbrühe – Instant oder Würfel), nach Belieben auch 1 Zweig Thymian, 1 ungeschälte Knoblauchzehe und zum Servieren frisch gehackte Petersilie für die Suppe auf dem Teller.

2

Wann kommt das Fleisch in die Brühe?

Knochen werden immer kalt aufgesetzt, denn sie sollen ihre Geschmacks- und Inhaltsstoffe an die Brühe abgeben. Auch das Suppenfleisch wird gleich mit dazugelegt; es bleibt saftig, wenn Sie darauf achten, daß die Brühe nicht sprudelnd kocht, sondern wirklich nur leise wallt. Die alte, oft wiederholte Küchenweisheit: „Fleisch muß in die kochende Brühe, wenn es saftig bleiben soll“ ist ein Vorurteil. Zwar gerinnen durch den Hitzeschock zunächst die Eiweißstoffe an der Oberfläche des Fleisches, aber bei längerer Garzeit in Flüssigkeit wird diese Schicht wieder aufgelöst. Große zarte Fleischstücke, die später mit Beilagen und wie ein Braten aufgeschnitten serviert werden, kommen allerdings erst nach einiger Zeit in die heiße Brühe, denn sie sollen nur eben gar werden (Garzeiten siehe oben).

3

Suppengemüse – nicht nur zum Würzen

Suppengemüse wie Möhren, Sellerie, Porree, Petersilienwurzeln brauchen höchstens 30–40 Min., um zu garen und ihre Aromastoffe an die Brühe abzugeben. Länger sollten sie nicht mitkochen, sonst werden sie zu weich und trüben die Brühe. Außerdem sind sie dann so ausgelaugt, daß sie nicht mehr schmecken. ***Wichtig:*** *Geben Sie das Suppengemüse deshalb erst gegen Ende der Kochzeit an die Brühe, nehmen Sie es gleich heraus, wenn es gar ist bzw. wenn die Brühe zum Abkühlen kalt gestellt wird. Wenn Sie es essen wollen, bewahren Sie es von der Brühe getrennt auf. Zutaten, die nur würzen sollen, dürfen gleich von Anfang mitkochen.* ***Ganz wichtig:*** *Salz geben Sie erst ganz zum Schluß an die Brühe, damit diese, wegen der Verdunstung beim Kochen, nicht zu salzig wird!* ***Übrigens:*** *Die Brühe wird während des Garens immer wieder mit dem Schaumlöffel abgeschäumt, damit sie klar bleibt. Und sie kocht offen – ohne Deckel.*

Gemüse herauszunehmen. **Wichtig:** Eine klare konzentrierte Brühe als Suppen- oder Saucengrundlage läßt sich hervorragend einfrieren und bei Bedarf auch schnell wieder auftauen.
Die wichtigsten Garzeiten:
Knochen mindestens 2, höchstens 4 Stunden kochen, sonst werden sie leimig. **Suppenfleisch** braucht 1½–2 Std., **Tafelspitz** 1 Std., **Boeuf à la ficelle (Filet oder Roastbeef,** innen noch rosa) gart 25–35 Min. Eine **Poularde** braucht 1–1½ Std., ein Suppenhuhn 2 Std. oder länger, je nach Größe und Alter. **Suppengemüse** hat, entsprechend seiner Zartheit und Größe, eine Garzeit von 30–40 Minuten.

4

Wenn die Brühe zu fett ist

Etwas Fett ist gut für die Brühe, denn die Fettschicht an der Oberfläche sorgt dafür, daß die Aromen der Zutaten während des Kochens in der Brühe bleiben und nicht mit dem Wasserdampf in die Luft verpuffen. Wenn es zuviel wird, muß die Brühe entfettet werden. Das ist ganz einfach, wenn Sie auf Vorrat kochen: Brühe durchgießen, zum Abkühlen auf einen Rost stellen, damit auch der Topfboden kalt wird. Nach einigen Stunden ist das Fett hart und kann mit dem Schaumlöffel bequem abgehoben werden. Wenn Sie die Brühe gleich verwenden wollen: Fett mit einem Suppenlöffel vorsichtig abschöpfen (geht am besten in einem hohen, engen Topf!). Oder: Eiswürfel in ein Küchentuch wickeln, leicht damit über die Brühe streifen – das Fett bleibt dabei am Tuch hängen.

5

Wenn die Brühe ganz klar sein soll

Für den Hausgebrauch genügt es, wenn Sie den grauweißen Schaum aus Fett und Eiweißstoffen, der während des Kochens in der Brühe aufsteigt (vor allem beim ersten Aufkochen, s. Foto unten links), einfach mit dem Schaumlöffel abschöpfen. Aber für eine feine „Consommé double“, für eine gelierte Kraftbrühe oder für ein Aspik muß die Brühe ganz klar und durchsichtig sein. Dann müssen Sie die kalte, entfettete Brühe mit leicht verschlagenem Eiweiß unter Rühren langsam aufkochen und 10–15 Min. ziehen lassen. Das Eiweiß umschließt dabei alle festen Teilchen und steigt schließlich als grauweißer Schaum an die Oberfläche. Nehmen Sie 1–2 Eiweiß pro Liter Brühe. Oder, wenn es eine „doppelte“ werden soll, 150 g mageres, durchgedrehtes Rindfleisch und nur 1 Eiweiß. In diesem Fall 30–40 Min. ziehen lassen!

6

Wenn Sie eine Gemüsesuppe kochen wollen

Natürlich können Sie alles in einem Topf kochen – aber Ihr Eintopf schmeckt besser, wenn Sie zuerst aus Knochen und Fleisch (evtl. auch Geflügel) eine Brühe kochen und erst danach das Gemüse darin garen. So können Sie die Menge der Zutaten und die Kochzeit besser abmessen, das Fleisch besser zerteilen und evtl. das Fett abschöpfen. Für einen Gemüsetopf können Sie Porree, Zwiebel, Möhren, Sellerie, Paprikastreifen im (vorher abgeschöpften) Fett andünsten. Auch Kohleintöpfe schmekken gut, wenn sie angeschmort werden. Dann gießen Sie die heiße Brühe auf und geben alle anderen Gemüse nach und nach, je nach Garzeit, zu. Ganz zum Schluß kommt das kleingeschnittene Fleisch zum Erwärmen wieder in die Brühe. Nicht mehr kochen, gleich servieren!

So wird Fisch im Sud zur Delikatesse

Ein frischer Fisch, in einem gut gewürzten Sud gegart, mit Buttersauce und Petersilienkartoffeln serviert, ist eine einfache Delikatesse, die immer wieder gut schmeckt. Dabei kommt es weniger auf die Fischsorte an (jeder Fisch schmeckt gut, wenn er nur wirklich frisch ist!), als auf die Sorgfalt, mit der er zubereitet wurde. Auch der beste Fisch schmeckt nach nichts, wird trocken und faserig, wenn er lieblos zu stark und zu lange gekocht wird. Das zarte Fischfleisch wird schon bei Temperaturen unter 80 Grad gar. Deshalb lautet **die wichtigste Grundregel für das Fischkochen:** Fisch vom Sud bedeckt bei milder Hitze ziehen lassen. Das Wasser darf sich nur gerade eben leise bewegen. Der Fisch muß ganz vom Sud bedeckt sein, weil sich dabei kaum Dampf entwickelt. Herausragende Teile könnten halbroh bleiben.

Garzeiten: Kleine Portionsfische (z. B. Forellen) bis zu 300 g und entsprechende Fischstükke kommen in den eben noch kochenden Sud und werden fest zugedeckt in 10 Min. **ohne weitere Hitzezufuhr** gar. Größere Fische brauchen je nach Dicke (nicht nach Gewicht!) 15–20 Min. **bei geringster Hitzezufuhr.** Sehr große Fische (ab 2 kg) werden besser in den abgekühlten Sud gelegt und vorsichtig erwärmt, damit die Außenschichten nicht zu stark garen. Sie brauchen, vom ersten Aufwallen an, 20 Min. Aufpassen, daß der Sud dabei nicht zum Kochen kommt! Fische, die im ganzen gekocht werden, vorher nicht schuppen – die unverletzte Haut hält den Fisch saftig und kann nachher ganz leicht abgehoben werden.

Zum Würzen kann der Sud mit Wein, Weinessig oder Zitrone angereichert werden – die Säure macht das Fischfleisch weiß, fest und blättrig. Diese Zutaten werden erst zum Sud gegeben, kurz bevor der Fisch hineinkommt. Kräuter, aromatische Gemüse und Gewürze wie Petersilie, Dill, Kerbel, Estragon, Thymian, Lorbeerblätter, Sellerie, Porree, Zwiebeln, Möhren, Fenchel, Piment, Nelken, Senf- und Pfefferkörner müssen Zeit (mind. 30 Min.) haben, um ihre Würzstoffe dem Sud mitzuteilen, bevor der Fisch hineinkommt.

Salzen Sie den Fischsud kräftig (1 gestrichener Eßlöffel pro Liter Wasser), es sei denn, Sie wollen ihn anschließend für eine Sauce oder eine Fischsuppe verwenden. Dann nehmen Sie nur etwas Streuwürze und salzen den Fisch selbst kurz vor dem Einlegen.

1

2

Ideal zum Fischkochen: *der längliche Fischkessel mit dem gelochten Einsatz. Für einen großen Fisch (z. B. Rotbarsch) zuerst den Sud mit Zwiebel, Lorbeerblatt, Pfeffer- und Gewürzkörnern, Petersilie, Dill und Zitronenscheiben 30 Min. auskochen, abkühlen lassen (1). Fisch auf dem Einsatz hineinlegen, vorsichtig erhitzen, 20 Min. ziehen lassen (2). Vor dem Servieren auf dem Einsatz gut abtropfen lassen (3).*

3

Krebse im Topf

Krebse (und Hummer) schmecken am besten, wenn Sie sie selbst kochen. Dazu in einem großen Topf reichlich Wasser sprudelnd kochen lassen, mit 1 gestrichenen El Salz pro Liter und 1–2 Tl Kümmel würzen. Die lebenden Krebse gründlich abbürsten und nacheinander **mit der Nase voran** ins Wasser geben. **Wichtig:** Das Wasser muß immer wieder sprudelnd kochen, ehe Sie den nächsten Krebs einlegen! Sie brauchen etwa 10 Min., dabei sollten sie in der Hälfte der Zeit nur noch leise ziehen. Hummer brauchen, nach dem gleichen Prinzip gekocht, bei 500 g 20 Min., bei 1 kg 35 Min.

Wenn Sie Krebse im Würzsud servieren wollen: Zuerst 2 Min. in kochendes Wasser geben, um sie zu töten. Danach in mit Kräutern (Dill) und Wein gewürztem Sud 6–8 Min. gar ziehen lassen.

Gekochte Muscheln

Muscheln werden meist in würzigem Kochsud serviert. Dafür müssen die Zutaten (wie für den Fischsud) vorher gegart werden, denn die Muscheln selbst sind in 8–10 Min. gar. **Die beste Methode:** Zwiebeln, Kräuter, Suppengrün, Pfeffer, Lorbeer in Butter (oder italienisch noch mit Tomaten und Cayennepfeffer in Öl) andünsten, mit einem Schuß Weißwein aufgießen und die sauber geputzten, geschlossenen Muscheln in den Topf schütten. Bei starker Hitze zugedeckt kochen. Topf öfter schütteln, damit alle Muscheln mit dem Sud in Berührung kommen. Nicht salzen.

Geputzte Muscheln kommen in den lebhaft kochenden Sud. Zugedeckt 10 Min. kochen lassen, bis alle geöffnet sind. Muscheln enthalten meist genügend Meerwasser, deshalb Sud niemals salzen!

Fischsuppe

Gemüse aller Art, nach Geschmack und Rezept, in Butter oder Öl andünsten, mit Fischsud (vom Kochfisch oder aus Köpfen und Gräten frisch zubereitet) aufgießen, mit Weißwein würzen. Entgrätete Fischstücke (von möglichst vielen verschiedenen Fischsorten) und Krevettenschwänze darin gar ziehen lassen. Muscheln extra kochen, mit dem Sud dazugeben.

Perfekt Gemüse kochen

In der Regel wird Gemüse heute eher gedünstet oder gedämpft als gekocht – man will Vitamine und Mineralstoffe und damit Geschmack und Nährstoffe so weit wie möglich erhalten. Aber es gibt Ausnahmen: Das sind zunächst einmal alle Gemüse, die im großen Suppentopf als Eintopf gegart werden. Und dann die Gemüse, die zu groß und sperrig sind, um gedünstet zu werden, z. B. Blumenkohl, Spargel, Artischocken, Sechstel oder Achtel vom Weißkohl, die unzerteilt serviert werden sollen. Sie alle kommen – möglichst alle Stücke auf einmal! – in reichlich sprudelnd kochendes Wasser und werden dann bei mittlerer Hitze mehr gargezogen als gekocht. Den Topf dabei zudecken, denn das erhält Aroma und Vitamine. Nicht zu lange garen, das Gemüse soll knackig bleiben. Das Kochwasser immer leicht salzen (evtl. mit Instant-Brühe), wenn es anschließend für Suppen oder Saucen verwendet wird. Kräftiger salzen, wenn es anschließend weggegossen wird. Gemüse gleich nach dem Kochen gut abtropfen, sofort mit zerlassener Butter oder einer Sauce servieren. Salate: Warmes Gemüse mit Salatsauce begießen.

***Blumenkohl** mit dem Strunk nach unten in einer Mischung aus Milch und Wasser kochen, dann bleibt er schön weiß. Kochflüssigkeit für Sauce oder Suppe nehmen, mit einer Prise Zucker und Instant-Brühe würzen.*

***Spargel** portionsweise und gebündelt einlegen, etwas Butter, Salz und eine Prise Zucker ins Kochwasser geben. Nicht zu weich kochen, 20 Min. genügen.*

1

2

3

Was ist eigentlich Blanchieren?

*Blanchieren heißt in der Küchenfachsprache: Gemüse (und auch Fleisch und Obst) für kurze Zeit in kochendes Wasser tauchen, manchmal auch nur mit kochendem Wasser überbrühen. Früchte wie **Tomaten** oder **Pfirsiche** werden für 2–3 Sek. blanchiert, damit man ihnen die Haut abziehen kann. **Gemüse** werden 2–5 Min. blanchiert, um sie danach weiter zu verarbeiten. Durch den Hitzeschock bleibt die Farbe besser erhalten, und die Gemüse werden beim anschließenden Dünsten in Butter gleichmäßig und schneller gar. Schließlich werden Gemüse noch vor dem Einfrieren blanchiert, um Enzyme und Bakterien abzutöten.*

*1. **Zum Blanchieren** Salzwasser in einem großen, breiten Topf zum Kochen bringen. Vorbereitetes Gemüse portionsweise einlegen (das Wasser soll möglichst weiter kochen!). Blattspinat beim ersten Aufkochen wieder herausnehmen, alle anderen Gemüse 3–5 Min. kochen lassen.*

*2. **Gemüse abschrecken:** Auf einem Sieb in Eiswasser tauchen, um den Garprozeß zu unterbrechen. Dadurch bleiben Farbe und Struktur erhalten. Das Abschrecken ist nur nötig, wenn das Gemüse erst nach einiger Zeit weiter verarbeitet wird oder eingefroren werden soll.*

*3. **Zum Servieren** wird das blanchierte Gemüse in Butter geschwenkt, dabei erhitzt und fertig gegart.*

REZEPTE, DIE ZU DIESEM KAPITEL PASSEN:

3. KAPITEL
SAUCEN

- Das Einmaleins der guten Saucen
- Die Mehlschwitze: Anfang aller Saucenkunst
- Außerdem: Béchamel, Mornay Soubise und Meerrettichsauce
- Mit Mehl oder mit Mehlbutter binden
- Die feinen Eiersaucen: Hollandaise und Béarnaise
- Was tun, wenn die Sauce gerinnt?
- Saucen mit Eigelb, Butter, Sahne oder mit Crème fraîche binden
- Wie Sie einen guten (hellen oder dunklen) Fond kochen
- Alles über Fertigsaucen

Eine weiße Sauce für weißes Fleisch! In diesem Falle hier für ein sehr edles Frikassee von Poulardenfleisch, Spargelspitzen, Erbsen und Morcheln eine Sahnesauce, die mit Eigelb legiert wird. Alles weitere über diese Sauce steht auf Seite 31.

Das Einmaleins der guten Saucen

Für eine gute Sauce brauchen Sie – außer guten Zutaten – vor allem Geduld und Genauigkeit. Geduld, um den jeweils richtigen Zeitpunkt abzuwarten, zu dem die nächste Zutat zugegeben wird, Genauigkeit beim Abmessen der Zutaten. Ein bißchen zuviel oder ein bißchen zu wenig von diesem oder jenem, und die Sauce ist mißlungen (was nicht heißt, daß Sie alle Zutaten mit der Briefwaage abwiegen müssen!). Die Kunst des Saucen-Kochs liegt darin, gerade eben das richtige Maß an Bindung zu erreichen, soviel, daß der Geschmack der Zutaten und Gewürze gut zur Geltung kommt – ein Zuviel an Bindung macht aus der Sauce einen Brei, und der schmeckt dann eben vorwiegend nach Bindemittel ... Man kann die Saucen in zwei große Gruppen einteilen: in diejenigen, die ihre Bindung durch Mehl bzw. Stärke erhalten, und in die anderen, die ohne Stärke „Stand" haben. Sie werden mit Ei, Sahne oder Butter verschlagen – über diese Saucen sprechen wir auf den nächsten Seiten.

Mehlschwitze: Anfang aller Saucenkunst

Beim Anrösten in Fett wird die Stärke im Mehl chemisch umgewandelt. Dadurch verliert sich der unangenehme Mehlgeschmack. Deshalb ist die Mehlschwitze oder **„Roux"**, wie sie von Küchenprofis genannt wird, allen anderen Arten der Mehl-Bindung geschmacklich überlegen. Wie sie gemacht wird, zeigen die Fotos rechts. **Wichtig:** Mehl und Fett müssen im richtigen Verhältnis stehen (1) und lange genug „geschwitzt" werden (2). Schließlich muß die Stärke genug Zeit zum Ausquellen haben (mindestens 15 Min., besser aber mehr!). Mit einer Mehlschwitze entstehen je nach Zutaten und Würzung u. a. folgende Saucen:

Béchamel: Halb Milch, halb helle Brühe aufgießen, evtl. Zwiebel- und Schinkenwürfel mit anschwitzen, mit Pfeffer und Muskat abschmecken.

Mornay: Mit Eigelb und Sahne abziehen (s. drei Seiten weiter), reichlich geriebenen Käse unterrühren (zum Überbacken geeignet).

Soubise: Béchamel mit Sahne und Zwiebelpüree (extra zubereitet) mischen.

Meerrettichsauce: Béchamel mit kräftiger Fleischbrühe, Sahne, geriebenem Meerrettich, mit Zitrone und etwas Zucker abschmecken.

__Mehlschwitze:__ Fett zerlassen, Mehl in gleicher Eßlöffel-Menge einrühren. 40 g Fett und 30–35 g Mehl (je 2 El voll) reichen für ½ l Sauce.

Jetzt heißt es: __kräftig rühren!__ Sie können nach Belieben einen Schneebesen oder einen Rührlöffel nehmen. __Wichtig:__ Fett und Mehl müssen ganz miteinander vermischt sein.

Wenn die Mischung aus Fett und Mehl zu schäumen beginnt und leise __knistert,__ kommt die Flüssigkeit (Milch oder Brühe, kalt oder lauwarm) auf einmal dazu. Dabei weiter rühren!

Auf kräftiges Rühren kommt es an, damit sich __keine Klümpchen__ bilden und sich nichts am Topfboden ansetzt. Wenn die Mischung aufkocht, die Hitze herunterschalten.

Vom Aufkochen an soll die Sauce noch mindestens ***15 Min. leise simmern.*** *Dabei gelegentlich umrühren. Wenn die Sauce den Löffel wie eine leichte Creme überzieht, ist sie gut.*

Die Sauce kann nun ***abgeschmeckt*** *werden. Kräuter erst unmittelbar vor dem Auftragen in die Sauce geben: Sie sollen darin 1–2 Min. durchziehen, dürfen aber nicht mitkochen!*

Für eine ***braune Sauce*** *rösten Sie Fett und Mehl so lange, bis die Masse hellbraun ist. Aufpassen, daß sie nicht zu dunkel wird – dann schmeckt sie nämlich bitter!*

Jetzt mit Flüssigkeit aufkochen wie die helle Sauce und aufquellen lassen. Für ***Senfsauce*** *den Senf kurz vorm Servieren zugeben. Dadurch wird die Sauce dicker, also vorher etwas weniger Mehl nehmen!*

Mit Mehl binden

Man kann Weizenmehl mit Wasser (oder einer anderen Flüssigkeit) zu einem dünnen Brei verrühren und mit dieser Mischung eine Brühe binden (1 El Mehl auf ½ l). **Wichtig:** Den Topf beim Zugießen vom Feuer nehmen, danach noch mindestens 15 Min. durchkochen lassen. Diese Methode empfiehlt sich nur in Verbindung mit saurer Sahne oder Joghurt für Gerichte mit reichlich Bratensaft (Rouladen, Gulasch). Mit **kalt angerührter Speisestärke** (1 geh. Tl auf ½ l) werden feine helle Saucen (mit Wein, Sahne, Ei) gebunden – oder braune Bratensaucen, die klar bleiben sollen. Speisestärke bindet sofort und unter 90 Grad.

Mit Butter binden

Mit Mehlbutter („beurre manié") können Sie noch kurz vor dem Auftragen eine Sauce oder Suppe binden. Vorteil gegenüber der Methode mit angerührtem Mehl: Die Sauce oder Suppe wird nicht verlängert, die frische Butter hebt den Geschmack. Geeignet vor allem für Gemüsegerichte, Eintöpfe und dünne Saucen.

Mehlbutter: *weiche Butter mit den Fingern oder einer Gabel mit Weizenmehl verkneten. Nur soviel Mehl nehmen, wie die Butter bequem aufnimmt.*

Butter und Mehl müssen völlig vermischt sein. Die Mischung jetzt flöckchenweise an das Gericht (hier gedünsteter Wirsing) geben, gut umrühren und alles noch einige Minuten kochen lassen.

1

2

3

4

5

Feine Eiersaucen

*Die **Hollandaise** (Holländische Sauce) und die mit ihr verwandten Eiersaucen wie die **Béarnaise** sind die Stars der feinen Küche – und entsprechend empfindlich. Ihre Bindung erhalten sie (ohne andere Hilfsmittel) nur durch eine innige Vermischung von Eigelb und Butter. Damit diese **Emulsion** (winzige Fetttröpfchen werden von der Eigelbmasse umschlossen) gelingt, muß die Sauce längere Zeit kräftig geschlagen werden (Schneebesen oder Handrührgerät, niedrigste Stufe!). Dabei müssen die Zutaten zwar erwärmt werden, **aber die Sauce selbst darf niemals zum Kochen kommen!** Dann nämlich wird das Eigelb fest wie Rührei und kann die Buttertröpfchen nicht mehr umschließen: Die Sauce gerinnt, das Fett tritt aus! (Hilfsmittel: s. Foto nächste Seite unten links.)*

***Am einfachsten ist es, diese Saucen im Wasserbad aufzuschlagen.** Dazu brauchen Sie: einen kleinen Saucentopf (oder Stielkasserolle, Edelstahl), der auf einen größeren Topf gesetzt wird, der mit heißem (nicht kochendem!) Wasser gefüllt ist. **Wichtig:** Der Wasserspiegel darf den Boden des Saucentopfes nicht berühren. Das Wasser darf niemals sprudelnd kochen, sondern nur eben wallen (3). Wer den Bogen raus hat, kann eine Eiersauce auch auf der Elektroplatte bei geringster Hitzezufuhr (Automatikplatte 3–4) aufschlagen, aber das erfordert Übung!*

***Ehe Sie mit dem Aufschlagen der Hollandaise beginnen, müssen Sie die Butter klären,** um die Molke vom Butterfett zu trennen (1). Nur das Fett kommt in die Sauce. Jetzt die Eier trennen (2). Das Eigelb mit Wasser (oder anderer Flüssigkeit) kalt gut verrühren (1 El Wasser pro Eigelb), aufs Wasserbad setzen, so lange mit dem Schneebesen gründlich verschlagen, bis die Masse hellgelb und schaumig-cremig wird. Dabei sorgfältig darauf achten, daß sich am Rand oder auf dem Topfboden nichts festsetzt!*

***Wenn der Eierschaum den Schneebesen überzieht und genug Stand hat (3), kommt die Butter dazu:** Zuerst tropfenweise, dann in dünnem Strahl (4). Dabei kräftig weiterrühren und schlagen (auch am Boden und an den Wänden), und immer erst dann wieder Butter zugeben, wenn die Sauce* glatt und einheitlich ist. **Dabei aufpassen – beim ersten Anzeichen von Gerinnung den Topf aus dem Wasserbad nehmen!** *(Notfalls Trick unten links anwenden!) Wenn die Butter verbraucht ist, Sauce mit Salz, Pfeffer, Zitronensaft würzen und möglichst sofort servieren – z. B. zu pochiertem Lachs (5).*

Für 4 Portionen brauchen Sie: 3 Eigelb (und 3 El Wasser/Wein) und 250 g frische Butter (geklärt etwa 200 g).

Für eine Béarnaise werden die Eigelb mit einer Reduktion aufgeschlagen: *2 El Weinessig, 1 Glas herber Weißwein, 1–2 feingehackte Schalotten, etwas Estragon, Petersilie, Kerbel so lange kochen, bis die Flüssigkeit auf 3 El eingekocht ist, dann durchs Sieb gießen. Wie bei der Hollandaise mit 3 Eigelb und 250 g Butter aufschlagen, zum Schluß mit gehackten frischen Kräutern und Fleischsaft und Pfeffer abschmecken. Béarnaise paßt zu Steaks aller Art, Roastbeef und Filet, aber auch zu Fischen (dann ohne Fleischsaft).*

Sauce Mousseline: *Die Hollandaise mit steifgeschlagener Sahne mischen, zu Spargel und feinen Fischgerichten.*

Sauce Choron: *Unter Béarnaise oder Hollandaise etwas dick eingekochtes Tomatenpüree mischen. Zu Fisch und Kalb.*

Was tun, wenn die Sauce gerinnt?

Topf sofort aus dem Wasserbad nehmen, schnell einige kleine Eisstücke kräftig unterrühren (Schneidstab vom Handrührer), bis die Sauce wieder glatt ist. Oder: 2–3 El eiskalte Sahne schnell unterrühren (Schneidstab oder Schneebesen). Oder: Mit 2 Eigelb neu beginnen, die geronnene Sauce statt Butter unterrühren.

Saucen mit Eigelb legieren

Beim Legieren ***(Abziehen*** *wird dieser Vorgang auch genannt) wird eine bereits durch Mehlschwitze oder Stärke gebundene Sauce zusätzlich angedickt und gleichzeitig verfeinert. Dazu brauchen Sie eine* ***Liaison*** *(aus 1–3 Eigelb und etwa 2 dl Sahne auf ½ l Sauce), die mit wenig heißer Sauce vermischt und dann unter die übrige Sauce gezogen wird (1). Jetzt bei milder Hitze andicken, aber nicht mehr kochen lassen! Die Sauce über die warmgehaltenen, gut abgetropften Zutaten gießen (2), alles noch einige Minuten durchziehen lassen. So können Sie auch Suppen binden.*

Saucen mit Butter binden

Für eine kleine, feine Sauce werden eiskalte Butterstückchen nacheinander in einen (möglichst konzentrierten) Fond (von kurzgebratenem Fleisch oder gedünstetem Fisch) ***eingeschwenkt.*** *Das bedeutet: Sie werden nicht eingerührt, sondern nur mit kreisender Bewegung der Pfanne leicht unter die Flüssigkeit gezogen (1). Dabei darf nichts mehr kochen! Die Butter-Bindung steht nur für ganz kurze Zeit – deshalb muß die Sauce sofort auf angewärmten Tellern serviert werden. Fürs Einschwenken eingekochten Fond und eine schwere Pfanne nehmen.*

Mit Sahne binden

Sahne muß, bevor Sie eine kleine Sauce damit binden, von einem Teil ihres Wassergehaltes befreit, d. h. sie muß bei großer Hitze ***reduziert*** *(eingekocht) werden (s. Foto). Vorteil: Sie ist standfester als die Buttersauce. Und man kann auch Bratensatz damit auflösen, braucht also nicht unbedingt eine Reduktion. Vorsichtig können Sie auch* ***Crème fraîche reduzieren,*** *aber nicht zu lange, sonst gerinnt sie! Rettung: 1–2 El kaltes Wasser schnell unterrühren.*

Der Fond: Grundlage jeder guten Sauce

Wie kommt man zu einer guten Sauce, wenn der Braten keinen Saft hergibt (schließlich soll das Fleisch ja saftig bleiben!), wenn das Steak nur eine kleine braune Kruste in der Pfanne hinterläßt oder wenn der Fisch nur mit wenig Wein gedünstet wird? Für professionelle Köche ist das kein Problem: Sie greifen zum passenden Fond und füllen die Sauce damit auf. Das können Sie zu Hause auch machen. Sie müssen den Fond nur rechtzeitig zubereiten! Rechtzeitig heißt: Er muß auf jeden Fall fertig sein, ehe Sie mit der Sauce beginnen. Sie können den Fond auf Vorrat kochen, portionsweise einfrieren oder extra vorbereiten.

Für einen Fond brauchen Sie zunächst einmal all das, was beim Zurichten des Bratens oder des Fisches abfällt: Knochen, Sehnen, Knorpel, vom Geflügel auch Hals, Magen, Herz, Haut und Flügel, für einen Fischfond Köpfe, Flossen, Gräten. Auch die Knochen, die von einem Braten zurückbleiben (besonders von Wildbraten oder die Karkassen von Geflügel) können noch für einen entsprechenden Fond verwendet werden. Wenn vom Gericht selbst nicht genug Rohstoffe für einen Fond abfallen, müssen Sie **zukaufen:** Fleischknochen vom Rind (besser vom Kalb), Wildragout, Geflügelklein, Fischköpfe und -gräten (möglichst von Edelfischen wie Steinbutt, Zander, Hecht, Seezunge). Das wird – jeweils mit den entsprechenden Gemüsen und Kräutern – langsam ausgekocht. Um dem Fond noch mehr Geschmack zu geben, werden die Zutaten oft vorher in mehreren Arbeitsgängen **angeröstet:** für den **braunen Fond** im eigenen Fett oder mit Schmalz, für den **hellen Kalbs- oder Geflügelfond und den Fischfond** mit Butter leicht angeschwitzt. **Wichtig:** Seien Sie vorsichtig beim Würzen mit Pfeffer, Nelken, Lorbeer, Selleriegrün und Kräutern – die feinen ätherischen Öle, die den guten Geschmack ausmachen, verfliegen bei längerem Kochen, zurück bleibt lediglich bitterer Allerweltsgeschmack. **Salzen** sollten Sie – wenn überhaupt – nur ganz schwach, denn der Fond wird hinterher noch eingekocht (**reduziert**), manchmal bis zu sirupartiger Konsistenz (**Glace**). Wenn Sie den **Fond einfrieren:** Auf jeden Fall vorher einkochen und entfetten. Er hält sich etwa 3 Monate.

1

2

Brauner Fond

Das, was sonst beim Fleischer bleibt, ist die Grundlage für eine gute Sauce: Aus Knochen von Kalb und Rind, Knorpeln, Sehnen und Fleischabschnitten (1) entsteht ein brauner Fond. Im Backofen (oder auf dem Herd) solange anrösten, bis alles schön gebräunt ist (2). Eine Kelle heißes Wasser drübergießen, Bratensatz damit lösen. Nochmal solange braten, bis das Wasser verdampft ist und Fett austritt (3).

3

4

5

6

Je sorgfältiger alles angeröstet, abgelöscht und wieder eingekocht wird, um so besser wird der Fond! Vor dem letzten Anrösten Suppengemüse und Kräuter zugeben (4). Mit Tomatenmark und einem Schuß Rotwein ablöschen, umrühren, wieder einkochen (5). Zum Schluß alles in einen großen Topf geben. Bratensatz mit heißem Wasser lösen, bei milder Hitze mindestens 4–5 Stunden auskochen (6). Die Knochen sollen knapp mit Wasser bedeckt sein. Schaum zwischendurch abschöpfen!

Heller Fond

Kalbsfüße und -knochen und/oder Geflügelklein zusammen mit Petersilienwurzel, Sellerieknolle, Lauch und Zwiebeln im geschlossenen Topf bei mittlerer Hitze so lange dünsten, bis das Fett austritt und die Stücke sich leicht gelblich färben. **Nicht bräunen lassen!** Mit kaltem Wasser aufgießen, so daß alles knapp bedeckt ist. Bei milder Hitze in 2–3 Stunden kochen.

Fischfond

„Weißes" Suppengemüse (Petersilienwurzel, wenig Sellerie, das Weiße vom Porree) und grob geschnittene Zwiebeln (Schalotten) in etwas Butter andünsten. Fischgräten und -köpfe (Kiemen vorher herausschneiden!) zugeben, halb mit Wasser, halb mit trockenem Weißwein aufgießen. Zugedeckt 20–30 Minuten kochen. Kräuter und Gewürze gleich zugeben.

Hilfsmittel für die Saucenküche

Natürlich ist es am schönsten, wenn Sie einen selbstangesetzten Fond zum Aufgießen nehmen können oder die Sauce von Grund auf aus frischen Zutaten zubereiten können. Aber wenn die Zeit dazu fehlt, wenn die Portionen zu klein sind, um genügend Geschmacksstoffe für die Sauce abzugeben – dann sollten Sie zu den Hilfen greifen, die Ihnen die Industrie anbietet. Diese Produkte sind inzwischen durch neue Herstellungsverfahren soweit ausgereift, daß sie – vernünftig angewendet – die individuelle Küche durchaus bereichern können. Sie müssen nur wissen (und probieren!), was Sie wann und in welcher Menge verwenden.

Zum Ergänzen und Würzen

Nur zur Geschmacksverbesserung dienen flüssige Würzen (rechts im Foto) auf der Basis von Pflanzeneiweiß (wie z. B. Maggi oder Knorr flüssig) bzw. Sojasaucen, die tropfen- bis teelöffelweise verwendet werden! Manche dieser Saucen (wie die Worcestershiresauce) sind zusätzlich mit Essig, Kräutern und/oder Gewürzen versetzt. Tabasco ist z. B. ein Extrakt aus roten, scharfen Pfefferschoten und muß deshalb entsprechend vorsichtig dosiert werden (niemals direkt in die Sauce spritzen, sondern erst auf einen Löffel geben!). Herbadox bringt einen intensiven Kräutergeschmack (gut für eine Béarnaise), Fond-Kraft bringt kräftigen Bratengeschmack an dunkle Saucen. Glutamat, körnig wie feines Salz, ist kein Gewürz, sondern verstärkt nur den Eigengeschmack der Speisen und soll, ebenso wie die daraus abgeleiteten Produkte Fondor und Aromat erst ganz zum Schluß und in kleinen Dosen verwendet werden.

Zum Binden

Dafür gibt es die Fix-Soßenbinder, Instant-Produkte auf der Basis von Speisestärke in Hell und Dunkel, die einfach nur in die kochende Brühe gerührt werden (im Foto in der Mitte). Sie haben keinen Eigengeschmack. Dann gibt es noch die leicht gewürzten „hellen" oder „weißen" Soßen als Instant-Produkte in Glas oder Beutel, zum Aufkochen in der Packung und die dunklen Bratensoßen in Tuben, Gläsern oder Packungen. Für die ganz bequemen Köche schließlich gibt es eine Fülle von Spezialsoßen in Packungen oder Gläsern, die bereits fix und fertig für Sie vorgewürzt sind.

Zum Ersetzen von Fonds

In diese Gruppe gehören die Brühpasten und gekörnten Brühen, die (zum Teil als Instant-Produkte) in Gläsern und Dosen, in Aluminiumschachteln und in Folien angeboten werden (im Foto links). Sie bestehen aus Pflanzeneiweiß, Salz und Gewürzen, wenn auf der Packung vermerkt, auch aus eingedicktem Fleischsaft (Rind oder Huhn) und Fett. Man nimmt sie anstelle von Brühe oder zur Verstärkung und Geschmacksaufbesserung von Fleisch- oder Hühnerbrühe. Reiner Fleischextrakt (von Liebig, im vergangenen Jahrhundert erfunden), ist von sirupartiger Konsistenz, Bratensaft dagegen (gibt es als Instantprodukt in Tuben, Packungen und Gläsern) besteht aus Fleischauszügen. Beide eignen sich vor allem zur Geschmacksverbesserung aller schwachen Saucen.

REZEPTE, DIE ZU DIESEM KAPITEL PASSEN:

4. KAPITEL
SCHMOREN UND DÜNSTEN

- Schmoren und Dünsten – was ist das eigentlich?
- Das nötige Zubehör
- Dünsten im eigenen Saft
- Dünsten in Alufolie
- Gemüse mit Fett dünsten
- Fleisch und Fisch im eigenen Saft dünsten
- Geschmortes Fleisch hat viele Vorzüge
- Wie man Rouladen richtig schmort
- Risotto und Ragù alla bolognese

Das klassische Schmorgericht schlechthin: Rindsrouladen. Sie sind mit Senf, Speck und Gewürzgurken gefüllt und bleiben zum Schmoren bis zu zwei Stunden im Topf. Dazu gibt's gedünstete Möhren und Erbsen. Das Rezept und alles, was Sie über's Schmoren und Dünsten wissen müssen, lesen Sie im folgenden Kapitel.

5. KAPITEL

BRATEN IM OFEN

- **Alles über Backofen, Bratzubehör und Temperaturen**
- **Was wird wie gebraten?**
- **Der große Braten: z. B. Lammkeule**
- **Der schnelle Braten: z. B. Roastbeef**
- **Der zarte Braten: z. B. Hühnchen und Schweinefilet**
- **Der Krustenbraten: z. B. gefüllte Schweineschulter**
- **Der Gänsebraten**
- **Auch in Bratfolie wird der Braten knusprig: z. B. Kalbshaxe und Hähnchen**

Goldbraun und knusprig muß die Gans sein, wenn sie aus dem heißen Backofen kommt. Wie Sie sie würzen, wie Sie sie füllen und wie Sie sie braten, wird in diesem Kapitel in Wort und Bild ausführlich erklärt. Das Rezept für die Gans, den traditionellen deutschen Weihnachtsvogel (der natürlich auch an anderen Tagen schmeckt), finden Sie auf Seite 53.

Der große Braten

Für einen richtig gut gelungenen Braten, der im Ofen zubereitet wird, nimmt man nur zartes, sehnenfreies Fleisch von jungen Tieren. Die Stücke sollten mindestens 1 kg schwer sein. Man rechnet pro Portion: Fleisch ohne Knochen (Filet, Roastbeef usw.) 150–200 g; Fleisch mit Knochen 250–300 g; Hähnchen 350 g; Ente 400 g; Gans 450 g. Nur sehr große Braten und Braten von dunklem Fleisch, die kurz und heiß gebraten werden, sind auf der zum Ofen gehörenden **Fettpfanne** gut aufgehoben. Für alle anderen Braten nehmen Sie besser einen Bräter oder einen schweren Bratentopf aus emailliertem Gußeisen oder Stahl, der gerade so groß ist, daß der Braten bequem (mit 1–2 cm Spielraum ringsum) hineinpaßt. In solchen Gefäßen besteht, im Gegensatz zur Fettpfanne, nicht die Gefahr, daß Bratensaft und -fett verbrennen. Man brät mit weniger Fett und erhält außerdem eine weitaus bessere Sauce. Das Schöne am Backofen ist, daß er so bequem zu bedienen ist: Die Temperatur wird eingestellt und automatisch gehalten. **Allerdings:** Wenn Sie Ihren Ofen noch nicht gut kennen, sollten Sie mit Hilfe eines Thermometers herausfinden, ob er richtig heizt. **Garzeiten** lassen sich immer nur ungefähr angeben. Sie hängen nicht nur vom Gewicht des Bratens, sondern auch von seinem Durchmesser und von der Fleischqualität ab. **Garprobe:** Läßt sich das Fleisch mit dem Finger leicht eindrükken, ist es innen noch roh; federt es zurück, ist es rosa; fühlt es sich fest an, ist es durchgebraten. **Andere Möglichkeit:** Eine Stricknadel in die Bratenmitte stechen, 1 Min. drin lassen, dann die Nadelspitze an die Oberlippe führen: kalt = roh; lauwarm = rosa; warm = durchgebraten. **Wichtig:** Flache oder kleine Stücke und vor allem dunkles Fleisch, das man nicht ganz durchgebraten serviert, werden bei hohen Temperaturen schnell gebraten. Große, dicke Stücke brät man erst heiß und schaltet dann die Temperatur zurück. Bei niedrigen Temperaturen (mit längerer Garzeit) werden Schwartenbraten und große Geflügel gebraten.

Temperatur-Tabelle:

hohe Temperatur	=	225–250 Grad (Gas 4–5)
mittlere Temperatur	=	200–225 Grad (Gas 3–4)
niedrige Temperatur	=	175–200 Grad (Gas 2–3)

Zum Beispiel: Lammkeule

Was hier am Beispiel einer Lammkeule gezeigt wird, gilt – mit kleinen Abweichungen – für jeden Braten aus dunklem Fleisch. Er wird, nach Belieben gewürzt, in den leicht gefetteten Bräter gelegt, mit heißem Fett übergossen (oder mit dünnen Speckscheiben umwickelt: z. B. Lammrücken oder Roastbeef ohne eigenen Fettmantel) und dann im Backofen bei 225–250 Grad (Gas 4–5) gegart. Relativ kleine und flache Stücke, die schnell den gewünschten Garpunkt erreichen, werden die ganze Zeit bei dieser Temperatur gebraten. Für dickere Stücke (Lammkeule) wird die Temperatur nach einigen Minuten auf 200 Grad (Gas 3) zurückgeschaltet. Nach 20 Minuten wird zum ersten Mal nachgesehen: Wenn der Fleischsaft im Bräter schon sehr bräunt, gibt man etwas heiße Flüssigkeit (Brühe, Wasser, Sahne oder Wein) zu – und zwar immer nur in kleinsten Mengen, so daß der Boden des Bräters gerade bedeckt ist. **Garzeit für eine Keule von 1,5 kg (4 Port.):** 1–1½ Std. = rosa; 1½–1¾ Std. = durchgebraten. Vor dem Anschneiden muß der Braten außerhalb des Ofens in Alufolie ruhen.

So wird der Braten richtig gewürzt

Unmittelbar vor dem Braten wird das Fleisch mit Salz und frisch gemahlenem Pfeffer eingerieben (etwa 1 gestr. Tl Salz auf 1 kg Fleisch). Als zusätzliche Würze können noch frische oder getrocknete Kräuter an den Braten gegeben werden. Am besten ist es, sie vorsichtig in das Fleisch zu spicken; die Kräuter können nicht verbrennen, und ihre Würzstoffe ziehen besser ein. ***Wichtig:*** *Die Kräuter und Knoblauchstifte beim Spicken nur vorsichtig zwischen die einzelnen Muskeln, unter die Haut oder am Knochen einschieben, damit der Fleischsaft nicht aus zerstochenen Muskeln auslaufen kann.*

2

Braten muß mit heißem Fett begossen werden

Ehe der Braten in den Ofen kommt, muß er rundherum mit Fett überzogen werden (ausgenommen: Schweinebraten, Gans mit eigener Fettschicht). Dafür eignen sich Schmalz, Pflanzenfett, Öl oder abgeschnittenes, ausgelassenes Fett vom Braten. ***Wichtig:*** *Dunkles Fleisch wird mit heißem Fett überzogen, zartes helles Fleisch mit weicher Butter oder Öl bestrichen. Zur Geschmacksabrundung können Zwiebeln, Möhren, Sellerie, Petersilienwurzel in den Bräter gelegt werden (dabei kurz durch's Bratfett ziehen). Das Gemüse wird hinterher püriert und erspart, weil es die Sauce bindet, die Zugabe von Mehl oder Speisestärke.*

3

Für punktgenaues Braten: Bratenthermometer

Wer oft große Braten macht und ganz sichergehen will, daß das Fleisch genau „auf dem Punkt" gegart wird, sollte sich ein Bratenthermometer anschaffen. Das gibt's in Haushaltswarengeschäften für 16 bis 18 Mark. Das Thermometer wird an der dicksten Stelle ins Fleisch geschoben. ***Wichtig:*** *Dabei darf es keinen Knochen berühren! Zeigt es 45 Grad an, ist Roastbeef blutig; bei 60 Grad sind Lamm und Wild rosa; bei 80 Grad brät Schweinebraten genau richtig!* ***Übrigens:*** *Schutz, Würze und eine schöne Kruste bekommt der Braten, wenn er mit Rotisseur-Senf bestrichen wird.*

4

Vor dem Aufschneiden muß jeder Braten ruhen

Wenn man den Braten gleich, nachdem er aus dem Ofen kommt, anschneidet, läuft der Bratensaft zum größten Teil heraus. Um das zu verhindern, muß jeder Braten vorher 10 bis 15 Min. ruhen, damit sich der Saft im Fleisch wieder gleichmäßig verteilen kann. Zum Ruhen wird das Fleisch in Alufolie gewickelt und darin warm gehalten (es muß nicht mehr in Stauhitze des Ofens gelegt werden!). Während des Warmhaltens dringt die Hitze von den Außenschichten noch in das Innere vor – das Fleisch gart nach. Das müssen Sie berücksichtigen, wenn Sie das Fleisch „rosa" haben wollen.

5

Eine gute Sauce gehört zu einem guten Braten

Während der Braten ruht, wird die Sauce gemacht. Dafür wird zunächst aus dem Bräter das überflüssige Fett abgeschöpft. In den Bratenfond wird ein Schuß heiße Brühe (Wasser oder Wein) gegeben. Mit einem Pinsel oder einer Bürste werden sorgfältig alle braunen Krusten vom Boden und vom Rand des Bräters abgelöst. Wenn die Sauce mit Mehl gebunden werden soll, wird es jetzt übergestäubt und mit dem Fond unter kräftigem Rühren noch einmal durchgeröstet. Dann wird die Sauce mit Brühe, Sahne oder Wein aufgekocht und anschließend durch ein Sieb gestrichen (oder püriert) und abgeschmeckt.

Der Krustenbraten

Wenn Sie einen Schweinebraten mit Schwarte (und einer Fettschicht darunter), eine fette Gans oder Ente in den Ofen schieben, sollten Sie sich Zeit lassen und den Ofen von Anfang an auf milde Hitze einstellen. Wenn Sie nämlich bei diesen Bratenstücken das Fleisch gleich zu Anfang durch einen Hitzeschock mit einer braunen Kruste versiegeln, kann das Fett nicht mehr austreten, der Braten bleibt fett und wird manchmal sogar nicht richtig gar. Also, lassen Sie sich Zeit! Schieben Sie den Braten im passenden Bräter (der nicht gefettet wird!) mit etwas kochendem Salzwasser (1–2 cm hoch) in den auf 175–200 Grad (Gas 2–3) eingestellten Ofen. Bei dieser Temperatur müssen Sie das Fleisch nicht ständig beobachten. Im Abstand von 20–30 Min. Braten mit Saft beschöpfen. Wenn nötig, etwas Brühe angießen. Sollte er zum Schluß nicht braun genug sein: 10 Min. auf starke Oberhitze (oder Grill) schalten! Braten im ausgeschalteten Ofen ruhen lassen und nicht einwickeln, nur so bleibt er krustig. Das Fett abschöpfen, den Fond mit Brühe (Wasser) lösen und anschließend binden.

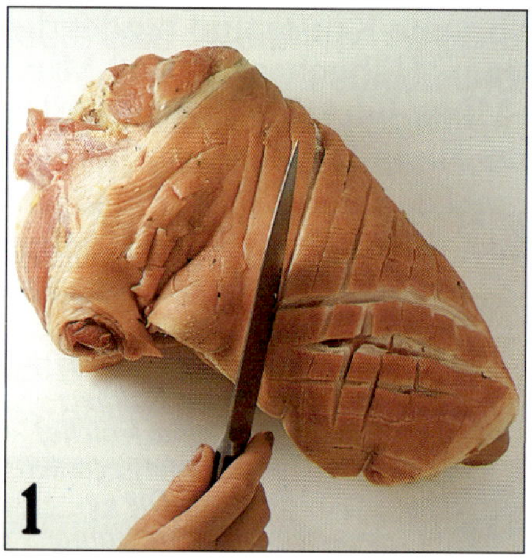
1

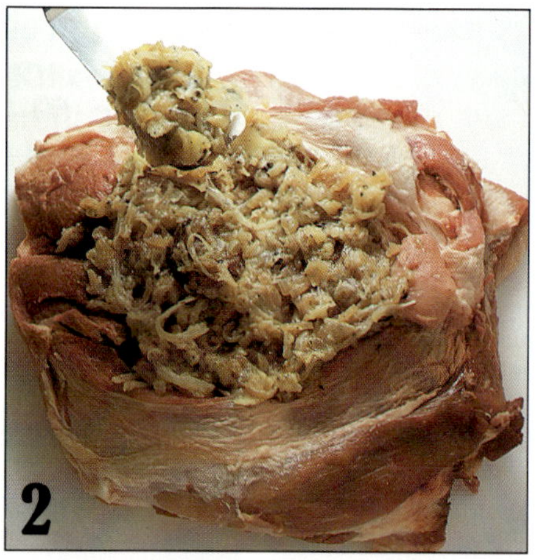
2

3

Schwartenbraten

***Damit das Fett richtig ausbrät** und die Schwarte sich nicht lederig zusammenzieht, sondern richtig kroß wird, wird sie sorgfältig, fast bis auf das Fleisch, kreuzweise eingeritzt (1). Der Braten (hier ein **Schulterbraten**) wird mit Zwiebeln (vorher in wenig Fett gedünstet) gefüllt (2). **Gewürze:** Kümmel, Wacholderbeeren oder Majoran. **Variation:** Eingeweichtes Backobst, Fleisch- oder Leberfarce, gehackte Kräuter. Braten mit **Küchengarn** zusammenbinden und mit der **Schwartenseite nach unten** in die mit kochendem Wasser (1 cm hoch) gefüllte Pfanne legen (3). Fleisch erst jetzt mit grobem Salz bestreuen. Nach der halben Bratzeit das Fleisch umdrehen, damit sich die Schwarte bräunt. Ausgebratenes Fett abschöpfen. Fleisch von Zeit zu Zeit mit Bier begießen (4), so bekommt es eine schöne braune Kruste und eine würzige Sauce.*

*Wenn der Braten gar, die Kruste aber nicht braun ist: Ofen auf 225–250 Grad aufheizen. **Garzeit:** Pro cm Höhe 10 Min.; erste Hälfte 200 Grad (Gas 3); dann 180 Grad (Gas 2–3).*

4

Gänsebraten

Die gewaschene, gut abgetrocknete Gans innen mit Salz und Pfeffer ausreiben und füllen: ganze oder geviertelte Äpfel (mit oder ohne Schale), Zwiebel und Majoran (1). ***Andere Füllungen:*** *Geschälte Eßkastanien, Sauerkraut, Farce aus Innereien, Leber, Semmelbröseln und Kräutern (Thymian, Majoran, Petersilie). Gans nicht zu stramm füllen, damit sie nicht platzt. Alle Öffnungen mit Holzspießchen zustecken, die kreuzweise mit Küchengarn zugebunden werden. Flügel auf den Rücken drehen. Die Gans mit der* ***Brust nach unten*** *in die mit kochendem Salzwasser (2 cm hoch) gefüllte Fettpfanne des Backofens legen (2). Ofen auf 200 Grad (Gas 3) einstellen. Wenn der Rücken leicht gebräunt ist, die Gans umdrehen (nach etwa 50–60 Min.). Langsam weiterbraten (noch etwa 90 Min.). Ab und zu mit Bratensaft beschöpfen und mit einer Fleischgabel (oder einem Spieß) die Haut einstechen, damit das* ***Fett ausbraten*** *kann (3). Besonders viel Fett sitzt zwischen den Keulen und der Brust (4), hier muß öfter gepiekt werden! Zur* ***Garprobe*** *(5) nicht in die Haut stechen, sondern in das dicke Fleisch am Keulengelenk: Der austretende Fleischsaft muß farblos sein. Ist er noch rosa, muß weitergebraten werden. Ist die Haut noch nicht kroß genug: mit kaltem Salzwasser bepinseln und bei 250 Grad (Gas 5–6) 10 Min. bräunen. Wenn der Bratensaft sich bräunt und das bei der Garprobe austretende Fett klar ist, wird es abgeschöpft (6), ehe man aus dem Bratensatz die Sauce zubereitet. Macht gutes* ***Schmalz:*** *Gewässerte Gänseflomen mit der Gans zusammen ausbraten!*

1

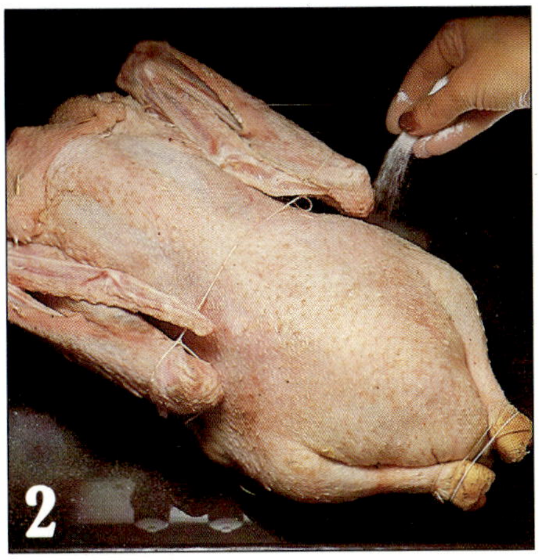
2

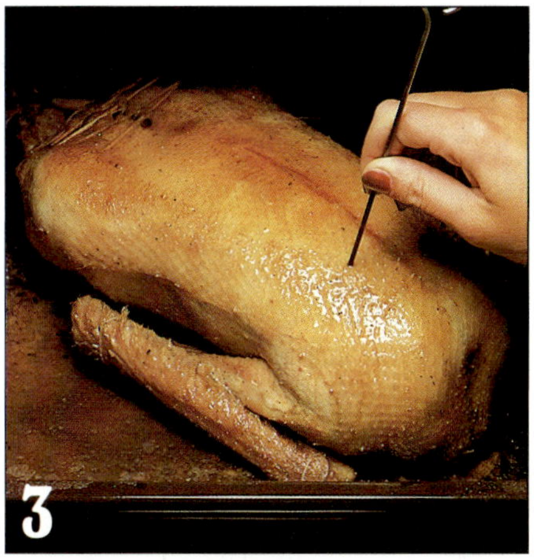
3

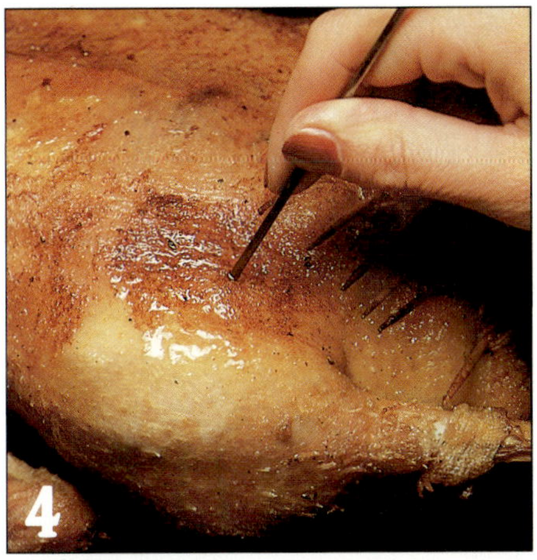
4

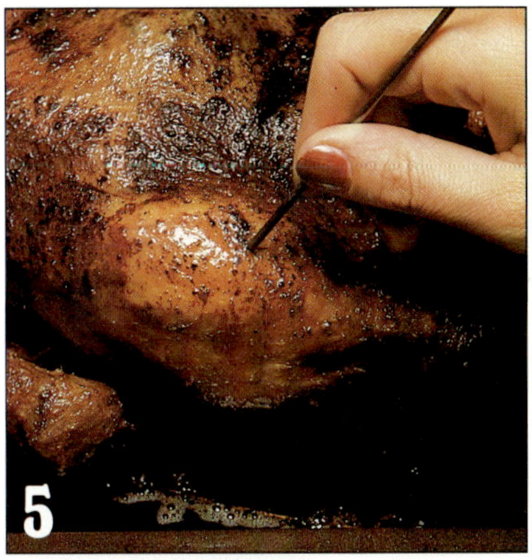
5

6

Der Folien-Braten

In der durchsichtigen Bratfolie kann man tatsächlich braten, denn die Hitzestrahlen, die das Fleisch knusprig werden lassen, durchdringen das Material. Bratfolie eignet sich aus diesem Grunde weniger zum Garen von Gemüse, dafür um so besser für große und kleine Braten. • Bratfolie gibt es in drei Variationen: von der **Rolle** (45 cm breit und 3,5 m lang), als **Folienschlauch** (24,5 cm breit und 4 m lang) und als **Bratbeutel** (25 cm breit und 40 cm lang). • Nie am Material sparen. Immer so viel Folie abreißen oder abschneiden, daß Fleisch oder Fisch ganz locker umhüllt werden und sich die Folie trotzdem noch dicht verschließen läßt. • Bei Folie von der Rolle braucht man zum Verschließen an jeder Reißkante etwa 8 cm Zugabe. • Der Folienschlauch muß etwa 25 cm länger sein als das Bratgut. • Beim Beutel muß der Braten 10 cm kürzer sein als die Folie. • Folie immer ganz dicht verschließen. Sie kann sich sonst in der Ofenhitze nicht aufplustern. • Bei Folienschlauch und Bratbeutel niemals vergessen, mit einer dünnen Nadel ein paar Löcher in die Folie zu stechen. Beutel oder Schlauch könnten sonst platzen. • Folie immer auf den kalten Rost legen. Rost vor dem Aufheizen aus dem Backofen nehmen. • Backofen auf höchstens 220 Grad (Gas 4) aufheizen. • Bratfolie nicht unter dem Infrarot-Grill benutzen. • Bratfolie darf niemals mit der heißen Backofenwand in Berührung kommen, weil sie dabei undicht wird. • Den kalten Rost mit der gefüllten Folie auf der 2. Leiste von unten in den Ofen schieben, damit sie nach oben „aufgehen" kann. • Ist das Fleisch sehr trocken (oder gart man Gemüse mit dem Fleisch zusammen), immer etwas Flüssigkeit mit in die Folie geben (Wein/Brühe). • Gewürze beim Braten in der Folie sparsamer verwenden als sonst. Aus der Folie kann kein Aroma entweichen, also wirken die Gewürze stärker. • Nach dem Braten die Folie ganz vorsichtig an der Oberseite mit der Küchenschere einschneiden: beim ersten Schnitt entweicht kochendheißer Dampf! Dampf abziehen lassen, dann weiterschneiden. • Zuerst den Braten aus der Folie nehmen. Dann den Fond abgießen, entweder klar lassen oder eine Sauce daraus machen.

1

2

Kalbshaxe

Zuerst in Streifen geschnittenes Gemüse (Staudensellerie, Möhren, Zwiebeln) in der Pfanne auf dem Herd in wenig Butter dünsten (1). Zusammen mit 4 Scheiben Kalbshaxe in den Bratbeutel schieben. Etwas Brühe und Wein zugießen. Lorbeer, Basilikum, Thymian zugeben (2). Fest verschließen, einpieken. Auf dem kalten Rost in den Ofen schieben. Bei 200 Grad (Gas 3) 100 Min. braten. Vorsichtig öffnen! Bratensaft mit dunklem Saucenbinder binden und abschmecken.

1

2

Hähnchen

Innen salzen und pfeffern. Mit Farce aus Geflügelleber, Weißbrot (in Milch eingeweicht), Ei, geschmorten Champignons, Salz, Pfeffer, Kerbel füllen. Öffnung verschließen. Auf die Bratfolie legen (1). In Stücke geschnittenes Suppengemüse, Gewürze dazu. Auf Brust und Schenkel Butterstücke legen. Folie fest verschließen, einpieken. Auf dem kalten Rost in den Ofen schieben. Bei 200 Grad (Gas 3) 40–45 Min. braten (2). Vorsichtig öffnen. Bratensaft mit etwas Sahne einkochen.

REZEPTE, DIE ZU DIESEM KAPITEL PASSEN:

6. KAPITEL

GERICHTE AUS DEM BACKOFEN

- **Schmoren im Ofen:**
  z. B. Sauerbraten, Kalbshaxe und Pichelsteiner
- **Überbacken und Überkrusten:**
  z. B. Provenzalischer Fischauflauf, Kartoffelgratin, Chicoree im Schinkenhemd mit Sauce Mornay
- **Noch mehr Gerichte aus dem Backofen: Kartoffelrand, gefüllte Bratäpfel, saftiger Kirschenmichel und Reisauflauf**
- **Zum Gratinieren: Käse**
- **Welcher Käse macht die schönste Kruste?**

Mit Käsesauce überbacken: die knusprige Lasagne, ein geschichteter Auflauf aus vorgegarten Nudeln, blanchiertem Spinat, Ragù bolognese (Hackfleisch-Tomatensauce) und Käse-Béchamelsauce. Die obere Schicht besteht aus Nudeln, die mit Sahne übergossen und mit Käsescheiben belegt werden.

Kartoffelgerichte

Mit einem Teig aus frisch gekochten, heiß durchgepreßten Kartoffeln, Eiern und Gewürzen können Sie viel anfangen: Kartoffelplätzchen backen, einen Kartoffelauflauf zubereiten oder einen **Kartoffelrand** herstellen. Hier das **Rezept:** 1 kg Salzkartoffeln heiß durch die Presse drücken, mit 2 Eiern und etwa 50 g Butter verrühren. Mit Salz, Pfeffer und geriebener Muskatnuß würzen (1). Die Masse mit dem Spritzbeutel (Sterntülle, mittlere Größe) in eine etwas gebutterte Gratinform spritzen (2). **Wichtig:** Wenn der Rand gleich gebakken wird, die Form auf der obersten Einschubleiste in den Ofen geben. **Garzeit:** Bei 225 Grad (Gas 4) goldbraun backen (in etwa 7–10 Min.). Die Form aus dem Ofen nehmen. Den Rand z. B. mit einem Paprikagulasch (3) füllen. **Praktisch:** Diese Kartoffelmasse kann ohne Qualitätsverlust für einige Stunden beiseite gestellt werden. Der Rand wird dann, weil die Masse kalt ist, auf der mittleren Schiene gebakken. **Variationen:** Aus der Kartoffelmasse (mit 1–2 Eigelb mehr) Nestchen, Rauten oder Plätzchen auf ein gebuttertes Blech spritzen. **Oder:** Gleiche Masse (auch 1–2 Eigelb mehr) zu Röllchen oder Kugeln formen, mit Mehl, Ei, Semmelbröseln (oder gehobelten Mandeln) panieren, in Fett schwimmend ausbacken. **Auflauf:** 1 kg heiß durchgepreßte Kartoffeln, 4 Eigelb, 75 g Butter, ½ B. Crème fraîche, 3 El Mehl, 75 g geriebenen Käse verrühren. 4 steif geschlagene Eiweiß unterziehen, würzen. In einer gebutterten Form backen (obendrauf Butterflöckchen und Semmelbrösel). **Gewürze:** Geriebener Käse, feingehackte Kräuter, kleine Schinkenwürfelchen, Kümmel, Speck- oder Zwiebelwürfelchen, die vorher gebräunt wurden.

1

Die Zutaten für den Kartoffelrand (genaues Rezept links) mit dem Schneebesen kräftig verrühren.

2

Die geschmeidige Masse in einen Spritzbeutel mit mittlerer Sterntülle füllen und als Rand in eine große gebutterte, ofenfeste Form spritzen.

3

Den Kartoffelrand auf der obersten Einschubleiste im Backofen bei 225 Grad (Gas 4) backen, bis er goldbraun ist (7–10 Min.). Auf der Platte füllen, z. B. mit herzhaftem Paprikagulasch.

Gefüllte Bratäpfel

4 Äpfel waschen, Stiel und Blüte abschneiden. Mit dem Apfelausstecher das Kernhaus vorsichtig so entfernen, daß die Äpfel nicht ganz durchbohrt werden. **Füllung:** 100 g Marzipanrohmasse mit 50 g ger. Nüssen, 1 Pr. Zimt und einigen Sultaninen verkneten, in die Äpfel drükken. Feuerfeste Form dick buttern und mit Zucker ausstreuen. Äpfel hineinsetzen. Butterflöckchen darauf. 1 cm hoch Weißwein angießen. Auf der mittleren Schiene bei 225 Grad (Gas 4) 35–45 Min. backen.

Der Kirschenmichel wird nach dem Einfüllen mit Zucker bestreut und mit Butterflöckchen besetzt – das gibt eine schöne braune Kruste und empfiehlt sich für jeden Auflauf.

Auf der mittleren Einschubleiste wird der Kirschenmichel 40–45 Min. bei 200 Grad (Gas 3) goldbraun gebakken. Er wird warm serviert – mit Zimtzucker oder einer Weinschaumsauce.

Kirschenmichel

Dafür schneiden Sie 6 altbackene Brötchen in dünne Scheiben, gießen ½ l kochende Milch darüber und lassen sie 30 Min. einweichen. Inzwischen rühren Sie 100 g Butter (Margarine) mit 100 g Zucker schaumig, geben 3 Eigelb dazu und würzen mit etwas abgeriebener Schale von 1 unbehandelten Zitrone, Zimt oder mit 3–4 feingehackten bitteren Mandeln. Diese Mischung geben Sie zu den eingeweichten Brötchen, verrühren alles zu einem glatten Brei und geben dabei noch 4 El saure Sahne zu. Zum Schluß wird der sehr steif geschlagene Schnee von 3 Eiweiß untergehoben. Die Masse wird abwechselnd mit 500–750 g entsteinten Sauerkirschen in eine gut gebutterte, mit Semmelbröseln ausgestreute Form gefüllt. Auf die Oberfläche Butterflöckchen setzen (1) und 1–2 El Zucker streuen (oder eine Handvoll blättrig geschnittene süße Mandeln). **Garzeit:** Kirschenmichel auf der mittleren Schiene bei 200 Grad (Gas 3) etwa 45 Min. backen. **Wichtig:** Den Auflauf nicht zu hoch einfüllen. Lieber eine breite, flache Form nehmen, damit er innen nicht zu feucht bleibt. **Variation:** Anstelle von Kirschen Äpfel, Pflaumen oder Aprikosen.

Der Reisauflauf (Rezept unten) kann zusätzlich mit gehackten Mandeln, Nüssen oder Rosinen angereichert und mit Vanille, Zimt, bitteren Mandeln oder Zitronenschale gewürzt werden.

***Wichtig:** Die Form nur zu drei Vierteln füllen, weil der Auflauf aufgeht! Die schöne braune Kruste bekommt er, weil er vor dem Backen noch mit etwas Zucker bestreut wird.*

Der Auflauf wird warm serviert: mit Aprikosen- oder Sauerkirschkompott. Soll er als salziges Hauptgericht serviert werden, ersetzt man den Zucker durch 75 g geriebenen Käse und reicht geschmorte Tomaten, Paprika oder Pilze dazu.

Reisauflauf

Ein süßer Reisauflauf ist eine sättigende Nachspeise, die sich vielfältig variieren läßt. Hier das **Rezept:** 100 g Langkornreis in Salzwasser blanchieren, abgießen, in ½ l kalter Milch ausquellen lassen. 50 g Butter mit 75 g Zucker und 4 Eigelb schaumig rühren. Den warmen Reis untermischen und steif geschlagenen Schnee von 4 Eiweiß unterziehen. Die Masse in eine gut gebutterte Auflaufform füllen, mit etwas Zucker bestreuen. Auf der mittleren Schiene bei 200 Grad (Gas 3) 25–30 Min. backen.

Überbacken, überkrusten

Die appetitlich braune Kruste, die Fleisch beim Braten bekommt, kann auch Gerichte aus Kartoffeln, Reis, Teigwaren, Gemüse und Fisch „aufputzen". **Allerdings:** Diese Speisen enthalten kaum eigenes Fett und meistens wenig Eiweiß, wodurch die Krustenbildung entsteht. Also müssen andere Zutaten dafür sorgen: z. B. eine Mischung aus geriebenem Käse und Sahne (Kartoffelgratin) – oder etwas Fett (Butter/Margarine in Flöckchen, Öl oder Speckstreifen), das über das Gericht gegeben wird (Provenzalischer Fischauflauf). Fett gibt jedoch nur einen Hauch von Kruste. Sie können das Gericht auch mit einer Béchamelsauce überziehen. die mit geriebenem Käse angereichert ist. Eine besonders schöne Kruste erzielen Sie, wenn Sie über die Béchamel noch eine Mischung aus geriebenem Käse und Semmelbröseln streuen. **Wichtig:** Gerichte, deren Zutaten schon warm sind, zum Überbacken möglichst hoch in den Ofen, Gerichte aus kalten Zutaten auf die untere Leiste schieben. **Wichtig:** Beim Überbacken darauf achten, daß nichts anbrennt, mit Alufolie abdecken!

1

2

3

Provenzalischer Fischauflauf

Weil der Fisch beim Garen Wasser abgibt, muß man sein zartes Fleisch gut vorm Austrocknen schützen: durch Übergießen mit Sahne/Crème fraîche; durch Speckstreifen; durch eine dick eingekochte Sauce. Beim Provenzalischen Fischauflauf sorgt eine Schicht aus Tomaten und Porree, die mit Olivenöl begossen wird, dafür, daß die Fischfilets saftig bleiben (1).

Wichtig: *Alle festen Gemüse und Beilagen, die mit dem Fisch zusammen in den Ofen kommen, müssen entweder blanchiert oder in Fett gedünstet, also vorgegart werden (Zwiebeln, Pilze, Paprika, Suppengemüse, Kartoffeln, Reis). Eine dritte Möglichkeit zeigt Foto 2: Das Gericht wird offen auf dem Herd angekocht (5–7 Minuten), ehe es in den vorgeheizten Ofen kommt. Dadurch werden die Kartoffeln zusammen mit dem Fisch gar. Das* ***Rezept:*** *Für 4 Portionen 750 g Fischfilet säubern, salzen, gut trocken tupfen. 500 g Kartoffeln in dünne Scheiben schneiden, in eine mit Öl gefettete Form legen, etwa 1 cm hoch Wasser (Brühe) angießen. Fischfilet hineinlegen. Mit Porreeringen (2–3 Stangen), dicken Scheiben von Fleischtomaten (3–4) und geschälten Zitronenscheiben (1) mischen.* ***Würzen:*** *Schwarze Oliven, Knoblauch, Rosmarin, Thymian, glatte Petersilie. Alles mit Olivenöl beträufeln.* ***Garzeit:*** *Auf der unteren Leiste bei 200 Grad (Gas 3) etwa 40–45 Min.* ***Servieren:*** *In einer feuerfesten Form kommt dieses Gericht direkt aus dem Ofen auf den Tisch (3).*

Kartoffelgratin

Rohe Kartoffelscheiben (2–3 mm dick) in einer gebutterten Gratinform dachziegelartig anordnen. Mit Salz, frisch gemahlenem Pfeffer, Rosmarin und gehacktem Knoblauch bestreuen. Mit grob geraspeltem Käse (z. B. Gouda oder Emmentaler) bedecken. So viel Sahne angießen, daß die Kartoffelscheiben halb bedeckt sind (1). ***Garzeit:*** *Gratin auf der mittleren Schiene in den Ofen geben, bei 225 Grad (Gas 4) etwa 40 Min. backen, bis die Kartoffeln knusprig sind (2).*

1

2

1

2

3

Chicoree im Schinkenhemd

Mit einer Sauce Mornay (Béchamelsauce mit geriebenem Käse) können Sie im Backofen aus den einfachsten Zutaten die interessantesten Gerichte machen, z. B. Chicoree im Schinkenhemd. Das ***Rezept:*** *Pro Portion 2 Kolben Chicoree 1 Min. in Salzwasser blanchieren. Abgetropft mit je 1 Scheibe gekochtem Schinken umwickeln und dann in eine gefettete Form (Butter/Margarine) legen. Aus 2 El Butter und 2 El Mehl, ¼ l Milch (oder Sahne) und ¼ l Chicoree- Blanchierwasser eine dicke Béchamelsauce (s. Saucen-Kapitel) zubereiten. Sauce mit Salz (oder gekörnter Brühe), Pfeffer, etwas geriebener Muskatnuß und einigen Tropfen Zitronensaft würzig abschmecken. Etwa 50 g geriebenen Käse (Gouda, Gruyère) darin schmelzen lassen. Die Sauce Mornay muß sehr dickflüssig sein, weil das Gemüse beim Überbacken noch Saft abgibt. Die Chicoreerollen in der Form mit der Sauce Mornay überziehen (1). Die Sauce noch mit grob geraspeltem Käse und 3 El Semmelbröseln (beides macht die Kruste besonders knusprig!) bestreuen, obendrauf Butterflöckchen setzen (2).* ***Einschubhöhe:*** *Die Form auf die oberste Schiene setzen, wenn das Gemüse noch warm ist. Die Form auf die mittlere Schiene setzen, wenn das Gericht vorbereitet wurde, inzwischen jedoch kalt geworden ist.* ***Garzeit:*** *Bei 225 Grad (Gas 4) in 25–40 Min. überkrusten.* ***Variationsmöglichkeiten:*** *Nach diesem Rezept können Sie auch Porree zubereiten und Blumenkohl überbacken.*

Zum Gratinieren: Käse

Die schönsten braunen Krusten entstehen mit Käse. Dabei ist es nicht gleichgültig, welchen Käse Sie nehmen und wie Sie ihn behandeln.
Parmesan ist bei uns vielleicht der bekannteste Käse zum Überbacken. Er ist kräftig-würzig bis scharf und relativ trocken. Er schmilzt nur in Verbindung mit Saucen, Sahne, Butter (Öl). Trocken aufgestreut, verbrennt er leicht und schmeckt dann unangenehm scharf. Möglichst immer nur frisch gerieben verwenden!
Emmentaler, Gruyère und andere Hartkäse aus den Alpen haben milden, nußartigen Geschmack und schmelzen gut, ziehen dabei aber leicht Fäden, vor allem, wenn sie noch jung und wenig abgelagert sind. Beim Überbacken deshalb mit Semmelbröseln mischen, mit Butterflöckchen besetzen oder grob geraspelt in Béchamelsauce (Sauce Mornay) schmelzen.
Gouda aus Holland gibt es in 3 Reifestufen: **Jung** ist er milde und saftig und wird ähnlich verwendet wie Emmentaler. **Mittelalter Gouda** schmeckt kräftig-würzig, läßt sich gut reiben und zieht keine Fäden. **Alter Gouda** ist fest bis trocken, sehr pikant und die beste Alternative zum Parmesan, wenn der nicht frisch ist.
Butterkäse, Fontina und andere halbfeste Schnittkäse lassen sich gut in Saucen schmelzen (Resteverwertung!). Zum Überbacken werden auf den Käse Semmelbrösel und Butterflöckchen gegeben.
Schmelzkäse (Scheibletten, Ecken usw.) ist industriell aufbereitet, schmilzt leicht in Saucen oder auf Toasts. Zum Bräunen mit Parmesan oder Semmelbröseln überstreuen!
Gorgonzola, Roquefort, Edelpilzkäse und andere Käse mit blauem Edelschimmel können ebenfalls für Käsegerichte verwendet werden: In Béchamelsauce schmelzen lassen oder mit Crème fraîche, Sahne oder Frischkäse zu einer dicken Creme verrühren. Übrigens: Diese Käse erinnern im Geschmack an Pilze.
Schafskäse, als „Feta" in Salzlake eingelegt, ist weiß und dem Frischkäse ähnlich. Er schmilzt kaum, gibt aber Gemüsegerichten aus dem östlichen Mittelmeer einen angenehm säuerlichwürzigen Geschmack. Gereifter Schafskäse wie **Pecorino** oder **Pyrenäen-Schafskäse** kann ähnlich wie Parmesan verwendet werden.

1

2

Zwiebelsuppe

Pro Portion 1 Zwiebel in Butter bräunen, mit ¼ l Fleischbrühe aufgießen, 15 Min. leise kochen lassen. Mit Salz, Pfeffer, Thymian, Petersilie und 2 El herbem Weißwein würzen. In ofenfeste Suppentassen umfüllen. Toastbrot rösten, dick mit geriebenem Käse (Gouda, Emmentaler) bestreuen, auf die Suppe legen und sofort unter dem Grill (oder im Backofen bei 250 Grad, Gas 5–6) überbacken, bis der Käse anfängt zu schmelzen.

1

2

Sellerie-Toast

Zarte Stangen vom Staudensellerie putzen, in fingerlange Stükke schneiden, in Salzwasser knapp gar kochen, abtropfen. Toastscheiben rösten, dünn buttern, Sellerie darauflegen, mit dünnen Ochsenmarkscheiben bedecken. Mit Salz, Pfeffer und Knoblauchsalz würzen. Mit geriebenem Parmesan bestreuen und übergrillen (oder so hoch wie möglich im Ofen bei 250 Grad, Gas 5–6 überbacken), bis der Käse sich leicht bräunt.

REZEPTE, DIE ZU DIESEM KAPITEL PASSEN:

7. KAPITEL
GAREN IM WASSERBAD

- Ein richtiger Pudding kommt immer aus dem Wasserbad
- So wird Pudding gekocht
- Ganz einfach: Weinschaum und Zabaione
- Eiercremes aus dem Ofen
- Rezept für einen süßen Flan
- So wird Karamel gemacht
- Crème Brûlée
- Pasteten und Terrinen

Ohne Wasserbad nicht möglich: goldbraun karamelisierter Flan – mit Schlagsahne gefüllt und mit flüssigem Karamel umgossen. Auch der Nußpudding (hinten im Foto) gelingt nur in der schonenden Wärme des Wasserbads, ebenso wie die Weinschaumsauce, die dazu gereicht wird. Alles über das Garen im Wasserbad erfahren Sie im folgenden Kapitel.

Im Backofen: Pasteten und Terrinen

Mit **Pastete** ist eigentlich ein in Blätter- oder Mürbeteig eingebackenes Gericht aus Fleisch oder Fisch gemeint. Inzwischen hat sich jedoch der Begriff auch für **Terrinen** eingebürgert, die ohne Teigkruste in einer mit Speck ausgelegten Keramik- oder einfachen Kastenform gebacken werden – und zwar **im Wasserbad.** Ob Teigkruste oder Wasserbad – die Wirkung ist gleich: Die verschiedenen klein gehackten (zum Teil durchs Sieb passierten) Zutaten sollen sich zu einer einheitlichen, würzigen Masse verbinden. Das gelingt nur, wenn sie bei ganz milder Hitze gegart werden. Bei zu starker Hitze treten Fett und Fleischsaft aus, der Inhalt der Pastete bzw. Terrine wird bröckelig und trokken. Deshalb werden die fest verschlossenen **Pasteten-Formen** (Terrinen) **immer im Wasserbad** (2–3 cm hoch in der Fettpfanne) im Ofen **gegart (bei 175–200 Grad in 1½–1¾ Stunden).**

Geflügelterrine

(Foto 9 links)

Für die Einlage 150 g Hähnchenbrustfilet in Butter in der Pfanne rosa braten, zur Seite stellen, nach dem Auskühlen der Länge nach in 2 Stücke schneiden. In der gleichen Pfanne 350 g Kalbfleisch (fingerdicke Streifen) kurz anbraten, abkühlen lassen. Dann zweimal durch den Fleischwolf drehen (feinste Scheibe). Danach 500 g Geflügel- und 300 g Kalbsleber und zum Schluß 500 g fetten Speck (auch gut gekühlt) durchdrehen. Alles zusammenrühren (3). 100 g frisches Apfelmus, ⅛ l Sahne, 2 El Weinbrand, Salz, Pfeffer und etwas Majoran zugeben. Die Masse passieren (4). 100 g grob gehackte Pistazien und 100 g gewürfelte Pökelzunge unterheben. Die Masse mit den Hähnchenfilets in die mit Speckscheiben (375 g) ausgelegte Form einschichten. Die Terrine verschließen (5 + 6). Im Wasserbad im Ofen bei 175 Grad (Gas 2) 1½–1¾ Std. garen. Kalt werden lassen, dabei pressen (7), mindestens 24 Std. in den Kühlschrank stellen, damit sie gut durchzieht.

Leberterrine (Dänische Leberpastete)

(Foto 9 rechts)

500 g Leber und 500 g frischen ungeräucherten Speck nacheinander durch den Wolf drehen, kühlen. 1 Dose Anchovisfilets abgetropft pürieren. Etwa 100 g vom Speck auslassen. 500 g Zwiebeln durchdrehen, im Speckfett hellgelb andünsten, kalt stellen. Speck, Leber, Zwiebeln nacheinander mit dem Schneidstab pürieren, mischen. Anchovis, ¼ l Sahne, 50 g Mehl, Salz, Pfeffer, 1 Tl Nelkenpulver und 2 Eier unterarbeiten. Masse zugedeckt in einer gefetteten Form (1½ l) im Wasserbad im Ofen bei 175 Grad (Gas 2) 1½ Std. garen. Frühestens nach 24 Std. servieren.

Die Form für die Terrine (es kann eine einfache Kastenform sein) wird mit breiten, parallel zur Schwarte geschnittenen Speckscheiben (fetter Speck) ausgekleidet. Speck am besten vom Fleischer mit der Maschine schneiden lassen!

Speck, Fleisch und Leber werden immer getrennt durch den Fleischwolf getrieben (jeweils zweimal). Alle Zutaten müssen vorher und nachher gut gekühlt sein! (Speck: Tiefkühlfach.) Zum Schluß Pergamentpapier durchdrehen.

Gekühlten Speck zuerst schaumig rühren. Danach abwechselnd Fleisch, Leber und Gewürze zugeben. Damit sich die Masse beim Rühren nicht erwärmt, die (Metall-) Schüssel in Eiswasser setzen.

Zutaten für Terrinen oder feine Pasteten (Leber, Geflügel oder Wild) werden nach dem Mischen noch durch ein Haarsieb gestrichen, damit die Masse ganz einheitlich und zart wird. Danach noch einmal gut durchkühlen lassen.

5

Mit einem Spachtel wird die Masse zur Hälfte in die mit Speck ausgelegte Form gestrichen. Darauf kommen die „Einlage“ (hier rosa gebratenes Hähnchenbrustfilet) und die restliche Fleischmasse.

6

Die Form beim Füllen einige Male auf der Arbeitsfläche aufstoßen, damit sich keine Luftlöcher in der Fleischmasse bilden können. Die Oberfläche glattstreichen. Die Enden der Speckscheiben darüber decken. Form mit Alufolie (oder Deckel) verschließen.

7

Nach dem Garen überflüssiges Fett abgießen und die Terrine beschweren, damit sie sich später gut aufschneiden läßt. Dazu die Folie (oder den Deckel) abnehmen, ein passendes Brett auflegen, mit einer vollen Konservendose beschweren.

8

Terrinen, die aus der Form serviert werden, überzieht man nach dem Auskühlen mit würzigem Aspik (Fleischsaft und Madeira nach Vorschrift mit Gelatine andicken).

***Foto unten:** Links Geflügelterrine, rechts Leberpastete, Rezepte auf der linken Seite.*

9

Gemüseflan, Sabayon

Im Wasserbad im Ofen garen Speisen, ohne daß sie dabei bräunen. Der Backofen garantiert eine gleichmäßige Rundumhitze, weil die Temperatur immer auf dem gleichen Punkt gehalten wird. Diese Garmethode ist also besonders gut geeignet für Speisen, deren Konsistenz zart und empfindlich ist. Dazu gehören auch die salzigen Flans, Mischungen aus Eiern, Sahne und pürierten Gemüsen, die im Wasserbad gegart und warm als leichte Vorspeisen oder als Beilage zu Fleischgerichten gereicht werden. Nach dem Rezept des Karottenflans (unten) können Sie auch andere Flans zubereiten: mit Broccoli, Blumenkohl, Kohlrabi – immer jeweils 500 g Gemüse, das in Butter mit wenig Brühe gedünstet wird. Auch **das Wasserbad auf dem Herd,** in dem der Sabayon abgeschlagen wird, garantiert schonendes Garen. Das Wasser im Wasserbadtopf (breit und tief) darf dabei niemals sprudelnd kochen, sondern immer nur leise brodeln. Wird es zu heiß: einfach etwas kaltes Wasser zugießen!

1

2

Karottenflan

1 gewürfelte Schalotte in 20 g Butter glasig dünsten. 500 g Karotten (geputzt in Scheiben geschnitten) zugeben, salzen, pfeffern und mit etwas frisch geriebener Muskatnuß würzen. 1 El Wasser zugeben. Gemüse zugedeckt bei milder Hitze etwa 20 Min. dünsten. Die weichen Karotten mit dem Schneidstab vom Handrührgerät pürieren. Dabei 100 ccm kochende Sahne unter Rühren zugeben. Abseits vom Herd 2 große Eier und 1 Eigelb (beides wie zu Rührei verschlagen) mit dem Schneidstab unter das Karottenpüree arbeiten. 6 kleine Metallförmchen (jeweils ⅛ l, ersatzweise Kaffeetassen) gut mit Butter ausstreichen. Flanmasse bis etwa 1 cm unter den Rand einfüllen (1). Flanformen in die mit Wasser gefüllte Fettpfanne setzen. Flan im Wasserbad im Ofen bei 200 Grad (Gas 3) in 30–35 Min. stokken lassen. Garprobe mit einem spitzen Hölzchen machen (2): Es muß trocken wieder herauskommen. Wenn die Oberfläche zu dunkel wird, lose mit Alufolie abdecken. Vor dem Stürzen einige Min. ruhen lassen. Dazu Basilikum-Sabayon (3) servieren.

3

Abgeschlagene Eiersauce

Die im Wasserbad (auf dem Herd) abgeschlagene Sauce („Sabayon" genannt) ist eine leichte Alternative zur fettreichen Hollandaise und Béarnaise. Sie paßt zu gedünstetem Gemüse, zu gekochtem Rindfleisch oder Roastbeef und Steak, zu pochiertem Fisch – und vor allen Dingen zum Flan aus Karotten und anderen Gemüsen. Sie wird wie die süße Zabaione zubereitet, nur eben ohne Zucker: 4 Eigelb und knapp ¼ l Flüssigkeit erst verrühren und dann im Wasserbad bei milder Hitze so lange abschlagen, bis die Masse dicklich wird. Mit Salz, trockenem Wermut (oder Sherry), Zitronensaft (und etwas abgeriebener Schale), frisch gemahlenem (oder grünem) Pfeffer würzen. Zum Schluß gehackte Kräuter (Petersilie, Schnittlauch oder Basilikum) unterziehen.

Wichtig: *Die Flüssigkeit für die Sauce kann, je nach Gericht, eine Mischung aus reduziertem Fond oder Brühe (evtl. Hühnerbrühe aus der Packung oder Fleischextrakt), Wein oder Sekt sein.*

REZEPTE, DIE ZU DIESEM KAPITEL PASSEN:

8. KAPITEL
GELIEREN

- Der richtige Umgang mit Gelatine
- So macht man Fruchtgelee
- So wird Fisch in Gelee gelegt
- Die feinen Cremespeisen: Zitronencreme mit Ei und Sahne-Timbal mit Erdbeeren
- Bayerische Creme mit Himbeerpüree
- Mousse au Chocolat
- Charlotte russe
- So macht man Fleischgelee
- Rezept für Hausmacher-Sülze

„Charlotte" heißt die feine Cremespeise, wenn sie in einen Ring aus Löffelbiskuits gefaßt ist. Hier ein besonders schönes Exemplar mit Vanillecreme und kandierten Früchten (Rezept S. 81), das ein Beispiel dafür ist, wie Sie mit Hilfe von Gelatine in der Küche zaubern können.

Umgang mit Gelatine

Erfrischendes Fruchtgelee, raffinierte Sahnecreme, Braten oder feiner Fisch in Aspik, herzhafte Sülze – mit selbstgemachten Geleespeisen läßt sich viel Küchenlorbeer erringen. Vor allem dann, wenn Sie Gäste bewirten und einen Teil der Arbeit möglichst schon am Vortag erledigen wollen. Gelatinespeisen brauchen nämlich immer einige Stunden, um richtig steif zu werden, und sie können, gut gekühlt, auch bis zu 24 Stunden aufs Essen warten. **Wichtig:** Sie müssen genau und aufmerksam arbeiten und vor allem beim Abmessen der Flüssigkeit und beim Berechnen der nötigen Gelatinemenge aufpassen. Zu wenig Gelatine (oder nicht sorgfältig genug untergemischte Gelatinelösung) läßt die Speise nicht richtig steif werden. Ein Zuviel an Gelatine dagegen unterdrückt das feine Aroma der Speisen und Gewürze. **Gelatine gibt es in zwei Formen:** grobkörnig gemahlen als „Aspikpulver“ und als Blattgelatine (farblos oder für bestimmte Süßspeisen mit roter Speisefarbe gefärbt), beides

Fruchtgelee

Erste Vorbereitung für jede Geleespeise: Gelatineblätter (hier rote und weiße) einzeln aufgefächert in kaltem Wasser einweichen.

Weich gewordene Gelatineblätter leicht ausdrücken und dann in etwas heißer Flüssigkeit (Fruchtsaft, Wein oder Wasser) auflösen. Blätter nacheinander in die Flüssigkeit geben, so lange rühren, bis überhaupt keine Klümpchen mehr vorhanden sind.

Heiße Gelatineflüssigkeit in den (nach Geschmack gesüßten und mit Wein oder Likör gewürzten) kalten Fruchtsaft gießen. Dabei fleißig rühren, damit sich keine Klümpchen bilden. Notfalls alles noch einmal erhitzen.

Gelee kühl stellen, ab und zu umrühren. Eine Schicht in kalte Gläser füllen, steif werden lassen. Früchte darauflegen (4). Halbflüssiges Gelee draufgießen, erstarren lassen. Nächste Schicht einfüllen usw. Mit steifer Schlagsahne oder Vanillesauce servieren (5).

ohne Eigengeschmack. Blattgelatine läßt sich einfacher dosieren. **Faustregel:** 6 Blatt Gelatine (= 10 g) für ½ l Flüssigkeit. Für Cremespeisen, die zusätzlich mit Eigelb angedickt werden, genügen 4–5 Blätter; für Sülzen, Fischgelee und Fruchtspeisen, die aus der Form gestürzt werden, nimmt man 1–2 Blatt mehr. **Achtung:** Einige exotische Früchte (Kiwi, Ananas, Mango, Papaya) enthalten frisch ein eiweißspaltendes Enzym, das die Gelatine wieder verflüssigt. Für Geleespeisen müssen sie deshalb vorher blanchiert werden.

Fisch in Gelee

1

Fisch in kräftig gewürztem Weinsud gar ziehen lassen. Dabei Möhrenscheiben und Porreestreifen kurz mitgaren. Alle Zutaten gut kühlen!

2

Fischsud klären, pikant mit Essig oder Zitrone abschmecken. Gelatine darin auflösen (7 Blatt auf ½ l). In der gut gekühlten Form damit einen etwa 3 mm hohen „Spiegel" gießen, im Kühlschrank fest werden lassen (s. auch Foto 1).

3

Auf dem Spiegel zur Verzierung Eischeiben, Kräuter, Krabben, Kaviar, Porree ankleben. Dazu jedes Stück mit der Gabel in halbflüssiges Gelee tauchen (s. Foto 2). Anschließend von Haut und Gräten befreite Fischstükke auflegen. Jetzt mit dem Gelee auffüllen.

4

__Wichtig:__ Die Form muß ganz mit Fisch und Gelee gefüllt sein. Es dürfen sich keine Luftblasen bilden. Gelee bei Bedarf in lauwarmem Wasser leicht erwärmen, damit es wieder flüssig wird. Speise anschließend mehrere Stunden kühlen.

5

Zum Servieren das Gelee mit dem Messer vom Rand der Form lösen (4). Eine Servierplatte auf die Form legen, beides umdrehen. Ein Küchentuch in heißem Wasser ausdrücken, über den Boden der Form legen.

6

Form vorsichtig abheben (6). Wenn sich das Gelee nicht lösen will, kurz in heißes Wasser tauchen. Gestürzte Speise mit Zitronenschnitzen und Remouladensauce zu Toast servieren (7).

7

Cremespeisen

Sie werden mit Eischnee und/oder steifgeschlagener Sahne hergestellt (Zitronencreme, Sahne-Timbal) oder zusätzlich mit erhitztem Eigelb gebunden (Bayerische Creme). Diese feinen Cremes sind etwas komplizierter herzustellen als ein klares Gelee, aber die Mühe lohnt sich. **Wichtig:** Sie müssen die Gelatine sorgfältig auflösen – entweder tropfnaß bei milder Hitze (2) oder in erhitztem Fruchtsaft oder in heißer Eiermilch (Bayerische Creme, 3). Außerdem müssen Sie den Eischnee und/oder die steifgeschlagene Sahne im richtigen Moment unterrühren. Das ist der Moment, in dem die Masse zu gelieren beginnt, aber noch nicht völlig steif geworden ist. Sonst finden Sie unten einen „Satz" oder Klümpchen – und die übrige Creme wird nicht richtig steif. Wenn Sie die angegebenen Grundrezepte dieser drei Cremes erst einmal gründlich und mit Erfolg ausprobiert haben, können Sie sie nach Geschmack abwandeln: mit anderen Früchten zum Beispiel, aber auch mit Wein, Likör oder Mokka.

Zitronencreme

1

Für diese leichte Creme 4 Eier trennen. Eigelb mit 100 g Zucker und etwas abgeriebener Zitronenschale sehr schaumig rühren (Handrührer).

2

6 El Zitronensaft auspressen, zur Eigelbmasse rühren. 3 Blatt weiße Gelatine (gut eingeweicht, aber nicht ausgedrückt!) tropfnaß bei milder Hitze auflösen. Das geht am besten in einem Schöpflöffel, der dabei in heißes Wasser getaucht wird.

3

Die Gelatinelösung langsam und unter ständigem Rühren in den Eigelb-Zitronen-Schaum mischen: ***Achtung:*** *Die Gelatine muß vorher völlig aufgelöst und flüssig sein. Sie soll sich völlig mit der ganzen Eiermasse verbinden!*

4

Den Eier-Zitronen-Schaum ab und zu umrühren, bis er anfängt, steif zu werden (Foto). ***Wichtig:*** *Nicht zu kräftig rühren, damit sich keine Luftbläschen bilden.*

5

Inzwischen das Eiweiß zu steifem Schnee schlagen und in dem Augenblick, in dem der Eigelbschaum fest wird, zunächst ein Viertel des Schnees glatt unterrühren, den Rest leicht, aber gründlich unterheben.

6

Zitronencreme in eine Schale oder in Portionsgläser füllen. Die Menge reicht für 4–6 Portionen. Die Creme zugedeckt im Kühlschrank fest werden lassen. Zum Servieren mit Zitronenscheibchen, Johannisbeergelee, Makronen oder kandierten Früchten verzieren.

Sahne-Timbal

250 g Erdbeeren mit 100 g Puderzucker pürieren. 10 Blatt Gelatine mit dem Tropfwasser auflösen (Foto 2, linke Seite), unter das Püree rühren.

½ l Sahne steif schlagen (Sahne vorher gut kühlen). Das Fruchtpüree kalt stellen. Wenn es zu gelieren beginnt (Striche mit dem Schneebesen müssen sichtbar bleiben), ein Viertel der Sahne unterrühren.

Erst wenn Sahne und Püree gut vermischt sind, die restliche Sahne vorsichtig, aber gründlich unterziehen. Masse kühl stellen. Inzwischen 250 g Erdbeeren halbieren, dann mit 2 El Orangenlikör marinieren.

Wenn man auf der Sahne-Frucht-Creme „Straßen ziehen" kann (Foto), werden die marinierten und mit etwas Zucker bestreuten Erdbeeren vorsichtig untergehoben. Speise anschließend in eine 1 l-Form füllen und kühl stellen.

Am besten geeignet ist eine runde „Timbal"-Form aus Metall. Wenn die Speise gut durchgekühlt ist (mindestens 5–6 Stunden), wird die Form kurz in heißes Wasser getaucht und anschließend auf einen Teller gestülpt.

Die Creme muß nach dem Stürzen sofort serviert werden. Wird sie nicht gestürzt, reichen 6–8 Blatt Gelatine! Zur Garnierung Früchte und nach Belieben Sauce aus püriertem, durchgestrichenem (Sieb) Fruchtmark bereithalten.

Charlotte russe

(Russische Creme)

Creme aus ¾ l Milch, 3–4 Vanilleschoten, 10 Eigelb, 250 g Puderzucker, 12 Bl. weißer Gelatine, ¾ l Schlagsahne, 1 Pr. Salz zubereiten (s. Bayerische Creme, nächste Seite). Springformrand (∅ 24 cm) auf die Servierplatte stellen. Mit etwas Schlagsahne einen dünnen Ring innen an den Rand spritzen. Zurechtgeschnittene Löffelbiskuits (32 Stück) darin aufstellen. Creme in den Biskuitring füllen, wenn sie zu gelieren beginnt. Mindestens 6 Std. kühl stellen. Vor dem Servieren den Rand abnehmen. Speise mit Sahnetupfern und kandierten Früchten (nach Geschmack) verzieren (Rezept für 12 Portionen).

1

2

3

4

5

6

7

8

Bayerische Creme

Die Bayerische Creme (auch „Crème Bavarois") ist eine „abgeschlagene" Creme aus Eigelb und Milch, die mit Gelatine gesteift und mit Schlagsahne aufgelockert wird. So ist sie Basis für viele feine Desserts. Sie läßt sich vielfältig abwandeln (durch Fruchtpüree, aromatische Liköre, Nüsse, Mandeln, Krokant, Schokolade) und nach Belieben auch stürzen (dann nehmen Sie auf das folgende Grundrezept anstelle von 6 Blatt Gelatine 7–8 Blatt). Hier das ***Grundrezept,*** *das für 8 Portionen reicht: Sie brauchen ¼ l Milch, 1 Vanilleschote, 4 Eigelb, 100 g Puderzucker, 6 Blatt weiße Gelatine und ½ l Schlagsahne.* ***Und so wird's gemacht:*** *Vanilleschote der Länge nach aufschlitzen, Mark herauskratzen. Beides mit der Milch aufkochen. Eigelb inzwischen mit dem Zucker schaumig rühren. Vanilleschote aus der Milch nehmen. Die* ***heiße Milch unter ständigem Rühren langsam zu der Eiercreme gießen (1).*** *Die Eier-Milch-Mischung bei ganz milder Hitze (am besten im Wasserbad) weiterschlagen, bis sie dicklich wird. Man nennt das in der Fachsprache:* ***zur Rose abschlagen (2). Probe:*** *Die Eiercreme muß einen Holzlöffel überziehen und sich teilen, wenn man leicht daraufbläst (2). Jetzt wird, immer noch bei milder Hitze, die inzwischen* ***eingeweichte, gut ausgedrückte Gelatine Blatt für Blatt untergerührt und aufgelöst (3).*** *Den Topf jetzt in eine Schüssel mit Eiswasser stellen und weiterschlagen, bis* ***die Creme zu gelieren beginnt (4).*** *Das ist der Augenblick, in dem* ***die steifgeschlagene Sahne untergerührt wird (5).*** *Jetzt werden auch andere Zutaten (z. B. gehackte Nüsse, kandierte Früchte für eine Charlotte) zugegeben. Hier kommt* ***geliertes Himbeermark dazu (6):*** *600 g pürierte Himbeeren mit etwa 100 g Puderzucker süßen und mit 3 Blatt roter Gelatine steifen.* ***Wichtig:*** *Zuerst die Hälfte der Eiercreme in eine Schale füllen, dann das Himbeermark daraufgeben (6),* ***danach den Rest der Eiercreme draufstreichen (7).*** *Zum Schluß werden die einzelnen Schichten mit dem Löffel oder mit dem Schneebesen vorsichtig durcheinandergehoben, so daß eine* ***gestreifte Creme entsteht (8).***

1

2

Mousse au Chocolat

(Schokoladencreme)

Diese feinste aller Schokoladenspeisen erstarrt, völlig ohne Gelatine, zu festem Schaum (und auch ohne Speisestärke, wie der Kinder-Schokoladenpudding). Allein die Schokolade macht es, die vorsichtig geschmolzen und lauwarm unter die Mischung aus Eiern und Sahne gezogen wird. Es gibt viele verschiedene Rezepte, von der ganz leichten Mousse (nur mit Eischnee) bis hin zur schweren (zusätzlich ***mit Butter versehenen****). Hier eine „mittelschwere“.* ***Wichtig:*** *Nehmen Sie auf jeden Fall eine* ***gute bittere Schokolade,*** *damit das richtige* ***Verhältnis von Süße und Herbheit*** *entsteht! Für 6–8 Portionen brauchen Sie: 200 g Bitterschokolade (Tafeln), 2 Tl Pulverkaffee, 5 El Wasser, 5 Eier, 4 El Vanillezucker, $\frac{1}{8}$–$\frac{1}{4}$ l Schlagsahne.* ***Zubereitung:*** *Zuerst die Schokolade mit dem Wasser und dem Pulverkaffee bei ganz milder Hitze schmelzen (1). Dabei immer wieder umrühren. Aufpassen, daß die Hitze nicht zu stark wird! Inzwischen die Eier trennen, Eiweiß zu steifem Schnee schlagen. Eigelb mit Vanillezucker (und, wenn Sie mögen, etwas Cognac oder Orangenlikör, etwa 2–3 cl) schaumig rühren. Sahne steif schlagen. Wenn die Schokolade glatt geschmolzen und wieder abgekühlt ist, wird sie mit dem* ***Schneebesen vorsichtig mit der Eigelbmasse vermischt (2).*** *Als nächstes wird zuerst die* ***Schlagsahne und danach das steifgeschlagene Eiweiß unter die Schokoladenmasse gehoben (3).*** *Jetzt können Sie die Mousse in Portionsgläser oder eine Schüssel füllen und in den Kühlschrank stellen: mindestens für 2 Stunden, längstens für 24 Stunden. Dabei immer gut abdecken, denn die Mousse nimmt sehr leicht fremde Gerüche an! Vor dem Servieren können Sie die Mousse noch mit* ***Schokoladenraspeln*** *bestreuen, die sich leicht mit dem* ***Sparschäler herstellen*** *lassen (4). Zusätzlich bekommt die Mousse noch einige Tupfen aus steif geschlagener Sahne (5).* ***Für eine ganz leichte Version der Mousse au Chocolat*** *können Sie geschmolzene Bitterschokolade (150 g in 2 El starkem Mokka) unter $\frac{1}{4}$ l steif geschlagene Sahne ziehen.*

3

4

5

Fleischgelee

Knochen, Sehnen und Schwarten – das sind die Rohstoffe, aus denen Gelatine hergestellt wird. Für alle süßen Speisen ist sie uns unentbehrlich, weil sie völlig geschmacksneutral ist. Aber wenn Sie z. B. Braten fürs Kalte Buffet mit Aspik versehen, eine Pastete oder Terrine mit Weingelee überziehen oder eine Fleischsülze servieren wollen, können Sie auf die Gelatine verzichten und sich Ihr eigenes Fleischgelee herstellen. Das ist nicht schwierig, Sie brauchen etwas Zeit, um die Gallertstoffe auszuziehen. Mit anderen Worten: Sie müssen zusätzlich Knochen und Schwarten einkaufen und diese Zutaten lange genug kochen lassen. Am besten gelieren Schweinepfoten und Kalbsfüße; auch die Wadenmuskeln von Kälbern und jungen Rindern (Kalbshaxe, Ochsenbein), Lammknochen und die Gerippe von jungem Geflügel enthalten relativ viel Gallertstoffe. Alle diese Zutaten werden wie für Fleischbrühe mit Gewürzen gekocht, bis zum anderen Tag kühl gestellt, entfettet und, wenn das Gelee nicht steif genug ist, wieder eingekocht oder mit wenig Gelatine nachgesteift.

1

2

3

Hausmachersülze

Für das Gelee zuerst Schweinepfoten, Kalbsfüße, Schwarten (insgesamt etwa 4 kg) mit reichlich Wasser bedeckt aufsetzen. Mit je 1 El Pfefferkörnern, Senfkörnern, 4 Lorbeerblättern und 3–4 ungeschälten Zwiebeln würzen. Bei ganz milder Hitze im offenen Topf 3–4 Stunden leise kochen lassen. Sparsam salzen, weil die Brühe später vielleicht noch eingekocht werden muß! Danach (für 12 Portionen Sülze) 1,5 kg Fleisch (z. B. Schweinenacken, Kasseler und/oder Kalbfleisch) in großen Stücken zugeben, außerdem 2 große geputzte, aber unzerteilte Bunde Suppengrün. Alles noch etwa eine Stunde weiterkochen lassen (immer bei ganz milder Hitze!), bis das Fleisch gar ist. Fleisch, Möhren und Sellerie aus der Brühe nehmen, abkühlen lassen und kalt stellen. Die Brühe ebenfalls bis zum nächsten Tag kalt stellen, danach das erstarrte Fett mit einem Löffel abnehmen. Prüfen, ob die Brühe genügend geliert ist. Die Brühe noch einmal kurz erhitzen bzw. etwas einkochen lassen und anschließend durch ein Sieb gießen. Mit Essig (¼ l auf 2 l Brühe), Zucker, Salz oder Fleischwürze, Pfeffer, Tabasco, Worcestershiresauce kräftig abschmecken, nochmals aufkochen und zum Abkühlen zur Seite stellen. Fleisch, Möhren, Sellerie und Gewürzgurken (oder Cornichons) würfeln (1), in eine Form füllen, mit der Brühe übergießen (2). Mindestens 12 Stunden im Kühlschrank fest werden lassen, stürzen und in Scheiben schneiden. Mit Essiggurken, Remouladensauce und Eischeiben (3) servieren. Sehr gut schmeckt die Sülze auch mit gehackten Zwiebeln in Essig und Öl, zu Butterbroten oder Bratkartoffeln.

REZEPTE, DIE ZU DIESEM KAPITEL PASSEN:

9. KAPITEL
SALATE

- Die Sauce macht den Salat
- Klassisch: Vinaigrette und Mayonnaise
- 12 Saucen-Variationen aus Vinaigrette, Mayonnaise und Sahne
- Alles über Blattsalate
- Alles über Salate mit gekochten Zutaten
- 12 Vorschläge für das Salat-Buffet
- Was Sie über Essig und Öl und die anderen Salat-Zutaten wissen müssen

Wunderschönes Beispiel für einen gut gelungenen Salat: grüne Salatblätter, Zwiebelringe, Tomaten, Orangenfilets, Oliven, Sardinen, Sardellen, Salami und Thunfisch werden im Valencia-Salat mit gutem Weinessig und kalt gepreßtem Olivenöl gewürzt. Mehr über Salate und die besten Saucen-Zutaten steht im folgenden Kapitel.

Kein Salat ohne Sauce!

Die einfachste Salatsauce besteht aus Salz, Pfeffer, Essig und Öl – Zutaten, mit denen jeder bei Tisch seine Salat-Portion nach eigenem Geschmack würzt. Diese Zutaten sind auch die Grundbestandteile der „Vinaigrette". Sie werden vorher gemischt und zu einer Emulsion verschlagen. **Wichtig:** Achten Sie auf die Reihenfolge! Salz und evtl. auch Zucker müssen in Essig aufgelöst sein, ehe das Öl dazukommt. **Vorteil der Vinaigrette:** Sie können sie auf Vorrat zubereiten, die Würze verteilt sich gleichmäßiger und kann besser in die Salatzutaten eindringen. Natürlich kann die Vinaigrette durch Zusätze verändert werden. Und irgendwann kam ein Koch auf die Idee, die Vinaigrette durch Eigelb geschmeidiger zu machen. Damit war die **Mayonnaise** erfunden, diese voluminöse (weil sehr fettreiche) Salatsauce, die sich vielfältig abwandeln läßt. Auch Mayonnaise können Sie auf Vorrat herstellen (8–10 Tage im Kühlschrank haltbar), würzen und mit Sahne/Joghurt „schlanker" machen.

Mayonnaise – Grundrezept

Für 4–6 Portionen brauchen Sie: 2 Eigelb, 1 Tl Senf, 1 Pr. Salz, ¼–⅜ l Öl und zum Abschmecken Zitronensaft oder Essig (etwa 1 El) und 1 Pr. Zucker (Puderzucker). Alle Zutaten müssen Raumtemperatur haben (1). Eigelb, Senf und Salz gut verrühren, danach das Öl zuerst tropfenweise unterrühren (Handrührer: hohe Geschwindigkeit), danach in feinem Strahl (2). Gerinnt die Mayonnaise, war das Öl zu kalt oder wurde zu schnell zugegeben. Abhilfe: 1 frisches Eigelb verrühren und die geronnene Mayonnaise langsam, wie oben beschrieben, zugeben. Kühl aufbewahren (3), erst vor Gebrauch zusätzlich würzen und/oder mit Sahne/Joghurt verlängern.

Vinaigrette – Grundrezept

Die Grundbestandteile dieser klassischen Salatsauce sind: Essig und Öl im Verhältnis 1:2 bis 1:3 (also etwa 2 El Essig und 4–6 El Öl für 4 Portionen Blattsalat). Gewürzt wird mit Salz und frisch gemahlenem Pfeffer (1). Zuerst lösen Sie das Salz im Essig auf. Danach schlagen Sie das Öl (am besten mit dem Schneebesen) unter, bis sich eine Emulsion bildet. Die Vinaigrette entweder gleich über den Salat gießen. Oder durchziehen lassen und kurz vorm Übergießen noch einmal durchrühren (2). Die Vinaigrette wird oft mit Zwiebeln (am besten Schalotten) oder Knoblauch gewürzt. Wichtig: Feingehackte Zwiebeln oder Knoblauch mit Salz zerdrücken, in die Vinaigrette rühren (3).

Saucen-Variationen

*1. **Senf-Mayonnaise:** Grundrezept mit 2 El mittelscharfem Senf und hartgekochtem Eigelb. Zu Gemüsesalaten, Staudensellerie, Spinat. 2. **Vinaigrette:** Grundrezept mit einer Spur Senf, vielen gehackten Kräutern (unbedingt Petersilie, Schnittlauch) und püriertem Knoblauch (nach Belieben). Für alle Blattsalate. 3. **Roquefort-Vinaigrette:** Grundrezept mit Rotweinessig, Roquefort, Pfeffer, wenig Senfpulver. Zu Blattsalaten, Staudensellerie.*

*4. **Cocktailsauce:** Grundrezept Mayonnaise mit Tomatenketchup, Paprikamark, Spritzer Tabasco und Cognac. Zu Krustentieren. 5. **Limetten-Mayonnaise:** Grundrezept mit Limettensaft und geriebener -schale. Zu Fischen, Geflügel. 6. **Remoulade:** Grundrezept Mayonnaise mit Zwiebeln, Kräutern, Kapern, Cornichons, grünem Pfeffer, scharfem Senf und hartgekochten Eiern. Zu kaltem Fleisch und Fisch. 7. **Chantilly-Sauce:** Grundrezept Mayonnaise mit der gleichen Menge geschlagener Sahne, Zitronen- oder Orangensaft und -schale. Zu Spargel, Artischocken, Fisch, Huhn. 8. **Meerrettich-Sauce:** Wenig Mayonnaise mit Sahne, Meerrettich, Apfel oder Ananas, Zitronensaft und 1 Pr. Zucker. Zu Fleisch, Wurst, Käse, Eiern. 9. **Curry-Mayonnaise:** Grundrezept Mayonnaise mit 1–2 El Curry, Ingwer (Glas), Zitronen-, Orangensaft, Honig. Zu Fisch, Huhn, Ei. 10. **Käse-Nuß-Sauce:** Halb Mayonnaise, halb saure Sahne, mit 2–3 El Roquefort und Walnüssen. Zu Blattsalaten, Obst. 11. **Sherry-Sauce:** Grundrezept Chantilly-Sauce mit Sherry, Orangensaft und -schale, gerösteten Mandelblättchen. Zu Blattsalaten, Geflügel, Obst, Käse.*

*12. **Dill-Sauce.** 1–2 El Vinaigrette (Mayonnaise) mit Sahne, Zwiebeln, Dill, 1 Pr. Zucker. Zu Fisch, Fleisch.*

Die Mischung macht's

Die Augen essen mit – besonders beim Salat. Während warme Gerichte schon durch ihren Duft den Appetit anregen, müssen kalte Salate durch ihren Anblick überzeugen. Die Mischung macht's, wie bei dem einfachen Kopfsalat im Foto, der durch roten Radicchio, Radieschen- und Champignonscheiben farbige Akzente bekommt – und zugleich auch eine interessante Note im Geschmack. **Variationen:** Geröstete Brotwürfelchen untermischen oder gehackte Kräuter, hartgekochtes Ei (in Scheiben oder gehackt), grobgehackte Nüsse oder Mandeln oder . . . **Wichtig:** Zerkleinern Sie die Zutaten nur so weit wie nötig, damit Sie sie bequem essen können. **Vor allen Dingen:** Mischen Sie den Salat erst in letzter Minute!

Daran sollten Sie denken, wenn Sie Salate machen wollen:

Alle grünen Salate schmecken nur, wenn sie frisch und knackig sind. ***Deshalb:*** *Verwenden Sie sie möglichst an dem Tag, an dem Sie sie gekauft haben.* ***Oder:*** *Putzen Sie sie gleich und waschen Sie sie möglichst unzerteilt. Dann schlagen Sie sie in ein sauberes Küchentuch locker ein. So halten sich die Salate im Gemüsefach vom Kühlschrank einige Tage.* ***Wichtig:*** *Salz und Säure, die unabdingbaren Saucenzutaten, schließen die Zellen der rohen Gemüse auf und machen sie dadurch leichter verdaulich (zugleich aber auch weich).* ***Regel:*** *Deshalb dürfen grüne Salate immer erst unmittelbar vor dem Essen mit der Sauce gemischt werden – am besten in einer großen Schüssel, in der Sie sie bequem wenden und dabei immer wieder durch die Sauce ziehen können.*

Was Sie von den einzelnen Salat-Sorten wissen müssen:

1. ***Kopfsalat:*** *Ist bei uns der bekannteste Salat überhaupt. Er wird, in mundgerechte Stücke gezupft, mit Vinaigrettes oder flüssigen Sahnesaucen angemacht.*
2. ***Eskarol*** *(breitblättrige Endivie): Sorgfältig waschen, in Streifen schneiden. Fällt nicht so rasch zusammen wie Kopfsalat. Verträgt sich gut mit Mayonnaisen.*
3. ***Batavia:*** *Neue Kopfsalatsorte aus Frankreich. Wird wie Kopfsalat zubereitet, verträgt auch die gleichen Saucen und Vinaigrettes.*
4. ***Römischer Salat:*** *Länglicher, spitzer Kopf. Blätter quer in Streifen schneiden. Ist herzhaft-würzig und paßt gut in gemischte Salate.*

5. ***Frisee*** *(krause Endivie): Ist etwas bitter, aber schön knusprig. Macht sich gut in Salat-Mischungen und verträgt Mayonnaisen.*
6. ***Eichenblattsalat:*** *Kopfsalatart mit geschlitzten Blättern. Sehr zart, welkt schnell, schmeckt nußartig-würzig, braucht leichte Saucen!*
7. ***Feldsalat*** *(Nissel, Rapunzel): Leicht herbes Aroma, wird schnell matschig, muß sofort nach dem Anmachen gegessen werden. Gut in Mischungen mit Chicoree.*
8. ***Radicchio:*** *Feste, kleine Köpfchen, aromatisch-bitter, gut haltbar. Braucht kräftige Saucen.*
9. ***Spinat:*** *Muß ganz frisch sein, um roh als Salat zu schmecken. Gut mit kräftigen Saucen, Mischungen mit hartgekochtem Ei, Brotwürfelchen, in Knoblauchbutter geröstet.*
10. ***Gartenkresse*** *und 11.* ***Brunnenkresse:*** *Stammen von zwei verschiedenen Pflanzenarten, haben aber ein ähnliches, pikant-scharfes Aroma. Gartenkresse ist so zart, daß man sie erst in letzter Minute an andere Salate schneidet. Brunnenkresse schmeckt sehr gut mit Vinaigrette.*
12. ***Eisbergsalat:*** *Bildet feste Köpfe, ist haltbar und fällt nicht leicht zusammen. Verträgt alle Saucen.*
13. ***Chicoree:*** *Bitteren Strunk keilförmig herausschneiden. Blätter einzeln abbrechen oder in Streifen schneiden. Gut in Mischungen, auch mit Obst. Liebt Mayonnaise-Saucen.*
14. ***Staudensellerie:*** *Zarte Stiele quer in feine Scheiben schneiden, Blätter gehackt zum Würzen (sparsam!). Gut zum Dippen in Käse-Saucen.*
15. ***Fenchel:*** *Längs oder quer in dünne Streifen schneiden. Grün mit verwenden. Gut zu Radicchio, Feldsalat, Spinat und Mischungen mit Obst.*
16. ***Radieschen:*** *Beleben jeden Blattsalat durch Farbe und Aroma. Gut auch geraspelt mit Mayonnaise.*
17. ***Gurken:*** *Scheiben für Salat nicht vorher salzen und auspressen, das macht sie unbekömmlich! Klassisch: mit Dill-Sahne-Sauce.*
18. ***Champignons:*** *Gleich in die Sauce schneiden, sonst werden sie braun. Sehr gut mit Vinaigrette oder Mayonnaise-Sahne-Sauce. Zum Rohessen nur ganz frische Pilze nehmen!*
19. ***Avocado:*** *Sofort in die Sauce geben, oder mit Zitrone beträufeln, sonst wird sie braun! Nicht zu fein schneiden und vorsichtig mischen. Gut in gemischten grünen Salaten (mit Vinaigrette) und Obstsalat.*

Salat-Variationen mit Gemüse, Fleisch und Fisch

Salate mit gekochten Zutaten werden nicht in letzter Minute gemischt. Sie brauchen, im Gegensatz zu den Blattsalaten, etwas Zeit, damit sich der Geschmack der Zutaten mit den Würzstoffen der Sauce verbindet. Sie müssen (und dürfen!) im voraus zubereitet werden, sie können im Kühlschrank auf Abruf bereitstehen und zum größten Teil sogar auf einem Kalten Buffet aufs Essen warten. Was Sie bei all diesen Salaten beachten müssen: **Gemüsesalate** (dazu gehört auch Kartoffelsalat) sollten möglichst noch warm mariniert werden – und zwar mit Essig oder Zitrone, mit Brühe (auch Gemüsebrühe), Salz, Pfeffer und, wo nötig, mit einer Prise Zucker. So ziehen die Würzstoffe besser ein. Wenn Sie **Gemüse aus Dosen** verwenden: Gut abtropfen lassen, die Würzmarinade darübergießen und einige Stunden einziehen lassen. **Öl** kann gleich dazugegeben werden. Wenn Sie **Salat mit Mayonnaise** anmachen wollen (z. B. Spargel-, Blumenkohl-, Selleriesalat), sollten Sie ihn zuerst ohne Öl leicht marinieren und später, gut abgetropft, kurz vor dem Anrichten mit der Mayonnaisen-Sauce mischen. Das gilt auch für alle **Salate, die mit Crème fraîche, saurer oder süßer Sahne** angemacht werden – sie werden unansehnlich, wenn sie längere Zeit stehen. **Blattsalate und frische Kräuter** geben Sie ebenfalls erst beim Anrichten zu, damit der frische Geschmack erhalten bleibt. Das gilt vor allem für **Schnittlauch**, der bei längerem Stehen leicht einen unangenehm strengen Geschmack bekommt. **Zwiebeln** sollten Sie für Salate, die länger aufbewahrt werden sollen, immer entweder mit heißer Marinade oder mit kochendem Wasser übergießen (gleich abtropfen lassen), sonst werden sie bitter. Auch **Krautsalat** (von Weiß- oder Rotkohl) zieht besser durch und wird bekömmlicher, wenn Sie ihn mit kochendem Salzwasser kurz blanchieren. **Alle Salate**, die längere Zeit durchziehen, müssen vor dem Servieren noch einmal gründlich durchgemischt und abgeschmeckt werden. **Salate mit ausgelassenen Speckwürfelchen** (vor allem Kartoffelsalat) und mit **gebratenem Fleisch** werden mariniert, mit Speck oder Fleisch gemischt und noch lauwarm serviert.

Nudelsalat
Bandnudeln und Spaghetti bißfest kochen, abschrekken, abkühlen. In Sauce aus Thunfisch, Olivenöl, Zitrone, Pfeffer, Knoblauch und Kapern ziehen lassen. Mit abgezogenen, entkernten Tomaten mischen.

Gemüsesalat
Karotten, Erbsen, Champignons getrennt in wenig Salzwasser knapp garen. Abgetropft u. abgekühlt mit Mayonnaise mischen, mit feingehackter Senfgurke und Dill würzen. Mit Ei, (deutschem) Kaviar servieren.

Spargelsalat
Spargel knapp gar kochen, gut abtropfen, lauwarm mit Vinaigrette (neutrales Öl, weißer Weinessig oder Zitrone, 1 Pr. Zucker) mischen, gut durchziehen lassen. Mit hartgekochtem Ei und Petersilie bestreuen.

Balkansalat
Reife Bohnenkerne in Wasser ohne Salz garen, abtropfen. Noch warm in kräftig abgeschmeckte Vinaigrette (mit Knoblauch) geben. Dazu: roter Paprika (roh oder gegrillt und abgezogen), Petersilie, Kresse oder frisches Basilikum.

Geflügelsalat
Hühner- oder Putenbrust (gekocht oder gebraten, aber ohne Haut) mit Ananas, Staudensellerie, Apfel zu gleichen Teilen mischen. Mayonnaise mit Zitrone, Senf, wenig Curry würzen. Mit etwas Sahne verlängern.

Fleischsalat
Fleischwurst, kalten Bratenaufschnitt, Apfel, Gewürzgurke zu gleichen Teilen in feine Streifen schneiden. Mayonnaise mit Senf, Kapern, zerdrückten Sardellen würzen und untermischen.

Bohnensalat
Prinzeßböhnchen in Salzwasser (mit Bohnenkraut) knapp garen. Noch warm in eine Vinaigrette mit feingehackten Schalotten, schwarzem Pfeffer, Weinessig, Worcestershiresauce geben, ziehen lassen.

Heringssalat
Bismarckhering (oder Matjes), Apfel, Rote Bete, gekochte Kartoffel, Gewürzgurke zu gleichen Teilen würfeln, in einer Vinaigrette mit Senf, 1 Prise Zukker und gehackten Zwiebeln gut durchziehen lassen (am besten über Nacht).

Krabbencocktail
Frisee (oder andere Salatblätter) leicht mit Zitrone marinieren, Salatschalen damit auslegen. Krabben (oder Krebsfleisch) darauf häufeln. Mit Cocktailsauce begießen.

Reissalat mit Curry
Körnig gekochten, kalten Reis mit Krabben (oder Geflügelfleisch), Ananas, Bananen und kräftig gewürzter Curry-Mayonnaise mischen, gut durchziehen lassen. Geröstete Mandeln darüberstreuen.

Rindfleischsalat
Streifen von gekochtem Rindfleisch, rohem Paprika, frischer Gurke und Zwiebeln in einer Sauce aus Ketchup, Tabasco, Pfeffer, Salz, Essig, Knoblauch und Öl durchziehen lassen.

Wurstsalat
Fleischwurst und Gruyère-Käse (oder Emmentaler) mit einer Vinaigrette (weißer Weinessig, eine Spur Senf, weißer Pfeffer und etwas neutrales Öl) gut durchziehen lassen. Zum Servieren noch Schnittlauchröllchen darüberstreuen.

Für die Salatsauce die besten Zutaten

*Säure, Salz und Öl – das sind die Grundzutaten für (fast) jede Salatsauce. Es lohnt sich, diese Zutaten mit Aufmerksamkeit zu behandeln, denn sie bestimmen – unabhängig davon, was sonst noch an Würze dazukommt – das Ergebnis. **Salz:** Möglichst feinkörniges verwenden und darauf achten, daß die Kristalle in der Sauce gelöst sind, bevor das Öl zugegeben wird! Wenn Sie nachsalzen wollen: Salz mit Zwiebel- oder Knoblauchsaft lösen – oder mit einem Tropfen Wasser. **Säure:** Je besser der Essig, umso besser die Salatsauce und der Salat. Nehmen Sie nur reinen Weinessig, der zu 100% aus Wein gemacht ist, und achten Sie auf die Säure-Prozente (sie stehen auf dem Etikett): Die meisten Essig-Sorten haben 5% Säure. Französische, italienische und spanische Essige haben oft bis zu 7% Säure. Und das bedeutet, daß sie entsprechend sparsamer verwendet werden müssen. **Grundsätzlich gilt:** Seien Sie beim Anrühren der Sauce zunächst vorsichtig mit der Säure. Nachwürzen können Sie immer! Manchmal geben auch ein paar Spritzer Zitronensaft einem Salat den letzten Schliff. Für besonders zarte Salate sollten Sie sowieso nur Zitronensäure verwenden. Zusätzliche Säure kann auch durch Senf, Worcestershiresauce und Tomatenketchup in den Salat kommen. Auch säuerliche Früchte (Ananas, Orangen, Äpfel), eingelegte Gurken, Fischmarinaden (Bismarckhering, Anchovis) oder saure Sahne, Joghurt und andere Sauermilchprodukte (Dickmilch, Buttermilch) bringen zusätzliche Säure in die Salatsauce, was Sie natürlich bei der Essig-Menge berücksichtigen müssen. **Öl:** Ein neutrales Pflanzen-Öl ohne ausgeprägten Eigengeschmack paßt immer (Maiskeim-, Erdnuß-, Sonnenblumenöl). **Olivenöl** kann, wenn es nicht raffiniert, sondern kalt gepreßt ist („Olio vergine", „Jungfernöl"), einen intensiven Eigengeschmack haben, der sehr gut zu vielen Salaten aus der Mittelmeerküche paßt, bei anderen aber stören kann. Einen kräftigen Eigengeschmack haben auch **Traubenkern-** und **Nußöle**. Wo sie verwendet werden, sollte man mit anderen Würzen vorsichtig sein. Alle Öle müssen, wenn die Behälter einmal geöffnet sind, bald verbraucht werden. Kaufen Sie deshalb lieber Öl in kleinen Portionen und heben Sie es kühl und dunkel auf. **Pfeffer:** Sollte immer frisch gemahlen werden! Schwarzer würzt kräftiger als weißer. Leicht zerdrückter grüner Pfeffer gibt Vinaigrettes und Kräutermayonnaisen einen frischen pfeffrigen, aber nicht scharfen Geschmack. **Knoblauch:** Wird durch eine Knoblauchpresse in die Sauce gegeben oder mit der flachen Messerklinge auf wenig Salz zerdrückt. **Kräuter:** Möglichst immer erst unmittelbar vor dem Anrichten feingeschnitten unter den Salat mischen. **Zucker:** Eine Prise macht viele Salate erst richtig „rund". **Kleiner Tip:** Nehmen Sie Puderzucker, der sich leichter auflöst! Oder ersetzen Sie den Zucker durch flüssigen Honig oder Ahornsirup (in kleinsten Portionen!).*

REZEPTE, DIE ZU DIESEM KAPITEL PASSEN:

10. KAPITEL

EIER

- Was man vom Ei alles wissen muß
- Wie erkennt man ein frisches Ei?
- Wie man Eier kocht
- Gewichtsklassen
- Wie man Eier pochiert
- Wie man Eierstich macht
- Eier trennen
- Eischnee schlagen
- Eigelb schaumig rühren
- So macht man Rührei
- So macht man ein Omelett
- Alles über Schaumomelett und Soufflé
- Wie man deftige Eierkuchen und zarte Crêpes backt

Das gute alte – und zugegebenermaßen etwas langweilige – Rührei aufgemöbelt: mit kleinen Würstchen, Schmelzkäse und Paprikastückchen. Sieht nicht nur besser aus – schmeckt auch besser. Das Rezept auf Seite 116.

Eier alla Pizzaiola

Für 4 Portionen:
8 Eier
1 Dose geschälte Tomaten (530 g EW)
Salz, Pfeffer aus der Mühle
Paprikapulver (scharf)
1 Prise Zucker
1 Bund Petersilie
1 Glas Kapern (30 g)
2–3 El Olivenöl
etwas Oregano
Cayennepfeffer

Eier in kochendes Wasser geben und 8 bis 9 Minuten kochen lassen, abschrecken und pellen. Tomaten mit Flüssigkeit in eine große Pfanne geben, gelegentlich umrühren und so lange kochen lassen, bis die Flüssigkeit fast verdampft ist. Mit Salz, Pfeffer, Paprikapulver und Zucker kräftig abschmecken. Petersilie waschen und hacken, mit Kapern (ohne Flüssigkeit), Olivenöl und Oregano unter die Sauce rühren. Eier halbieren, auf der Sauce anrichten und mit etwas Cayennepfeffer bestäuben.

Vorbereitungszeit: 15 Minuten
Garzeit: 8–9 Minuten
Pro Portion etwa 16 g Eiweiß, 15 g Fett, 6 g Kohlenhydrate = 998 Joule (239 Kalorien)

Das paßt dazu: Gebuttertes Schwarzbrot.

Das passende Getränk: Ein italienischer Rotwein, z. B. ein Barolo.

Kleiner Tip: Die Sauce paßt auch zu frisch gekochten Nudeln.

Wichtig: Es gibt zwei Methoden, Eier zu kochen. Wir erklären sie Ihnen auf Seite 98.

Eier-Spinat-Auflauf

Für 4 Portionen:
1 kg frischer Spinat
Salz
6–8 Eier
50 g Butter
40 g Mehl
½ l Milch
Pfeffer aus der Mühle
Muskat
100 g geriebener Käse (Emmentaler)

Spinat putzen, waschen und in einem großen Topf mit Salzwasser kurz sprudelnd kochen lassen, bis er zusammengefallen ist. Gut abtropfen lassen (Wasser etwas herausdrücken).
Eier etwa 5 Minuten kochen, abschrecken und vorsichtig schälen.
40 g Butter in einem kleinen, hohen Topf schmelzen lassen, Mehl hineingeben und unter ständigem Rühren mit dem Schneebesen hellgelb schwitzen. Die kalte Milch unter ständigem Rühren nach und nach zugeben. Aufkochen lassen und unter Rühren 10 Minuten kochen. Mit Salz, Pfeffer und frisch geriebener Muskatnuß würzen. Feuerfeste Form mit etwas Butter ausfetten, Béchamelsauce und dann den Spinat in die Form geben. Spinat mit Pfeffer und etwas Salz würzen. Dann die Eier vorsichtig in den Auflauf hineindrücken. Mit grob geriebenem Käse bestreuen. Den Rest der Butter in Flöckchen darüber verteilen. In den Backofen geben und bei 250 Grad (Gas 5–6) etwa 10 Minuten backen.

Vorbereitungszeit: etwa 25 Minuten (mit Zubereitung der einzelnen Zutaten)
Garzeit: etwa 20 Minuten
Pro Portion etwa 30 g Eiweiß, 35 g Fett, 20 g Kohlenhydrate = 2236 Joule (534 Kalorien)

Das paßt dazu: Salzkartoffeln.

Das passende Getränk: Ein badischer Müller-Thurgau.

Wichtig: Auf Seite 28/29 erfahren Sie, wie Sie eine Mehlschwitze machen, ohne daß dabei Klümpchen entstehen.

Boda Nova

Buletten mit Trauben und Käse

(Im Foto links:)

Für 4 Portionen:
250 g Mett
250 g gemischtes Hack
2 Eier
1 Zwiebel
1 Brötchen
Salz, Pfeffer a. d. Mühle
je 50 g blaue und grüne Trauben
50 g Butterkäse
Für die Garnierung:
je 100 g blaue und grüne Trauben
20 g Butterschmalz oder Öl zum Braten

Aus Mett, gemischtem Hack, Eiern, feingehackter Zwiebel und eingeweichtem und gut ausgedrücktem Brötchen einen Fleischteig bereiten. Mit Salz und Pfeffer herzhaft würzen. Trauben waschen, für die Füllung halbieren und entkernen. Mit dem Butterkäse unter die Fleischfarce mischen. Vier gleich große Buletten daraus formen. Trauben für die Garnierung waschen, abtrocknen und beiseite stellen. Buletten im heißen Fett auf jeder Seite etwa 6 Minuten goldbraun braten. Anschließend mit den Trauben garnieren und servieren.

Vorbereitungszeit: 10 Minuten
Bratzeit: 12 Minuten
Pro Portion etwa 29 g Eiweiß, 46 g Fett, 21 g Kohlenhydrate = 2718 Joule (649 Kalorien)

Das paßt dazu: Bratkartoffeln, kleine Röstkartöffelchen oder ein frischer Salat.

Das passende Getränk: Ein herbes Pils.

Wichtig: Warum Sie Buletten, die Sie kalt essen wollen, immer in Öl braten müssen, erfahren Sie im 12. Kapitel: „Schweinefleisch" auf Seite 186.

Buletten mit Ei und Paprika

(Im Foto rechts:)

Für 4 Portionen:
4 kleine Eier (Gew.-Kl. 5)
250 g Mett
250 g gemischtes Hack
2 Eier
1 Zwiebel
1 Brötchen
Salz, Pfeffer a. d. Mühle
je 100 g rote, grüne und gelbe Paprikaschoten
Für die Garnierung:
je 50 g rote, grüne und gelbe Paprikaschoten
20 g Butterschmalz oder Öl zum Braten

Die vier kleinen Eier in 6 Minuten halb weich kochen, abschrecken und pellen.
Aus Mett, gemischtem Hack, restlichen Eiern, feingehackter Zwiebel und eingeweichtem und gut ausgedrücktem Brötchen einen Fleischteig bereiten. Mit Salz und Pfeffer herzhaft abschmecken. Roten, grünen und gelben Paprika geputzt und gewaschen in sehr feine Würfel schneiden und mit dem Hackteig verkneten. Je ein halbweich gekochtes Ei mit einem Viertel der Hackmasse umschließen. Die Paprikaschoten für die Garnierung in sehr feine Streifen schneiden. Buletten im heißen Fett auf jeder Seite etwa 6 Minuten goldbraun braten. Anschließend mit Paprikastreifen garnieren und servieren.

Vorbereitungszeit: 15 Minuten
Bratzeit: 12 Minuten
Pro Portion etwa 33 g Eiweiß, 48 g Fett, 13 g Kohlenhydrate = 2756 Joule (658 Kalorien)

Wichtig: Was Sie alles über die Herstellung, Aufbewahrung und Zubereitung von Hackfleisch wissen müssen, wird auf Seite 186 im 12. Kapitel: „Schweinefleisch" erklärt.

Pochierte Eier mit Petersiliencreme

Für 4 Portionen:
4 Schalotten
50 g Butter
1 Knoblauchzehe
2 Bund glattblättrige Petersilie
¼ l süße Sahne
Salz, Pfeffer a. d. Mühle
2 Eigelb, Essig
4 frische Eier (gut gekühlt)

Schalotten pellen und ganz fein würfeln, in der zerlassenen Butter glasig dünsten. Die durchgepreßte Knoblauchzehe zugeben. Petersilie hacken und ebenfalls untermischen, kurz mitdünsten, dann warm stellen.
In einem anderen Töpfchen die Sahne einkochen lassen, das Gemisch aus der Pfanne darunterrühren und mit Salz und Pfeffer würzen. Die beiden Eigelbe unterrühren. Creme nicht mehr kochen lassen, sondern nur noch warm halten. In einer Pfanne Salzwasser mit Essig erhitzen. Eier – eins nach dem anderen – in eine Tasse aufschlagen und aus der Tasse ins siedende Wasser in die Pfanne gleiten lassen. Mit zwei Löffeln vorsichtig das Eiweiß etwas um das Eigelb schieben. Eier nach 4 bis 5 Minuten mit der Schaumkelle herausheben, auf einer vorgewärmten Platte anrichten und mit der Petersiliencreme überziehen.

Vorbereitungszeit: 30 Minuten
Garzeit: 4–5 Minuten
Pro Portion etwa 10 g Eiweiß, 39 g Fett, 4 g Kohlenhydrate = 1780 Joule (425 Kalorien)

Das paßt dazu: Kartoffelpüree oder auch Roggenbrot.

Das passende Getränk: Ein Muscadet.

Wichtig: Wie Sie Eier pochieren, erfahren Sie auf Seite 100.

Zuppa Pavese

(Italienische Brühe mit Eigelb und gerösteten Brotscheiben)

Für 4 Portionen:
½ l Fleischbrühe
(evtl. Instant)
⅛ l trockener Weißwein
4 Scheiben Toastbrot
40 g Butter
1 Knoblauchzehe
4 Eigelb

Fleischbrühe mit dem Weißwein erhitzen. Toastbrotscheiben rund ausstechen. Butter in einer Pfanne schmelzen lassen, den gepellten Knoblauch dazupressen (oder in feine Scheiben geschnitten zugeben). Das Brot darin von beiden Seiten goldbraun braten, in vorgewärmte Teller legen, je 1 Eigelb darauf gleiten lassen, mit der heißen Suppe begießen und sofort servieren.

Vorbereitungszeit: 10 Minuten
Bratzeit: Toast je Seite 4 Min.
Pro Portion etwa 5 g Eiweiß, 16 g Fett, 13 g Kohlenhydrate = 1035 Joule (247 Kalorien)

Das paßt dazu: Zu dieser klassischen italienischen Suppe, die ein großes Menü einleiten kann, reichen Sie, wenn nötig, noch knuspriges Baguette.

Wichtig: Die Suppe wird natürlich noch besser, wenn Sie keine Instant-Brühe nehmen, sondern eine gute, kräftige Fleischbrühe kochen. Wie Sie die machen, lesen Sie ausführlich auf Seite 20/21 im 2. Kapitel: „Kochen im großen Topf".

Spiegeleier auf baskische Art

Für 4 Portionen:
400 g Zwiebeln
400 g rote Paprikaschoten
400 g Zucchini
1 große Dose Tomaten (400 g)
6 El Olivenöl
2 Knoblauchzehen
Salz, Pfeffer a. d. Mühle
1 El getrockneter Majoran
6–8 Eier

Zwiebeln in Ringe, Paprikaschoten in Streifen, Zucchini in Scheiben schneiden. Tomaten abtropfen lassen. In einer sehr großen oder zwei normalen Pfannen je 3 El Olivenöl erhitzen. In jede Pfanne die Hälfte der Zwiebelringe geben und glasig werden lassen. Dann das Gemüse auf die Pfannen verteilen und langsam schmoren lassen. Mit je 1 durchgepreßten Knoblauchzehe, Salz, Pfeffer und Majoran würzen, so lange schmoren, bis das Gemüse gar und der Gemüsesaft weitgehend verdunstet ist. Hitze herunterschalten. Über jeder Pfanne die Hälfte der Eier aufschlagen. Eiweiß mit der Gabel vorsichtig verteilen, Eigelb aber nicht zerstören. Braten, bis die Eier gestockt sind.

Vorbereitungszeit: etwa 15 Minuten
Garzeit: etwa 35 Minuten
Pro Portion etwa 17 g Eiweiß, 27 g Fett, 22 g Kohlenhydrate = 1750 Joule (418 Kalorien)

Wichtig: Wie Sie ein perfektes Spiegelei braten, ohne daß es in der Pfanne hängenbleibt, sagen wir Ihnen auf Seite 14 im 1. Kapitel: „Braten in der Pfanne“.

Käse-Soufflé

Für 4 Portionsformen:
300 g mittelalter Gouda
4 Eier (Gew.-Kl. 4)
3 Eiweiß
Butter zum Ausfetten der Formen

Den Gouda fein reiben. Eier trennen. Dem Eiweiß das zusätzliche Eiweiß zufügen. Vier kleine Formen (oder eine große Form) am Boden und unten am Rand mit etwas weicher Butter bepinseln.
Eiweiß zu einem kompakten, noch elastischen Schnee schlagen. Mit einem Spatel das Eigelb unter den Schnee mischen, dann den Gouda zugeben und ebenfalls untermischen.
Die Masse in Formen (oder Form) füllen und im Backofen (E 175 Grad C, Gas 2) auf der mittleren Einschubleiste 40 bis 45 Minuten backen und sofort servieren.

Vorbereitungszeit: etwa 20 Minuten
Backzeit: Portionsformen 40 Minuten, große Form 45 Minuten

Das passende Getränk: Ein badischer Weißherbst.

Kleiner Tip: Das Käsesoufflé ist ein leichter Imbiß, kann aber auch eine Vorspeise zu einem Festessen sein.

Wichtig: Es ist gar nicht schwierig, ein knuspriges Soufflé zu backen. Wenn Sie sich noch nicht so recht daran herantrauen, lesen Sie erst die Seite 103, auf der genau erklärt ist, wie es gemacht wird.

Frühlingssalat mit Wachteleiern

Für 4 Portionen als Vorspeise:
1 Kopfsalat
1 Bund Radieschen
1 Knolle Fenchel (etwa 250 g)
2 Stangen Staudensellerie (etwa 100 g)
1–2 Paprikaschoten (rot und grün, etwa 200 g)
150 g Emmentaler
10–12 Wachteleier (hart gekocht oder aus dem Glas, ersatzweise 2 kleine Hühnereier)
1 Kasten Kresse

Zutaten zur Salatsauce:
2 El Weinessig
1–2 Tl Senfpulver (ersatzweise 2 Tl scharfer Senf)
Salz
Pfeffer aus der Mühle
4 El Öl
1 Bund Schnittlauch (fein geschnitten)
100 g Crème fraîche

Kopfsalat in Blätter teilen, waschen, sehr gut abtropfen lassen und Portionsteller damit auslegen. Radieschen putzen, in Röschen schneiden. Fenchel, Staudensellerie und Paprikaschoten putzen und in schmale Streifen schneiden. Emmentaler in Würfel schneiden. Eier hart kochen (Wachteleier 5 bis 6 Minuten) beziehungsweise aus dem Glas nehmen, abspülen und gut abtropfen, danach halbieren. Alle Zutaten zusammen mit kleinen Kressesträußchen hübsch auf den Portionstellern arrangieren und mit der Salatsauce übergießen (nicht durchmischen!). Crème fraîche nach Geschmack darübergießen.

Zubereitungszeit: 15 Minuten
Pro Portion etwa 15 g Eiweiß, 26 g Fett, 12 g Kohlenhydrate = 1491 Joule (356 Kalorien)

Das paßt dazu: Wenn aus diesem kleinen Salat ein sättigendes Hauptgericht werden soll, servieren Sie außerdem Baguette oder Weißbrot dazu.

Das passende Getränk: Wenn überhaupt ein Wein dazu gereicht wird, dann ein kräftiger roter Landwein.

Wichtig: Natürlich hat ein kleines Wachtelei eine andere Garzeit als ein normales Hühnerei. Unter dem Stichwort „Eier, die nicht vom Huhn kommen“ auf Seite 98 erfahren Sie alles über Garzeiten von Wachtel-, Enten- und Möweneiern.

Gefüllte Eier

Bevor Sie die Eier füllen, müssen Sie eine Grundfüllung herstellen, die dann noch mit anderen Zutaten variiert werden kann. Die fertigen Füllungen kommen dann jeweils in einen Spritzbeutel und werden in die Eihälften gespritzt.

Grundmasse

Für 8 Eihälften:
4 Eier, 75 g Frischkäse

Die Eier 10 Minuten kochen, kalt abschrecken, abkühlen lassen, dann pellen und der Länge nach halbieren. Eigelb herausnehmen, durch ein Sieb streichen, mit dem Frischkäse verrühren.

Vorbereitungszeit: 10 Minuten
Garzeit: 10 Minuten
Pro Eihälfte etwa 5 g Eiweiß, 6 g Fett, 3 g Kohlenhydrate = 325 Joule (78 Kalorien)

Paprikafüllung
(obere Reihe links)

Für 8 Eihälften:
Grundmasse aus Eigelb und Frischkäse
1 kleine grüne Paprikaschote
Zucker, Salz, Pfeffer

Die Paprikaschote waschen und einen breiten Streifen zum Garnieren der Eier herausschneiden. Die Paprikaschote unter den Grill legen, bis ihre Haut fast schwarz geworden ist. Die Schote häuten, den Strunk mit den Kernen auslösen. Das Paprikafleisch in einem Tuch ausdrücken, anschließend pürieren und unter die Grundmasse rühren. Mit wenig Zucker, Salz und Pfeffer abschmecken. Füllung in die 8 Eihälften spritzen und mit Paprikastreifen garnieren.

Vorbereitungszeit: 10 Minuten
Grillzeit: 10 Minuten
Pro Eihälfte etwa 5 g Eiweiß, 6 g Fett, 2 g Kohlenhydrate = 339 Joule (81 Kalorien)

Zwiebelfüllung
(obere Reihe Mitte)

Für 8 Eihälften:
Grundmasse aus Eigelb und Frischkäse
50 g Zwiebeln, 10 g Butter
2 El süße Sahne, Salz

Die gepellten, sehr fein gehackten Zwiebeln in der Butter goldbraun braten, abkühlen lassen. Dann bis auf einen kleinen Rest zum Garnieren unter die Grundmasse mischen. Sahne unterrühren und mit Salz abschmekken. In die Eihälften spritzen und mit den restlichen Zwiebeln bestreuen.

Vorbereitungszeit: 20 Minuten
Garzeit: für die Zwiebel 5 Min.
Pro Eihälfte etwa 5 g Eiweiß, 8 g Fett, 1 g Kohlenhydrate = 414 Joule (99 Kalorien)

Tomatenfüllung
(obere Reihe rechts)

Für 8 Eihälften:
Grundmasse aus Eigelb und Frischkäse, 250 g Tomaten, Salz, Pfeffer

Die Tomaten (bis auf eine) brühen, kalt abschrekken, häuten, entkernen. Das Tomatenfleisch pürieren und in einem Tuch ausdrücken. Das Püree unter die Grundmasse mischen, mit Salz und Pfeffer abschmecken. In die Eihälften spritzen und mit der in Achtel geschnittenen restlichen Tomate garnieren.

Vorbereitungszeit: 20 Minuten
Zubereitungszeit: 15 Minuten
Pro Eihälfte etwa 5 g Eiweiß, 6 g Fett, 1 g Kohlenhydrate =336 Joule (80 Kalorien)

Kaviarfüllung
(mittlere Reihe links)

Für 8 Eihälften:
Grundmasse aus Eigelb und Frischkäse
2 El süße Sahne
Zitronensaft, Salz
75 g deutscher Kaviar

Grundmasse mit Sahne verrühren, mit Zitronensaft und Salz würzen. Kaviar (bis auf einen Rest) untermischen. Füllung in die Eihälften spritzen und mit Kaviar garnieren.

Vorbereitungszeit: 20 Minuten
Zubereitungszeit: 10 Minuten
Pro Eihälfte etwa 6 g Eiweiß, 7 g Fett, 1 g Kohlenhydrate = 410 Joule (98 Kalorien)

Meerrettichfüllung
(mittlere Reihe Mitte)

Für 8 Eihälften:
Grundmasse aus Eigelb und Frischkäse, 20 g frisch geriebener Meerrettich
1 El süße Sahne, Salz

Meerrettich (bis auf einen Rest) unter die Grundmasse rühren. Die Sahne untermischen, mit Salz abschmecken. Füllung in die Eihälften spritzen und mit den restlichen Meerrettichraspeln garnieren.

Vorbereitungszeit: 20 Minuten
Zubereitungszeit: 10 Minuten
Pro Eihälfte etwa 5 g Eiweiß, 6 g Fett, 1 g Kohlenhydrate = 344 Joule (82 Kalorien)

Pastetenfüllung
(mittlere Reihe rechts)

Für 8 Eihälften:
Grundmasse aus Eigelb und Frischkäse
100 g feine Leberpastete (Dose), 2 El süße Sahne
Salz, Pfeffer

Grundmasse mit Leberpastete und Sahne verrühren, mit Salz und Pfeffer abschmecken. Füllung in die Eier spritzen und mit grob gemahlenem Pfeffer garnieren.

Vorbereitungszeit: 20 Minuten
Zubereitungszeit: 10 Minuten
Pro Eihälfte etwa 7 g Eiweiß, 8 g Fett, 1 g Kohlenhydrate = 439 Joule (105 Kalorien)

Krabbenfüllung
(untere Reihe links)

Für 8 Eihälften:
Grundmasse aus Eigelb und Frischkäse
50 g Krabbenfleisch
Zitronensaft, 2 El süße Sahne, Salz, Pfeffer

Krabben mit Zitronensaft beträufeln. Grundmasse mit Sahne verrühren, salzen und pfeffern. Füllung in die Eihälften spritzen, mit den Krabben belegen.

Vorbereitungszeit: 20 Minuten
Zubereitungszeit: 10 Minuten
Pro Eihälfte etwa 6 g Eiweiß, 7 g Fett, 1 g Kohlenhydrate = 368 Joule (92 Kalorien)

Speckfüllung
(untere Reihe Mitte)

Für 8 Eihälften:
Grundmasse aus Eigelb und Frischkäse
80 g Frühstücksspeck (Scheiben), 2 El süße Sahne, Salz, Pfeffer

Die Speckscheiben in einer Pfanne kroß ausbraten. Bis auf einen Rest in Würfelchen schneiden und mit der Sahne unter die Grundmasse mischen, mit Salz und Pfeffer abschmecken. Füllung in die Eihälften spritzen und mit Speckstreifen garnieren.

Vorbereitungszeit: 20 Minuten
Bratzeit: für den Speck 5 Min.
Pro Eihälfte etwa 6 g Eiweiß, 13 g Fett, 1 g Kohlenhydrate = 668 Joule (160 Kalorien)

Avocadofüllung
(untere Reihe rechts)

Für 8 Eihälften:
Grundmasse aus Eigelb und Frischkäse
1 große reife Avocado
2 El Zitronensaft
1 El süße Sahne
Salz, Pfeffer

Avocado schälen, den Kern entfernen, aus dem Fleisch 8 Ringe zum Garnieren der Eier herausschneiden. Ringe gleich mit Zitronensaft beträufeln. Das restliche Fruchtfleisch pürieren, mit der Grundmasse, etwas Zitronensaft und Sahne mischen, mit Salz und Pfeffer abschmecken. Die Avocadoringe auf die Eihälften legen, die Füllung hineinspritzen.

Vorbereitungszeit: 20 Minuten
Zubereitungszeit: 15 Minuten
Pro Eihälfte etwa 5 g Eiweiß, 13 g Fett, 2 g Kohlenhydrate = 622 Joule (149 Kalorien)

Mayonnaise

(Grundrezept)

Für ⅛ Liter:
1 Eigelb
Salz, Pfeffer a. d. Mühle
1 Tl Zitronensaft
⅛ l Pflanzenöl

Das Eigelb mit Salz, Pfeffer und dem Zitronensaft verquirlen. Das Öl erst tropfenweise, dann im dünnen Strahl unter ständigem Rühren (Schneebesen oder Quirle vom Handrührer) zugeben.

Zubereitungszeit: 10 Minuten
Ergibt etwa 6 g Eiweiß, 137 g Fett, 0 g Kohlenhydrate = 5502 Joule (1310 Kalorien)

Schinkensauce

(Im Foto oben links)

Für ¼ Liter:
1 Grundrezept Mayonnaise
75 g Joghurt (3,5 % Fett)
250 g roher Schinken (gewürfelt)
1 El grüner Pfeffer

Mayonnaise nach dem Grundrezept zubereiten. Erst den Joghurt unterziehen, dann den gewürfelten Schinken und den grünen Pfeffer unterrühren.

Zubereitungszeit: 15 Minuten
Ergibt etwa 52 g Eiweiß, 228 g Fett, 10 g Kohlenhydrate = 9737 Joule (2375 Kalorien)

Französische Sauce

(Im Foto oben Mitte)

Für ¼ Liter:
1 Grundrezept Mayonnaise
150 g Boursin mit Kräutern
150 g Magermilchjoghurt
2 Tl Senf
1 Bd. Schnittlauch in Röllchen
Worcestershiresauce
Tabasco
Sojasauce

Mayonnaise nach dem Grundrezept zubereiten. Zerbröckelten Käse, Joghurt und Senf unterziehen. Schnittlauchröllchen zugeben. Mit Worcestershiresauce, Tabasco und Sojasauce herzhaft pikant abschmecken.

Zubereitungszeit: 15 Minuten
Ergibt etwa 28 g Eiweiß, 185 g Fett, 10 g Kohlenhydrate = 7933 Joule (1953 Kalorien)

Gewürzsauce

(Im Foto oben rechts)

Für ¼ Liter:
1 Grundrezept Mayonnaise
150 g Doppelrahmfrischkäse
4 hartgekochte Eier (fein gewürfelt)
100 g Cornichons (fein gewürfelt), 1 El Kapern
1 Bd. Petersilie (gehackt)
Salz, Pfeffer a. d. Mühle
4 El Gurkenwasser

Mayonnaise nach dem Grundrezept zubereiten. Zerbröckelten Käse, Eierwürfel, gewürfelte Cornichons, Kapern und Petersilie unterziehen. Mit Salz, Pfeffer und Gurkenwasser herzhaft abschmecken.

Zubereitungszeit: 25 Minuten
Ergibt etwa 49 g Eiweiß, 191 g Fett, 6 g Kohlenhydrate = 8384 Joule (2045 Kalorien)

Teufelssauce

(Im Foto unten links)

Für ¼ Liter:
1 Grundrezept Mayonnaise
6 El Tomatenketchup
6 El Paprikaketchup
1 kleine Zwiebel (fein gehackt)
2 El Mangosauce
Tabasco, Angostura
Salz, Pfeffer a. d. Mühle

Mayonnaise nach dem Grundrezept zubereiten. Ketchup und Zwiebel unterrühren. Mit Gewürzen scharf abschmecken.

Zubereitungszeit: 15 Minuten
Ergibt etwa 18 g Eiweiß, 137 g Fett, 120 g Kohlenhydrate = 7544 Joule (1840 Kalorien)

Indische Sauce

(Im Foto unten Mitte)

Für ¼ Liter:
1 Grundrezept Mayonnaise
75 g Magermilchjoghurt
200 g säuerliche Äpfel (fein gewürfel)
3 El Kokosraspeln
1–2 Tl Zitronensaft
1 Tl Curry
Salz, Zucker

Mayonnaise nach dem Grundrezept zubereiten. Joghurt, Äpfel und Kokosraspeln untermischen. Mit Zitronensaft, Curry würzen. Mit Salz und Zucker abschmecken.

Zubereitungszeit: 15 Minuten
Ergibt etwa 1 g Eiweiß, 153 g Fett, 49 g Kohlenhydrate = 6826 Joule (1665 Kalorien)

Aioli

(Italienische Knoblauchsauce, im Foto unten rechts)

Für ¼ Liter:
2 Grundrezepte Mayonnaise
4 Knoblauchzehen

Mayonnaise nach dem Grundrezept zubereiten. Knoblauchzehen pellen, durch die Presse direkt zur Mayonnaise geben, gut unterrühren.

Zubereitungszeit: 15 Minuten
Ergibt etwa 6 g Eiweiß, 137 g Fett, 0 g Kohlenhydrate = 5502 Joule (1310 Kalorien)

Wichtig: Auf Seite 88 wird in Text und Bild genau erklärt, wie man eine gute Mayonnaise macht.

Blaubeer-Bavarois

(Bayerische Creme)

Für 6–8 Portionen:
6 Blatt weiße Gelatine
6 Blatt rote Gelatine
750 g Blaubeeren
200 g Puderzucker
4 El Zitronensaft
6 Eigelb
⅝ l süße Sahne

Gelatine in kaltem Wasser einweichen. Blaubeeren verlesen, waschen, in einem Durchschlag abtropfen lassen. Die Hälfte der Blaubeeren mit 100 g Puderzucker und Zitronensaft pürieren. Gelatine tropfnaß bei milder Hitze auflösen und unter die pürierten Beeren rühren. Eigelb mit 2 El Wasser und dem restlichen Puderzukker schaumig rühren, zur Blaubeermasse rühren, kalt stellen. ½ l Sahne steif schlagen. Wenn die Blaubeermasse anfängt zu stocken, die geschlagene Sahne unterheben. Die Masse in eine Glasschüssel (oder in eine Puddingform) füllen. Die Creme 3 bis 4 Stunden (besser noch über Nacht) kalt stellen. (Soll die Creme gestürzt werden, hält man die Form vorher kurz in warmes Wasser.) Blaubeer-Bavarois vor dem Servieren mit den restlichen Blaubeeren und der restlichen geschlagenen Sahne dekorieren.

Vorbereitungszeit: 30 Minuten
Kühlzeit: mindestens 3–4 Stunden
Pro Portion (bei 6 Portionen) 9 g Eiweiß, 40 g Fett, 54 g Kohlenhydrate = 2620 Joule (625 Kalorien)

Wichtig: „Eigelb schaumig rühren" klingt so einfach. Ist es auch. Was es damit für eine Bewandtnis hat, lesen Sie auf Seite 101 ganz ausführlich.

Crème Renversée au Caramel

(Gestürzte Creme mit Karamel)

Für 4 Portionen:
½ Vanilleschote
½ l Milch
100 g Zucker
4 Eier
75 g Zucker für Karamelschicht

Die Vanilleschote mit einem Messer aufschlitzen. Mark herauskratzen und mit der Schote in die Milch geben. Milch erhitzen, Zucker zugeben und das Ganze zum Kochen bringen.
Eier in eine Schüssel geben und mit den Quirlen des Handrührers etwa 2 Minuten schaumig rühren. Dann die kochend heiße Milch übergießen und weitere 10 Minuten rühren. (Wichtig, damit die Creme sehr schaumig wird!) Eine flache, feuerfeste Puddingform oder Schüssel auf den Herd stellen, darin die 75 g Zukker für die Karamelschicht ohne Wasser oder Fett bräunen. Die Creme durch ein Sieb gießen und über den Karamel gießen. Wasser in die Saftpfanne des Bratofens geben. Form hineinstellen. Die Creme bei 100 Grad (Gas 1) ungefähr 60 Minuten darin garen lassen. Herausnehmen und kalt stellen. Die Seiten mit einem Messer lösen und stürzen. Die Creme als Nachtisch kalt servieren.

Vorbereitungszeit: etwa 30 Minuten
Garzeit: etwa 60 Minuten
Pro Portion etwa 11 g Eiweiß, 10 g Fett, 53 g Kohlenhydrate = 1421 Joule (339 Kalorien)

Wichtig: Bevor Sie dieses Rezept nachkochen, sollten Sie unbedingt das 7. Kapitel „Garen im Wasserbad“ lesen.

Schokoladen-pudding

Für 6–8 Portionen:
125 g bittere Schokolade
125 g Vollmilch-schokolade
5 g Butter für die Form
250 g Butter
250 g Zucker
6 Eier (getrennt)
2 El Mehl

Schokolade im Wasserbad schmelzen lassen. Inzwischen Puddingform und ihren Deckel gut ausfetten. Butter schaumig rühren, Zucker und Eigelb im Wechsel zugeben. So lange rühren, bis sich der Zucker gelöst hat. Dann die geschmolzene, etwas abgekühlte Schokolade unterrühren. Zum Schluß das Mehl unterziehen. Eiweiß sehr steif schlagen, vorsichtig unterheben. Puddingform zu ⅔ mit der Masse füllen, gut verschließen. 1½ bis 1¾ Stunde im Wasserbad leise kochen. 5 Minuten in der Form ruhen lassen, dann öffnen. Ränder mit spitzem Messer lösen, stürzen. Warm oder kalt servieren.

Vorbereitungszeit: 20 Minuten
Garzeit: 1½ – 1¾ Stunde
Pro Portion etwa 9 g Eiweiß, 44 g Fett, 59 g Kohlenhydrate = 2950 Joule (704 Kalorien)

Das paßt dazu: Eine Vanilleschaumsauce, die mit Mandelsplittern bestreut wird.

Wichtig: Das Gelingen dieses Puddings hängt sehr davon ab, daß das Eiweiß auch wirklich richtig steifgeschlagen ist. Was Sie dabei beachten müssen, erfahren Sie auf Seite 101 unter dem Stichwort „Eischnee schlagen“.

Himbeer-Crêpes mit Pistazien

Für 4 Portionen:
40 g Mehl
⅛ l Milch
1 Ei (Gew.-Kl. 2)
1 Prise Salz
500 g Himbeeren
150 g Johannisbeergelee
4 El Himbeergeist
50 g Pistazienkerne
100 g Crème fraîche
10 g Butterschmalz
einige Johannisbeerrispen zum Garnieren

Mehl in eine Schüssel geben. Mit Milch, Ei und Salz gut verrühren und 10 Minuten ruhen lassen. Himbeeren verlesen und mit dem Johannisbeergelee und 3 El Himbeergeist bei milder Hitze unter vorsichtigem Umrühren mischen. Pistazien hakken, Crème fraîche mit dem restlichen Himbeergeist mischen.
Eine Pfanne dünn mit Butterschmalz auspinseln und aus dem Teig 4 dünne Crêpes backen. Auf eine Hälfte jeweils ein Viertel der Früchte und die Crème fraîche geben, die andere Seite darüberschlagen. Die gehackten Pistazien über die Crêpes streuen, mit den gewaschenen, trockengetupften Johannisbeeren garnieren. Und sofort servieren.

Vorbereitungszeit: etwa 20 Minuten
Backzeit: insgesamt etwa 10 Minuten
Pro Portion etwa 9 g Eiweiß, 20 g Fett, 46 g Kohlenhydrate = 1697 Joule (403 Kalorien)

Wichtig: Sie sollten auf Seite 104 das Stichwort „Eierkuchen und Crêpes“ nachlesen, wenn Sie noch keine Crêpes gebacken haben.

Schnee-Eier in Vanillesauce

Für 4 Portionen:
4 Eier (getrennt)
130 g Zucker
1 l Milch
1 Vanilleschote
50 g Zucker für Karamel

Eier trennen. Eiweiß sehr steif schlagen. 50 g Zucker zugeben und noch etwas weiterschlagen. Milch in einem breiten Topf erhitzen. Vanilleschote längs aufschneiden, Mark herauskratzen, zusammen mit der Schote in die Milch geben. Milch zum Kochen bringen.
Mit 2 Eßlöffeln Klößchen aus der Eiweißmasse ausstechen und in die heiße Milch geben (insgesamt 20 Stück). Jedes Eiweißklößchen auf jeder Seite ½ Minute garen lassen, herumdrehen und auf der anderen Seite wieder ½ Minute garen lassen. Dann die Klößchen herausnehmen und nebeneinander auf eine Platte legen. Kalt werden lassen. In der Zwischenzeit die Creme zubereiten. Dazu ½ l der Vanillemilch durch ein Sieb gießen und aufkochen. Eigelb mit 80 g Zucker verquirlen und mit der kochenden Milch übergießen. Unter Rühren (mit den Quirlen des Handrührers) erhitzen und einmal hoch kommen, aber nicht kochen lassen! Die dünne Creme in eine flache Schüssel gießen und kalt werden lassen, Schnee-Eier daraufsetzen.
Die restlichen 50 g Zucker in einer Pfanne karamelisieren lassen, bis er goldbraun ist, und dann in feinem Strahl sehr schnell über den Schnee-Eiern verteilen.

Vorbereitungszeit: etwa 20 Minuten
Garzeit: etwa 15 Minuten
Pro Portion etwa 11 g Eiweiß, 11 g Fett, 51 g Kohlenhydrate = 1476 Joule (353 Kalorien)

Wichtig: Eiweiß kann nur richtig steif geschlagen werden, wenn nicht ein Tröpfchen vom Eigelb mit in das Eiweiß fällt. Deshalb ist es wichtig, Eier perfekt zu trennen. Wie Sie es richtig machen, können Sie auf Seite 101 unter dem Stichwort „Eier trennen" nachlesen.

Crêpes mit frischen Aprikosen und heißer Schokolade

Für 4–5 Portionen:
500 g Aprikosen
6 El Aprikosenlikör
40 g Mehl
knapp ¼ l Milch
1 Prise Salz
1 Prise Zucker
2 Eier
30 g Butter
⅛ l süße Sahne
1 Tafel Mokka-Sahne-Schokolade

Reife, saftige Aprikosen mit kochendem Wasser überbrühen, mit kaltem Wasser abschrecken und vorsichtig häuten. Steine auslösen und Früchte in Spalten schneiden, im Aprikosenlikör zugedeckt ziehen lassen. Mehl mit Milch, Salz und Zucker verrühren, mindestens eine halbe Stunde ausquellen lassen, dann die Eier unterrühren.
Eine Crêpes-Pfanne leicht ausfetten, eine dünne Schicht Teig einfüllen und Crêpe schnell hellgelb backen. So nacheinander 8 bis 10 Crêpes backen. Teig vor dem Einfüllen jedesmal gut umrühren, Pfanne leicht einfetten. Fertige Crêpes im auf 50 Grad vorgeheizten Backofen warm stellen, dabei abdecken, damit sie nicht austrocknen. Während der Backzeit Sahne erwärmen, Schokolade in Stückchen brechen und darin schmelzen lassen (bei milder Hitze!).
Zum Schluß Aprikosen abtropfen lassen, die heißen Crêpes damit füllen und einzeln aufrollen, auf vorgewärmte Teller legen. Aprikosenlikör vom Marinieren in die heiße Schokoladensauce rühren und die Crêpes damit übergießen. Sofort servieren!

Vorbereitungszeit: 20 Minuten
Zubereitungszeit: 40 Minuten
Pro Portion (bei 5 Portionen) etwa 8 g Eiweiß, 23 g Fett, 31 g Kohlenhydrate = 1822 Joule (435 Kalorien)

Das passende Getränk:

Wichtig: Es ist gar nicht so einfach, Früchte zu pellen, ohne daß dabei das Fruchtfleisch kaputtgeht. Im 21. Kapitel: „Früchte" zeigen wir Ihnen auf Seite 547, wie es richtig gemacht wird.

11. KAPITEL
RIND- UND KALBFLEISCH

- **Immer vom Besten: Steaks, Filet und Roastbeef**
- **Rindfleisch gekocht und roh**
- **Der große Braten: Pfaffenstück und Kalbsnierenbraten**
- **Die weniger edlen Teile von Rind und Kalb: Kalbshaxe und Ochsenschwanz**
- **Innereien für Feinschmecker**
- **Was wofür von Rind und Kalb?**

Das „Pfaffenstück", ein großer Schmorbraten vom Rind – hier mit jungen Möhren, kleinen Zwiebeln und Röstkartoffeln serviert – macht viel weniger Arbeit, als Sie denken, und reicht für viele Gäste (siehe Seite 142).

Der große Braten

Er ist zwar ein wenig aus der Mode gekommen, aber immer noch ein lohnendes Geduldsstück. Denn mit einem schönen Stück Fleisch und einer kräftigen Sauce kann man viele Esser glücklich machen. Große Bratenstücke vom Rind sind preiswerter als die Edelstücke Filet und Roastbeef, sie erfordern aber auch weniger Aufmerksamkeit, sind nicht so heikel und gelingen selbst dann, wenn die Fleischqualität nicht absolut erstklassig ist. Das einzige, was der große Braten braucht, ist Zeit. Man muß Geduld mit ihm haben und ihn schön langsam mehr schmoren als braten.

Schmorbraten

Fast immer wird der große Rinderbraten in Fett rundum braun angebraten und unter Zugabe von Brühe/Wein im geschlossenen Topf (Herd oder Ofen) geschmort. **Garzeit:** für 1½ bis 2 kg mindestens 3 Stunden bei 180 Grad. Das „Pfaffenstück“ aus der Keule hier (und auf dem Titel) wird ohne Anbraten auf Speckscheiben, Gemüse und Kräutern 4 bis 5 Stunden (4 kg) mehr gekocht als geschmort.

1

Wichtig: Der schwere Deckeltopf muß so groß sein, daß das Pfaffenstück genau hineinpaßt. Unten Speck, Zwiebeln, Möhren, Petersilie. Gewürze: Basilikum, Thymian, Estragon, Pfefferkörner, Nelke und Lorbeer.

2

Dann kommen noch einmal Kräuter aufs Fleisch, das jetzt wieder mit Speckscheiben (insgesamt 200 g) belegt wird. ¾ l Brühe werden aufgegossen. Die Sauce wird entfettet und durch ein Sieb gerührt.

Kalbsnierenbraten

Wer heute beim Fleischer einen Kalbsnierenbraten verlangt, bekommt ihn in der Regel als Rollbraten. Würziger und kräftiger schmeckt er allerdings „wie gewachsen“: vom Kalbssattel mit Knochen geschnitten, mit dem darunter angewachsenen Filet und einer Niere. So läßt er sich auch besser aufschneiden – Rollbratenscheiben zerfallen. Der Braten wird mit einem Hauch Thymian gewürzt, die Sauce mit saurer Sahne und Pilzen verfeinert. **Wichtig:** Kalbfleisch wird immer offen (und möglichst im eigenen Fett) gebraten, damit sich genügend Röststoffe (und damit mehr Geschmack) bilden.

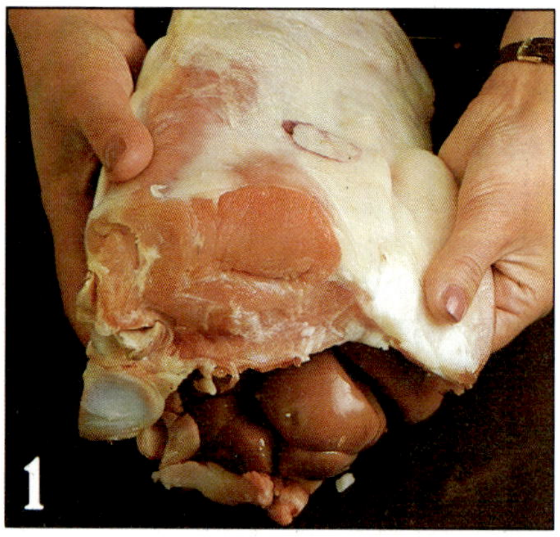

1

Kalbsnierenbraten „wie gewachsen“: ein Kotelettstrang (Sattel, Karree) mit Rükken- und Rippenknochen, außen die Fetthaut, unten die Niere.

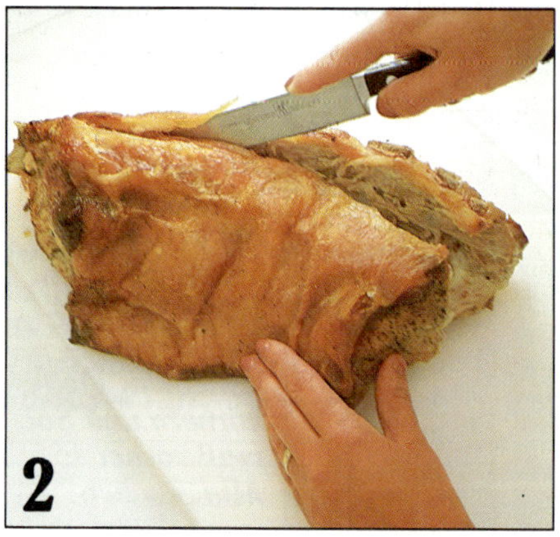

2

Der fertige Braten wird (vorher mit heißem Fett begossen, dann offen in der Ofenpfanne gebraten) so tranchiert: Erst vom Rückenknochen losschneiden, dann mit einem glatten Schnitt von den Rippen lösen.

3

Immer abwechselnd anrichten: eine Scheibe Fleisch, eine Scheibe von der Niere. Sie gart übrigens schonend im Schutz des Bratens unter dem Rippenbogen. Bratzeit: 2 Kilo brauchen etwa 2½ Stunden bei 200 Grad.

Die weniger edlen Teile

Brust, Schulter und Haxen vom Kalb enthalten außer dem Muskelfleisch sehr viel Bindegewebe und vor allem Sehnen. Wenn man versucht, diese Teile „trocken“, also im Ofen oder in der Pfanne, zu braten, werden Sehnen und Bindegewebe zäh und hart, der Braten läßt sich auch mit den besten Zähnen nicht zerkleinern. Hier helfen nur milde Hitze und reichlich Feuchtigkeit: Dann quellen sie auf und machen das Fleisch saftig und zart. Allerdings: Viel Eigengeschmack hat das helle Kalbfleisch nicht. Einfach nur gekocht gibt es ein eher fades Krankensüppchen. Hier zwei Möglichkeiten, es weich, saftig und herzhaft aromatisch zu machen: Entweder zunächst mit Suppengrün und Gewürzen kochen, dann zum Überbräunen in den Ofen schieben (s. Kalbshaxe). Oder (möglichst im eigenen Fett) bei milder Hitze so lange geschlossen andünsten, bis sich das Fleisch ganz leicht bräunt, dann heiße Brühe zugießen und schmoren und kochen, bis es weich ist (Schulter/Ragout).

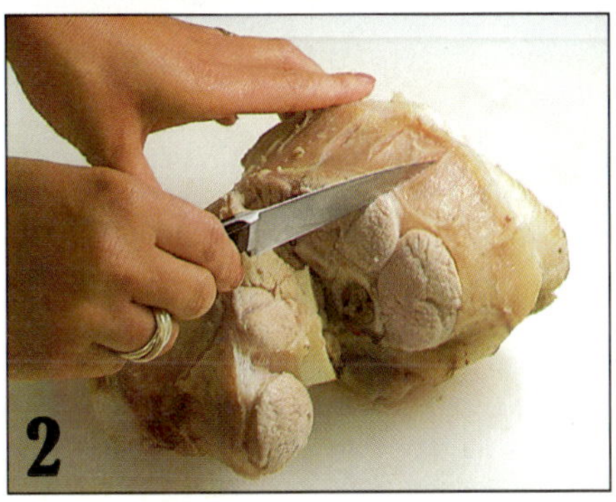

Die Kalbshaxe wird vom Fleischer halb durchgesägt, mit Zwiebeln und Lorbeerblatt (1) etwa 45 Min. gekocht, bis sich die Schwarte leicht einschneiden läßt (2). Die Haxe wird in die Ofenpfanne gelegt, mit heißer Butter begossen und bei milder Hitze braun und knusprig gebraten (1 Stunde bei 180 Grad). Zwischendurch immer wieder mit Bratensaft oder Brühe bepinseln (3).

Beispiel: Ochsenschwanz

Die knorpeligen, sehnigen Teile vom Rind (Brust, Haxen bzw. Waden, Ochsenschwanz) sind immer für eine kräftige Brühe gut, denn das Fleisch hat genügend Eigengeschmack. Zur Delikatesse wird preiswerter Ochsenschwanz, wenn man ihn kräftig anbrät und anschließend bei milder Hitze schmort (Ragout) oder mit reichlich Brühe kocht (Suppe). Wadenfleisch wird, gewürfelt und ebenfalls angebraten, zu einem wichtigen Bestandteil eines echten Rindsgulasch. **Wichtig:** Langsam und lange bei milder Hitze schmoren bzw. kochen!

Ochsenschwanz vom Fleischer in den Knorpeln teilen lassen. Stücke in heißem Fett ringsum braun braten. Gewürfeltes Suppengemüse und Zwiebeln zugeben, ebenfalls bräunen.

Wenig Brühe angießen, einkochen lassen, bis das Fett erneut brutzelt, wieder aufgießen. Vorgang öfter wiederholen. Zum Schluß Tomatenmark mit anbraten. Mit Brühe oder Wein fertig garen.

Was Feinschmecker lieben: Innereien

Es gibt Leute, die schütteln sich schon, wenn sie nur davon hören – sie sollten hier schnell weiterblättern. Wer's aber mal probiert hat (am besten zuerst in einem guten Restaurant), der weiß, daß es sich lohnt, Mühe und Aufmerksamkeit zu investieren. Alle Innereien, zu denen außer den auf diesen Seiten abgebildeten Nieren, Leber und Bries auch noch Herz, Hirn, Milz, Lunge, Magen (Kutteln) sowie (küchentechnisch) Zunge und Mark gerechnet werden, haben ihren eigenen, ganz spezifischen Geschmack und oft eine ganz andere Konsistenz als Fleisch. Sie sind mineralstoff-, vitamin- und eiweißreich, zugleich fettarm (bis auf das Mark), dabei leicht verdaulich, wenn man sie nicht „totkocht". Das gilt – außer für Nieren und Leber – vor allem für **Herz.** Bei starker Hitze (in der Pfanne oder im Ofen) wird es sehr fest. Besser ist Schmoren oder Kochen bei milder Hitze (Kalbsherz etwa 1 Stunde, Rinderherz bis zu 2½ Stunden). **Zunge** wird immer gekocht, mit Suppengrün, Zwiebel, Lorbeerblatt, Pfeffer- und Gewürzkörnern. Wenn sie weich ist (Kalbs-, Lamm- und Schweinezunge in 1 Stunde, Rinderzunge in 3 Stunden), abschrecken, Haut abziehen und in Scheiben geschnitten, mit Saucen oder paniert, gebraten servieren. Noch länger kochen müssen **Kutteln** (Kaldaunen, Fleck – der Pansen oder Vormagen vom Rind). Sie werden meist vorbereitet und gekocht vom Fleischer geliefert und dann nur noch kurze Zeit in einer würzigen Sauce geschmort. Ebenfalls gekocht wird die **Lunge** (Lüngerl, Beuscherl), mit den gleichen Gewürzen wie Zunge, danach feingeschnitten oder gehackt zu Ragout oder Suppe. **Hirn** muß immer ganz frisch verarbeitet und zunächst etwa 30 Min. gewässert werden, um das Blut zu entfernen. Danach Häutchen abziehen, vorher auch kurz brühen oder 15 Min. in leichtem Essig-Salz-Wasser sieden. Grob gehackt mit Zwiebeln und Ei schmoren oder in Scheiben mit Butter und Kapern braten. **Milz** wird aus ihrer Haut geschabt oder abgezogen und zu Suppen oder Klößchen verarbeitet. (Gewürze: Salbei, Majoran, Zwiebeln, Pfeffer, Paprika).

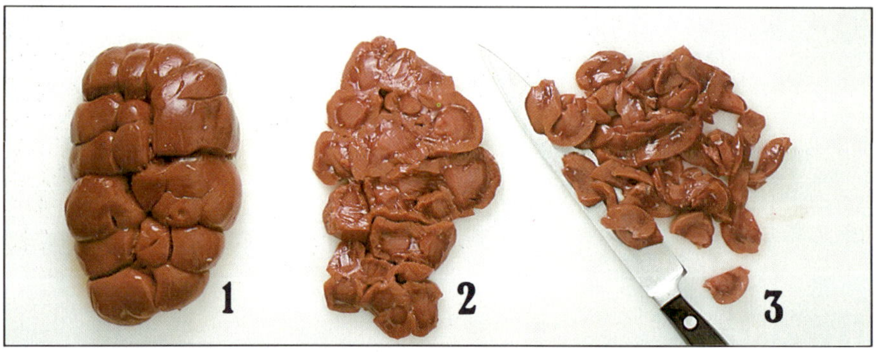

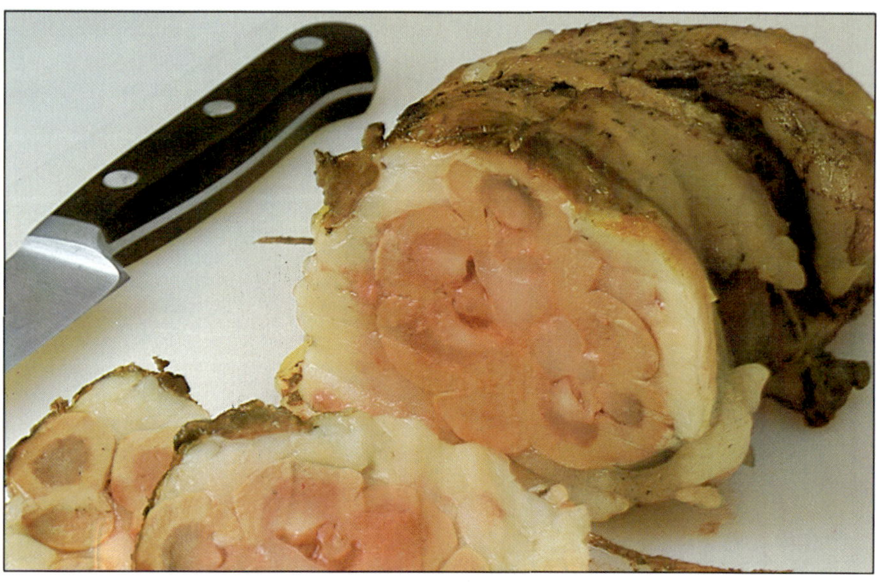

Nieren für Kenner

*Die **Nieren** von Kalb und **Rind** (1) haben (im Gegensatz zu denen von Schwein und Lamm mit der typischen glatten „Nierenform") viele nußgroße Kammern. Sie sind von einem Fettpanzer umgeben, der meist schon vom Fleischer abgelöst wird. Nur **Kalbsnieren** werden manchmal im ganzen gebraten (Foto unten), dazu läßt man etwa 1 cm vom Fettrand stehen. **Garzeit:** etwa 45 bis 60 Minuten im Ofen oder am Grillspieß. Alle anderen Nieren werden der Länge nach aufgeschnitten, von allem Fett und den weißen Harnsträngen befreit (2) und anschließend gut gewaschen oder sogar gewässert (besonders die strengen Rinder- und Schweinenieren bis zu 1 Stunde). Vor dem Braten gut trockentupfen, in Scheibchen schneiden (3). Nicht zu lange garen und erst nachher salzen, sie werden sonst hart! **Garzeit:** je nach Dicke der Stücke 4 bis 6 Minuten. **Gewürze:** Pfeffer, Paprika, Thymian, Basilikum, Rosmarin, Zwiebeln, Knoblauch und Pilze. **Wichtig:** Ein Stück Rinderniere macht Brühen und Eintöpfe besonders herzhaft.*

Bries - eine Rarität

Bries, auch Milcher, Midder oder Schweser genannt, gibt es nur bei Kalb und Lamm. Es ist die Thymusdrüse, eine Wachstumsdrüse, die sich später zurückbildet. Bries hat eine ähnliche Struktur wie Hirn, aber eine festere Konsistenz. Sie bekommen es nur auf Vorbestellung und sollten es immer ganz frisch verwenden. Nach der Vorbereitung wird es gebraten oder in Sauce geschmort. **Gewürze:** Kapern, Pilze, Wein, Paprika, Tomaten, Zwiebeln.

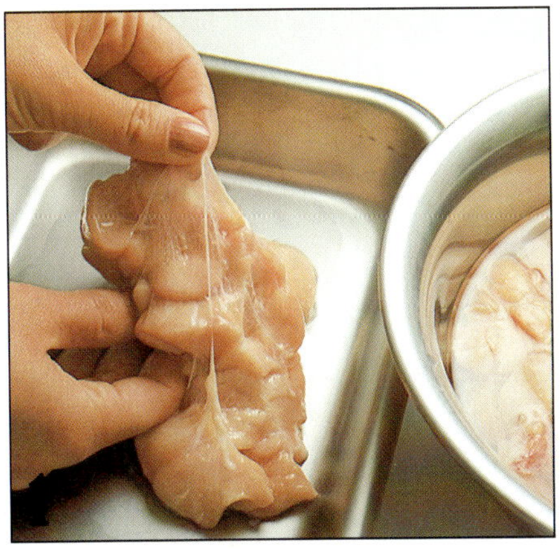

Bries immer ganz frisch verwenden, etwa zwei Stunden in kaltes Wasser legen, damit das Blut herauszieht, und dann die Häutchen und Adern abziehen.

Salzwasser mit einem Schuß Essig und nach Belieben auch Suppengemüse, Zwiebel, Lorbeerblatt oder Thymian und Pfefferkörnern aufkochen. Das Bries darin 15 bis 20 Minuten nur ziehen (nicht kochen!) lassen.

Vorgegartes Bries etwas abkühlen lassen, danach zerpflücken und dabei die Häutchen entfernen, die die einzelnen Teile umgeben. Anschließend braten (paniert oder unpaniert) oder in pikanten Saucen schmoren.

Leber - besonders beliebt

Leber wird meist in Scheiben verkauft, nur Kalbsleber wird auch im ganzen (gespickt) im Ofen gebraten. Immer vor der Zubereitung die Haut abziehen, dicke Adern entfernen (1). Ein kurzes Bad in Milch macht Leber mild (2). Vor dem Braten leicht mit Mehl überpudern, damit es nicht spritzt und sich sofort eine Kruste bildet (3). **Wichtig:** Die Leber immer nur kurz braten und erst danach salzen, sonst wird sie hart. Geeignete Gewürze sind: Salbei, Majoran, Thymian, Pfeffer, Paprika, Zwiebeln.

Mark - ein Geheimtip

Wer eine gute Brühe machen will, verlangt beim Fleischer außer „krausen" Knochen auch Markknochen. Daß der Inhalt der großen Röhrenknochen vom Rind auch noch anderen Gerichten besondere Würze gibt, ist weniger bekannt. Dazu wird das Mark zuerst aus den Knochen gelöst. In Scheiben geschnitten oder gehackt dient es dann als Suppeneinlage, zum Überbacken von Toast, zum Würzen von Eintöpfen (z. B. Irish Stew), Steaks und Saucen (Bordelaise) und für Markklößchen.

Markknochen in kurze Stücke sägen lassen, 2–3 Minuten in den heißen Ofen stellen. Dann läßt sich das Mark bequem herausdrücken. Wieder abkühlen lassen (im Kühlschrank), dann in Scheiben oder Wüfel schneiden.

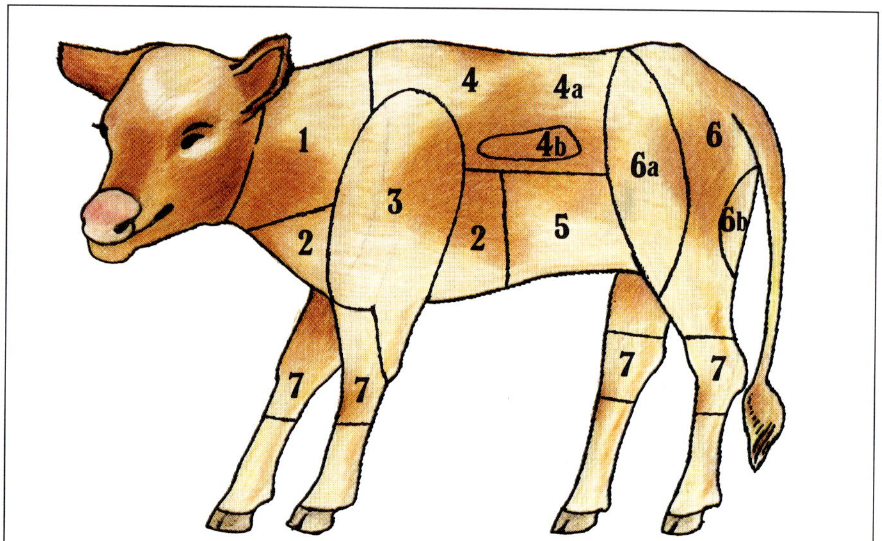

Die Teile von Rind und Kalb

① ***Hals, Nacken:*** *zum Kochen und Schmoren;* ② ***Kamm*** *– auch Siegelstück, Zungenstück, Halsgrat: sehr saftiges Fleisch für Sauerbraten, Fleischfondue, Tatar;* ③ ***Hochrippe*** *– auch Schmorrippe, Hohes Roastbeef: zum Braten, Grillen, Schmoren;*
④ ***Schulter*** *– auch Bug: bestes Kochfleisch, auch zum Schmoren, besonders die vordere* ***Schulterspitze (4a)*** *– auch falsches Filet;*
⑤ ***Brust*** *– mit Brustspitze, Brustkern und Nachbrust: zum Kochen, gibt's auch gepökelt und geräuchert;*
⑥ ***Querrippe*** *– auch Leiterstück, Spannrippe – und* ⑦ ***Bauchlappen*** *– auch Dünnung: beides zum Kochen;*
⑧ ***Roastbeef*** *und darunter innen* ***Filet (8a):*** *die besten Stücke für Steaks und Grillbraten;*
⑨ ***Hüfte*** *– auch Blume, Rose, Tafelspitz: zum Kurzbraten, Schmoren (Steaks, Rouladen, großer Schmorbraten, „Pfaffenstück");*
⑩ ***Schwanzstück*** *– auch Unterschale, Frikandeau, Schwanzrolle, darunter nach innen die* ***Oberschale, Kluft:*** *Rostbraten, Sauerbraten, Rouladen, Gulasch. Oberschale auch für Steaks und Tatar;*
⑪ ***Kugel*** *– auch Nuß, Maus, manchmal auch Rose, Blume: Für Fleischfondue, Rouladen und Gulasch;*
⑫ ***Beinfleisch*** *– auch Hesse, Wade, Haxe: zum Kochen und Schmoren (Gulasch).*

Was vom Kalb wofür?

① ***Hals, Nacken*** *– auch Stich: zum Kochen, Schmoren (Gulasch, Frikassee);*
② ***Brust:*** *Kochen, Schmoren, gerollt oder gefüllt auch als Braten;*
③ ***Schulter, Blatt*** *– auch Schäuferl, Bug: als Braten (gefüllt, gerollt), für Geschnetzeltes, Ragout, Frikassee;*
④ ***Rücken, Kamm, Kotelettstück:*** *im ganzen oder der Länge nach gespalten zum Braten, Koteletts (ausgelöst als Rücken- oder Lendensteaks). Der flache Rücken ist der* ***Nierenbraten (4a)*** *– auch Sattel: innen liegt das* ***Filet (4b),*** *Lende: ausgelöst als kleiner Braten, in Scheiben für Medaillons, für Spießchen und Fondue;*
⑤ ***Bauch:*** *für Frikassee, Gulasch, mit dem ausgelösten Sattel zusammen gerollt als Nierenrollbraten;*
⑥ ***Keule, Schlegel:*** *liefert, in einzelne Muskeln zerlegt, das Schnitzelfleisch. Keule im ganzen sowie Teilstücke* ***Nuß (6a)*** *und* ***Frikandeau (6b)*** *auch als große Braten;*
⑦ ***Haxen:*** *zum Kochen, Schmoren und Braten (Osso buco).*

REZEPTE

DIE SIE AUF DEN NÄCHSTEN SEITEN FINDEN

Gekräutertes Roastbeef

Für 30 Portionen:
4 kg Roastbeef (ca. 125 g pro Person)
Salz, Pfeffer a. d. Mühle
Knoblauchpulver
Thymian, Rosmarin
Salbei, Majoran
Dill
2 El Semmelbrösel

Roastbeef etwas vom Fett befreien, einritzen, mit Salz, Pfeffer, Knoblauchpulver und den kleingehackten oder im Mörser zerstoßenen Kräutern kräftig einreiben. Im Kühlschrank über Nacht stehenlassen. Ofen gut vorheizen, Roastbeef auf die Saftpfanne des Backofens geben, mit Semmelbröseln bestreuen, etwas festdrücken. Fleisch bei starker Hitze (250 Grad, Gas 6) etwa 40 Minuten braten. Abgekühlt in Scheiben schneiden.

Vorbereitungszeit: 15 Minuten
Garzeit: etwa 40 Minuten
Pro Portion (bei 125 g) etwa 25 g Eiweiß, 32 g Fett, 0 g Kohlenhydrate = 1333 Joule (318 Kalorien)

Das paßt dazu: Eine Remouladensauce, deren Rezept Sie im Kapitel „Salate und kalte Saucen" finden, Röstkartöffelchen oder auch knuspriges Baguette.

Das passende Getränk: Ein leichter, edler, roter Italiener oder auch ein Bordeaux.

Übrigens: Wenn Sie das Rezept nur für 12–15 Personen zubereiten möchten, müssen Sie für die halbe Fleischmenge trotzdem die gleiche Garzeit rechnen.

Wichtig: Wo das Roastbeef beim Rind sitzt, sehen Sie auf der Zeichnung auf Seite 146 ganz genau.

Rheinischer Sauerbraten

Für 4–6 Portionen:
½ l trockener Rotwein
⅛ l Rotweinessig
1 Bund Suppengrün
2 Zwiebeln
einige Pfefferkörner
2 Lorbeerblätter
4 Wacholderbeeren
2 Pimentkörner
1 kg Rinderschmorbraten
Salz, 30 g Schweineschmalz
1 Tomate
50 g Rosinen
100 g Pumpernickel

Rotwein und Essig mischen. Suppengrün putzen, waschen und kleinschneiden, Zwiebeln halbieren. Zusammen mit den Pfefferkörnern, Lorbeerblättern, zerdrückten Wacholderbeeren und zerdrückten Pimentkörnern ins Essig-Wein-Gemisch geben. Schmorbraten hineinlegen (er muß ganz bedeckt sein), zudekken und 2 Tage an einem kühlen Platz aufbewahren. Am Tag der Zubereitung Fleisch herausnehmen, trockentupfen, mit Salz einreiben. In einem Bräter Schweineschmalz erhitzen, Fleisch darin rundum braun anbraten. Beize durch ein Sieb gießen, Gemüse und Gewürze aus dem Sieb zum Fleisch geben, ebenso Tomaten und Rosinen. Alles kräftig anbraten. In ganz kleinen Portionen die Beize nach und nach angießen, zugedeckt schmoren lassen. Nach 30 Minuten zerbröckelten Pumpernickel unter die Sauce rühren. Das Fleisch dann noch weitere 1¼–1½ Stunden im geschlossenen Topf leise schmoren lassen. Danach Fleisch herausnehmen, warm stellen. Sauce durch ein Sieb gießen, Gemüse so weit wie möglich durch das Sieb in die Sauce streichen. Braten zum Servieren in Scheiben schneiden, Sauce getrennt dazu reichen.

Vorbereitungszeit: 45 Minuten
Garzeit: etwa 2 Stunden
Pro Portion (bei 6 Portionen) etwa 25 g Eiweiß, 30 g Fett, 19 g Kohlenhydrate = 2236 Joule (534 Kalorien)

Backobst

Für 4–6 Portionen:
2 Pakete Backobst (je 250 g)
⅛ l Weißwein
Schale einer halben Zitrone (unbehandelt)

Backobst zusammen mit ¼ l Wasser, Wein und Zitronenschale erhitzen und auf kleiner Flamme 20 Minuten kochen lassen. Zitronenschale herausnehmen, Backobst abkühlen lassen, aber nicht kalt stellen.

Garzeit: etwa 20 Minuten
Pro Portion (bei 6 Portionen) etwa 2 g Eiweiß, 1 g Fett, 53 g Kohlenhydrate = 1020 Joule (244 Kalorien)

Reibekuchen

Für 12 kleine Kuchen:
500 g Kartoffeln
1 Ei
1 gestr. El Mehl
Salz, 1 kleine Zwiebel
Öl zum Braten

Kartoffeln schälen, waschen und fein reiben. Ei, Mehl, Salz und die sehr fein gehackte Zwiebel unterrühren. Öl in einer Pfanne heiß werden lassen, mit der Schöpfkelle etwas Teig hineingeben, leicht flachdrücken, von beiden Seiten knusprig braun braten. Nach und nach 12 Reibekuchen backen.

Vorbereitungszeit: etwa 30 Min.
Backzeit: 6–8 Minuten pro Pfanneninhalt
Pro Reibekuchen etwa 1 g Eiweiß, 3 g Fett, 8 g Kohlenhydrate = 265 Joule (63 Kalorien)

Das passende Getränk: Hier paßt nur Bier, allerdings ist es egal, ob es ein helles Pils oder ein obergäriges Alt ist.

Boeuf à la Niçoise

(Rindfleisch nach Nizza-Art)

Für 4–6 Portionen:
350 g Zwiebeln
125 g fetter Speck
3 El Olivenöl
1 kg Rindfleisch aus der Keule (Schmorbratenstück)
2 El Mehl
¼ l trockener Weißwein
75 ccm Rinderbrühe
Salz, schwarzer Pfeffer aus der Mühle
1 El getrockneter Thymian
2 Lorbeerblätter
abgeriebene Schale einer ½ Orange (unbehandelt)
2–3 Knoblauchzehen
2 Dosen geschälte Tomaten (à 600 g Füllgewicht)
150 g schwarze Oliven

Zwiebeln pellen und in Ringe schneiden. Speck in feine Streifen schneiden, etwa 2 cm lang. Dann 2 El Olivenöl in einem Topf erhitzen und die Zwiebelringe und Speckstreifen darin anbraten. In der Zwischenzeit Fleisch in große Würfel von etwa 4 × 4 cm schneiden. Angebratene Zwiebelringe und Speckstreifen aus dem Topf nehmen und zur Seite stellen. Das restliche Öl in den Topf geben und erhitzen. Fleisch portionsweise darin kräftig braun braten. Alles in den Topf geben und mit Mehl bestäuben und kurz bräunen. Dann Wein und Brühe zugießen. Mit Salz, frisch gemahlenem Pfeffer und Thymian würzen und Lorbeerblätter, abgeriebene Orangenschale und die gepellten, durchgepreßten Knoblauchzehen zufügen. Den Fleischtopf zugedeckt etwa 60 Minuten bei milder Hitze garen lassen. Dann die angebratenen Zwiebeln und Speck zugeben und weitere 30 Minuten garen. Tomaten vierteln und mit den Oliven auf das Fleisch geben und erhitzen. Nach weiteren 20 Minuten ist der Fleischtopf servierfertig.

Vorbereitungszeit: 30 Minuten
Garzeit: 2 Stunden
Pro Portion (bei 6 Portionen) etwa 33 g Eiweiß, 37 g Fett, 16 g Kohlenhydrate = 2466 Joule (589 Kalorien)

Das paßt dazu: Baguette.

Das passende Getränk: Rosé aus der Provence oder ein trockener, säurearmer Weißwein.

Wichtig: Durch die lange Garzeit wird das Fleisch sehr mürbe. Damit es trotzdem nicht zerfällt, darf es während des Garens nicht gewendet bzw. umgerührt werden.

Gaisburger Marsch

Für 6 Portionen:
2 l Instantbrühe
1 kg Suppenknochen
1½ kg Tafelspitz
1 großes Bund Suppengrün
8 Pfefferkörner
2 Zwiebeln mit je 2 Nelken besteckt
1 kg festkochende Kartoffeln
Pfeffer aus der Mühle, Salz
Muskat
Für die Spätzle:
350 g Mehl
1 gestrichener Tl Salz
3–4 Eier
Zum Schmälzen:
60 g Butter
2 Zwiebeln
1 Bund Schnittlauch

2 l Wasser und Brühe mit Knochen zum Kochen bringen und abschäumen, Fleisch und Suppengrün, Pfefferkörner und Zwiebeln zugeben, aufwallen lassen und sorgfältig abschäumen. Fleisch darin etwa 2½ Stunden sanft köcheln lassen, Deckel nicht fest auflegen. In einem anderen breiten Topf reichlich Salzwasser zum Kochen bringen. Inzwischen den Spätzleteig bereiten: Mehl mit Salz, Eiern und evtl. etwas Wasser zu einem festen Teig anrühren. So lange schlagen, bis kein Teigrest am Kochlöffel hängenbleibt. Ein Spätzlebrett (Holzbrett mit Griff am schmalen Ende) in kaltes Wasser tauchen, ein kinderfaustgroßes Stück Teig darauf verstreichen und mit dem Spätzleschaber oder Messer lange, dünne Streifen (Spätzle) in das schwach sprudelnde Wasser schaben. Sobald die Spätzle an der Oberfläche schwimmen, mit einem Schaumlöffel herausnehmen, kurz in lauwarmem Wasser schwenken, auf ein Sieb zum Abtropfen geben. Mit dem restlichen Teig ebenso verfahren.

Kartoffeln waschen, schälen und in Schnitze schneiden. In wenig Brühe vom Fleisch knapp gar kochen. Sobald das Fleisch gar ist, Brühe durch ein Sieb geben und wieder erhitzen. Spätzle, Kartoffeln und Fleisch hineingeben, aufkochen und mit Pfeffer, Salz und Muskat abschmecken. Butter in einem kleinen Pfännchen braun werden lassen, eventuell feingeschnittene Zwiebelringe mit anbraten und über das Gericht geben (schmälzen). Mit Schnittlauch bestreuen.

Vorbereitungszeit: 45 Minuten
Garzeit: etwa 2½ Stunden
Pro Portion etwa 50 g Eiweiß, 49 g Fett, 74 g Kohlenhydrate = 4140 Joule (989 Kalorien)

Das paßt dazu: Hinterher überbackene Früchte, wie Sie sie im Foto sehen. Oder einen Kirschenmichel, für den Sie eine Kochanweisung im Kapitel „Gerichte aus dem Backofen“ auf Seite 62 und ein genaues Rezept auf Seite 568 finden.

Das passende Getränk: Ein Württemberger Trollinger oder Riesling.

Wichtig: Alles über die richtige (und gar nicht schwierige) Zubereitung von Spätzle lesen Sie auf Seite 507.

Riesling
QUALITÄTSWEIN
Birnenbrand

Ochsenschwanz-ragout mit Staudensellerie

Für 4 Portionen:
¾ l Brühe (Instant)
1 kg Ochsenschwanz
2 Zwiebeln (60 g)
6 Pfefferkörner
1 Lorbeerblatt
1 kleine Knoblauchzehe
500 g Staudensellerie
20 g Butter
30 g Mehl
1 Prise Cayennepfeffer
1 El Perlzwiebeln (15 g)
30 g Cornichons

Brühe zum Kochen bringen. Ochsenschwanz in Stücke schneiden, waschen und in die kochende Brühe geben, Zwiebeln pellen und grob zerkleinern, mit den Pfefferkörnern, dem Lorbeerblatt und der Knoblauchzehe zum Fleisch geben. 2½ Stunden schwach kochen lassen. Staudensellerie putzen, waschen und in Stücke schneiden. Butter in einem Topf erhitzen, Staudensellerie hineingeben und bei schwacher Hitze und geschlossenem Topf 15–20 Minuten dünsten. In der Zwischenzeit Brühe durch ein Sieb gießen und das Fleisch von den Knochen lösen. Mehl über den angedünsteten Staudensellerie stäuben, kräftig anbräunen, dann mit ½ l Brühe auffüllen. Fleisch zugeben, ebenso Cayennepfeffer, Perlzwiebeln und die kleingewürfelten Cornichons. Das Gericht bei milder Hitze ½ Stunde durchziehen lassen.

Vorbereitungszeit: 25 Minuten
Garzeit: 3 Stunden
Pro Portion etwa 39 g Eiweiß, 17 g Fett, 14 g Kohlenhydrate = 1635 Joule (391 Kalorien).

Das paßt dazu: Kartoffeln oder Reis.

Das passende Getränk: Bier, aber auch ein leichter Rotwein.

Wichtig: Warum Sie einen Ochsenschwanz wirklich ganz langsam schmoren müssen, erfahren Sie auf Seite 143.

Rosmarin-schmorbraten mit Steinpilzsauce

Für 4–6 Portionen:
30 g getrocknete Steinpilze
1,5 kg Rindfleisch (aus der Keule)
6 Tl frischer Rosmarin (ersatzweise getrocknet)
2 El Öl
50 g Butter oder Margarine
Salz, Pfeffer aus der Mühle
⅛ l Rotwein
1 große Zwiebel
1 Becher süße Sahne (250 g)

Pilze in ¼ l warmem Wasser einweichen. Das Fleischstück rundherum mit einem spitzen Messer 2–3 cm tief einstechen und mit Rosmarin spikken. Öl und Butter im Schmortopf erhitzen. Das Fleisch von allen Seiten scharf darin anbraten. Mit Salz und Pfeffer würzen, mit Rotwein ablöschen. Zwiebel sehr fein hacken und zugeben. Zugedeckt bei schwacher Hitze 1¾ Stunde schmoren lassen. Nach 30 Minuten Garzeit die eingeweichten Steinpilze mit der Flüssigkeit zugeben. Den gegarten Braten aus dem Topf nehmen und warm stellen. Bratenfond mit der Sahne lösen, etwas einkochen lassen.

Vorbereitungszeit: 20 Minuten
Garzeit: 1¾ Stunde
Pro Portion (bei 6 Portionen) etwa 46 g Eiweiß, 38 g Fett, 6 g Kohlenhydrate = 2496 Joule (596 Kalorien).

Das paßt dazu: Schwarzwurzeln in brauner Butter und Petersilienkartoffeln.

Wichtig: Alles über den klassischen Schmorbraten erfahren Sie auf Seite 142.

GRAND VIN DE BORDEAUX
COTES DE BOURG

Osso buco

(Italienische Kalbshaxe)

Für 4 Portionen:
1,5 kg Kalbshaxenscheiben (3 cm dick geschnitten)
Salz, Pfeffer aus der Mühle
abgeriebene Schale von 1 Zitrone
10 g Mehl
250 g Möhren
250 g Staudensellerie
250 g Zwiebeln
1 kleine Knoblauchzehe
30 g Butter
¼ l Weißwein
⅛ l Rinderbrühe (aus Suppenpaste)
2 Lorbeerblätter
1 Bund Basilikum
1 Zweig frischer Thymian (ersatzweise ½ Tl getrockneter)
1 El dunkler Soßenbinder
1 El Zitronensaft

Fleischscheiben unter fließendem Wasser abspülen, mit Küchenkrepp trocknen, mit Salz, Pfeffer und Zitronenschale würzen, dann in Mehl wenden. Das überschüssige Mehl abklopfen und die Fettränder ringsum etwas ein-, aber nicht ganz durchschneiden. Backofen auf 200 Grad (Gas 3) vorheizen, den Rost vorher aus dem Ofen nehmen. Möhren und Staudensellerie putzen und waschen, in nicht zu feine Streifen schneiden. Zwiebeln und Knoblauchzehe pellen. Zwiebeln längs in Scheiben schneiden und in einer Pfanne in der Butter glasig dünsten. Knoblauch durchpressen und zugeben. Jetzt auch die Möhren- und Selleriestreifen in die Pfanne geben, bei milder Hitze 3 Minuten mitdünsten. Den Wein in einem Töpfchen bei starker Hitze auf die Hälfte einkochen lassen, dann mit der Brühe vermischen und Lorbeer, Basilikum und Thymian hineingeben.

Fleischscheiben nebeneinander auf ein entsprechend großes Stück Bratfolie legen. Gemüse auf dem Fleisch verteilen. Folie an einer Seite verschließen, Brühe-Wein-Mischung mit den Gewürzen hineingießen, Folie auch an der anderen Seite verschließen. Folie oben einmal mit einer Stecknadel einstechen, auf den kalten Rost legen und in den vorgeheizten Ofen schieben. Osso buco 1 Stunde und 40 Minuten garen.
Folie aus dem Ofen nehmen, auf ein Backblech legen, mit der Küchenschere anschneiden und das Fleisch mit dem Gemüse auf einer vorgewärmten Platte anrichten und warm stellen. Fond aus der Folie in ein Töpfchen gießen, zum Kochen bringen, Soßenbinder einstreuen und einmal aufkochen lassen, dann mit Zitronensaft, Salz und Pfeffer abschmecken.

Vorbereitungszeit: 40 Minuten
Garzeit: 1 Stunde, 40 Minuten
Pro Portion etwa 56 g Eiweiß, 10 g Fett, 16 g Kohlenhydrate = 1850 Joule (442 Kalorien)

Das paßt dazu: Baguette.

Das passende Getränk: Ein kräftiger trockener italienischer Rotwein.

Wichtig: Was Sie über das Zubereiten von Kalbshaxen im allgemeinen wissen müssen, lesen Sie auf Seite 143. Dieses Rezept können Sie natürlich auch (ohne Folie) ganz normal im Bräter nachvollziehen. Die Garzeit ist dieselbe.

Kalbshaxe mit Zucchini-Champignon-Gemüse

Für 4 Portionen:
1 Kalbshaxe (2 kg)
Salz, Pfeffer aus der Mühle
3 Zwiebeln
375 g Champignons (möglichst kleine)
500 g Zucchini
eventuell 1 Bund Petersilie

Kalbshaxe außen vom Metzger ringsherum einritzen lassen. Dann dringen die Gewürze intensiver ein, und das Fett brät besser aus. Haxe kräftig mit Salz und Pfeffer einreiben und im vorgeheizten Backofen auf der Saftpfanne bei 200 Grad (Gas 3) etwa 2 Stunden braten. Wenn nötig, etwas Wasser zugießen. Haxe während der Bratzeit mehrmals beschöpfen.

Inzwischen die Zwiebeln schälen und achteln. Champignons putzen und waschen. Größere Pilze halbieren. Zucchini putzen, waschen und in dikkere Scheiben schneiden. Das vorbereitete Gemüse nach den 2 Stunden Bratzeit zur Haxe geben, mit dem Bratsud mischen und 20–25 Minuten mitschmoren lassen. Dabei öfter wenden und kurz vor Schluß vorsichtig salzen und pfeffern.

Haxe vor dem Aufschneiden noch 5–10 Minuten im ausgeschalteten Ofen liegenlassen, damit sich der Bratensaft besser setzt. Dann in Scheiben geschnitten zusammen mit dem Gemüse auf einer vorgewärmten Platte anrichten und eventuell mit gehackter Petersilie bestreut servieren.

Vorbereitungszeit: 30 Minuten
Garzeit: 2½ Stunden
Pro Portion etwa 71 g Eiweiß, 5 g Fett, 13 g Kohlenhydrate = 1735 Joule (415 Kalorien).

Das paßt dazu: Stangenweißbrot, Salzkartöffelchen oder Reis.

Das passende Getränk: Ein trockener Weißwein.

Wichtig: Sie müssen die Kalbshaxe natürlich nicht unbedingt in der Saftpfanne braten, Sie können sie auch in einem großen Bräter zubereiten, so wie wir es auf Seite 143 oben im großen Foto zeigen.

Kalbsfilet in Haselnußbutter

Für 4 Portionen:
50 g Haselnußkerne
50 g Butter
1 Kalbsfilet (750 g)
Salz, Pfeffer aus der Mühle
10 g Butterschmalz

Haselnüsse fein mahlen, mit der zimmerwarmen Butter verrühren, dann mit dem Schneidstab des Handrührers pürieren, bis eine Paste entsteht. Kalbsfilet mit Salz und Pfeffer würzen. Butterschmalz in einer Pfanne erhitzen, Filet mit Haselnußbutter bestreichen, in die Pfanne legen und unter häufigem, vorsichtigem Wenden bei milder Hitze etwa 25 Minuten braten. Vor dem Aufschneiden etwas ruhen lassen (damit das Fleisch nicht ausblutet), auf einer vorgewärmten Platte anrichten und Haselnußbutter darüber verteilen. Mit frischem Stangenspargel, jungen Petersilienkartoffeln und einer feinen Sauce Mousseline servieren.

Vorbereitungszeit: 15 Minuten
Garzeit: etwa 25 Minuten
Pro Portion etwa 39 g Eiweiß, 23 g Fett, 2 g Kohlenhydrate = 1658 Joule (396 Kalorien)

Das passende Getränk: Ein schwerer, voller Weißwein vom Kaiserstuhl, ein Ruländer oder ein Rosé.

Wichtig: Zu diesem Essen wird außer frischem Stangenspargel eine Sauce Mousseline gereicht. Das ist nichts anderes als eine mit Sahne aufgeschlagene Sauce Hollandaise, für die Sie eine Kochanweisung auf Seite 30 finden.

Filet Wellington mit Sauce Périgord

Für 6–8 Portionen:
3 Schalotten
500 g Champignons
30 g Butter
3 El Madeira plus 4 El für die Sauce
3 El süße Sahne
Salz, Pfeffer aus der Mühle
1 Bund glatte Petersilie
1,5 kg Rinderfilet (Mittelstück), 3 El Olivenöl
100 g Gänseleberpastete
2 Pakete Blätterteig (TK, à 300 g)
1 Ei (getrennt)
1 Tl Fleischextrakt
Worcestershiresauce
⅛ l süße Sahne
1 Stück Trüffel

Schalotten fein hacken. Champignons putzen und ebenfalls fein hacken. Butter zerlassen, Schalottenwürfel darin glasig dünsten. Champignons zugeben und andünsten. Alles so lange schmoren lassen, bis die Flüssigkeit verdampft ist. Madeira und Sahne untermischen und erneut schmoren, bis die Flüssigkeit wiederum eingekocht ist. Die Farce muß trocken sein! Mit Salz und Pfeffer würzen, gehackte Petersilie unterrühren, abkühlen lassen.
Filet mit Salz und Pfeffer kräftig einreiben, in sehr heißem Öl rundum scharf anbraten und bräunen. Das dauert 10 Minuten. Fleisch abkühlen lassen, Bratenfond aufbewahren. Gänseleberpastete mit der erkalteten Pilzfarce verrühren. Getaute Blätterteigscheiben wieder aufeinanderlegen (1 Scheibe zum Garnieren zurücklassen) und zu einem länglichen Rechteck ausrollen, das so groß ist, daß man das Filet darin einhüllen kann. Das abgekühlte Filet auf den Teig legen: nicht genau in die Mitte, sondern ein wenig zur Seite. Teigränder glattschneiden, Reste zur Seite legen. Filet rundherum dick mit der Farce bestreichen. Nun zuerst die schmale Teigseite über das Filet legen, dann die Kopfenden. Dabei jedesmal die sich überlappenden Teigpartien mit Eiweiß bestreichen. Zuletzt das große freie Teigende über das Fleisch schlagen. Paket leicht anheben und das letzte Ende der Teigplatte darunterschieben. Die restliche Teigscheibe und den Teigabfall übereinanderlegen (nicht kneten!), ausrollen und Streifen ausradeln. Mit Eiweiß bestreichen und als Garnierung auf das Paket kleben. Alles mit Eigelb bestreichen. Mit einer Spicknadel mehrmals den Teig einstechen, damit der Dampf abziehen kann.
Das so vorbereitete Filet auf ein mit Wasser abgespültes Backblech setzen und im vorgeheizten Ofen bei 225–250 Grad (Gas 4–5) etwa 30 Minuten backen, noch 10–15 Min. im abgeschalteten Ofen bei offener Tür ruhen lassen. Bratenfond mit etwas Brühe (⅛ l Wasser und Fleischextrakt) ablöschen. Mit 4 El Madeira und Worcestershiresauce verfeinern. Etwas einkochen lassen, mit Sahne und gehackter Trüffel weiter verfeinern.

Vorbereitungszeit: 1½ Stunden
Garzeit: Anbraten 10 Minuten, Backen 30 Minuten
Pro Portion (bei 8 Portionen) etwa 44 g Eiweiß, 48 g Fett, 27 g Kohlenhydrate = 3200 Joule (766 Kalorien)

Das paßt dazu: Spargel, Broccoli, Erbsen und junge Möhren.

Wichtig: Wie sich ein Rinderfilet zusammensetzt und wie es in seine Einzelteile zerlegt wird (wenn es zerlegt wird), sehen Sie auf Seite 140.

Kalbsfrikassee mit Wermutsauce und Porree

Für 4 Portionen:
750 g Kalbsbraten aus der Keule
30 g Margarine
Salz, Pfeffer aus der Mühle
⅛ l trockener Wermut
1 kg Porree
100 g Crème fraîche

Das Kalbfleisch in fingerlange, etwa 1 cm dicke Streifen schneiden. Die Margarine in einem Topf erhitzen und das Fleisch darin nach und nach portionsweise anbraten, bis die gesamte Flüssigkeit verdampft ist und das Fleisch sich bräunt. Mit Salz und Pfeffer würzen. Wermut zugießen. Zugedeckt 35 bis 40 Minuten garen.
In der Zwischenzeit den Porree der Länge nach halbieren, waschen und in fingerlange Stücke schneiden. Porree nach 40 Minuten zugeben. Alles im geschlossenen Topf weitere 20 Minuten garen. Dann Fleisch und Porree aus dem Fond nehmen, in einer Schüssel anrichten und warm stellen. Den Fond mit Crème fraîche binden, etwas einkochen lassen und über Fleisch und Gemüse gießen.

Vorbereitungszeit: etwa 30 Min.
Garzeit: etwa 60 Min.
Pro Portion etwa 34 g Eiweiß, 35 g Fett, 13 g Kohlenhydrate = 2252 Joule (538 Kalorien)

Das paßt dazu: Reis oder Salzkartoffeln.

Das passende Getränk: Ein milder Weißwein.

Wichtig: Für dieses Frikassee muß es nicht unbedingt das teure Fleisch aus der Kalbskeule sein. Sie können es auch vom preiswerteren Nacken oder vom Bauch nehmen. In welche Teile ein Kalb zerlegt wird, sehen Sie außerdem auf Seite 146.

Kalbsnieren in Knoblauchsahne

Für 4 Portionen:
2 Kalbsnieren à 350 g
4 El Olivenöl oder Pflanzenöl
10 Zehen Knoblauch
1 Tl Senf
1 Tl Worcestershiresauce
Pfeffer aus der Mühle, Salz
1 Tl Zitronensaft
1/8 l süße Sahne
3–4 Bund Petersilie

Kalbsnieren längs halbieren, Fett und Äderchen herauslösen, unter fließendem Wasser gut abspülen und in dünne Scheibchen schneiden. Olivenöl in einer Pfanne erhitzen, die feingehackten Knoblauchzehen darin goldgelb werden lassen, dann Nierchen zugeben und bei großer Hitze 4–5 Minuten braten. Herausnehmen und warm halten. Im Bratenfond Senf, Worcestershiresauce, Pfeffer, Salz und Zitronensaft verrühren, Bratensaft von den warm gehaltenen Nierchen zufügen, dann Sahne zugeben und alles noch etwas einkochen lassen. Nierchen wieder in die Sauce geben, feingehackte Petersilie unterrühren, nochmals abschmekken, sofort servieren.

Vorbereitungszeit: 20 Minuten
Garzeit: 15 Minuten
Pro Portion etwa 26 g Eiweiß, 30 g Fett, 3 g Kohlenhydrate = 1697 Joule (405 Kalorien)

Das paßt dazu: Körnig gekochter Reis.

Das passende Getränk: Entweder ein leichter Rot- oder ein kräftiger Weißwein.

Wichtig: Wenn Kalbsnieren nicht zu bekommen sind (Sie müssen sie in jedem Fall bei Ihrem Fleischer vorbestellen!), können Sie auch Schweinenieren verwenden, die Sie dann aber unbedingt wässern müssen.
Alles, was Sie über Innereien von Rind und Kalb überhaupt wissen sollten, steht auf den Seiten 144 und 145.

Kalbsleber-Puten-Pfanne

Für 4 Portionen:
500 g Putensteak
375 g Kalbsleber
75 ccm trockener Wermut (ein großes Weinglas voll)
150 ccm süße Sahne
3 Knoblauchzehen
20 g Margarine
Salz
weißer Pfeffer
1 Bund Basilikum

Putenfleisch und Leber in große Würfel (etwa 1½–2 cm breit) schneiden. Wermut und Sahne mischen. Knoblauchzehen pellen und in feine Scheibchen schneiden. Margarine in einer tiefen Pfanne sehr heiß werden lassen, zuerst die Putenwürfel von allen Seiten darin bräunen, Leberstücke zugeben und unter ständigem Wenden eben fest werden lassen (das muß alles sehr schnell gehen), schließlich die Wermut-Sahne-Mischung nach und nach zugießen und bei großer Hitze etwas einkochen lassen. Knoblauchscheiben einstreuen, mit Salz und Pfeffer würzen und die Kochstelle ausschalten. Grob geschnittene Basilikumblätter unterrühren und höchstens 1 Minute durchziehen lassen. Dann sofort servieren.

Vorbereitungszeit: 10 Minuten
Garzeit: 8 Minuten
Pro Portion etwa 45 g Eiweiß, 22 g Fett, 7 g Kohlenhydrate = 1916 Joule (458 Kalorien)

Wichtig: Im 1. Kapitel „Braten in der Pfanne" erklären wir auf Seite 10, warum Geschnetzeltes möglichst immer von einer Sorte Fleisch sein sollte. Wenn Sie aber, wie hier, zwei verschiedene Sorten hineingeben, müssen Sie darauf achten, daß die Sorte mit der längeren Garzeit zuerst fertig gebraten wird.

Kressesalat mit mariniertem Rindfleisch

Für 4 Portionen:
300 g Rinderfilet
1–2 Zitronen (unbehandelt)
grob gestoßener schwarzer Pfeffer
Salz, Zucker
4 El Sonnenblumenöl
2 Bund Brunnenkresse
1 Knoblauchzehe
250 g frische Champignons
1 El grüner Senf (aus Frankreich, ersatzweise anderer scharfer Senf)

Rinderfilet im Gefriergerät etwas anfrieren lassen, in hauchdünne Scheiben schneiden (macht evtl. der Fleischer). Von einer Zitrone die Schale abreiben, Zitrone auspressen und mit dem Saft, Pfeffer, Zitronenschale, Salz, 1 Prise Zucker und dem Öl eine Marinade rühren, das Fleisch darin zugedeckt im Kühlschrank 1 Stunde ziehen lassen. Brunnenkresse waschen, abtropfen lassen und die grünen Blättchen abzupfen. Salatschüssel mit der halbierten Knoblauchzehe ausreiben. Champignons putzen, nur wenn nötig waschen, gut abtropfen lassen, in Scheiben schneiden. Mit der Brunnenkresse in die Salatschüssel geben. Fleischscheiben aus der Marinade nehmen, etwas ausdrücken und ebenfalls unter den Salat mischen. Marinade mit dem Senf gut verrühren, noch einmal abschmecken und bei Bedarf den Saft der zweiten Zitrone zugeben (sie soll kräftig sauer schmecken). Über den Salat gießen, alles gut mischen und sofort servieren.

Zubereitungszeit: etwa 40 Minuten ohne Marinierzeit (1 Stunde)
Pro Portion etwa 16 g Eiweiß, 16 g Fett, 3 g Kohlenhydrate = 942 Joule (225 Kalorien)

Wichtig: Brunnenkresse ist sehr empfindlich; wenn sie länger aufbewahrt wird, werden die Blätter gelb und verlieren ihr pikantes, senfartiges Aroma. Bis zur Verwendung läßt man sie gebündelt zusammen und stellt sie so ins Wasser. Im Gemüsefach im Kühlschrank wird sie über Nacht gelb!

Variation: Sie können statt der Brunnenkresse auch knackigen Feldsalat oder feinen deutschen Blattspinat nehmen.

Carne cruda

(Tatar auf italienische Art)

Für 12 Portionen:
750 g Roastbeef (ohne Fettrand im Stück, roh)
Salz, Pfeffer aus der Mühle

Roastbeef angefroren hauchdünn aufschneiden. Auf einer Platte anrichten. Dazu gibt's Salz und Pfeffer und drei Saucen.

Pro Portion etwa 12 g Eiweiß, 3 g Fett, 0 g Kohlenhydrate = 323 Joule (77 Kalorien)

Zitronensauce

Für 12 Portionen:
2 Eigelb
2 El Zitronensaft
⅛ l Öl
2 El Weißwein, Salz
Lemon Pepper, 1 Tl Senf

Eigelb mit Zitronensaft verrühren, dann Öl unter ständigem Rühren tropfenweise zugießen, mit Weißwein, Salz, Lemon Pepper und Senf abschmecken, bis zum Servieren kalt stellen.

Pro Portion etwa 1 g Eiweiß, 11 g Fett, 0 g Kohlenhydrate = 469 Joule (112 Kalorien)

Kaviarsauce

Für 12 Portionen:
4 El Mayonnaise (80 %)
1 Tl Paprikapulver (mild)
½ Tl Tabasco
1 El grüner Gemüsepaprika (sehr fein gehackt)
1 El roter Gemüsepaprika (sehr fein gehackt)
1 El Schnittlauch (sehr fein gehackt)
1 El rote Bete aus dem Glas (sehr fein gehackt)
2 El Crème fraîche
½ Tl Zucker
1–2 El guter Weinessig
2 El Kaviar (ersatzweise deutscher Kaviar)

Alle Zutaten, bis auf den Kaviar, miteinander verrühren, zum Schluß ganz vorsichtig den Kaviar unterheben (darauf achten, daß die einzelnen Körnchen nicht platzen). Bis zum Servieren gut gekühlt durchziehen lassen.

Pro Portion etwa 1 g Eiweiß, 7 g Fett, 1 g Kohlenhydrate = 301 Joule (72 Kalorien)

Basilikumsauce

Für 12 Portionen:
1 Zehe Knoblauch
1 Tl Senf
1 Tl Sherryessig (ersatzweise guter Weinessig)
1 Tl Estragonessig (ersatzweise guter Weinessig)
9 El Öl
3 Bund Basilikum (gehackt)
Salz, Pfeffer aus der Mühle

Knoblauchzehe halbieren und die Schüssel damit ausreiben. Senf und die Essigsorten gut miteinander verrühren, dann nach und nach das Öl zugeben. Gehacktes Basilikum, Salz und Pfeffer zugeben und gut durchziehen lassen. Kurz mit dem Schneidstab durchmusen. Bis zum Servieren kühl stellen. (Diese Sauce kann man nicht über Nacht aufheben, weil sie ihre Farbe verändert. Also möglichst erst kurz vor dem Servieren herstellen.)

Pro Portion etwa 0 g Eiweiß, 8 g Fett, 0 g Kohlenhydrate = 294 Joule (70 Kalorien)

Das paßt dazu: Krosses Stangenweißbrot und Butter.

Das passende Getränk: Roter Landwein.

Tip: Bestellen Sie das Fleisch bei Ihrem Schlachtermeister vor, und bitten Sie ihn, es vorher kurz anzufrieren. Auf seiner Aufschnittmaschine kann er es in die gewünschten hauchdünnen Scheiben schneiden und Papier dazwischenlegen, damit sie nicht zerreißen.

Wichtig: Wie Sie rohes Rindfleisch anders anrichten können, sagen wir Ihnen auf Seite 141.

Rouladen mit Senfgurken

Für 4 Portionen:
4 Rindsrouladen (750 g)
Salz, Pfeffer
100 g Senfgurken
200 g Zwiebeln
1 Bd. Petersilie, 150 g Mett
150 g Tomaten, 3 Tl Öl
300 g Crème fraîche

Rouladen salzen, pfeffern. Senfgurken, 1 Zwiebel, Petersilie (alles kleingehackt) mit Mett mischen, auf Rouladen verteilen. Entkernte Tomatenspalten obendrauf legen. Rouladen aufrollen, mit Zahnstocher oder Küchengarn fixieren. In heißem Öl rundum anbraten, restliche grob zerteilte Zwiebeln zugeben. Zugedeckt 1–1½ Std. schmoren. Eventuell etwas Wasser angießen. Rouladen warm stellen. Crème fraîche zugeben, etwas einkochen lassen. Zwiebeln mit dem Schneidstab pürieren (s. S. 43). Rouladen in der Sauce noch einmal kurz erwärmen.

Vorbereitungszeit: 35 Minuten
Garzeit: ca. 90 Minuten
Pro Portion etwa 58 g Eiweiß, 51 g Fett, 9 g Kohlenhydrate = 3059 Joule (731 Kalorien)

Kalbsrouladen

Für 4 Portionen:
4 Kalbsrouladen (750 g)
Salz, Pfeffer
4 Schb. Toastbrot, 3 Eier
1 Bd. Salbei
1 Knoblauchzehe
8 Schb. Bacon (125 g)
30 g Butterschmalz
150 g Zwiebeln
⅜ l süße Sahne

Rouladen salzen, pfeffern. Brot ohne Rinde gewürfelt mit Eiern verkneten, salzen, pfeffern, mit gehacktem Salbei (20 Blättchen behalten) und Knoblauch würzen. Auf die Rouladen geben, je 2 Schb. Bacon und 5 Salbeiblätter darauf, aufrollen, mit Küchengarn oder Rouladennadeln fixieren. In heißem Butterschmalz rundum anbraten, grob zerteilte Zwiebeln zugeben. Zugedeckt 30–40 Minuten schmoren. Öfter wenden, evtl. Wasser angießen. Rouladen warm stellen. Sahne mit Sauce verrühren, etwas einkochen. Zwiebeln mit Schneidstab pürieren (s. S. 43). Rouladen noch einmal in der Sauce erwärmen.

Vorbereitungszeit: 15 Minuten
Garzeit: ca. 40 Minuten
Pro Portion etwa 51 g Eiweiß, 64 g Fett, 20 g Kohlenhydrate = 3784 Joule (904 Kalorien)

Basilikum-Rouladen

Für 4 Portionen:
4 Rindsrouladen (750 g)
Salz, Pfeffer, 150 g Sellerie
1 Bd. Basilikum
4 Blättchen Zitronenmelisse
2 Eigelb
100 g Bacon
150 g Zwiebeln
300 g Crème fraîche

Rouladen salzen, pfeffern. Sellerie grob raffeln. Kräuter hacken. Alles mit Eigelb gut mischen, salzen, pfeffern, auf Rouladen verteilen. Bacon fein gewürfelt ausbraten. Speckwürfel auf Füllung geben, zu Rouladen aufrollen. Mit Faden oder Rouladennadeln fixieren. Im Speckfett anbraten. Grob zerteilte Zwiebeln zugeben. Zugedeckt 1–1½ Std. schmoren, evtl. etwas Wasser angießen. Rouladen warm stellen, Sauce mit Crème fraîche verrühren, etwas einkochen. Zwiebeln mit Schneidstab pürieren (s. S. 43). Rouladen darin noch einmal erwärmen.

Vorbereitungszeit: 20 Minuten
Garzeit: etwa 90 Minuten
Pro Portion etwa 46 g Eiweiß, 57 g Fett, 8 g Kohlenhydrate = 3206 Joule (766 Kalorien)

12. KAPITEL
SCHWEINEFLEISCH

- Unser bestes Stück
- Der große Braten: Schwartenbraten mit Kruste
- Die kleinen Braten: Gekräuterter Schweinebauch, Rippe mit Backobst
- Der Schmorbraten: Nackenbraten mit Zwiebelsauce
- Stücke für die schnelle Pfanne
- Schälrippchen, Nierchen
- Das gepökelte Schwein: Eisbein, Kasseler Rippe
- Kleine Speckkunde
- Nicht nur vom Schwein: Hackfleisch (Mett, Bulette, Falscher Hase, Klopse)
- Würste zum Kochen und Braten
- Was sitzt wo beim Schwein?
- Schinken – und wie er geschnitten wird

Ganz einfach und immer wieder beliebt: Der große Schweinebraten mit knuspriger Kruste, Knödeln und Rotkohl. Wie er sicher gelingt, lesen Sie auf den folgenden Seiten.

Schweinebraten mit Kruste

Für 4 Portionen:
1 kg Schweinefleisch mit Schwarte
Salz, Pfeffer aus der Mühle
1 El Öl
750 g Zwiebeln

Schwarte vom Schweinefleisch kreuzweise bis zur Fettschicht einschneiden, so daß Quadrate oder Rhomben entstehen, dann ringsum mit Salz und Pfeffer würzen. Öl in einem Bräter erhitzen, das Fleisch ringsum goldbraun anbraten. Inzwischen Zwiebeln pellen, halbieren und die Hälften in Scheiben schneiden, mit in den Topf geben, den Topf in den auf 200 Grad (Gas 3) vorgeheizten Ofen schieben. Das Fleisch 75 Minuten im offenen Topf garen. Die Zwiebelsauce getrennt dazu reichen.

Vorbereitungszeit: 10 Minuten
Garzeit: 1 ½ Stunden
Pro Portion etwa 39 g Eiweiß, 83 g Fett, 16 g Kohlenhydrate = 4269 Joule (1020 Kalorien)

Das paßt dazu: Semmelknödel und Krautsalat.

Das passende Getränk: Kräftiges, würziges Bier.

Wichtig: Das Rezept für die Semmelknödel finden Sie auf S. 511. Und auf S. 394 steht alles über Sauerkraut.

Schweine-medaillons mit Aprikosen und Nußreis

Für 4 Portionen:
250 g Langkornreis
Salz
50 g Pistazien
50 g Mandeln
1 Dose Aprikosen (500 g Einwaage)
500 g Schweinefilet
schwarzer Pfeffer aus der Mühle
30 g Butterschmalz
2 Scheiben Ingwerwurzel (ersatzweise ½ Tl Ingwerpulver)
40 g Butter

½ l Wasser zum Kochen bringen, Reis hineinschütten, salzen, einmal aufkochen, Hitze herunterschalten, Reis in 15–18 Minuten ausquellen lassen.

Inzwischen Pistazien und Mandeln grob hacken. Aprikosen auf einem Sieb gut abtropfen lassen, vierteln. Schweinefilet in etwa 4 cm dicke Scheiben schneiden, die mit dem Handballen etwas flachgedrückt werden. Kräftig mit frisch gemahlenem Pfeffer einreiben.

Butterschmalz in der Pfanne sehr heiß werden lassen, Fleischmedaillons darin von beiden Seiten kurz, aber scharf anbraten, salzen und die Hitze etwas reduzieren. Aprikosenstücke zugeben und die Medaillons noch weitere knappe 5 Minuten schmoren lassen. Ingwerscheiben schälen und stifteln, zugeben.

Butter in einem Topf erhitzen, Pistazien und Mandeln darin kurz anrösten, den inzwischen gegarten (und, wenn nötig, abgedämpften) Reis damit vermischen. Den Nußreis heiß servieren.

Zubereitungszeit: insgesamt etwa 30 Minuten
Pro Portion etwa 33 g Eiweiß, 42 g Fett, 82 g Kohlenhydrate = 3678 Joule (879 Kalorien)

Das passende Getränk: Dazu schmeckt ein voller, halbtrockener Weißwein, zum Beispiel ein Müller-Thurgau oder auch ein Ruländer.

Variation: Wenn Sie Ingwer als Gewürz nicht mögen, können Sie es statt dessen mit einer Messerspitze Zimt und einem Hauch – aber wirklich nur einem Hauch! – Curry versuchen. Man darf diese Gewürze hier nur ahnen, nicht herausschmecken.

Wichtig: Außer dem Filet hat das Schwein noch andere „schnelle“ Stücke. Wie Sie richtig damit umgehen und was Sie am besten daraus machen, lesen Sie auf Seite 184.

Schweineschulter auf Porree

Für 4 Portionen:
1 kg Schweineschulter, ohne Schwarte u. Knochen
3 Knoblauchzehen
Salz, Pfeffer aus der Mühle
75 g Butter
12–15 mitteldicke Porreestangen (ca. 1,5 kg brutto)

Fleisch der Länge nach mit Fleischfaden in Form binden. Knoblauchzehen in feine Stifte schneiden. Braten damit spicken. Fleisch mit Salz und Pfeffer einreiben. In einem gutschließenden Topf Butter bräunen, Fleisch darin anbraten.
Inzwischen Porreestangen putzen, das dunkle Grün abnehmen, die Stangen gründlich waschen, trockentupfen.
Braten aus dem Topf nehmen und die Porreestangen nacheinander in der Butter bräunen, immer nur so viel, daß die Stangen nebeneinander Platz haben. Dann alle angebräunten Porreestangen in den Topf legen (Hitze reduzieren) und das Fleisch daraufgeben. Deckel auflegen und den Braten mit dem Porree etwa 80–90 Minuten bei milder Hitze langsam garen. Dabei zieht der Bratenfond in den Porree ein und gibt ihm ein besonderes Aroma. Fleisch in Scheiben schneiden und den Porree danebenlegen. Fond als Sauce reichen.

Vorbereitungszeit: 25 Minuten
Garzeit: 80–90 Minuten
Pro Portion etwa 47 g Eiweiß, 72 g Fett, 14 g Kohlenhydrate = 3981 Joule (951 Kalorien)

Wichtig: Die Schweineschulter gehört zu den preiswerten Stücken vom Schwein. Was Sie mit den anderen preiswerten Stükken – Bauch, dicke Rippe oder Nacken – machen können, lesen Sie auf Seite 182/183.

Majoranfleisch

Für 4 Portionen:
750 g Schweinenacken (so mager wie möglich)
50 g Schweineschmalz
375 g Zwiebeln
2 Bund Majoran
¼ l Brühe (evtl. Instant)
200 g Crème fraîche
Salz
Pfeffer aus der Mühle

Fleisch in schmale Streifen schneiden. Dabei die Knochen mit auslösen. Das Fleisch im heißen Schmalz kräftig anbraten. Zwiebeln pellen, in Scheiben schneiden, beim Fleisch goldgelb werden lassen. Ein Bund gehackten Majoran zugeben und kurz mit anbraten. Mit der Brühe ablöschen, zugedeckt etwa 20 Minuten schmoren lassen. Dann Crème fraîche unterrühren, wieder etwas einkochen lassen. Jetzt den restlichen grob gehackten Majoran zugeben. Mit Salz und Pfeffer noch einmal herzhaft abschmekken, sofort servieren.

Vorbereitungszeit: 20 Minuten
Garzeit: insgesamt 30 Minuten
Pro Portion etwa 32 g Eiweiß, 66 g Fett, 11 g Kohlenhydrate = 3219 Joule (769 Kalorien)

Das paßt dazu: Zum traditionellen deutschen Majoranfleisch reichen Sie italienische Spaghetti. Ein Rezept dafür finden Sie im 20. Kapitel. Außerdem servieren Sie grünen Salat.

Das passende Getränk: Ein italienischer trockener Weißwein oder ein deutsches Bier.

Variante: Statt Majoran, der für dieses Gericht frisch sein sollte, können Sie ebensogut frischen Thymian nehmen.

Wichtig: Wie Sie aus dem Schweinenacken einen ganz anderen Schmorbraten machen, erfahren Sie auf Seite 183.

Schweinefilet und Kartoffeln aus dem Backofen

Für 4 Portionen:
600 g Schweinefilet
20 g Butterschmalz
40 g Parmesan
40 g Emmentaler
Fett für die Form
1 Beutel Bratkartoffeln (tiefgefroren, 450 g)
Salz, Pfeffer
1 Becher Crème fraîche (200 g)

Backofen auf 225 Grad (Gas Stufe 4) vorheizen. Schweinefilets im heißen Butterschmalz kräftig anbraten. Inzwischen Käse reiben und mischen. Schweinefilets in eine gefettete feuerfeste Form legen, daneben die tiefgefrorenen Bratkartoffeln. Alles mit Salz und Pfeffer würzen. Die Hälfte der im Rezept angegebenen Menge von Crème fraîche und geriebenem Käse über die Kartoffeln geben und nach 15 Minuten Garzeit (im vorgeheizten Ofen) den Rest. Weitere 5 Minuten garen.

Vorbereitungszeit: 10 Minuten
Garzeit: 30 Minuten
Pro Portion etwa 38 g Eiweiß, 58 g Fett, 21 g Kohlenhydrate = 3191 Joule (762 Kalorien)

Das paßt dazu: Zu diesem schnellen, raffinierten Gericht servieren Sie einen Tomatensalat mit Schnittlauchröllchen.

Das passende Getränk: Bier oder ein frischer Landwein.

Variation: Sie können auch Champignons in Scheiben oder Pfifferlinge mit in die Form geben.

Wichtig: Alles, was Sie über das Braten im Ofen wissen müssen, steht im 5. Kapitel.

Fleischwurst-Spieße

(Im Foto links)

Für 4 Portionen:
1 Apfel (150 g)
150 g Senfgurke
500 g Fleischwurst
30 g Fett zum Braten
Senf
2 Zwiebeln (75 g)
125 g Gouda in Scheiben

Apfel waschen, abtrocknen und in Spalten schneiden, Apfelspalten vom Kerngehäuse befreien. Senfgurke in Scheiben schneiden. Fleischwurst pellen und in dünne Scheiben schneiden. Wurstscheiben in einer Pfanne im Fett von beiden Seiten knusprig braun braten, mit Senf bestreichen und warm stellen.
Während die Wurst brät, Zwiebeln pellen und in Achtel schneiden, nach der Wurst in der Pfanne bräunen. Auf 2 große oder 4 kleine Spieße dann im Wechsel je 1 Scheibe Fleischwurst, 1 Apfelspalte, 1 Zwiebelscheibe, 1 Scheibe Fleischwurst, 1 Scheibe Senfgurke usw. stecken. Spieße auf ein mit Alufolie belegtes Backblech legen, mit Gouda bedecken und unter dem vorgeheizten Grill überbacken, bis der Käse schmilzt (in 1–2 Minuten).

Vorbereitungszeit:
etwa 25 Minuten
Grillzeit: 1–2 Minuten
Pro Spieß (bei 4 Spießen) etwa 24 g Eiweiß, 43 g Fett, 8 g Kohlenhydrate = 2298 Joule (549 Kalorien)

Fleischwurst-Auflauf

(Im Foto hinten)

Für 4 Portionen:
500 g Fleischwurst
10 g Margarine
Majoran
125 g Zwiebeln
1 Paket Kartoffelpüree (für 4 Portionen)
Salz
¼ l Milch
geriebene Muskatnuß
1 Bund Schnittlauch
1 Bund Petersilie
Fett für die Form
25 g geriebener Käse

Fleischwurst pellen, etwa 10 dünne Scheiben davon abschneiden, den Rest der Wurst in feine Streifen schneiden. Fett in einer Pfanne zerlassen, Wurstscheiben mit Majoran würzen und im Fett braun braten, aus der Pfanne nehmen.
Während die Wurst gebraten wird, Zwiebeln fein würfeln, in der Wurstpfanne leicht anbräunen.
Für das Kartoffelpüree ½ l Wasser mit Salz zum Kochen bringen, vom Herd nehmen, Milch hineingießen und das Püreepulver unterrühren, mit einem Hauch Muskatnuß würzen. Schnittlauch in Röllchen schneiden, Petersilie hacken, beides unter das Püree mischen.
Eine ofenfeste Form ausfetten. Abwechselnd Kartoffelpüree, Fleischwurststreifen und Zwiebeln in die Form schichten. Die letzte Schicht soll Kartoffelpüree sein. Fleischwurstscheiben darauf anordnen und mit Käse bestreuen. Auflauf im vorgeheizten Ofen bei 225 Grad (Gas 4) 20 Minuten backen.

Vorbereitungszeit:
etwa 10 Minuten
Backzeit: 20 Minuten
Pro Portion etwa 22 g Eiweiß, 40 g Fett, 28 g Kohlenhydrate = 3875 Joule (904 Kalorien)

Risotto mit Fleischwurst

(Im Foto vorn rechts)

Für 4 Portionen:
1 Zwiebel
½ Paprikaschote
40 g Margarine
250 g Langkornreis
½ l Brühe (Instant)
Salz, Pfeffer
1 Bund Petersilie
500 g Fleischwurst

Zwiebel pellen und würfeln. Paprikaschote putzen, waschen und in kleine Würfel schneiden. 30 g Margarine in einem Topf zerlassen. Zwiebel- und Paprikawürfel darin andünsten, Reis hineinschütten, ebenfalls andünsten, dann die Brühe angießen. Topf zudecken und den Reis etwa 20 Minuten lang ausquellen lassen. Zum Schluß noch mit Salz und Pfeffer abschmecken und die gehackte Petersilie untermischen. Während der Reis gart, Fleischwurst pellen und in Scheiben schneiden, Wurstscheiben in 10 g Margarine knusprig braun braten.

Vorbereitungszeit:
etwa 10 Minuten
Garzeit: etwa 20 Minuten
Pro Portion etwa 22 g Eiweiß, 42 g Fett, 41 g Kohlenhydrate = 2984 Joule (713 Kalorien)

Das paßt dazu: Zu allen drei Gerichten passen Endivien-, Tomaten-, Friséeoder einfacher grüner Salat. Zu den Spießchen können Sie ein Kartoffelpüree reichen, unter das Sie in Butter gebräunte Zwiebelwürfel mischen.

Wichtig: Alles über Würste zum Kochen und Braten lesen Sie auf Seite 187.

Schinken mit Wacholdersahne

Für 8–10 Portionen:
3 Lorbeerblätter
Pimentkörner
Wacholderbeeren
Thymian, Rosmarin
grober schwarzer Pfeffer
eventuell Salz
2,5 kg leicht geräucherter, gepökelter Schinken (beim Fleischer bestellen)
Für die Wacholdersahne:
6 El Weinessig
4 Schalotten
3 Wacholderbeeren
50 g Butter, 40 g Mehl
gut ⅛ l Rinderbouillon
6 El Weißwein
¼ l süße Sahne, 20 g Butter
Salz, Pfeffer aus der Mühle

3 l Wasser mit Gewürzen aufkochen, Schinken hineingeben und 2–2 ½ Stunden leise sieden lassen (nicht kochen, er wird sonst trocken und zäh).
Für die Sahnesauce Essig mit feingehackten Schalotten und zerdrückten Wacholderbeeren so lange kochen, bis die Flüssigkeit fast völlig verdampft ist. In einem anderen Topf Butter erhitzen, Mehl darin so lange unter Rühren anschwitzen, bis es die Farbe von Milchkaffee hat, mit Bouillon und Weißwein ablöschen. Schalotten-Mischung zugeben, unter ständigem Rühren einige Minuten leise kochen lassen. Sauce durch ein Sieb geben, Sahne und Butter dazugeben, mit Salz und Pfeffer abschmecken.

Vorbereitungszeit: ca. 20 Minuten
Garzeit: 2–2 ½ Stunden
Pro Portion (bei 8 Portionen) etwa 51 g Eiweiß, 107 g Fett, 5 g Kohlenhydrate = 5301 Joule (1266 Kalorien)

Das paßt dazu: Mit Käse abgeschmecktes Kartoffelpüree und geröstete Weißbrotwürfel.

Wichtig: Wo der Schinken beim Schwein sitzt, sehen Sie auf Seite 188.

Koteletts mit Apfel-Meerrettich-Sauce

Für 4 Portionen:
4 Nackenkoteletts (à 200 g)
30 g Butterschmalz
Salz, Pfeffer aus der Mühle
2–3 säuerliche Äpfel
1 Prise Zucker
2 El Meerrettich (aus dem Glas)
⅛ l süße Sahne

Koteletts in heißem Butterschmalz von beiden Seiten knusprig braun braten (in knapp 10 Minuten), erst nach dem Wenden salzen und pfeffern (je nach Größe in zwei Pfannen gleichzeitig braten). Inzwischen aus den Äpfeln die Kerngehäuse ausstechen, Äpfel in etwa 1 cm dicke Scheiben schneiden. Fleisch aus der Pfanne nehmen, warm stellen. Apfelscheiben im Bratfett von beiden Seiten goldbraun braten (nicht zerfallen lassen!), dabei mit etwas Zucker bestreuen. Meerrettich und Sahne mischen, zu den Apfelscheiben gießen und heiß werden lassen. Zum Schluß auch noch den Fleischsaft, der sich unter den Koteletts gesammelt hat, in die Sauce mischen. Noch einmal mit Salz und Pfeffer abschmecken und zusammen servieren.

Vorbereitungszeit: 5 Minuten
Garzeit: etwa 20 Minuten
Pro Portion etwa 27 g Eiweiß, 57 g Fett, 16 g Kohlenhydrate = 3021 Joule (722 Kalorien)

Das paßt dazu: Roggen- oder Vollkornbrötchen oder Salzkartoffeln.

Wichtig: Koteletts am Rand mit scharfem Messer mehrmals einkerben, damit sie glatt in der Pfanne liegen und sich nicht wellen. Mehr über die „schnellen Stücke" vom Schwein erfahren Sie auf Seite 184.

Schweinebraten mit Dillgemüse

Für 4 Portionen:
1 kg Schweinebraten mit Schwarte
Salz, Pfeffer
20 g Pflanzenfett
250 g kleine Zwiebeln
1 Salatgurke
1 Glas Kürbis (200 g Einwaage)
3 Bund Dill

Schwarte vom Schweinebraten am besten schon vom Metzger kreuzweise einritzen lassen. Braten von allen Seiten kräftig mit Salz und Pfeffer einreiben, in einem Schmortopf in heißem Fett ringsum kräftig anbraten. Zwiebeln pellen, zugeben, Topf in den auf 200 Grad (Gas 3) vorgeheizten Ofen schieben, 60 Min. garen. Inzwischen die Salatgurke sorgfältig mit ganz heißem Wasser waschen (oder die Gurke schälen), der Länge nach durchschneiden, Kerne mit einem Löffel herausschaben, Gurke in nicht zu dünne Scheiben schneiden, nach der Stunde Garzeit zum Fleisch in den Topf geben. Kürbis abgießen, nach 5 Minuten ebenfalls in den Schmortopf geben. Braten und Gemüse weitere 4–5 Minuten schmoren lassen. Nach Ende der Garzeit Braten herausnehmen, mit Alufolie abdecken und etwas ruhen lassen. Gemüse mit dem gehackten Dill mischen und abschmecken. Braten mit Gemüse anrichten.

Vorbereitungszeit: etwa 15 Min.
Garzeit: 1 Stunde 50 Minuten
Pro Portion etwa 40 g Eiweiß, 57 g Fett, 13 g Kohlenhydrate = 3191 Joule (762 Kalorien)

Wichtig: Warum Schweinefleisch immer nur bei mäßiger Hitze gebraten wird, lesen Sie auf S. 182.

Bratwürste mit weißen Bohnen und Äpfeln

Für 4 Portionen:
500 g säuerliche Äpfel
2 Zwiebeln (60 g)
20 g Butter od. Margarine
3 El Weißwein
1 große Dose weiße Bohnen (560 g Einwaage)
Salz, Pfeffer, Zucker
1 Tl getrockneter Majoran
125 g durchwachs. Speck
12 Rostbratwürstchen (etwa 360 g)
1 Bund Petersilie

Äpfel schälen, vierteln, Kerngehäuse entfernen. Apfelstücke noch zweimal durchschneiden. Zwiebeln würfeln. Fett auslassen, Zwiebeln darin hellgelb werden lassen, Äpfel zugeben und so lange zugedeckt dünsten, bis sie weich werden. Den Wein zugießen. Inzwischen Bohnen aus der Dose in einem Sieb unter fließendem Wasser abspülen und abtropfen lassen. Apfelgemüse mit Salz, frisch gemahlenem Pfeffer, 1 Tl Zucker und Majoran würzen, Bohnen zugeben und alles zugedeckt heiß werden lassen. Inzwischen Speck in feine Streifen schneiden und in einer schweren Pfanne ausbraten, bis er braun und knusprig ist. Speckstreifen herausnehmen, Würstchen im Bratfett bräunen. Petersilie hakken, in das Gemüse geben und noch einmal kräftig abschmecken. Würstchen und Speck auf dem Gemüse anrichten, nach Belieben mit oder ohne Bratfett servieren.

Vorbereitungszeit: ca. 15 Minuten
Garzeit insgesamt: ca. 15 Minuten
Pro Portion etwa 43 g Eiweiß, 57 g Fett, 96 g Kohlenhydrate = 4377 Joule (1046 Kalorien)

Schweinerücken mit Kräutern

Für 10 Portionen:
2,5 kg Schweinerücken
Salz, Pfeffer aus der Mühle
1–2 Knoblauchzehen
2 Tl Thymian
1–2 Tl Rosmarin
eventuell ¼ l Brühe (Instant)
1–2 Tomaten
1 Bund Petersilie

Das Fett des Schweinerückens an der Fleischseite mit einem kleinen Messer kreuz und quer einritzen, damit die Gewürze gut ins Fleisch eindringen können. Schweinerücken kräftig mit Salz und Pfeffer einreiben. Knoblauchzehen durchpressen, das Püree auf das Fleisch streichen. Thymian und Rosmarin etwas zwischen den Fingern zerreiben und gut auf das Fleisch drücken. Backofen auf 225 Grad (Gas 4) vorheizen, Fleisch in die Saftpfanne legen, hineinschieben und in etwa 60 Minuten braun und kroß braten. Wenn man den Fleischsaft verwenden will, sollte man während des Bratens immer wieder etwas Brühe angießen. Nach dem Ende der Garzeit den Rücken aus dem Ofen nehmen, gut mit Alufolie abdecken und mindestens 15 Minuten ruhen lassen, damit das Fleisch nicht zuviel Saft verliert. Dann das Fleisch im Stück von den Knochen lösen und jetzt erst in Scheiben schneiden. Eventuell mit Tomaten und Petersilie garnieren

Vorbereitungszeit: ca. 10 Minuten
Garzeit: etwa 60 Minuten + 15 Minuten Wartezeit
Pro Portion etwa 14,6 g Eiweiß, 22 g Fett, 0 g Kohlenhydrate = 1448 Joule (273 Kalorien)

Krautsalat

Für 10 Portionen:
2 kg Weißkraut (Weißkohl)
Salz, Zucker
Lemon Pepper
2 Zwiebeln
6–8 El Weinessig
6 El Öl

Weißkraut in Stücke schneiden und fein hobeln, mit Salz und Zucker bestreuen und mit dem Kartoffelstampfer (oder mit den Händen) so lange stampfen, bis sich etwas Saft bildet. Das Kraut mit Salz, Zucker, Lemon Pepper, den feingewürfelten Zwiebeln und Essig würzen. Öl zugeben und den Salat gut durchziehen lassen. Vor dem Servieren eventuell noch etwas nachwürzen.

Vorbereitungszeit: 30 Minuten
Pro Portion etwa 1,3 g Eiweiß, 2,6 g Fett, 3,3 g Kohlenhydrate = 181 Joule (43 Kalorien)

Das paßt dazu: Außer dem Krautsalat können Sie noch Knödel oder Brot anbieten.

Das passende Getränk: Bier.

Wichtig: Das schönste am Schweinebraten ist eine knackige Kruste. Lesen Sie auf Seite 182, was Sie tun müssen, wenn sie perfekt gelingen soll.

Schweineschnitzel mit Birnen und Käse

Für 4 Portionen:
1 Dose Birnenhälften (480 g Einwaage)
2 El Öl
4 Schweineschnitzel (à 150 g)
Salz, Pfeffer aus der Mühle
150 g Camembert (65 %)

Birnenhälften aus der Dose auf einem Sieb abtropfen lassen. Öl in einer Pfanne erhitzen, Schnitzel darin von beiden Seiten kurz und scharf anbraten, dann mit Salz und Pfeffer würzen. Auf jedes Schnitzel 2 Birnenhälften legen, Pfanne zudecken, und die Schnitzel 4–5 Minuten bei milder Hitze weitergaren. Inzwischen vom Camembert ringsum die äußerste Schicht abschneiden, das Innere in Scheiben schneiden. Die fertigen Schnitzel auf eine ofenfeste Platte oder in eine flache Gratinform legen und den Camembert darauf verteilen. 1–2 Minuten unter den Grill schieben, bis der Käse zerläuft und Blasen wirft. Dann sofort servieren.

Vorbereitungszeit: 10 Minuten
Garzeit: etwa 12 Minuten
Pro Portion etwa 38 g Eiweiß, 31 g Fett, 19 g Kohlenhydrate = 2279 Joule (544 Kalorien)

Unser Tip: Der Camembert zum Überbacken sollte noch ganz fest, durch und durch weiß und „unreif" sein. Dann läßt sich die äußere Schicht leicht abschneiden. Zu reifer Käse schmeckt heiß außerdem zu intensiv.

Das paßt dazu: Baguette oder anderes Weißbrot, außerdem Preiselbeerkompott.

Getränk: Ein heller Rotwein aus Deutschland oder aus Südtirol paßt am besten – oder ein Rosé.

Hackbraten

Für 12 Portionen:
500 g Schweinemett
1,5 kg gemischtes Hackfleisch
3 Bund frisches Basilikum
2 Bund Petersilie
500 g Zwiebeln
6 kleine Eier
4 altbackene Brötchen
3 Zehen Knoblauch
Salz, Pfeffer, Muskatnuß
Öl, frische Gurke

Aus Schweinemett, gemischtem Hackfleisch, gehacktem Basilikum, gehackter Petersilie, feingewürfelten Zwiebeln, Eiern, eingeweichten und dann leicht ausgedrückten Brötchen, durchgepreßtem Knoblauch einen Fleischteig zubereiten. Mit Salz, Pfeffer, Muskatnuß herzhaft würzen. Den Fleischteig sehr gut durcharbeiten, dann auf ein mit Öl bestrichenes Blech streichen, mit nassen Händen die Oberfläche glätten. Blech in den auf 225 Grad (Gas 4) vorgeheizten Backofen schieben, 15 Min. backen. Dann noch weitere 10 Minuten grillen, bis die Oberfläche schön gebräunt ist. Falls man keinen Grill hat: Backofen auf 250 Grad (Gas 5–6) hochschalten und den Hackbraten für 10 Minuten auf die oberste Einschubleiste schieben. Hackbraten aus dem Ofen nehmen, erkalten lassen, dann in kleine Quadrate, Rhomben oder Rechtecke schneiden. Mit Folie abdecken, kühl stellen (hält sich am kühlen Ort auch über Nacht), kurz vor dem Servieren mit gestiftelter roher Gurke verzieren.

Pro Portion ca. 34 g Eiweiß, 45 g Fett, 13 g Kohlenhydrate = 2687 Joule (642 Kalorien)

Wichtig: Mehr über Hackfleisch und seine Varianten lesen Sie auf Seite 186.

Buletten in Steinpilzsauce

Für 8 Portionen:
75 g getrocknete Steinpilze
3 altbackene Brötchen
1 kg gemischtes Hack
500 g Mett, 6 Eier
1 Zwiebel (50 g)
Pfeffer, Salz, Muskatnuß
1 Salatgurke (750 g)
50 g Butterschmalz
100 g Schalotten
¼ l Rotwein
600 g Crème fraîche
3 Tl getrockneter Dill

Steinpilze in ¼ l lauwarmem Wasser einweichen. Abgeriebene Brötchen in kaltem Wasser einweichen. Aus Hack, Mett, Eiern, gehackter Zwiebel, ausgedrückten Brötchen, ¼ l Wasser Hackteig bereiten. Mit Pfeffer, Salz, Muskat abschmekken. Geschälte Gurke klein würfeln, salzen. Aus Hack mit nassen Händen 32 Buletten formen. In 2 Pfannen je 20 g Butterschmalz erhitzen, Buletten bei mittlerer Hitze 8–10 Minuten nacheinander darin braten. Gehackte Schalotten im Bratenfett dünsten. Pilze mit Einweichwasser, Rotwein zugeben, zugedeckt bei milder Hitze 10–12 Minuten schmoren. Crème fraîche zugeben, bei milder Hitze 10 Minuten einkochen lassen. Salzen, pfeffern. Abgetropfte Gurkenwürfel im restlichen Butterschmalz glasig dünsten. Ein Drittel Gurken in einen Schmortopf geben, mit 1 Tl Dill bestreuen. ⅓ der Buletten darauflegen, mit Pilzsauce begießen. Vorgang zweimal wiederholen. Geschlossen im vorgeheizten Ofen bei 225 Grad (Gas 4) 10–15 Minuten erhitzen.

Vorbereitungszeit: 1½ Stunden
Garzeit: 1 Stunde
Pro Portion etwa 10 g Eiweiß, 20 g Fett, 4 g Kohlenhydrate = 1050 Joule (251 Kalorien)

Kasseler auf Curry-Linsen

Für 4 Portionen:
1 Dose vorgegarte Linsen (Einwaage 810 g)
2 säuerliche Äpfel (200 g)
1 Gemüsezwiebel (375 g)
50 g Butterschmalz
2 El Curry, 2 El Weißwein
Salz, Pfeffer aus der Mühle
1 Prise Zucker
4 Kasselerkoteletts (etwa 750 g)

Linsen auf einem Sieb abtropfen lassen. Äpfel schälen, vierteln, die Kernhäuser entfernen. Apfelviertel in Scheiben schneiden. Zwiebel pellen, halbieren und in Ringe schneiden. Etwa 25 g Butterschmalz in einem Topf schmelzen lassen, Zwiebelscheiben und Apfelstückchen darin andünsten, mit dem Curry bestäuben, nochmals kurz andünsten und dann mit Wein ablöschen. Danach Linsen zugeben, bei milder Hitze erwärmen, mit Salz, Pfeffer und Zucker abschmecken. Inzwischen Kasselerkoteletts im restlichen Butterschmalz in einer Pfanne von jeder Seite etwa 5 Minuten braten und dazu servieren.

Zubereitungszeit: insgesamt etwa 20 Minuten
Pro Portion etwa 63 g Eiweiß, 56 g Fett, 85 g Kohlenhydrate = 4697 Joule (1123 Kalorien)

Das paßt dazu: Die Curry-Linsen sind ein Gericht für sich – man könnte etwas Reis dazu geben, aber besser ist es, bei großem Hunger die doppelte Portion zu kochen.

Passendes Getränk: Wie zu allen Curry-Gerichten schmeckt auch hierzu am besten ein herbes Pils. Wer kein Bier mag, kann auch einen leichten roten Landwein oder ein Tonicwater trinken.

Wichtig: Wie Sie Kasseler „klassisch“ zubereiten, lesen Sie auf Seite 185.

Schweinesülze

(Im Foto links)

Für 8 Portionen:
2,5 kg Schweinepfoten (geteilt)
1 El weiße Pfefferkörner
4 Lorbeerblätter
2 Tl Salz
2 Tl Korianderkörner
10 Pimentkörner
1 Tl gekörnte Brühe
2 Knoblauchzehen
75 g Zucker
1 kg Kasseler (mit Knochen)
500 g Schweinenacken (mager)
375 g Möhren
150 g Sellerieknolle
150 g Zwiebeln
100 g Maiskölbchen (Glas)
150 g Schlesische Gurkenhappen (Glas)
4 El Weinessig
6 Blatt Gelatine (weiß)

Schweinepfoten in 3 l kaltem Wasser zusammen mit den Gewürzen aufsetzen. 3 Stunden bei milder Hitze im offenen Topf kochen lassen. Dann das Fleisch und eine halbe Stunde später auch geputzte, unzerteilte Möhren, Sellerie und Zwiebeln zugeben, gut ½ Stunde weiterkochen lassen. Alles durch ein Sieb gießen. Sud auffangen, Fleisch aus dem Sieb nehmen, abgekühlt von den Knochen lösen und würfeln. Gemüse aus dem Sieb nehmen. Möhren in Scheiben, Sellerie in Würfel und abgetropfte Maiskölbchen in Scheiben schneiden. Zusammen mit den Gurken in der Form bunt nebeneinander anrichten. Lorbeerblätter obendrauflegen. 1 ½ l Sud mit dem Weinessig abschmecken. Eingeweichte Gelatine in etwas Sud bei milder Hitze auflösen. Restlichen Sud zugießen. Alles über das Fleisch gießen. Sülze kühl stellen und über Nacht fest werden lassen. Sie hält sich mindestens eine Woche.

Vorbereitungszeit: 30 Minuten
Garzeit: etwa 4 Stunden
Pro Portion etwa 21 g Eiweiß, 34 g Fett, 8 g Kohlenhydrate = 3798 Joule (904 Kalorien)

Entensülze

(Im Foto in der Mitte)

Für 8 Portionen:
2 Enten (jede etwa 2,5 kg)
¾ l Rotwein
6–8 Lorbeerblätter
8 El Rotweinessig
1 Bund Suppengrün
2 Zwiebeln
8 El Orangensaft (frisch gepreßt)
Schale von 2 Orangen (unbehandelt)
1 El gekörnte Brühe
Salz
trockener Weißwein zum Auffüllen
3 El Sherryessig
1 El Creamsherry
2 El Worcestershiresauce
etwas Fleischextrakt
12 Blatt Gelatine (weiß)
3 kleine Orangen (geschält und filiert)

Enten häuten und entbeinen. Aus ½ l Wasser, Rotwein, 2 Lorbeerblättern, Essig, geputztem, grob zerkleinertem Suppengrün, grob gehackten Zwiebeln, Orangensaft, dünn abgeschälter Orangenschale, gekörnter Brühe und Salz einen Sud bereiten. Entenstücke darin bei milder Hitze im offenen Topf 1 Stunde garen. Dann kalt werden lassen, das erstarrte Fett abnehmen. Entenstücke und Gemüse herausnehmen. Sud so abgießen, daß alle Trübstoffe, die sich unten abgesetzt haben, zurückbleiben. Sud eventuell mit Weißwein auf 1 l auffüllen, mit Sherryessig, Creamsherry, Worcestershiresauce und Fleischextrakt abschmecken. Gelatine in kaltem Wasser einweichen, abtropfen lassen. In wenig heißem Sud auflösen, den restlichen Sud zugießen. Entenstücke zusammen mit den Orangenfilets in der Form anordnen, mit den restlichen frischen Lorbeerblättern garnieren, Sud darübergießen. Sülze über Nacht im Kühlschrank fest werden lassen. Sie hält sich mindestens eine Woche.

Vorbereitungszeit: 2½ Stunden
Garzeit: 1 Stunde
Pro Portion etwa 93 g Eiweiß, 86 g Fett, 7 g Kohlenhydrate = 5656 Joule (1347 Kalorien)

Wildsülze

(Im Foto rechts)

Für 8 Portionen:
2 kg Hasenrücken und -keulen
1 Kaninchen (etwa 1250 g)
Pfeffer aus der Mühle
2 Knoblauchzehen
Thymian
frische Salbeiblättchen (ersatzweise getrocknete)
½ l Rotwein
4 Zwiebeln
6 Lorbeerblätter
20 Wacholderbeeren
Salz
2 El Öl
12 Blatt Gelatine (weiß)
900 ccm Rotwein
100 ccm Madeira
etwas Fleischextrakt zum Würzen

Fleisch, wenn nötig, häuten, von den Knochen lösen, möglichst dünn aufschneiden, nebeneinanderlegen. Mit frisch gemahlenem Pfeffer bestreuen, mit halbierten Knoblauchzehen einreiben. Zerrebelten Thymian darüberstreuen. Auf jedes Fleischstück ein Salbeiblättchen legen. Fleischstücke aufrollen, nebeneinander in ein Gefäß schichten. Rotwein darübergießen. Die Zwiebeln grob zerteilen, mit den Lorbeerblättern und den Wacholderbeeren zum Fleisch geben. Gefäß zudecken. Fleisch 1–2 Tage in der Beize lassen. Dann herausnehmen, abtropfen lassen und mit Salz würzen. Öl in einem Bräter sehr heiß werden lassen, Fleischteile darin rundherum anbraten, Beize zugießen. Fleisch darin 2 ½–3 Stunden schmoren. Anschließend kalt werden lassen, das erstarrte Fett abnehmen. Fleisch in die Form legen, mit einigen Lorbeerblättern verzieren. Gelatine in kaltem Wasser einweichen. Etwas Rotwein erhitzen, abgetropfte Gelatine darin auflösen. Restlichen Rotwein und den Madeira zugießen. Mit Fleischextrakt und evtl. Salz abschmecken. Sud über das Fleisch gießen. Sülze über Nacht im Kühlschrank fest werden lassen. Sie hält sich dann ungefähr eine Woche.

Vorbereitungszeit: 1 Stunde
Garzeit: 2½–3 Stunden
Pro Portion etwa 69 g Eiweiß, 18 g Fett, 7 g Kohlenhydrate = 2674 Joule (636 Kalorien)

Wichtig: Wenn Sie noch kein Meister im Herstellen von Sülzen sind, sollten Sie, bevor Sie eines dieser drei Rezepte nachkochen, unbedingt das 8. Kapitel: „Gelieren" aufmerksam studieren.

13. KAPITEL
LAMM UND WILD

- Der große Braten: Lammrücken im Ofen
- In der Pfanne: Koteletts
- Die Teile zum Schmoren und Kochen
- Reh, Hirsch und Wildschwein
- Bardieren statt spicken!
- Trocken beizen
- Hase und Kaninchen
- Was sitzt wo beim Lamm?
- Wann und was von welchem Wild?

Festtagsbraten: Ein Rücken vom Reh oder Hirschkalb, mit Pilzen und Früchten serviert. Aber es muß nicht immer das beste Stück vom Wild sein – auch die anderen Teile, Hasen, Kaninchen und Lamm ergeben delikate Gerichte.

Lamm: Fast so fein wie Wild

Hammelfleisch hat lange Zeit auf deutschen Speisekarten ein Aschelbrödel-Dasein geführt. Vielleicht sogar zu Recht, denn es waren oft sehr alte Hammel, die da in den Kochtopf wanderten, nachdem sie ihre Pflicht als Woll-Lieferanten erfüllt hatten. Einzige Ausnahme: Das Osterlamm, das – nur mit Milch gemästet – traditionsgemäß im Frühling auf den Tisch kam. Inzwischen hat sich vieles geändert. Heute findet man im Fleischerladen keinen alten Hammel mehr, der entsprechend hammelig schmeckt, sondern nur noch Lammfleisch von jungen, knapp einjährigen Tieren, die sich z. B. auf kräuterreichen Wiesen am Nordseedeich, auf Heideflächen oder auf der Schwäbischen Alb viel zartes, würziges Fleisch und nur einen schmalen Fettmantel angefressen haben. (Die aufgezählten Vorteile gelten auch für tiefgefrorenes irisches und neuseeländisches Lamm). Lammfleisch steht also dem Wildfleisch beinahe näher als dem Schlachtfleisch von Rind und Schwein, die im Stall gemästet werden.

1 *Fettschicht rautenförmig einschneiden. Rückenmuskel beidseitig durch einen ca. 1,5 cm tiefen Schnitt etwas vom Rückgrat lösen, damit Gewürze und Hitze besser eindringen können. Filets auslösen, nur 10 Min. mitbraten.*

2 *Aus zerdrücktem Knoblauch, Kräutern (Salbei, Thymian, Rosmarin, Basilikum), Pfeffer, Salz und Rotisseur-Senf eine Paste machen. Den Braten damit einreiben.*

Im Ofen: Lammrücken

Ein zarter Braten, bei dem eigentlich nichts „schiefgehen" kann, weil er sich sozusagen von alleine brät. Man schneidet überflüssiges Fett ab, läßt es im (möglichst genau passenden gußeisernen) Bräter aus, legt den gut gewürzten Braten hinein, begießt ihn mit dem heißen Fett und schiebt ihn in den vorgeheizten Ofen (250 Grad). Nach etwa 30 bis 35 Min. ist der Braten gar und innen noch rosig. Man läßt ihn im ausgeschalteten Ofen rasten, schöpft das überschüssige Fett aus der Pfanne und macht aus dem Bratensatz die Sauce. Ein Rücken (etwa 3 kg) reicht für 4 bis 6 Portionen.

1 *Noch zarter und würziger: Lammkoteletts mit Knoblauch und Kräutern (Thymian, Rosmarin, Salbei) und etwas Öl (vielleicht auch ein paar Spritzern Zitronensaft) aufeinanderschichten, 24 bis 48 Std. kühl stellen.*

2 *Entweder Koteletts im eigenen Fett braten (Hitze nach dem Wenden herunterschalten, Kräuter und Knoblauch erst jetzt zugeben) oder Knoblauch vorher anbraten, herausnehmen. Bratzeit insgesamt 6 bis 8 Min.*

In der Pfanne: Koteletts

Das feinfaserige, zarte Lammfleisch eignet sich hervorragend zum schnellen Braten in der Pfanne. Die Koteletts, entweder als Doppelkoteletts über den ganzen Rücken geschnitten oder halbiert (mutton-chops), bringen das Fett zum Garen gleich mit. Lammsteaks aus der Keule sind ganz mager und brauchen eine Fettzugabe. Ob man sie „pur" in die Pfanne legt oder vorher würzt (s. oben), ist Geschmackssache. Ebenso, ob man sie innen noch rot oder „durch" brät. **Auf jeden Fall:** Erst nach dem Braten salzen! Bratensatz mit etwas Wein loskochen. Fett vorher abgießen!

Die Teile zum Schmoren und Kochen

Lammrücken, Lammkoteletts und Lammkeule – das sind die „feineren" Teile vom Lamm, die sich anschicken, mittlerweile auch die deutsche Küche wieder zu erobern. Sie werden entsprechend teuer verkauft. Nur Kenner wissen, daß man auch aus den übrigen Teilen – Schulter, Nacken, ja sogar auch aus den Haxen und der Brust – delikate Gerichte machen kann, wenn man sie nur richtig behandelt. Diese Teile sind zudem sehr preiswert! Allerdings eignet sich dieses Fleisch, weil von Sehnen und Bindegewebe durchzogen, nicht für die schnelle (Brat-)Küche. Man muß es langsam, bei milder Hitze, schmoren oder kochen, damit es nicht zäh wird, sondern weich und saftig bleibt. **Wichtig:** Trennen Sie das Fett vorher ab, lassen Sie es im Topf aus und bräunen Sie das Fleisch darin kurz an – gleichgültig, ob Sie es nachher kochen oder schmoren wollen. So entwickelt sich ein besonders aromatischer Geschmack.

Geschmorter Lammnacken mit jungem Gemüse

Feines, französisches Schmorgericht, in das nach der halben Garzeit (insg. 60 – 75 Min.) junge Kartoffeln, Zwiebelchen, Möhren, Rübchen und zum Schluß Erbsen kommen. Läßt sich auch mit Brust oder Schulter machen.

Eintopf mit Lammbrust und grünen Bohnen

Brust in Fett anbraten, mit Wasser, Zwiebel und Bohnenkraut in etwa 1 Std. weich kochen, rausnehmen, Fleisch von den Knochen lösen. Inzwischen junge Bohnen in der Brühe garen, mit dem Fleisch und Petersilie servieren.

Geschmorte Lammschulter mit Pilzen

Das Fleisch wird im eigenen Fett angebraten, einige Zwiebeln kommen dazu – und Thymian und Knoblauch. Nach 30 Min. Schmorzeit werden Pilze zugegeben. Abgeschmeckt wird mit Wein und Crème fraîche.

Gekochte Lammhaxe mit Zitronensauce

Die Haxen werden mit Zwiebeln, Lorbeer weich gekocht. Suppengemüse kommt nach halber Garzeit (insg. 1 Std.) dazu. Die Brühe wird zur Sauce reduziert (eingekocht), mit Butterstückchen gebunden, mit Zitrone gewürzt.

Ganz wild: Reh, Hirsch und Wildschwein

Sie liefern uns den großen Wildbraten. Frisch bekommen wir sie nur zu bestimmten Zeiten, wenn die Jagd „auf" ist (letzte Seite). Weil Wildfleisch sich jedoch sehr gut für die Tiefkühlung eignet (der Gefrierprozeß macht das Fleisch mürbe und ersetzt so z. T. das sonst unbedingt notwendige Abhängen), können wir es das ganze Jahr essen. Frisch und abgehangen ist es jedoch besser. In der Regel kauft man es bereits fix und fertig vorgerichtet und portioniert, oft sogar leider schon gespickt. Besser ist ein „Speckhemd" (s. unten: Bardieren). Ob das Fleisch dann von einem frisch geschossenen oder einem gefrorenen Tier stammt, kann man dann oft nicht mehr erkennen. Fragen Sie Ihren Händler auf jeden Fall danach, wenn Sie das Fleisch am gleichen Tag verwenden wollen. Dann muß es in Marinade oder in ein Buttermilchbad, obwohl man mit dem Beizen (und Marinieren) heute vorsichtiger geworden ist, weil der feine Wildgeschmack nicht durch allzu viele Gewürze beeinträchtigt werden soll.

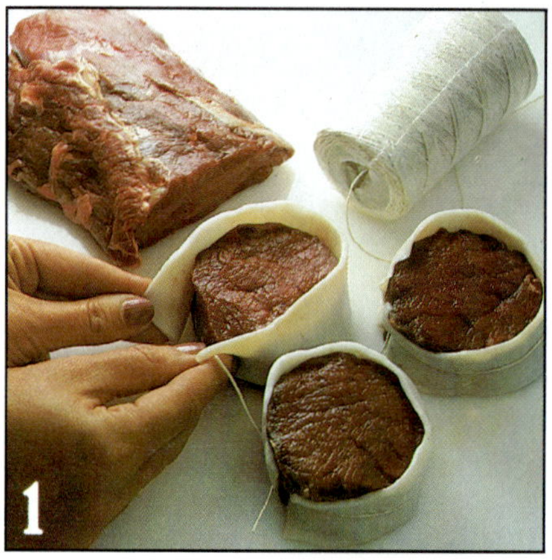

1

2

Kurz braten

Wildsteaks, *aus dem Rücken und aus der Keule (Nüßchen, Medaillons) geschnitten und 3 bis 4 cm dick (hier vom Hirsch), werden sorgfältig pariert (s. rechts) und mit einem dünnen Speckstreifen rund gebunden (1). Dann werden sie, evtl. ganz leicht mit Mehl bestäubt, in einer schweren Pfanne in heißem Fett insgesamt 5 bis 6 Min. gebraten. Warm oder kalt servieren (2), Speckstreifen vorher entfernen.*

Bardieren statt spicken!

Weil sie nicht gemästet werden, sondern sich ihre Nahrung selber suchen müssen, haben Wildtiere (bis aufs Wildschwein) kaum Fett. Damit dieses Fleisch saftig bleibt, muß man den Braten mit reichlich Fett versehen. Deshalb wurde er früher (und oft auch noch heute) gespickt. Dabei werden aber die Fleischfasern zerrissen, der Saft kann auslaufen. **Die bessere Methode:** Den Braten „bardieren", d. h. in Speckscheiben einwickeln.

Der Rehrücken *wird, wie anderes zartes Wildfleisch auch, mit breiten Scheiben von dünn geschnittenem Speck belegt, damit das Fleisch beim Braten nicht zäh und trocken wird, sondern saftig bleibt. Ein Rehrücken brät etwa 30 Min. bei 250 Grad.*

Trocken beizen

Derberes Wildfleisch, z. B. das einer Keule, verträgt eine kräftigere Würzung. Es wird „trocken" gebeizt, d. h. es wird mit grob zerstoßenen Gewürzen eingerieben, mit neutralem Öl bestrichen, mit Folie abgedeckt und für ein bis zwei Tage in den Kühlschrank gelegt. Gewürze: Pfeffer, Wacholderbeeren, Koriander, Salbei, Thymian, Majoran, Bohnenkraut und Lorbeer. **Regel:** Nie mehr als zwei bis drei Gewürze! Und salzen erst vorm Braten.

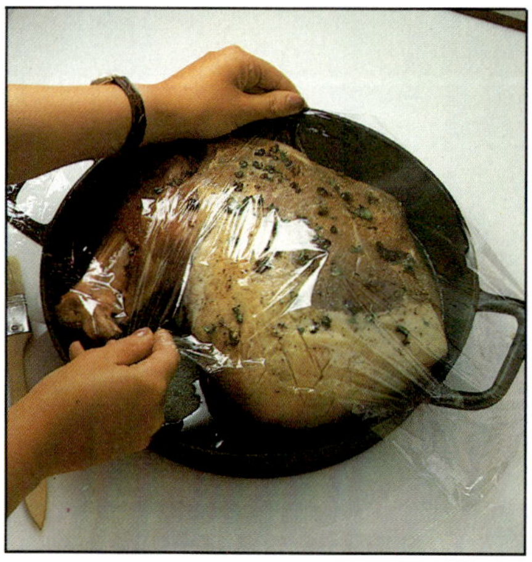

Eine Frischlingskeule *wird mit Gewürzen eingerieben, mit Folie abgedeckt, für ein bis zwei Tage in den Kühlschrank gestellt. Auch zum Auftauen von gefrorenen Stücken zu empfehlen. Eine Keule von ca. 3 kg brät etwa 55 Min. bei 225 Grad.*

Parieren, auslösen

Auch Wild hat außer den bevorzugten Keulen und Rücken Fleisch, das weniger begehrt und deshalb preiswert ist. Die Schulter von jungen Tieren ist z. B. ein ganz hervorragendes Stück zum Schmoren und als Wildragout oder Wildsuppe nicht zu verachten. Allerdings muß man diese Stücke meistens selber „vorrichten": Alle Häute und Sehnen müssen sorgfältig gelöst (pariert) werden, weil sie beim Braten nicht weich werden. Dann schneidet man alle Knochen heraus. Knochen und Sehnen werden auf keinen Fall weggeworfen, sondern angeröstet und ausgekocht und ergeben so den Wildfond, die unentbehrliche Grundlage für kräftige Wildsaucen und -suppen. Schon aus diesem Grund empfiehlt es sich, Wildfleisch fürs Ragout immer im ganzen zu kaufen. Man kann übrigens auch aus Bratenknochen (von Rehrücken z. B.) einen Fond kochen. Mariniert oder in Buttermilch eingelegt wird Wildfleisch immer vor dem Parieren. Gesalzen wird erst hinterher. Hier als Beispiel: Rehschulter.

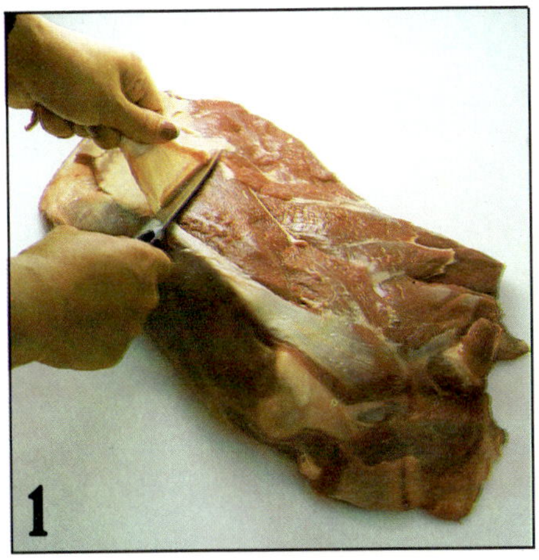

So wird Wildfleisch pariert: Zuerst mit einem scharfen, spitzen Messer alle Häute lösen, die das Fleisch umgeben. Dabei das Fleisch möglichst wenig verletzen!

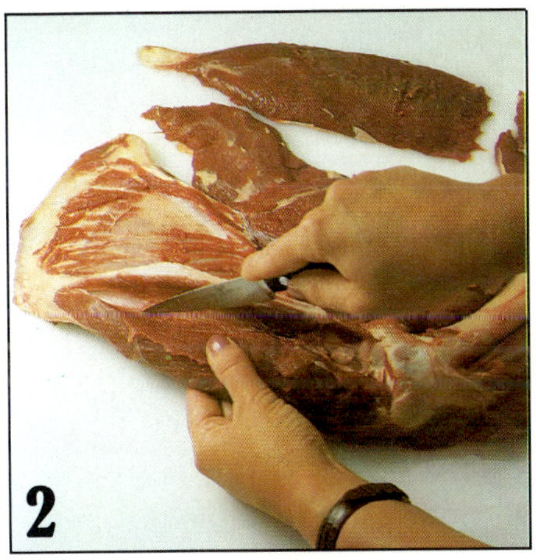

Die einzelnen Muskelstränge lassen sich nun leicht vom Knochen lösen. Jetzt auch alle Sehnen herausschneiden. Die Abfälle (Parüren) nicht fortwerfen, sondern für den Fond aufbewahren.

Ehe das Fleisch zu Ragout verarbeitet wird, kocht man aus den Abfällen einen Fond: Knochen kleinhacken, mit kleingeschnittenem Suppengrün und Gewürzen in Fett anrösten. Mindestens eine Stunde lang auskochen.

Mit Speck, feingeschnittenem Suppengrün und Zwiebeln wird das gewürfelte Wildfleisch kräftig angebraten und dann mit wenig von dem vorher gekochten, durchgesiebten und wieder erhitzten Fond aufgegossen.

Wieder einkochen lassen, bis klares Fett am Topfboden brutzelt, dann etwas Mehl überstäuben, durchrösten und erneut mit Fond aufgießen. Alles langsam gar schmoren.

Zum Schluß wird das Wildragout mit Wein und Sahne abgeschmeckt und (wie hier mit Nudeln) angerichtet. Falls die Sauce zu dünn ist: Nochmals bei milder Hitze im offenen Topf einkochen lassen!

Hase und Kaninchen

Wer in der Küche wenig Erfahrung mit Wildgerichten hat, der sollte sich zum Üben zunächst am Hasen oder (noch besser für Wild-Neulinge) am „Stallhasen“, am Kaninchen, versuchen. Es steht bei unseren kulinarisch so gerühmten Nachbarn, den Franzosen, als preiswerter Sonntagsbraten hoch im Kurs. Und es ist eigentlich nicht zu verstehen, daß es in der deutschen Küche so wenig verwendet wird. Sein helles, zartes Fleisch erinnert zwar bei einfacher Zubereitung eher an ein fleischiges Haushuhn als an Wild, aber durch entsprechende Würze, durch Wein und Kräuter z. B., kann man es vielfältig verwandeln. Zudem hat der untrainierte Stallhase dem im Laufen und Springen geübten Hasen gegenüber einen (für Anfänger) entscheidenden Vorteil: Rücken und Keulen haben fast die gleiche Garzeit. Man kann also das Kaninchen im ganzen in den Ofen schieben. Beim Schmoren (der häufigsten Zubereitungsart) nimmt man einfach die Rückenstränge etwas eher aus dem Topf.

Rücken

Ein Buttermilchbad (12 Stunden) macht den Hasenrücken zart. Es ist auch zum Auftauen tiefgefrorener Fleischstücke und für alle anderen Wildarten und für Lamm zu empfehlen!

Gut gehäutet und gewürzt, danach mit Speck bardiert kommt der Hasenrücken (hier zwei für 4 Port.) in den vorgeheizten Ofen. Wurzelgemüse und Zwiebeln werden für den Saucenfond mitgeschmort.

Nach 20 Min. im Ofen (250 Grad) ist der Rücken außen braun, innen noch rosig. Er wird in Alufolie zum „Ausruhen“ warmgestellt. Inzwischen macht man aus Röstgemüse und Fond mit Wein und Sahne die Sauce.

Filets

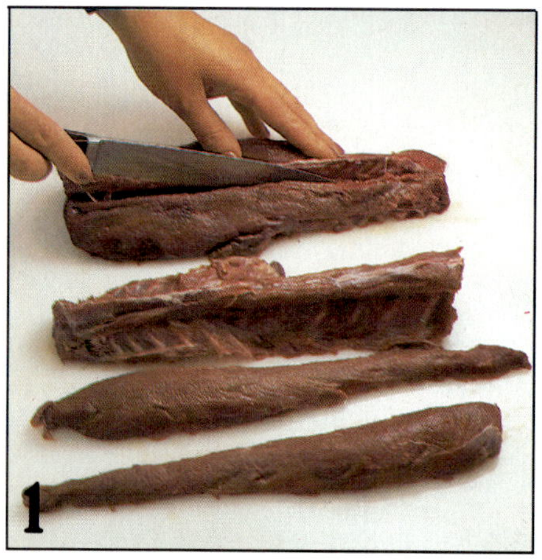

Noch schneller kommt man zum Hasenbraten, wenn man die Rückenfilets auslöst. Kleine Filets unter den Rippen nicht vergessen! Aus Knochen und Abfällen einen Fond für die Sauce kochen.

Mit besonders langen, feinen Speckstreifen (vom Wildhändler) werden die Filets eingewikkelt. Dann kommen sie in eine sehr heiße, leicht gefettete Bratpfanne und werden schnell ringsum braun gebraten.

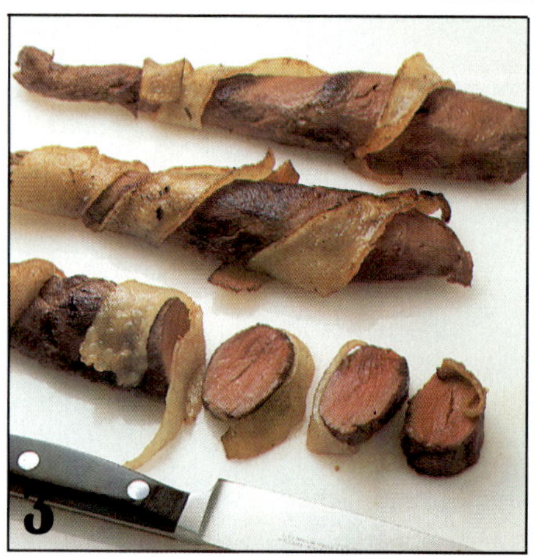

Nach 5 Min. sind sie so, wie jeder Wildbraten serviert werden sollte: innen noch leicht rosig. Wer einen Wildfond hat, kann in der Pfanne damit und mit Crème fraîche schnell eine kleine Sauce machen.

Hasenkeulen (gut trainiertes Muskelfleisch) brauchen 1 bis 1 1/2 Stunden, um weich zu werden, während das Fleisch vom Rücken (eines der schmalen „Rückenfilets" reicht gerade für eine Person) in 20 bis 30 Min. gar ist. Deshalb: Braten Sie nicht den ganzen Hasen im Ofen, sondern nehmen Sie entsprechend viele Hasenrücken oder Keulen (eine pro Person), die besser im Schmortopf zubereitet werden. Die Aufteilung von Hase und Kaninchen ist gleich, man kann die gleichen Rezepte verwenden, nur die Garzeiten sind unterschiedlich.

Keulen

1

Hasenkeulen 12 bis 24 Stunden in Rotwein marinieren. Abtrocknen, häuten und in Bauchspeck mit Schalotten kräftig anbraten. Mit Marinade und Brühe bei milder Hitze 1½ Std. schmoren.

2

Hier wurden eingeweichte Backpflaumen in der Sauce mitgegart. Wichtig: Die Speckgrieben nach dem Anbraten der Keulen herausnehmen und erst beim Anrichten wieder darüberstreuen.

Zerlegen

1

Hier am Beispiel Kaninchen; beim Hasen ist es nicht anders: Keulen und Vorderläufe rund um den Muskel entsprechend abschneiden. Gelenke durchtrennen. Rippen mit Küchen- oder Geflügelschere durchschneiden. Rükken quer in Stükke teilen (bzw. zum Braten im Ofen ganz lassen). Rippen, Bauch und Hals, auch die Vorderläufe (beim Hasen in jedem Fall) für einen kräftigen Fond verwenden.

2

***Kaninchen** kann man wie Hasen in Buttermilch legen oder marinieren, mit Speck bardiert braten oder schmoren. Hier wird es vorm Braten mit Senf bestrichen, mit Weißwein geschmort und mit gedünsteten Lauchstreifen angerichtet.*

Die Marinade

Marinieren empfiehlt sich vor allem für Fleisch von älteren Tieren, zum Auftauen, zum Würzen von Kaninchen. Man nimmt: Rot- oder Weißwein, Möhren, Sellerie, Zwiebeln, Knoblauch, Lorbeer, Pfefferkörner, Wacholderbeeren, Thymian, Rosmarin, Basilikum. Bei Wildschwein auch Salbei und Majoran. Das Fleisch wird 12 bis 48 Stunden mariniert, vorm Braten abgetrocknet, gesalzen. Durchgesiebte Marinade zum Angießen verwenden.

Lammkeule mit Roquefort

Für 6 Portionen:
1 kleine Lammkeule (3 kg)
schwarzer Pfeffer
2–3 Knoblauchzehen
2–3 Zweige Thymian
40 g Butterschmalz
250 g große Zwiebeln
600 ccm Weißwein
400 g Roquefort
600 g Crème fraîche

Keule mit Pfeffer einreiben. Knoblauchzehen in 6–8 Stifte schneiden. Keule damit und mit zerkleinerten Thymianzweigen so spicken, daß möglichst wenig Fleisch zerschnitten wird. Butterschmalz im Bräter erhitzen. Keule darin kräftig anbraten. Zwiebeln vierteln, kurz im Bräter mit anbraten. Gut ¼ l Weißwein zugießen, so daß der Topfboden bedeckt ist. Bräter in den vorgeheizten Backofen (225 Grad, Gas 4) schieben. Roquefort mit 200 g Crème fraîche glattrühren. Die Keule nach 10 Minuten so drehen, daß die gewölbte Oberseite unten liegt, dann mit der Käsecreme bestreichen. Keule weitere 45 Min. offen garen, wenden, mit Sauce beschöpfen und noch einmal 45 Min. garen. Dabei auf die Bräunung achten. Evtl. in den letzten 20 Minuten mit Alufolie abdekken. Fleisch warm stellen. Bratenfond im Bräter lösen, in einen kleinen Topf umgießen, den restlichen Wein und Crème fraîche zugeben. Sauce bei starker Hitze unter Rühren einkochen lassen, bis sie sämig ist.

Vorbereitungszeit: 45 Minuten
Garzeit: 100 Minuten
Pro Portion etwa 93 g Eiweiß, 76 g Fett, 8 g Kohlenhydrate = 5121 Joule (1223 Kalorien)

Lammfleischtopf mit Tomaten

Für 4–6 Portionen:
500 g kleine Tomaten
1 Knoblauchzehe
500 g grüne Paprikaschoten
1 kg Lammfleisch (Keule)
30 g Butterschmalz
schwarzer Pfeffer aus der Mühle
½ l kräftiger Rotwein
1 Tl Salz
3 Lorbeerblätter
1 Zweig Rosmarin
1 kleines Bund Thymian
375 g kleine Zwiebeln

Tomaten brühen, abziehen. Knoblauchzehe auch pellen. Paprikaschoten putzen, waschen, würfeln. Lammfleisch wie für Gulasch würfeln. Das Butterschmalz in einem Schmortopf stark erhitzen. Lammfleischwürfel mit Pfeffer würzen, im heißen Fett unter Wenden kräftig anbraten, bis die Flüssigkeit verdampft und das Fleisch gebräunt ist. Rotwein angießen. Knoblauchzehe auf dem Salz mit einem Messer zerdrücken, dann mit Lorbeerblättern, gezupftem Rosmarin und Thymian zum Fleisch geben. Fleisch zugedeckt bei mittlerer Hitze 30 Minuten schmoren. Paprika und gepellte Zwiebeln untermischen. Alles weitere 30 Minuten schmoren. Tomaten zugeben. Alles noch einmal 10 Minuten bei milder Hitze schmoren.

Vorbereitungszeit: 45 Minuten
Garzeit: 70 Minuten
Pro Portion (bei 6 Portionen) etwa 32 g Eiweiß, 35 g Fett, 11 g Kohlenhydrate = 2451 Joule (586 Kalorien)

Wichtig: Für dieses Gericht können Sie auch Lammschulter oder -brust nehmen. Alles Wissenswerte über diese Teile erfahren Sie auf Seite 225.

Lammrücken in Kräuterkruste mit jungen Kartoffeln und feinen Gemüsen

Für 4 Portionen:
1,5 kg Lammrücken
Salz
schwarzer Pfeffer aus der Mühle
3 Knoblauchzehen
1 El Kräutersenf
75 g Butterschmalz
750 g junge Kartoffeln
30 g Semmelbrösel
4 El frisch gehackte Kräuter (Salbei, Thymian, Rosmarin, Basilikum)
500 g frische Prinzeßbohnen (ersatzweise aus der Dose)
30 g Butter
2 Dosen Mais (je 225 g)
1 Zwiebel

Lammrücken beim Fleischer vorbestellen. Der Rücken sollte nicht zu fett sein. Ist er es doch, wird das Fett weitgehend abgeschnitten.

Den Lammrücken rundherum mit Salz, Pfeffer und pürierter Knoblauchzehe und Senf einreiben, in die Saftpfanne vom Backofen legen und mit 30 g stark erhitztem Butterschmalz übergießen. In den vorgeheizten Backofen (250 Grad, Gas 5–6) schieben, bei starker Hitze 20 Minuten braten.

In der Zwischenzeit die Kartoffeln schälen, etwa 10 Minuten kochen, abtropfen lassen und zum Fleisch in die Saftpfanne geben. Das restliche Fett mit Semmelbröseln, 3 El Kräutern, Salz, Pfeffer und einer pürierten Knoblauchzehe mischen. Den Braten nach 20 Minuten mit dieser Paste bestreichen und etwa 10–15 Minuten bei der gleichen Temperatur weiterbraten. Die Kartoffeln dabei öfter wenden. 5 Minuten vor Ende der Bratzeit die restlichen Kräuter und die letzte pürierte Knoblauchzehe überstreuen und gut vermengen.

Während der Braten gart, die geputzten Bohnen tropfnaß mit einem Stich Butter und etwas Salz 20 bis 25 Minuten dünsten. Den Mais abtropfen lassen. Die gehackte Zwiebel in der restlichen Butter andünsten, den Mais zugeben und darin erhitzen.

Den Braten mit dem Gemüse auf einer gut vorgewärmten Platte anrichten. Die Kartoffeln getrennt reichen.

Vorbereitungszeit: 30 Minuten
Garzeit: etwa 40 Minuten
Pro Portion etwa 54 g Eiweiß, 122 g Fett, 63 g Kohlenhydrate = 6890 Joule (1646 Kalorien)

Variation: Wer zu diesem feinen Lammgericht noch eine kleine Sauce möchte, schöpft einfach das überschüssige Fett aus der Saftpfanne, löst den Bratenfond und gießt ihn dann in einen kleinen Topf um. Man gibt etwas Wein oder Crème fraîche dazu, läßt die Sauce etwas einkochen und schmeckt sie noch einmal mit Gewürzen ab.

Das passende Getränk: Ein trockener Rosé oder ein nicht zu schwerer Beaujolais.

Wichtig: Die Fettschicht auf dem Lammrücken wird rautenförmig eingeschnitten. Das Fleisch wird durch zwei etwa 1,5 cm tiefe Schnitte beiderseits des Rückgrats gelöst. Dann können Gewürze und Hitze noch besser eindringen. Mehr darüber lesen Sie auf Seite 224.

Lammkoteletts mit Rosinen-Mandel-Reis

Für 4 Portionen:
100 g Rosinen
30 g Butter
400 g Langkornreis
Salz
80 g gestiftelte Mandeln
8 kleine Lammkoteletts (zusammen etwa 1 kg)
Pfeffer aus der Mühle
etwas abgeriebene Zitronenschale
20 g Butterschmalz
1 Schalotte
2 El Creamsherry
2 El Sherry Fino
30 g Ingwer in Sirup
Koriander (frisch gemahlen)

Rosinen in Wasser einweichen. Butter in einem Topf erhitzen, Reis zugeben und darin glasig dünsten. Mit 1 l Salzwasser auffüllen und zugedeckt bei milder Hitze etwa 20 Minuten ausquellen lassen. Mandelstifte in einer Pfanne goldbraun rösten. Lammkoteletts mit Salz, Pfeffer und Zitronenschale würzen, im heißen Butterschmalz von jeder Seite 4–6 Minuten braten, herausnehmen und warm stellen. Die feingewürfelte Schalotte im Bratfett glasig dünsten, Sherry zugießen, Sauce durch ein Sieb gießen.
Den Reis vor dem Servieren mit abgetropften Rosinen, Mandeln und feingeschnittenem Ingwer mischen, mit Koriander abschmecken. Zum Servieren die Sauce über die Koteletts gießen.

Vorbereitungszeit: 10 Minuten
Garzeit: 20 Minuten
Pro Portion etwa 45 g Eiweiß, 95 g Fett, 99 g Kohlenhydrate = 6364 Joule (1515 Kalorien)

Unser Tip: Statt der Lammkoteletts können Sie natürlich auch teurere Lammsteaks nehmen, die Sie sich vom Fleischer aus der Keule schneiden lassen.

Das paßt dazu: Vorher können Sie eine passierte Suppe aus tiefgekühlten grünen Erbsen reichen. Zu den Koteletts können Sie einen frischen grünen Salat mit einer Vinaigrette servieren.

Variation: Im Herbst ersetzen Sie die Mandeln durch frische Pinienkerne, die auch ohne Fett geröstet werden.

Das passende Getränk: Ein kräftiger Rotwein – aber auch ein herbes Pils.

Wichtig: Alles, was Sie über Langkornreis wissen müssen, lesen Sie im 20. Kapitel: „Klöße, Knödel, Nudeln, Reis“ auf Seite 508/509.

Lammsuppe mit grünen Bohnen

Für 4 Portionen:
750 g Lammschulter
6 El Öl
250 g Zwiebeln
250 g Kartoffeln
250 g Möhren
60 g Sellerie
2 Lorbeerblätter
1 Tl getrockneter Thymian
Salz
weißer Pfeffer aus der Mühle
500 g Brechbohnen
400 g Porree
1 Bund glatte Petersilie
100 ccm süße Sahne
1 El Senf
abgeriebene Schale von 1 Zitrone (unbehandelt)
2 Knoblauchzehen

Lammfleisch vom Knochen lösen und wie Gulasch würfeln. 2 El Öl in einem Topf rauchend heiß werden lassen, Fleischwürfel und Knochen darin von allen Seiten goldbraun anbraten. Soviel kochendes Wasser zugießen, daß Fleisch und Knochen gut bedeckt sind. Offen kochen lassen und hin und wieder abschäumen.

In einer Pfanne 2 El Öl erhitzen, die geviertelten Zwiebeln darin anbraten, aus dem Fett nehmen und zum Fleisch in den Topf geben. Soviel kochendes Wasser nachgießen, bis alles wieder bedeckt ist. Weiter offen kochen lassen.

Kartoffeln schälen, waschen, in dünne Scheiben schneiden, in der Pfanne im Zwiebelfett von beiden Seiten anbraten und dann mit dem Bratfett in den Suppentopf geben. Wieder mit kochendem Wasser bedecken, offen kochen lassen und ab und zu abschäumen.

Möhren und Sellerie putzen und waschen. Möhren in Scheiben, Sellerie in Stifte schneiden. 2 El Öl in der Pfanne erhitzen, beides darin anbraten, danach in den Fleischtopf geben, wieder mit kochendem Wasser auffüllen. Lorbeer und Thymian zugeben, mit Salz und Pfeffer würzen. Den Eintopf bei milder Hitze und zugedeckt weitere 50 Minuten garen.

Inzwischen Bohnen putzen, waschen, in Stücke brechen, 20 Minuten vor Ende der Garzeit in den Topf geben. Porree waschen, in Ringe schneiden und 10 Minuten vor Garende zugeben. Eventuell noch einmal kochendes Wasser zugießen, die Gemüse sollten eben bedeckt sein. Petersilie waschen, grob hacken und ein paar Minuten in der Suppe ziehen lassen. Zum Schluß die Sahne mit dem Senf verrühren und in die Suppe gießen. Die Suppe jetzt nicht mehr kochen lassen. Die Zitrone abreiben, Knoblauch in winzige Würfel schneiden, beides mischen und erst kurz vor dem Servieren in die Suppe geben.

Vorbereitungszeit: 40 Minuten
Garzeit: etwa 60 Minuten
Pro Portion etwa 32 g Eiweiß, 66 g Fett, 30 g Kohlenhydrate = 3707 Joule (885 Kalorien)

Variationen: Statt der Bohnen können Sie kurz vor dem Porree auch feingeschnittenen jungen Wirsing in die Suppe geben. Oder jungen Spinat, der dann aus der ehemals rustikalen Lammsuppe ein feines Lammsüppchen macht.

Das passende Getränk: Wenn überhaupt – ein herbes Pils.

Wichtig: Sehr schöne Rezepte für die nicht so feinen Teile vom Lamm (Schulter, Haxe, Nacken und Brust) finden Sie auf Seite 225.

Lamm im Würzsud

Für 6 Portionen:
1 gehäufter Tl guter Fleischextrakt
Salz, 2 Stangen Porree
2 Möhren, 1 Stück Sellerie
1 Bund glatte Petersilie
3 Lorbeerblätter
3 Knoblauchzehen
1 Zweig frischer Rosmarin
1 El schwarze Pfefferkörner
2 Lamm-Unterkeulen (etwa 2 kg)

Zweieinhalb Liter Wasser mit Fleischextrakt, Salz, den geputzten und grob zerteilten Gemüsen, der Petersilie (mit Stielen) und den Gewürzen zum Kochen bringen. Das Lamm in den kochenden Sud geben und darin zugedeckt bei milder Hitze etwa 2 Stunden leise kochen lassen. Das Lammfleisch bis zum Servieren im Sud liegenlassen.

Vorbereitungszeit: 15 Minuten
Garzeit: 2 Stunden
Pro Portion etwa 50 g Eiweiß, 50 g Fett, 0 g Kohlenhydrate = 2490 Joule (700 Kalorien)

Gemüseplatte

Für 6 Portionen:
375 g Prinzeßbohnen (Kenia-Bohnen)
750 g junge Möhren
4 junge Kohlrabi (1 kg brutto)
60 g Butter und Butter für die Folie
2 Schalotten
Salz, Pfeffer aus der Mühle
1 Prise Zucker
Alufolie
Muskatnuß (frisch gerieben)
1 Bund glatte Petersilie

Bohnen und Möhren waschen und putzen. Kohlrabi schälen, in dünne Scheiben schneiden. 30 g Butter schmelzen lassen. Die feingewürfelten Schalotten darin andünsten, Möhren zugeben, mit Salz, Pfeffer und Zucker würzen. Einen Schuß Wasser zugeben. Möhren zugedeckt 8–10 Minuten garen, herausnehmen, abgetropft in eine gebutterte Alufolie einwickeln und warm stellen (Backofen, 100 Grad, Gas 1).
Bohnen in kochendem Salzwasser 8–10 Minuten garen, dann ebenfalls in eine gebutterte Alufolie wickeln und warm halten.
In der restlichen Butter die Kohlrabischeiben andünsten, mit Salz, Pfeffer und Muskat würzen, wenig Wasser zugießen und zugedeckt 3–4 Minuten garen. Ebenfalls in gebutterte Alufolie wickeln und warm stellen.
Vor dem Anrichten eine große Platte warm stellen, Petersilie fein hacken. Das Fleisch aufschneiden. Gemüse und Fleisch darauf anrichten. Gemüse mit Petersilie bestreuen.

Vorbereitungszeit: 60 Minuten
Garzeit: etwa 30 Minuten
Pro Portion etwa 5 g Eiweiß, 12 g Fett, 17 g Kohlenhydrate = 809 Joule (193 Kalorien)

Das paßt dazu: Petersilienkartoffeln und eine Senf-Hollandaise. Auf Seite 30 im Kapitel „Saucen“ erklären wir Ihnen unter dem Stichwort „Feine Eiersaucen“, wie Sie sie zubereiten.

Das passende Getränk: Ein Elsässer Pinot Noir oder ein leichter roter Burgunder.

Unser Tip: Den Lammsud sollten Sie nicht wegwerfen, sondern einfrieren und später für einen Eintopf oder eine Suppe verwenden.

1978
D'ALSACE

Lamm mit Feigen und Aprikosen

Für 6–8 Portionen:
24 getrocknete Feigen (ca. 300 g)
48 getrocknete Aprikosen (ca. 600 g)
1,5 kg Lammschulter (ohne Knochen)
48 Mandeln (etwa 70 g)
24 Haselnüsse (etwa 30 g)
30 g Butterschmalz
Salz, Pfeffer
2–3 Knoblauchzehen
⅛ l Zitronensaft (frisch gepreßt)

Feigen und Aprikosen in je 1 l warmem Wasser mindestens 60 Minuten einweichen. Das Fleisch in mittelgroße Stücke schneiden, dabei Sehnen und Fett soweit wie möglich entfernen. Die Mandeln brühen und abziehen. Die abgetropften Feigen mit je einer Haselnuß füllen. Die Aprikosen abgießen, das Einweichwasser auffangen. Jede Aprikose mit einer Mandel füllen.
Das Fleisch im heißen Butterschmalz kräftig anbraten, mit Salz und Pfeffer würzen, mit gehackten Knoblauchzehen bestreuen und mit dem Zitronensaft begießen. Alles kräftig durchschmoren und mit etwa ⅜ l Aprikosen-Einweichflüssigkeit ablöschen.
Jetzt Feigen und Aprikosen auf das Fleisch legen. Alles bei kleiner Hitze mindestens 2 Stunden zugedeckt schmoren.

Vorbereitungszeit: 1 Stunde
Garzeit: 2 Stunden
Pro Portion etwa 43 g Eiweiß, 24 g Fett, 38 g Kohlenhydrate = 2431 Joule (588 Kalorien)

Wichtig: Warum Lammfleisch, das von Sehnen und Bindegewebe durchzogen ist, bei milder Hitze langsam geschmort (und nicht etwa schnell gebraten) wird, lesen Sie auf Seite 225.

Hirschfilet im Kräuterteig

Für 4 Portionen:
2 Pakete Blätterteig (tiefgekühlt, à 300 g)
750 g Hirschfilet
Salz, Pfeffer
20 g Butterschmalz
2 El Cognac
2 Wacholderbeeren
1 Tl Rosmarinnadeln
2 Tl Thymian
4 Blättchen Salbei
1 Eigelb
1 Tl Öl

Blätterteig zum Tauen auseinanderlegen. Hirschfilet mit Salz und Pfeffer würzen, im heißen Butterschmalz rundherum scharf anbraten. Cognac in einer Kelle erwärmen, mit einem langen Zündholz anzünden, über das Filet gießen und ausbrennen. Filet auskühlen.
Wacholderbeeren hacken, mit Rosmarin, Thymian und Salz im Mörser fein zerstoßen. Salbei fein hacken, zugeben. Kräutermischung auf 8 Blätterteigscheiben verteilen. Je 5 Scheiben aufeinanderlegen (die ungekräuterten Scheiben liegen oben). Das Filet halbieren. Den aufeinandergelegten Blätterteig nach der Größe der beiden Filetstücke ausrollen (es entstehen 2 Teigplatten). Jeweils ein Stück Fleisch in eine Teigplatte einwickeln. Die Teigränder kräftig zusammendrücken und unter die Pakete schieben. 15 Minuten kalt stellen. Dann mit einer Gabel mehrmals in den Teig stechen. Die Ränder noch einmal fest andrücken. Eigelb mit Öl verrühren. Teigpakete damit bepinseln. Backblech mit kaltem Wasser abspülen. Pakete darauflegen. Auf der mittleren Einschubleiste im vorgeheizten Backofen (225 Grad, Gas 4) in etwa 20 Minuten goldbraun backen. Vor dem Aufschneiden ruhen lassen.

Vorbereitungszeit: 20 Minuten
Garzeit: insg. 25 Minuten
Pro Portion etwa 51 g Eiweiß, 59 g Fett, 49 g Kohlenhydrate = 4058 Joule (970 Kalorien)

Rotweinbirnen

Für 4 Portionen:
2 mittelgroße, reife Birnen
3/8 l kräftiger Rotwein
50 g Zucker
2 Nelkenköpfe
1 Stange Zimt
wenig dünn abgeschälte Zitronenschale

Birnen schälen. Rotwein mit Zucker, Gewürzen aufkochen. Birnen bei milder Hitze 15 Min. darin garen. Im Sud kalt werden lassen, damit sie auch innen rot werden. Birnen abtropfen lassen, halbieren und anrichten.

Vorbereitungszeit: 10 Minuten
Garzeit: etwa 15 Minuten
Pro Portion etwa 1 g Eiweiß, 1 g Fett, 27 g Kohlenhydrate = 770 Joule (184 Kalorien)

Calvadosäpfel

Für 4 Portionen:
500 g aromatische Äpfel
50 g Zucker
wenig dünn abgeschälte Zitronenschale
3 El Calvados
3 El Preiselbeerkompott

Äpfel schälen, entkernen und in Spalten schneiden. 1/8 l Wasser mit Zucker und Zitronenschale zum Kochen bringen. Äpfel darin bei milder Hitze garen, sie sollen nicht zerfallen. Calvados zugeben. Äpfel im zugedeckten Sud kalt werden lassen. Zum Anrichten mit der Schaumkelle aus dem Sud nehmen, dazu Preiselbeerkompott reichen.

Vorbereitungszeit: 15 Minuten
Garzeit: etwa 10 Minuten
Pro Portion etwa 0 g Eiweiß, 0 g Fett, 39 g Kohlenhydrate = 759 Joule (182 Kalorien)

Rehkeule in Koriandersauce

Für 6–8 Portionen:
1 Rehkeule (1,5 kg)
2 El gemahlener Koriander
2 El Öl und Öl für die Form
Salz, Pfeffer aus der Mühle
2 große dünne Speckscheiben (etwa 100 g)
3 Zwiebeln
⅛ l Fond aus gutem Fleischextrakt (oder Wildfond)
¼ l süße Sahne

Rehkeule mit Koriander kräftig einreiben, mit Öl bestreichen und abgedeckt über Nacht kalt stellen (siehe Seite 226: „Trocken beizen“).
Am nächsten Tag den Backofen auf 250 Grad (Gas 5–6) vorheizen. Keule mit Salz und Pfeffer würzen. Eine große feuerfeste Form mit Öl ausstreichen. Die Keule hineinlegen und mit den Speckscheiben belegen. Zwiebeln pellen und grob zerteilt um die Keule legen. Keule im Ofen 50 Minuten braten. Wenn sich Röststoffe bilden, nach und nach den Fond zugießen. 10 Minuten vor Ende der Garzeit die Sahne zugießen und gut mit dem Bratenfond verrühren. Die gegarte Keule aus der Form nehmen und warm stellen. Die Röststoffe lösen. Die Sauce durch ein Sieb in einen Topf umgießen und etwas einkochen lassen. Noch einmal abschmekken, eventuell noch etwas Koriander zugeben.
Die Keule aufschneiden, auf einer vorgewärmten Platte anrichten. Die Sauce getrennt reichen. Dazu gibt es außerdem noch Maisplätzchen.

Vorbereitungszeit: 10 Minuten
Garzeit: 50 Minuten
Pro Portion (bei 8 Portionen) etwa 46 g Eiweiß, 37 g Fett, 4 g Kohlenhydrate = 2342 Joule (560 Kalorien)

Maisplätzchen

Für etwa 24 Stück:
2 Dosen Maiskörner (à 283 g Einwaage)
60 g Mehl
2 Eier
Salz, Pfeffer aus der Mühle
Pflanzenfett zum Braten

Maiskörner in einem Sieb abtropfen lassen. Mehl und Eier zu einem dicken Pfannkuchenteig verrühren. Evtl. etwas Maiswasser zugeben. Mit Salz und Pfeffer würzen, dann die abgetropften Maiskörner untermischen.
Fett in einer Pfanne heiß werden lassen. Den Teig eßlöffelweise hineingeben und etwas flachdrücken. Die Plätzchen von beiden Seiten goldbraun braten. Sehr heiß servieren.

Vorbereitungszeit: 10 Minuten
Garzeit: pro Pfanne 4–5 Minuten
Pro Stück etwa 1 g Eiweiß, 4 g Fett, 4 g Kohlenhydrate = 243 Joule (58 Kalorien)

Das passende Getränk: Ein leichter roter Wein, z. B. ein deutscher Burgunder.

Wichtig: Noch besser schmecken Rehkeule und Sauce, wenn Sie sie (statt mit gutem Fleischextrakt) mit einem selbst gekochten Wildfond zubereiten. Wie Sie den kochen, lesen Sie auf Seite 227 unter dem Stichwort: „Parieren, auslösen“.

Wildschwein-koteletts in Gin-Sahne

Für 4 Portionen:
4 Wildschweinkoteletts
6 Tl Gin
schwarzer Pfeffer aus der Mühle
2 El Öl
1 Tl zerdrückte Wacholderbeeren
1 Becher süße Sahne (200 ccm)
Sojasauce, Salz

Die Koteletts mit 4 Tl Gin und Pfeffer würzen. Öl erhitzen. Die Koteletts darin kräftig anbraten. Dann von jeder Seite bei milder Hitze 5 Minuten weiterbraten. Anschließend aus der Pfanne nehmen und warm stellen.
Den restlichen Gin und die Wacholderbeeren in die heiße Pfanne geben. Den Gin mit einem langen Zündholz anzünden und unter leichtem Rütteln der Pfanne ausbrennen lassen. Sahne hineingießen und bei stärkerer Hitze in etwa 5 Minuten cremig cinkochen lassen. Sauce mit Sojasauce und Salz abschmecken. Koteletts ebenfalls salzen und mit der Sauce servieren.

Vorbereitungszeit: 5 Minuten
Garzeit: 20 Minuten
Pro Portion etwa 28 g Eiweiß, 24 g Fett, 2 g Kohlenhydrate = 1586 Joule (379 Kalorien)

Das paßt dazu: Kartoffelkroketten und Endiviensalat. Wenn Sie tiefgekühlte Kroketten nehmen, sollten Sie sie in der Pfanne (und nicht in der Friteuse) ausbacken. Die Kroketten platzen nicht so leicht, wenn sie in der Pfanne und unter gelegentlichem Rütteln fritiert werden.

Das passende Getränk: Ein Gewürztraminer oder eine trockene Riesling Spätlese.

CHAMPAGNE
Grande Cuvée
Brut
KRUG
REIMS
75cl

Rehrücken in Morchelsauce

Für 6 Portionen:
1 Rehrücken (etwa 2 kg, vom Händler häuten und die Haut mitgeben lassen)
etwa 4 l Buttermilch
50 g Morcheln
5 Wacholderbeeren
150 g fetter Speck in sehr dünnen Scheiben
4 Zwiebeln
½ l Fond aus gutem Fleischextrakt (oder Wildfond)
200 g Crème fraîche
2 Schalotten
20 g Butter
Salz, Pfeffer

Rehrücken in Buttermilch einlegen (ganz bedecken!) und etwa 2 Tage kühl stellen. Morcheln kalt abbrausen, in ¼ l Wasser einweichen und aufquellen lassen. Backofen auf 250 Grad (Gas 5–6) vorheizen. Wacholderbeeren fein hacken. Rehrücken aus der Buttermilch nehmen, trockentupfen und mit den gehackten Wacholderbeeren einreiben. Die Keule auf die Saftpfanne vom Backofen legen und mit den Speckscheiben belegen. Gepellte Zwiebeln grob zerteilen, mit der abgezogenen Haut um den Rehrücken verteilen. Im Ofen 45–50 Minuten braten, dabei häufig mit dem Bratensatz beschöpfen. Wenn sich Röststoffe bilden, nach und nach den Fleischfond zugießen. 10 Min. vor Ende der Garzeit Crème fraîche zugießen und gut mit dem Bratenfond verrühren.
Morcheln abgießen, das Einweichwasser auffangen. Schalotten pellen und fein hacken. Butter zerlassen, Schalotten darin glasig dünsten, Morcheln zugeben, gut durchschmoren, Einweichwasser zugießen, bei milder Hitze kochen.
Den Rehrücken aus der Saftpfanne nehmen und im abgeschalteten Ofen warm stellen. Mit einem Pinsel alle Röststoffe von der Saftpfanne lösen, die Sauce durch ein Sieb in einen Topf umgießen. Die vorbereiteten Morcheln in die Sauce geben. Rehrücken portionieren und anrichten. Die Sauce getrennt reichen.

Vorbereitungszeit: 15 Minuten
Garzeit: 50–55 Minuten
Pro Portion etwa 56 g Eiweiß, 45 g Fett, 8 g Kohlenhydrate = 2897 Joule (692 Kalorien)

Grüne Knöpfle

Für 6 Portionen:
2 Bund glatte Petersilie
1 Bund krause Petersilie
3 Eier, 250 g Mehl
Salz, Pfeffer, 75 g Butter

Petersilie grob hacken, mit den Eiern in eine Rührschüssel geben, mit dem Schneidstab vom Handrührer so lange bearbeiten, bis die Kräuter ganz zermahlen sind. Mehl, 100 ccm kaltes Wasser, Salz und Pfeffer zugeben und zu einem glatten Teig verarbeiten.
Reichlich Salzwasser zum Kochen bringen. Die Knöpfle entweder mit dem Spätzlehobel portionsweise in das kochende Wasser geben oder von einem nassen Brett in das Wasser schaben. Knöpfle einmal aufkochen lassen, mit der Schaumkelle aus dem Wasser nehmen, abschrecken und gut abtropfen lassen.
Die Butter in einer großen Pfanne zerlassen, die Knöpfle darin unter Wenden erhitzen.

Vorbereitungszeit: etwa 25 Min.
Garzeit: insges. 20 Minuten
Pro Portion etwa 8 g Eiweiß, 13 g Fett, 31 g Kohlenhydrate = 1247 Joule (298 Kalorien)

Kaninchenfilet à la Maitre

Für 4 Portionen:
2 Kaninchenrücken mit Bauchlappen und Leber (etwa 150 g Leber, etwa 500 g Filets)
1 kleine Möhre
5 Schalotten
2 Stengel Staudensellerie
1 Stück Petersilienwurzel
100 g Butter
¼ l Muscadet (wird auch zum Essen gereicht)
100 g Crème fraîche
1 Bund Basilikum
4 Zweige frischer Thymian
Salz, Pfeffer aus der Mühle
1 El sehr gutes Pflanzenöl

Bauchlappen und Rippen mit einer Küchenschere von den Kaninchenrükken schneiden und zerkleinern. Rücken häuten, Filets von den Knochen lösen. Rückenknochen zerkleinern. 75 g Butter in einem Topf zerlassen, Knochen darin ringsum leicht anbraten (keine Farbe bilden lassen), dann die geputzten, grob zerkleinerten Gemüse zugeben und andünsten. Mit Muscadet ablöschen und mit ½ l Wasser begießen. Etwa 60 Minuten im offenen Topf bei milder Hitze kochen lassen und dabei reduzieren (Menge etwas einkochen lassen). Fond dann durch ein Sieb gießen. Crème fraîche zugeben und auf ¼ l einkochen lassen. Basilikum und Thymian hacken. Kaninchenleber putzen, in 10 g Butter von beiden Seiten etwa 2 Minuten braten, so daß die Leber innen noch rosa ist. Die gehackten Kräuter zugeben und nur heiß werden lassen. Größere Leberteile in Streifen, den Rest in kleinere Würfel schneiden. Würfel und Kräuter in die Sauce geben, salzen, pfeffern und warm stellen. Öl und die restliche Butter erhitzen, die Kaninchenfilets in 4–5 Minuten ringsum goldbraun braten. Mit Salz und Pfeffer würzen, dann die Leberstreifen zugeben und warm werden lassen. Die Filets aufschneiden, mit den Leberstreifen anrichten und mit etwas Sauce begießen. Die restliche Sauce extra reichen. Mit Kressenudeln servieren.

Vorbereitungszeit: 45 Minuten
Garzeit: insges. 100 Minuten
Pro Portion etwa 35 g Eiweiß, 45 g Fett, 3 g Kohlenhydrate = 2630 Joule (628 Kalorien)

Kressenudeln

Für 4 Portionen:
1 Bund Brunnenkresse (ersatzweise 4 Tabletts Kresse)
250 g Mehl
2 Eier (Gewichtsklasse 4)
1 El Öl
Salz
30 g Butter
Pfeffer aus der Mühle

Brunnenkresseblätter abzupfen. ¼ davon mit dem Schneidstab vom Handrührer fein pürieren, den Rest beiseite stellen. Mehl auf die Arbeitsfläche geben und eine Mulde hineindrücken. Eier, pürierte Kresse, Öl und Salz in die Mitte geben, mit 2 Messern oder Paletten schnell zu einem Teig verkneten, evtl. tropfenweise etwa 1 El kaltes Wasser zugeben. Teig in zwei Hälften teilen, eine Hälfte in Klarsichtfolie einschlagen, damit der Teig nicht austrocknet. Die andere Hälfte in der Nudelmaschine kneten, bis der Teig glänzt. Teig mit der Nudelmaschine ausrollen, bis er geschmeidig ist und nicht mehr reißt. Zwischendurch immer ein wenig mit Mehl bestäuben. Aus dem dünn gerollten Teig Bandnudeln schneiden, auf einem bemehlten Tuch ausbreiten. Mit der zweiten Teighälfte genauso verfahren.
Nudeln in reichlich kochendem Salzwasser in 3 bis 4 Minuten knapp gar kochen, mit einer Schaumkelle auf ein Sieb geben und mit heißem Wasser kurz abbrausen, gut abtropfen lassen.
Butter in einer Pfanne heiß werden lassen, restliche Kresseblätter darin kurz schwenken, mit Salz und Pfeffer würzen. Dann die Nudeln unterheben.

Vorbereitungszeit: etwa 60 Minuten
Garzeit: 3–4 Minuten
Pro Portion etwa 10 g Eiweiß, 13 g Fett, 47 g Kohlenhydrate = 1503 Joule (359 Kalorien)

Das paßt dazu: Das Kaninchenfilet auf Kressenudeln ist Bestandteil eines sehr feinen Menüs, wie es von Henry Levy im „Maitre“ in Berlin serviert wird. Vorher gibt es Kopfsalatherzen mit Lachs und pochiertem Ei, hinterher einen Obstsalat mit Joghurtsahne.

Das passende Getränk: Ein Muscadet oder ein anderer sehr trockener Weißwein.

Variation: Falls Sie Kaninchenrücken mit Leber nicht bekommen, nehmen Sie ersatzweise Hähnchenleber oder zwei ganze Kaninchen, wobei dann die Keulen und Läufe für ein anderes Gericht verwendet werden.

Wichtig: Falls Sie keine Nudelmaschine haben: Im 20. Kapitel: „Klöße, Knödel, Nudeln, Reis“ sagen wir Ihnen auf Seite 506, wie Sie sie ganz unkompliziert ohne Maschine zubereiten.

Hirschsteaks mit frischen Pflaumen

Für 4 Portionen:
20 g Butter oder Margarine
5 Wacholderbeeren
4 Hirschsteaks (à 150 g)
Salz, Pfeffer aus der Mühle
8 Pflaumen oder Zwetschgen (etwa 250 g)
2 El Pflaumenschnaps (Slivowitz)
1 El Preiselbeergelee
2 El süße Sahne

Das Fett in einer Pfanne schmelzen lassen, Wacholderbeeren zerdrücken und zugeben. Hirschsteaks mit Salz und Pfeffer einreiben und im heißen Fett von jeder Seite 3–4 Minuten braten, herausnehmen und warm stellen.

Die inzwischen halbierten, entsteinten Pflaumen kurz im Bratfett schwenken und heiß werden lassen. Pflaumenschnaps und Preiselbeergelee und die Sahne zugeben, einmal aufkochen lassen und dann zum Fleisch servieren.

Vorbereitungszeit: 10 Minuten
Garzeit: 10 Minuten
Pro Portion etwa 33 g Eiweiß, 8 g Fett, 12 g Kohlenhydrate = 1192 Joule (285 Kalorien)

Das paßt dazu: Spätzle oder andere Nudeln sind die beste Begleitung. Sie werden zur gleichen Zeit gar, wenn man als erstes den Topf mit dem Kochwasser für die Nudeln aufstellt.

Variation: Zur Kirschenzeit entsteinte Sauerkirschen anstelle der Pflaumen, gewürzt mit 2 El Rotwein. Früchte aus Glas oder Dose sollten Sie nicht nehmen, sie sind zu süß.

Das passende Getränk: Das feine Hirschfleisch verlangt nach einem guten Rotwein, der wegen der Pflaumen nicht zu herb sein sollte.

Wichtig: Auf Seite 226 lesen Sie, was Sie beim Kurzbraten von Wildsteaks beachten müssen, wenn diese richtig gelingen sollen.

Gebeizte Wildschweinkeule

Für 12–14 Portionen:
2 Flaschen Weißwein
1 Bund Suppengrün
3 Zwiebeln
2 Lorbeerblätter
3 Pimentkörner
3 Wacholderbeeren
10 Pfefferkörner
1 Wildschweinkeule (5 kg)
Salz, Pfeffer
6 El Olivenöl

Weißwein mit ¾ l Wasser, geputztem und grob zerteiltem Gemüse und den Gewürzen in eine entsprechend große Schüssel oder ein anderes Gefäß geben, die Wildschweinkeule etwa 2 Tage darin geschlossen marinieren, dabei öfter wenden. Nach 2 Tagen die gebeizte Keule häuten und überflüssiges Fett abschneiden. Mit Salz und Pfeffer einreiben, mit sehr heißem Olivenöl ringsum begießen, in den vorgeheizten Ofen (225–250 Grad, Gas 4–5) schieben. Nach Bedarf immer wieder etwas von der Beize (mit Gemüse) angießen und die Keule unter häufigem Beschöpfen 100–110 Minuten braten. Bratensatz mit etwas Beize von der Pfanne lösen, in einen Topf umgießen. Suppengemüse pürieren, zugeben, evtl. mit etwas Stärkemehl andikken, unter Rühren kurz aufkochen lassen. Die Keule eignet sich hervorragend für ein kaltes Buffet mit verschiedenen kalten Saucen.

Vorbereitungszeit: 20 Minuten
Garzeit: etwa 100–110 Minuten
Pro Portion etwa 90 g Eiweiß, 17 g Fett, 2 g Kohlenhydrate = 2261 Joule (540 Kalorien)

Bohnensauce

Für 12–14 Portionen:
1 kleine Dose Kidney Beans (290 g Einwaage)
3 El trockener Sherry
250 g Mayonnaise (50%)
4 Zehen Knoblauch
Salz
Pfeffer
2 Bund Schnittlauch

Bohnen abgießen und mit dem Schneidstab vom Handrührer pürieren, mit Sherry und Mayonnaise verrühren. Mit durchgepreßtem Knoblauch, Salz und Pfeffer abschmecken, mit gehacktem Schnittlauch verrühren.

Zubereitungszeit: 15 Minuten
Pro Portion etwa 2 g Eiweiß, 9 g Fett, 9 g Kohlenhydrate = 552 Joule (132 Kalorien)

Cumberlandsauce

Für 12–14 Portionen:
500 g Johannisbeergelee
3 Tl Senfpulver
4 El Rotwein
4 Tl Senf (mittelscharf)
feingehackte Zitronenschale
2 El Zitronensaft

Johannisbeergelee mit einer Gabel verrühren. Senfpulver, Rotwein, Senf und die sehr fein gehackte Zitronenschale unterrühren und mit Zitronensaft abschmecken.

Zubereitungszeit: 15 Minuten
Pro Portion etwa 0 g Eiweiß, 0 g Fett, 21 g Kohlenhydrate = 329 Joule (94 Kalorien)

Erdnußsauce

Für 12–14 Portionen:
250 g Erdnüsse in der Schale (etwa 190 g netto)
6 El Tomatenketchup
3 El Olivenöl
6 El Zitronensaft
Tabasco nach Geschmack

Erdnüsse aus der Schale brechen, Kerne durch die Mandelmühle drehen. Mit Tomatenketchup, Öl, Zitronensaft und ⅛ l Wasser cremig verrühren, mit Tabasco nach Belieben abschmecken.

Zubereitungszeit: 25 Minuten
Pro Portion etwa 4 g Eiweiß, 9 g Fett, 4 g Kohlenhydrate = 529 Joule (126 Kalorien)

Hasentopf mit Pilzen

Für 2 Portionen:
1 Hasenrücken (gehäutet, ungespickt, etwa 600 g = 350 g netto)
10 g fetter Speck
1 Möhre
2 Zwiebeln
1 Stückchen Sellerie
2 Wacholderbeeren
2 Lorbeerblätter
250 g Champignons
100 g Porree
200 g Tomaten
1 Glas Pfifferlinge (115 g Einwaage)
Salz, Pfeffer aus der Mühle

Hasenrückenfleisch vom Knochen lösen, dabei auch die unteren kleinen Filets auslösen. Knochen kleinhacken. Speck würfeln, in einem Topf auslassen, Knochen unter Rühren scharf darin anbraten. Möhre, Zwiebeln und Sellerie grob zerteilen, zugeben und ebenfalls anrösten. Wacholderbeeren etwas zerdrükken, mit den Lorbeerblättern zu den Knochen geben. Nach und nach ¼ l Wasser zugießen, immer wieder einkochen lassen, damit sich Röststoffe bilden. Dann mit ¾ l Wasser auffüllen, bei schwacher Hitze im offenen Topf etwa 45 Minuten kochen lassen. Dabei, falls nötig, abschäumen.
In der Zwischenzeit die Champignons putzen, schnell unter fließendem Wasser waschen, blättrig schneiden. Porree putzen, in Ringe schneiden und waschen. Tomaten brühen, abschrecken, häuten, entkernen und achteln.
Knochenbrühe durch ein Sieb in einen anderen Topf gießen. Champignons, Pfifferlinge mit Flüssigkeit und Porree in die Brühe geben, 5 Minuten schwach kochen lassen. Hasenfleisch zugeben, 8 Minuten schwach kochen lassen. Fleisch aus der Suppe nehmen, in Scheiben schneiden. Suppe mit Salz und Pfeffer abschmecken, Tomatenachtel und Fleischscheiben in die Suppe geben und sofort servieren.

Vorbereitungszeit: etwa 45 Minuten
Garzeit: etwa 1 Stunde
Pro Portion etwa 44 g Eiweiß, 10 g Fett, 10 g Kohlenhydrate = 1392 Joule (333 Kalorien)

Das paßt dazu: Frisch aufgebackenes Weißbrot paßt besonders gut zu diesem nicht sehr „fülligen" Essen.

Das passende Getränk: Ein leichter Rotwein, z. B. ein Valpolicella.

Wichtig: Alles, was Sie über den Umgang mit Hase und Kaninchen wissen sollten, steht auf Seite 228.

Hasenrücken mit Äpfeln

Für 4 Portionen:
50 g durchwachsener Speck
100 g Zwiebeln
250 g rosa Champignons (oder weiße)
2 Hasenrücken (ungespickt, à 600 g)
Salz, Pfeffer aus der Mühle
2 El Öl
1 gestrichener El Dijon-Senf
Thymian
¼ l Cidre (oder Apfelwein)
4 große Äpfel (etwa 600 g)

Speck sehr fein würfeln, Zwiebeln pellen und ebenfalls würfeln. Champignons putzen, waschen und vierteln. Hasenrükken, wenn nötig, häuten, mit Salz und Pfeffer würzen. Öl in einem Bräter erhitzen, Hasenrücken darin von beiden Seiten anbraten. Mit Senf bestreichen. Speck, Thymian und Zwiebeln in den Bräter geben und andünsten (Zwiebeln müssen goldgelb sein). Dann Champignons zugeben und gut durchschmoren. Mit Cidre löschen und zugedeckt 20 Minuten schmoren.
In der Zwischenzeit Äpfel schälen, achteln und dabei das Kerngehäuse herausschneiden. Nach 20 Minuten zu dem Hasenrücken geben und das Ganze noch 6–8 Minuten weiterschmoren. Dann Hasenrücken herausnehmen und in Alufolie einwickeln. Den Fond noch etwas einkochen lassen. Dann Hasenrückenfilets vom Knochen lösen und auf dem Gemüse anrichten. Dazu gibt es außerdem Kartoffelpüree.

Vorbereitungszeit:
etwa 30 Minuten
Garzeit:
insgesamt etwa 30 Minuten
Pro Portion etwa 71 g Eiweiß, 24 g Fett, 22 g Kohlenhydrate = 2744 Joule (656 Kalorien)

Das paßt dazu: Außer Kartoffelpüree würden Kartoffelkroketten passen.

Das passende Getränk: Ein Cidre (Apfelwein).

Wichtig: Warum ein Hasenrücken eine wesentlich kürzere Garzeit hat als Hasenkeulen, erfahren Sie auf Seite 228.

14. KAPITEL...
GEFLÜGEL

Eine Ente, knusprig braun gebraten, wird hier mit Broccoli, Morcheln, jungen Kartoffeln und gedünsteten Kirschen serviert. Sie ist mit einer Farce aus Leber, Weißbrotkrume, Eiern und Pistazien gefüllt. Eine Frühmastente reicht, so gefüllt, für vier Portionen, eine Flugente oder eine Barbarie-Ente mit besonders fleischiger Brust auch für sechs.

Der Vogel in der Pfanne

Für das Braten in der Pfanne oder im Backofen eignen sich nur junge, zarte Vögel. Ältere Tiere bleiben in der trockenen Hitze zäh. Gleiches gilt aber auch für sehr junges oder kleines Geflügel (wie z. B. Tauben, Rebhühnchen, Wachteln, auch Hähnchen, die noch nicht genügend ausgemästet sind), das beim offenen Braten zu sehr austrocknet, und das man lieber zugedeckt im Topf auf dem Herd oder im Ofen schmoren sollte. Alle mageren Vögel wie Hähnchen, Tauben, Fasan und Pute, manchmal sogar junge Enten und vor allem Wildenten und Rebhühner brauchen, damit sie saftig bleiben, ein Speckhemd (s. „Bardieren", rechts) oder zumindest reichlich Fett, mit dem sie beim Braten immer wieder übergossen werden. Sie haben alle nur eine kurze Bratzeit (s. Tabelle übernächste S.) und werden auf dem Rücken in die Bratpfanne gelegt oder, besser noch, zuerst auf der einen, dann auf der anderen Keulenseite gebraten. Fettes Geflügel wie Gans und Ente legt man zuerst mit der Brust

Dressieren und tranchieren

Hier wird am Beispiel einer Ente demonstriert, wie ein Vogel erst bratfertig gemacht wird (Fotos 1 bis 4) und wie man ihn dann nach dem Braten in appetitliche Stücke zerlegt (Fotos 6 bis 8). Das Foto 5 zeigt den fertigen Braten im Bräter. Es ist übrigens die Ente, die Sie auf dem Titelfoto mit Morcheln, Broccoli und jungen Kartoffeln angerichtet sehen, gefüllt mit einer Farce aus gehackter Kalbs- und Entenleber, Weißbrotkrumen, Eiern und Pistazien.

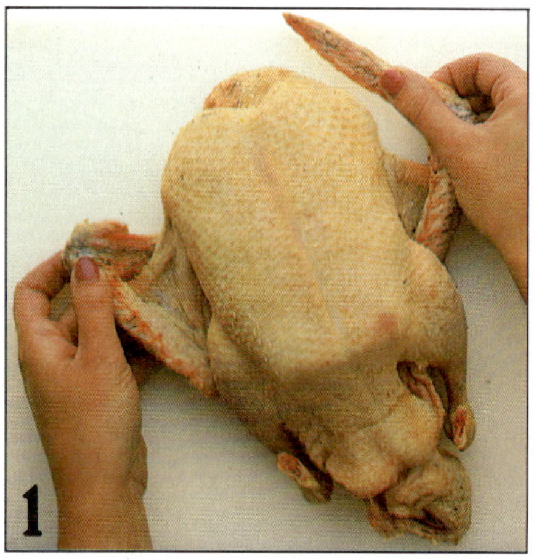

1

Zum Dressieren *den Vogel auf den Rücken legen, dann die beiden Flügelspitzen zuerst nach hinten biegen und sie anschließend so unter den Rücken stecken, daß sie fest anliegen.*

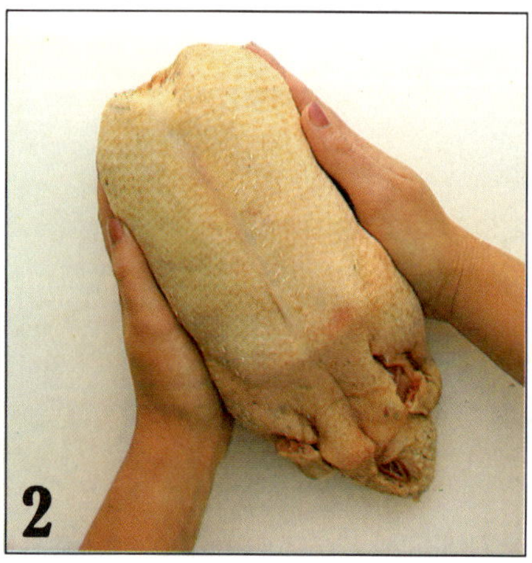

2

Mit beiden Händen den Vogel so formen, daß die Brust straff und gewölbt ist. Wenn die Flügelspitzen abgeschnitten sind: die Flügel mit einem Faden, der über die Ellenbogengelenke geführt und auf dem Rücken gekreuzt wird, zusammenbinden.

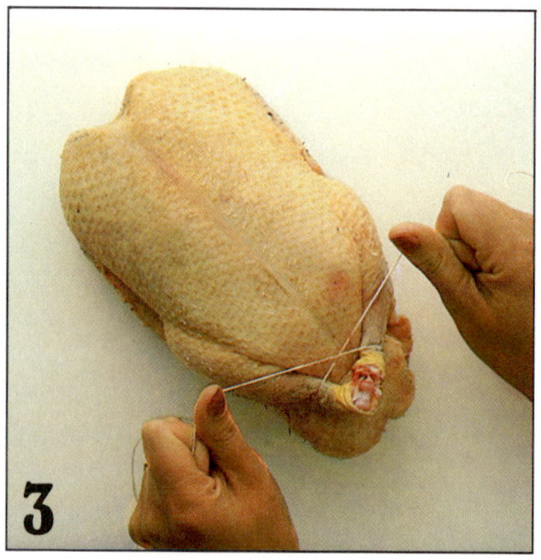

3

Zum Verschließen *werden die Keulen des Vogels mit Garn zusammengebunden, der Bürzel darunter geschoben. Diese Methode eignet sich nur, wenn die Öffnung (zum Ausnehmen) nicht zu groß ist. Oder wenn der Vogel nicht gefüllt wird.*

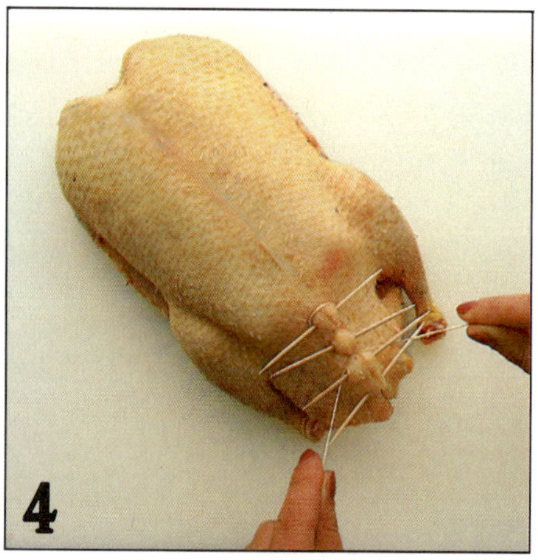

4

Große, gefüllte Vögel werden zugeschnürt: Zahnstocher durch die Haut stechen und kreuzweise Garn darüberführen.

Die fertige Ente warmstellen. Fett abschöpfen, Bratensatz für die Sauce lösen.

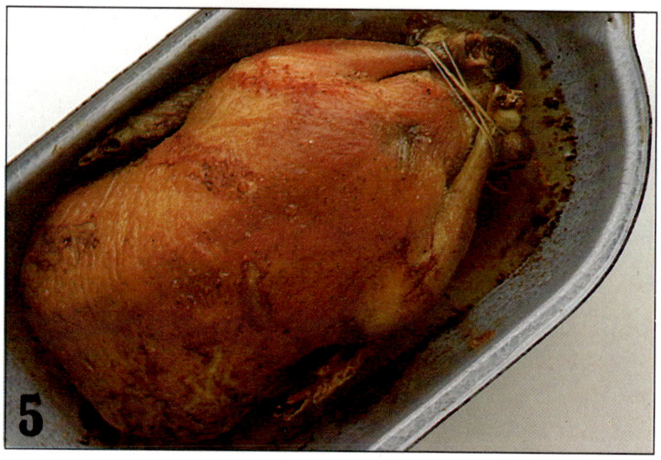

5

nach unten in die Pfanne, die etwa 1 cm mit kochendem Salzwasser gefüllt ist. Nach der halben Bratzeit wird gewendet. So kann das Fett besser ausbraten, und die Brust, das zarteste Fleisch, bekommt nicht zuviel Hitze. Auf jeden Fall muß das Geflügel vor dem Braten in Form gebracht werden: Dressieren nennt das der Fachmann. Sonst spreizen sich beim Braten Beine und Geflügel ab und verbrennen. Geflügel gibt es meist küchenfertig, das Geflügelklein (Hals, Magen, Herz, Leber) liegt in einem Plastiksäckchen in der Bauchhöhle.

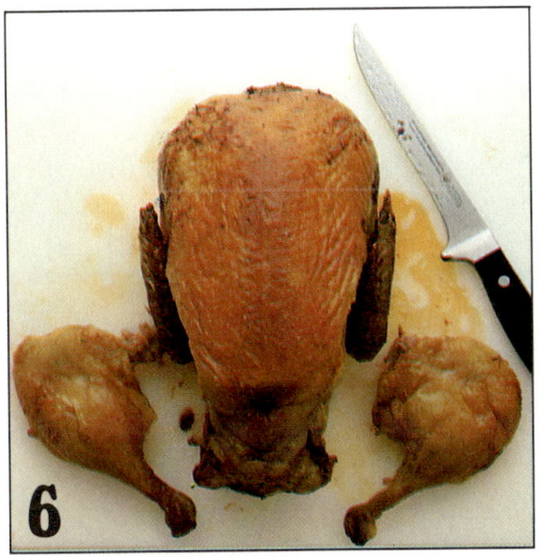

6

Zum Tranchieren *zuerst die Keulen lösen: an den Knochen anfassen, vom Körper wegdrücken, bis die Gelenke sichtbar werden. Diese dann durchtrennen. Wenn das Schwierigkeiten machen sollte, ist der Vogel noch nicht gar.*

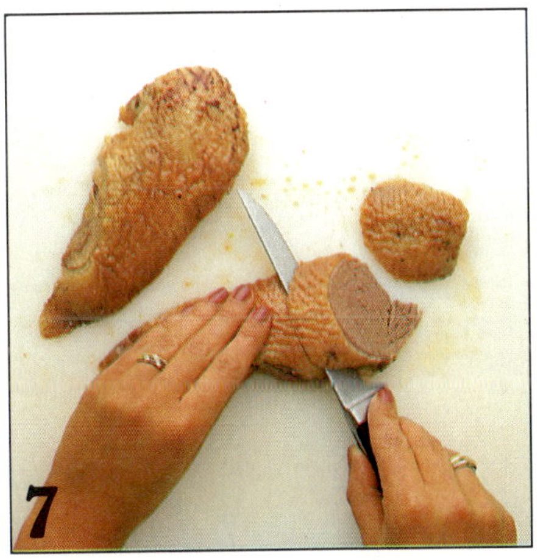

7

Mit einem runden Schnitt die Brustfilets von den Flügeln trennen. Mit einem zweiten Schnitt, am Brustbein entlang, werden die Filets gelöst. Wenn sie sehr dick sind, schneidet man sie quer zur Faser in Scheiben.

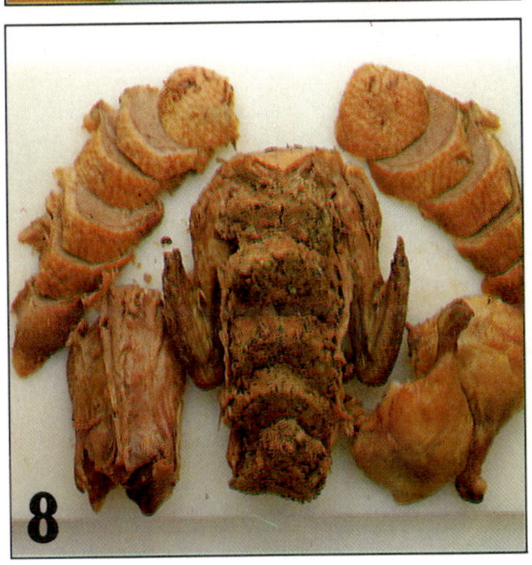

8

Bei gefüllten Vögeln jetzt die Küchenschere nehmen: die Rippen links und rechts durchschneiden, den Brustknochen abheben. Die Füllung liegt wie in einem Körbchen zum Zugreifen bereit.

Bardieren

Wildgeflügel, hier z. B. ein Fasan, hat einen besonders feinen Geschmack, zugleich aber auch extrem wenig Fett. Deshalb bardiert man den Vogel, d. h. man zieht ihm ein Speckhemd an, das während des Bratens schmilzt und so das Fleisch saftig erhält. Fürs Speckhemd fetten, zart geräucherten Speck nehmen, den schon der Fleischer in breite, dünne Scheiben schneidet. Übrigens profitiert jedes magere Geflügel vom Bardieren.

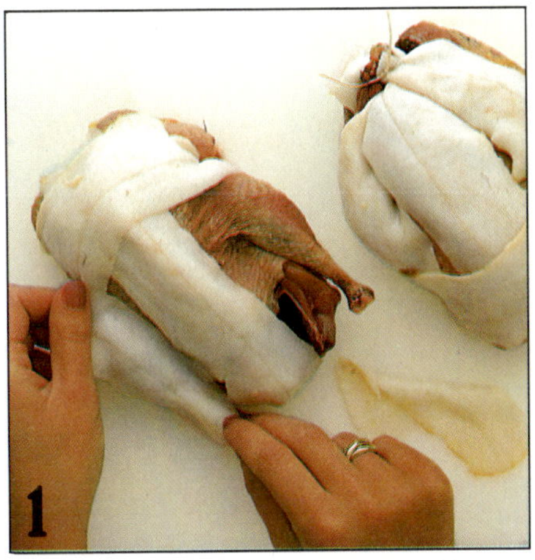

1

Zum Bardieren *die Vögel auf den Rücken legen, in Form drücken (s. Dressieren, linke Seite) und überall mit Speckscheiben belegen. Danach werden die Beine zusammengebunden.*

2

Mit Schalotten schmoren die Vögel (2) im Bräter (er ist immer nur wenig größer als der Braten). Die Brust ist schon nach 20 Min. gar. Sie wird abgetrennt und serviert (3). Die Keulen kommen zum Nachbraten noch einmal in den Ofen.

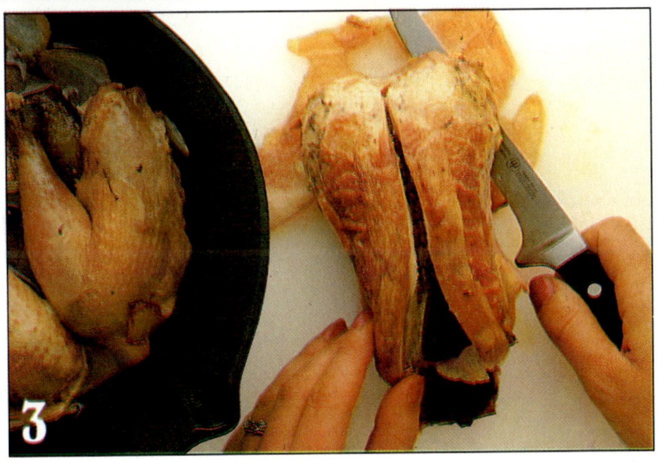

3

Der geschmorte Vogel

Kleinere, zarte Vögel wie Rebhühner, Tauben, Wachteln kann man zwar auch, wie z. B. einen Fasan, im Speckhemd im Ofen braten, aber sicherer und bequemer ist es, sie im geschlossenen Topf zu schmoren. So bleiben sie saftig und aromatisch, und man kann sie nach Belieben mit Gemüsen und Kräutern würzen. Fürs Schmoren werden die Vögel gewaschen, trokken getupft, jetzt leicht gewürzt und dann, wie bei jedem Schmorgericht, in heißem Fett ringsum braun angebraten, ehe sie bei milder Hitze im eigenen Saft, ergänzt durch ganz wenig Brühe, gar schmoren. Hinterher wird der Bratensaft bei Bedarf etwas entfettet und mit Crème fraîche (oder Sahne) zur Sauce verkocht. Wir zeigen: Rebhuhn in Wirsing.

Die Rebhühner werden innen gesalzen und gepfeffert. In einem schweren Schmortopf Fett zerlassen, darin Rauchspeckwürfel rösten und die Hühner ringsum anbräunen (1). Die Rebhühner werden aus dem Topf genommen, die Hitze heruntergeschaltet. Auf den Boden kommen blanchierte Kohlblätter. Darauf die Hühner, dann wieder Kohlblätter (2). Etwas Brühe angießen. Bei milder Hitze schmort das alles etwa 30 Min. Die halbierten Hühner auf dem Kohl anrichten (3).

So lange braucht der Geflügelbraten im Backofen

	Minuten	Temperatur		Bemerkungen
Hähnchen	50 – 60	200 – 225	Gas: 3 – 4	Ofen vorheizen, mit Fett begießen oder bardieren
Poularde	60 – 70	200 – 225	Gas: 3 – 4	Ofen vorheizen, mit Fett begießen oder bardieren
– gefüllt	70 – 90			
Taube	40 – 50	200 – 225	Gas: 3 – 4	Ofen vorheizen, mit Fett begießen oder bardieren
Fasan (Brust)	45 – 60 (20)	200 – 225	Gas: 3 – 4	Ofen vorheizen, mit Fett begießen oder bardieren
– im Tontopf	90			
Rebhuhn	40 – 50	200 – 225	Gas: 3 – 4	Ofen vorheizen, mit Fett begießen oder bardieren
Perlhuhn	50 – 60	200 – 225	Gas: 3 – 4	Ofen vorheizen, mit Fett begießen oder bardieren
Pute	150 – 180	180 – 190	Gas: 2 – 3	in den kalten Ofen, mit Fett begießen oder bardieren
Gans	150 – 180	180 – 200	Gas: 2 – 3	in den kalten Ofen, kochendes Salzwasser in die Pfanne, zuerst Brust nach unten
Ente	90	190 – 200	Gas: 2 – 3	in den kalten Ofen, kochendes Salzwasser in die Pfanne, zuerst Brust nach unten
Wildente	80 – 90	200	Gas: 3	Ofen vorheizen, mit Fett begießen oder bardieren

Roh zerlegen

Größere Vögel (ab Hähnchen) werden vor dem Schmoren in Portionsstücke zerlegt, weil sie sich so besser hantieren lassen, und weil sie so schneller gar werden. Das Zerlegen ist leichter als man denkt. Sie brauchen allerdings gutes Werkzeug: ein schmales, scharfes Messer, eine stabile Küchenschere oder eine Geflügelschere. Weil alle Vögel den gleichen Körperbau haben, ist das Zerlegungs-Prinzip auch immer gleich. Wir zeigen es am Beispiel Pute.

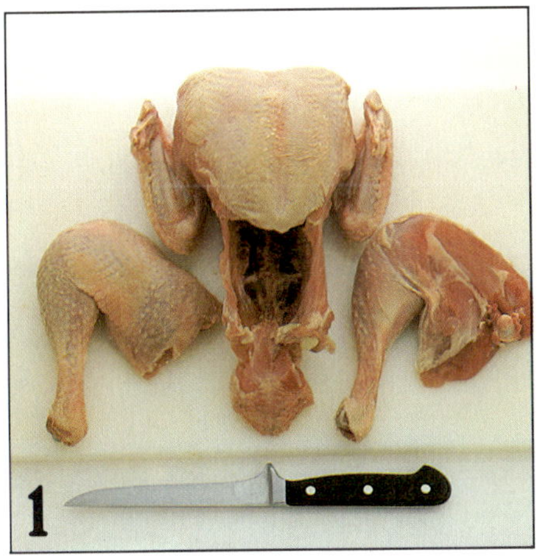

Zuerst werden die Keulen durch einen Schnitt ringsum abgetrennt. Dann biegt man sie zur Seite und schneidet die Gelenke durch, mit Messer oder Schere.

Das Brustfleisch wird durch einen scharfen Messerschnitt, am Brustbein entlang, geteilt. Mit der Schere wird der flache, weiche Brustknochen an der gezeigten Stelle durchgeschnitten. Dann trennt man die Bruststücke vom Rücken.

Die Bruststücke werden noch einmal quer in Flügel- und unteres Bruststück geteilt. Auch die Keulen werden bei großen Vögeln noch einmal in Unter- und Oberkeule geteilt, und zwar direkt in den Gelenken.

Zerlegt geschmort

Das Prinzip ist immer dasselbe: Geflügelteile in heißem Fett kurz und bei großer Hitze von allen Seiten anbraten. Dabei müssen die Teile nebeneinander im Schmortopf liegen (gegebenenfalls nacheinander braten), damit sich sofort eine Kruste bildet und kein Saft austritt. Danach Gemüse und Gewürze zugeben. Die Hitze herunterschalten. Jetzt schmort das Gericht im eigenen Saft (bei Bedarf durch Wein oder Brühe ergänzen) und mit aufgelegtem Deckel, bis es gar ist: 20 bis 30 Min. bei jungen, zarten Teilen, bis zu 90 Min. bei älterem Wildgeflügel. Es eignen sich Teile von Hähnchen, Poularden, Puten, Enten und Wildgeflügel – und zwar frisch und tiefgefroren.
Zutaten: Pilze, Zwiebeln, Wein, Speck = Coq au Vin. Zwiebeln, Knoblauch, Tomaten, Paprikaschoten, Provence-Kräuter. Erbsen, Möhren, Blumenkohlröschen und Zwiebel = Gärtnerinnen-Art. Schmorgerichte, wie die gezeigte Pute in Weinsauce, sind übrigens fabelhafte Gäste-Essen – sie können nämlich aufs Gegessenwerden warten.

Die Putenteile werden nebeneinander in heißem Fett braun angebraten, je nach Topfgröße in mehreren Partien. Dann herausnehmen, die Hitze herunterschalten und die Würzzutaten (Zwiebeln, Gemüse) anschmoren.

Putenteile zwischen das Gemüse legen, bei milder Hitze im eigenen Saft gar schmoren. Nur bei Bedarf etwas Wein angießen. Falls zum Schluß zuviel Flüssigkeit vorhanden: im offenen Topf etwas einkochen! Sauce noch abschmecken.

Gefüllte Vögel in der Bratfolie

Mit Bratfolien gelingen Geflügelbraten besonders gut, weil im Schutz der Folie die Tiere gleichmäßig bräunen, nicht austrocknen und alle Aromastoffe voll erhalten bleiben.

***Raffiniert gewürzt** wird der Vogel, hier eine Poularde, indem die Brusthaut vorsichtig abgelöst und frische Kräuter zwischen sie und das Brustfleisch geschoben werden (1).*

***Eine Füllung** macht jedes Geflügel saftiger. Hier in Butter gedämpfte Geflügelleberstückchen und Zwiebeln mit in Milch eingeweichtem Weißbrot und vielen frischen Kräutern (2).*

***Weiche Butter** wird, obwohl's beim Folienbraten nicht nötig ist, wegen des besseren Geschmacks mit einem Pinsel auf der Haut verteilt (3).*

***Die Poularde** liegt in einem Bett aus grob geschnittenem Wurzelwerk und Champignonscheiben in der Folie. Dadurch wird der Bratensaft zusätzlich gewürzt. Die Folie dann nach Vorschrift verschließen (4).*

***Mit einer Rouladennadel** wird die Folie mehrmals eingepiekt, damit der Dampf entweichen kann und die Folie nicht explodiert (5). **Wichtig:** Die Folie niemals stramm anziehen! Und immer auf dem kalten Bratrost in den vorgeheizten Backofen schieben – auf die zweite Einschubleiste von unten, damit die Folie richtig aufgehen kann und nicht an die heiße Decke oder Seitenwände stößt.*

***Die Sauce** wird aus der geöffneten Folie in ein Töpfchen gegossen, ein wenig eingekocht und mit Crème fraîche leicht gebunden (6).*

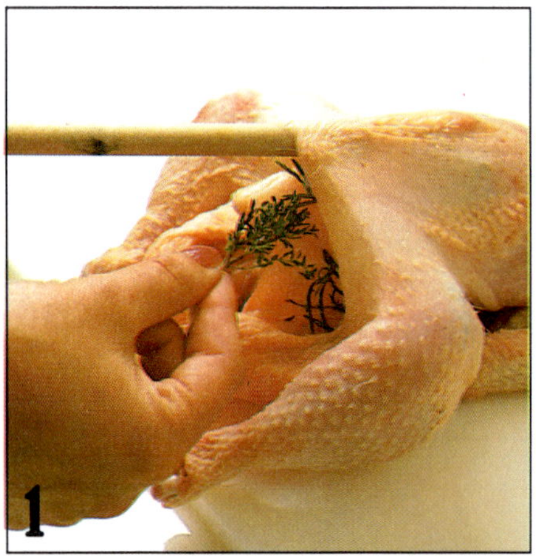

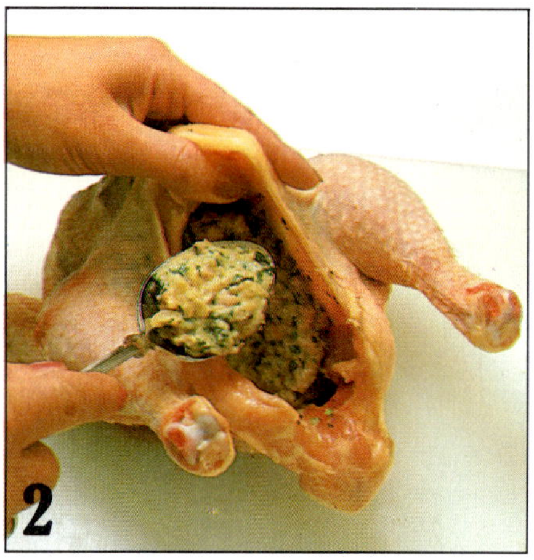

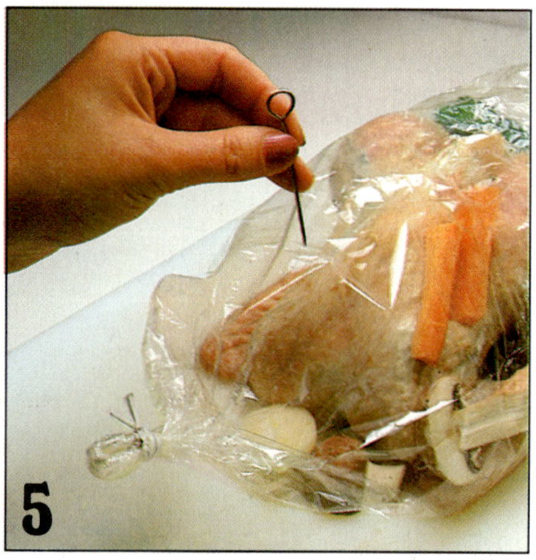

Der richtige Umgang mit tiefgefrorenem Geflügel

Tiefgefrorenes Geflügel muß in der Regel vollständig aufgetaut sein, ehe es zubereitet wird. Vorher kann der Plastikbeutel mit den extra abgepackten Innereien nicht entfernt werden. Außerdem besteht beim Braten die Gefahr, daß außen die Haut schon braun und knusprig, das Innere aber noch roh ist. Andererseits muß Tiefgefrorenes nach dem Auftauen möglichst umgehend gegart werden. Wenn es längere Zeit liegen bleibt, verliert es unnötig an Saft, weil die Zellstruktur durch die Kälteeinwirkung aufgelockert ist. **Übrigens:** Die Flüssigkeit, die sich beim Auftauen bildet, nie mitverwenden!

Zum Auftauen legt man das Geflügel, damit es abtropfen kann, auf ein Gitter oder einen umgedrehten Teller und deckt es mit einer Schüssel ab.

Die Verpackung wird immer vor dem Auftauen entfernt. Ausnahme: Sie wollen das Stück im Schnellverfahren (nur in Notfällen zu empfehlen!) unter fließendem Wasser auftauen. Die Auftauzeit verkürzt sich beim Huhn auf 1 bis 2, bei schweren Gänsen und Puten auf 4 bis 6 Stunden.

Die schonendste Auftaumethode: Das Geflügel liegt im Kühlschrank.

Hähnchen: (0,8 bis 1 kg) 12 – 16 Std., Zimmertemperatur: 5 – 7 Std.

Poularde: (bis 1,5 kg) 14 – 22 Std., Zimmertemperatur: 8 – 12 Stunden.

Ente: (2 kg) 20 – 25 Std., Zimmertemperatur: 10 – 15 Stunden.

Gänse und Puten: (4 bis 6 kg) 24 – 36 Std., Zimmertemp.: 14 – 20 Std.

Wichtig: Kleinere Geflügelteile (Keulen, Brustfilets) können Sie ebenso wie Suppenhühner in **angetautem Zustand** kochen oder braten.

Geflügel ausnehmen

Auch wenn Geflügel meist „küchenfertig ausgenommen“ verkauft wird, muß man doch manchmal noch Hand anlegen, um den betreffenden Vogel von seinen Innereien zu befreien. Das ist nicht weiter schlimm, wenn das richtige Werkzeug zur Hand ist: ein spitzes, scharfes Küchenmesser und eine stabile Küchenschere. Wichtig ist, ruhig und behutsam zu arbeiten und die Schnitte an den richtigen Stellen zu plazieren! Als Beispiel: ein Suppenhuhn.

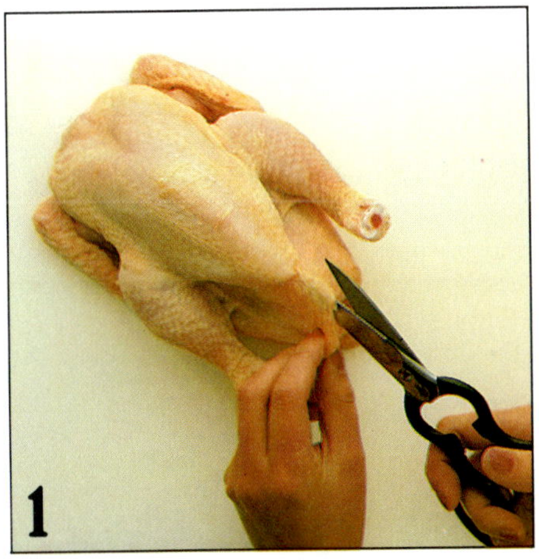

Zuerst mit der Schere die Haut neben der Darmöffnung aufschneiden, ohne dabei den Darm zu zerschneiden. Dann mit der Hand vorsichtig Eingeweide und Fett von der Bauchdecke lösen und alles zusammen herausziehen.

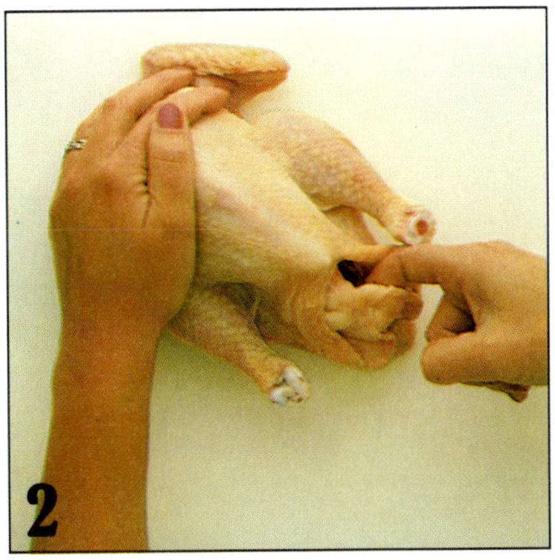

Mit dem Zeigefinger das Fettpolster beiderseits des Bürzels herausschälen (auch bei ausgenommenem Geflügel. Fett auslassen und zum Anbraten nehmen). Danach: Vogel umdrehen und die Fettdrüse herausschneiden.

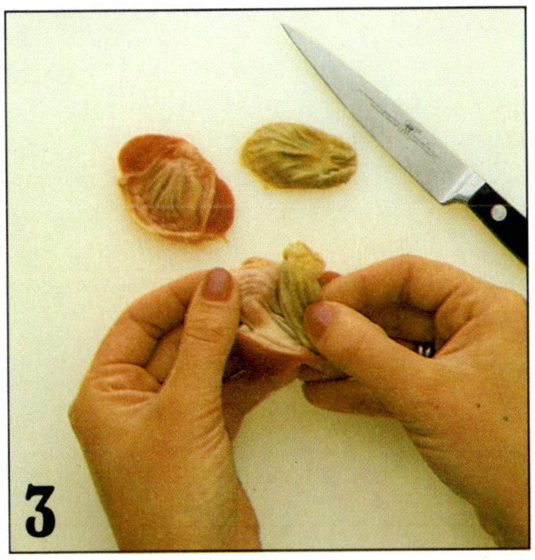

Von der Leber das grüne Stück mit der Galle großzügig abschneiden, wegwerfen. Magen an der weißen Naht vorsichtig aufschneiden, bis der Magensack sichtbar wird und leicht heraus geschält werden kann.

Die gute Hühnersuppe

Eine gute Hühnerbrühe kann die Grundlage für viele einfache und doch raffinierte Gerichte sein, und das Fleisch von gekochtem Huhn läßt sich vielfältig verwenden. Wie man dabei vorgeht, sehen Sie auf den folgenden drei Fotos. Übrigens sollten Sie von jedem Geflügelklein (auch von Ente, Gans, Pute oder Wildgeflügel sowie von den Karkassen bereits gebratener Vögel) auf diese Weise einen kleinen „Fond“ kochen, zum Auffüllen der Sauce.

Hühnerfett (oder Butterschmalz) auslassen. Vorbereiteten Hals, Magen, Flügel und Karkassen zusammen mit grob geschnittenem Wurzelwerk, Zwiebel und Lorbeerblatt anrösten. Mit Wasser aufgießen, aufkochen und leise ziehen lassen.

Wegen des würzigen Geschmacks gegen Ende der Kochzeit die Geflügelleber zugeben. Die Suppe erst vor Verwendung vorsichtig salzen. Durchgesiebt und entfettet als Vorsuppe reichen. Oder, etwas reduziert, Saucen damit aufgießen.

***Huhn kochen:** 1 Poularde ca. 60 Min., ein Suppenhuhn bis zu 2 Std. in der Brühe ziehen lassen, herausnehmen, abkühlen, von Haut und Knochen lösen. Brühe durchgießen, schnell abkühlen, damit nichts sauer wird. Fleisch in Brühe aufbewahren.*

Die wichtigsten Vögel für Pfanne und Kochtopf

Hähnchen: *6 bis 8 Wochen alt, 800 g bis 1000 g. Zum Braten, Grillen, Schmoren (im ganzen, aber auch in Einzelteilen). Mageres Fleisch. 1 Hähnchen: 2 Portionen.* ***Wichtig:*** *Sehr junge, nicht ausgemästete Hähnchen schmecken nicht gut: zu viele Knochen, zu wenig Fleisch.*

Poularde: *8 bis 10 Wochen alt, 1200 g bis 1500 g. Kräftiges Fleisch, mehr oder weniger Fett unter der Haut. Besonders fleischig: im Freiland und mit Körnerfutter aufgezogene Tiere (Bresse-Poularden, Frankreich). 1 Poularde: 4 Portionen*

Suppenhuhn: *Mindestens 2 Jahre alte, nach abgeschlossener Eierproduktion auf ca. 2 kg gemästete Henne. Zum Kochen, für Ragout, Frikassee.*

Perlhuhn: *Kleine Hühnerrasse mit dunklerem Fleisch und leichtem Wildgeschmack. Zum Braten, Schmoren und für Ragouts. 1 Perlhuhn: 2 Portionen.*

Pute (Truthahn): *Fast ausschließlich Jungtiere (Baby-Pute), 2,5 bis 6 kg. Im ganzen, aber auch in Teilen (Keulen, Brust, Filets, Schnitzel, Rollbraten ohne Knochen). Fleischig und fettarm. Deshalb beim Braten im ganzen bardieren oder in Alufolie wickeln. Auch schmoren oder in Teilen (Schnitzel) in der Pfanne braten.*

Gans: *3 bis 6 kg, heute nicht mehr so fett. Zum Braten und Schmoren.* ***Wichtig:*** *Fett immer herausbraten. Saucen entfetten!*

Ente: *Frühmastenten (8 bis 9 Wochen), Jungenten (6 Monate), 1,5 bis 2 kg. Mehr oder weniger fett. 1 Ente: 4 Portionen.* ***Flugenten*** *und* ***Barbarie-Enten:*** *Fleischige Brust, weniger Fett. Zum Braten und Schmoren.*

Wildente: *Nur gut, solange sie jung ist (Schwimmhäute müssen leicht einreißen). Fettarm, deshalb bardieren. Auch zum Schmoren. Okt. bis Dez., 1 Wildente: 1 bis 2 Port.*

Fasan: *Wildvogel, der in Freigehegen gezüchtet wird. Mageres Fleisch, fleischige Brust. Nur junge Tiere (weicher, kurzer, stumpfer Sporn) braten (bardieren oder mit Butter bestreichen). Ältere Tiere schmoren oder zu Wildsuppe (Fasan-Essenz) kochen. Okt. bis Dez., 1 Fasan: 2 Portionen.*

Rebhuhn: *Kleiner, seltener Wildvogel. Junge Tiere (Schnabel schwarz, Ständer gelb) sind zart und werden, mit Speck oder Weinblättern umwickelt, geschmort, damit sie nicht austrocknen. Frisch von September bis November: 1 Rebhuhn: 1 Portion.*

Taube: *Junge Tauben werden bardiert gebraten (oft mit Fleisch- oder Weißbrot-Leber-Farce gefüllt). Ältere Tauben schmoren oder kochen. Wildtauben: Aug. bis Nov. 1 Taube: 1 Port.*

Wachtel: *Wildvogel, der jetzt gezüchtet wird. Wird bardiert, geschmort (auch gefüllt). Hauptgericht: 2 Wachteln pro Portion.*

REZEPTE
DIE SIE AUF DEN NÄCHSTEN SEITEN FINDEN

Hähnchen mit Pastis und Knoblauch

Für 4 Portionen:
2 frische bratfertige Hähnchen
Salz, frisch gemahlener schwarzer Pfeffer
2 Stiele Rosmarin
2 Stiele Thymian
4 Lorbeerblätter
1 El Öl
1 El Fenchelsamen (aus der Apotheke)
4 El Anisschnaps (Pastis, z. B. Ricard oder Pernod)
4 Knoblauchzehen
750 g kleine Kartoffeln
etwa 100 g Butter

Backofen auf 200 Grad (Gas 3) vorheizen. Hähnchen innen mit Salz und Pfeffer würzen. Rosmarin, Thymian und Lorbeerblätter in den Bauch legen. Die Keulen der Hähnchen zusammenbinden. Hähnchen im heißen Öl im ofenfesten Topf auf dem Herd anbraten, mit Salz und Pfeffer würzen. Fenchelsamen und Anisschnaps über die Hähnchen geben. Ungeschälte Knoblauchzehen und ungeschälte, gründlich gewaschene Kartoffeln rundherum in den Topf legen. Zugedeckt in den vorgeheizten Ofen schieben. Hähnchen je nach Größe in 50–60 Minuten garen, die letzten 15 Minuten im offenen Topf, damit die Haut noch Farbe bekommt.
Sauce in einen kleinen Topf gießen, Fett abschöpfen und den verbleibenden Fond abmessen. Für 100 ccm Fond etwa 100 g eiskalte Butter zum Binden verwenden (für 80 ccm Fond entsprechend 80 g Butter). Fond in einem Stieltopf erhitzen, Butter in kleinen Stücken nach und nach einschwenken. Hähnchen mit Kartoffeln und Sauce reichen.

Vorbereitungszeit:
etwa 20 Minuten
Garzeit:
insgesamt 60–70 Minuten
Pro Portion etwa 61 g Eiweiß, 40 g Fett, 37 g Kohlenhydrate = 3498 Joule (836 Kalorien)

Das passende Getränk: Ein Rosé aus der Provence.

Wichtig: Durch das Einschwenken von Butter wird die Sauce leicht gebunden. Die Butterwürfel müssen eiskalt sein, die Sauce heiß, denn dieser Temperaturunterschied bewirkt eine Emulsion. Butterstücke nacheinander in die Sauce geben und durch drehende Bewegung des Topfes auflösen, „einschwenken". Keinen Schneebesen verwenden, denn die Sauce soll nicht schaumig werden. Nicht mehr kochen lassen. Was Sie sonst noch über das Binden von Saucen und Suppen wissen müssen, lesen Sie im 3. Kapitel: „Saucen" ab Seite 26.

GITA
20 CIGA
ITANES

Das schnellste Huhn der Welt

Für 2 Portionen:
1 junge Poularde (1,25 kg)
Salz, Cayennepfeffer
Paprikapulver
1–2 Knoblauchzehen
75 g Butter
½ l trockener Wermut
3 große Tomaten
½ l süße Sahne
Thymian, Rosmarin,
Majoran nach Geschmack

Die ausgenommene, gewaschene Poularde in vier Teile zerlegen. Innen und außen mit etwas Salz, wenig Cayennepfeffer und etwas mehr Paprikapulver einreiben. Einen großen Schmortopf mit gepelltem Knoblauch ausstreichen. Butter darin erhitzen. Poulardenviertel kurz und scharf darin anbraten. Wermut zugießen und die gepellten Tomaten daneben legen. Deckel auflegen. Huhn 30 Minuten schmoren lassen. Danach Bratenfond offen etwas einkochen. Sahne zugießen, unter Rühren noch 5 Minuten leise kochen lassen. Dabei nach Belieben mit Kräutern abschmecken.

Vorbereitungszeit: 10 Minuten
Garzeit: 35 Minuten
Pro Portion etwa 102 g Eiweiß, 136 g Fett, 37 g Kohlenhydrate = 8658 Joule (2068 Kalorien)

Das paßt dazu: Reis oder Weißbrot, das brockenweise in die Sauce getunkt wird.

Das passende Getränk: Ein leichter südfranzösischer Weißwein.

Wichtig: Wie Sie rohes Geflügel gekonnt zerlegen, erfahren Sie auf Seite 267. Gleich daneben steht dann auch, wie Sie das zerlegte Geflügel gekonnt schmoren. Und auf Seite 272 lesen Sie alles über den Unterschied zwischen Hähnchen, Poularde und Suppenhuhn.

VERMOUTH
FRANCE

Flugente mit Thymian

Für 4 Portionen:
1 kg Kartoffeln
Salz
2 Bund Thymian, etwas Rosmarin
1 El Olivenöl
1 Flugente (2,5 kg)
2 mittelgroße Zwiebeln

Gewaschene, ungepellte Kartoffeln in kräftig gesalzenem Wasser kochen, heiß pellen, mit Salz, gehacktem Thymian und Rosmarin würzen. Anschließend mit Olivenöl beträufeln. Backofen auf 225 Grad (Gas 4) vorheizen. Den Knochen aus dem Entenhals entfernen, die Haut aber stehen lassen. Die Innereien herausnehmen. Ente innen und außen gründlich waschen, mit Küchenpapier gründlich abtrocknen, innen und außen salzen, mit einem Teil Thymiankartoffeln füllen, den Rest beiseite stellen.
Ente in eine feuerfeste Form legen. Zwiebeln pellen, vierteln und mit in die Form geben. Ente 60 bis 65 Minuten braten. Zwischendurch die Haut mit einer Spicknadel anstechen, damit das Fett gut ausbraten kann. 15 Minuten vor Ende der Garzeit die restlichen Thymiankartoffeln in den Bratenfond geben und darin heiß werden lassen. Ente vor dem Servieren mit einem Rosmarinzweig garnieren und in der Form auftragen. Sie wird bei Tisch tranchiert.

Vorbereitungszeit: 30 Minuten
Garzeit: Ente 60–65 Min., Kartoffeln 20 Min.
Pro Portion etwa 96 g Eiweiß, 89 g Fett, 46 g Kohlenhydrate = 6051 Joule (1446 Kalorien)

Wichtig: Was eine Flugente von einer Ente unterscheidet, erfahren Sie auf Seite 272.

Gefüllte Gans

Für 6–10 Portionen:
250 g Champignons
30 g Butter
150 g Bacon oder durchwachsener Speck
200 g Schweinefilet oder Schweinefleisch aus der Keule
125 g Hühnerleber
250 g Zwiebeln
1 Knoblauchzehe
1 kleine Dose Leberpastete
Schale einer Zitrone (abgerieben)
1 El Petersilie (gehackt)
1 Prise gemahlener Thymian und Majoran
Salz, Pfeffer
1 Gans (ca. 6,5 kg)
750 g Kastanien
20 g Butter

Champignons hacken und in der Butter dünsten. Champignons, Bacon, Schweinefilet, Hühnerleber, Zwiebeln und Knoblauchzehe durch den Wolf drehen. Dann mit allen anderen Zutaten mischen. Abschmecken. Die Masse in die Gans füllen. Gans zunähen und dressieren (Flügel und Beine zusammenbinden). Salzen, pfeffern. Dann in einen großen Bräter legen und in den gut vorgeheizten Backofen (250 Grad, Gas 5–6) schieben. Ofen auf 200 Grad (Gas 3) zurückschalten. Gans häufig mit Bratfett begießen.

Inzwischen Kastanien mit einem Messer einritzen, in 20 Minuten gar kochen, sofort die Schale und auch die braunen Häutchen entfernen. Dann in 20 g Butter schwenken, mit Salz und Pfeffer würzen.

Gans nach etwa 3 Stunden aus dem Ofen nehmen, auf eine Platte legen. Fett im Bräter abschöpfen, Fond mit Wasser oder etwas Bouillon löschen, abschmecken, in eine Sauciere geben. Die Gans auf Kastanien anrichten.

Vorbereitungszeit: etwa 1 Stunde
Garzeit: etwa 3 Stunden
Pro Portion (bei 10 Portionen) etwa 76 g Eiweiß, 152 g Fett, 48 g Kohlenhydrate = 7946 Joule (1898 Kalorien)

Wichtig: Auf Seite 268 lesen Sie, wie Sie Vögel fürs Braten richtig in Form bringen – wie Sie sie dressieren.

Rosenkohl mit Kastanien

Für 6 Portionen:
750 g Kastanien
750 g Rosenkohl
30 g Butter
¼ l Bouillon
Salz, Pfeffer
Muskatnuß

Kastanien über Kreuz einritzen, 15 Minuten in Wasser kochen, sofort die Schale und die braunen Häutchen entfernen. Geputzten, gewaschenen Rosenkohl kräftig in der Butter andünsten, Kastanien zugeben, Bouillon zugießen, mit Salz, Pfeffer und geriebener Muskatnuß würzen. Etwa 15 Minuten kochen lassen. Die Bouillon muß verdampfen, eventuell noch ohne Deckel weiterkochen lassen, so daß Rosenkohl und Kastanien etwas ansetzen (leicht bräunen).

Vorbereitungszeit: 30 Minuten
Garzeit: insgesamt 30 Minuten
Pro Portion etwa 8 g Eiweiß, 7 g Fett, 50 g Kohlenhydrate = 1268 Joule (303 Kalorien)

Das paßt außerdem dazu: Überbackene Kartoffeln.

Das passende Getränk: Ein Bordeaux.

Wichtig: Wie Sie richtig mit Kastanien umgehen, d. h. wie Sie sie formvollendet aus der Schale holen, lesen Sie im 19. Kapitel: „Spargel“ usw.

Puter mit Preiselbeer-füllung

Für 8 Portionen:
1 Puter (4–5 kg, küchenfertig)
Füllung:
250 g gemischtes Hack
1 Glas Preiselbeerkonfitüre (410 g)
200 ccm süße Sahne
4 El Semmelbrösel
1 großer Apfel (225 g)
100 g Sellerie (Stauden- oder Knollensellerie)
Salz, 1 Prise Zimt
Zum Braten:
250 g fetter Speck (in hauchdünne Scheiben geschnitten)
gut ⅜ l Brühe (Würfel)
1 Bund Suppengrün
⅛ l süße Sahne

Puter waschen und innen und außen trockentupfen. Für die Füllung Hackfleisch mit Preiselbeerkonfitüre, Sahne und Semmelbröseln mischen. Apfel schälen, in feine Streifen schneiden (oder grob raspeln), ebenso den Sellerie. Hackfleischmischung mit Apfel- und Selleriestreifen mischen, mit Salz und einer kräftigen Prise Zimt würzen, abschmecken. Puter innen und außen mit Salz einreiben, locker füllen und zunähen.
Die Mitte einer tiefen Bratenpfanne mit Speckscheiben auslegen, Puter daraufsetzen. Einige Speckscheiben auf die Brust legen. So in den Ofen schieben und bei 200 Grad (Gas 3) 30 Minuten anbraten. Backofen öffnen, Speckscheiben, soweit sie nicht bereits heruntergefallen sind, von der Puterbrust nehmen. Etwas Brühe in die Pfanne gießen und weiterbraten. Während der nächsten 30 Minuten Puter beschöpfen und nach und nach mehr Brühe zugießen. Suppengrün putzen und kleinschneiden. Nach 60 Minuten Bratzeit Temperatur auf 225 Grad (Gas 4) heraufschalten, zugleich das Suppengrün in die Bratenpfanne geben. Puter noch 45–60 Minuten braten lassen, dabei zwischendurch mehrmals beschöpfen. Er ist gar, wenn beim Einstechen in das Fleisch klarer Fleischsaft austritt. Den fertigen Puter herausnehmen und warm stellen. Bratenfond mit etwas Wasser loskochen, durch ein Sieb geben und die Sahne einrühren, etwas einkochen lassen. Abschmecken und eventuell nachwürzen. Den Puter auf einer vorgewärmten Platte anrichten. Dazu Apfelrotkohl reichen.

Vorbereitungszeit: 30 Minuten
Bratzeit: etwa 2 Stunden
Pro Portion etwa 76 g Eiweiß, 81 g Fett, 18 g Kohlenhydrate = 4932 Joule (1178 Kalorien)

Das paßt dazu: Maronen-Kartoffelpüree, das aus 1 Dose Maronenpüree und 1 Paket Instant-Kartoffelpüree, ¼ l Milch, 50 g Butter und etwas Salz zubereitet wird.

Und außerdem ein herzhaft gewürzter **Apfelrotkohl** aus 2,5 kg Rotkohl, der in Streifen in 200 g Schmalz und 250 g Zwiebeln angebraten wird. Dann kommen noch 1 kg Äpfel in Stücken, 125 g Zucker, 1½ El Salz, ⅛ l Essig und eine mit 10 Nelkenköpfen gespickte Zwiebel hinein. Das alles gart dann 2 bis 3 Stunden und wird zum Schluß noch einmal abgeschmeckt.

Das passende Getränk: Ein kalifornischer Rot- oder Weißwein.

Wichtig: Der Puter (die Puter oder der Truthahn) hat fettarmes Fleisch und muß deshalb bardiert werden. Mehr darüber lesen Sie auf Seite 272.

Gefülltes Perlhuhn

Für 4 Portionen:
25 g getrocknete Spitzmorcheln
2 Scheiben Toastbrot
2 El weißer Portwein
150 g Hähnchenleber
75 g Beefsteakhack
1 Ei (Gewichtsklasse 2)
125 g frische Pfifferlinge
25 g Schalotten
40 g Butter
1 Bund Schnittlauch
Salz, Pfeffer
2 Perlhühner (à 950 g)
20 g Butterschmalz
1 Bund Suppengrün
200 g Crème fraîche
2 El brauner Soßenbinder

Morcheln kräftig unter kaltem Wasser abbrausen, in ¼ l warmem Wasser 10–15 Minuten einweichen, auf ein Sieb schütten, dabei die Flüssigkeit auffangen. Toastbrot entrinden und im Portwein einweichen. Hähnchenleber mit dem Schneidstab des Handrührers pürieren und mit den grob gehackten Morcheln, Toastbrot, Hackfleisch und Ei verrühren. Pfifferlinge putzen, unter fließendem Wasser waschen und grob hacken. Schalotten pellen, fein würfeln und in 20 g Butter glasig dünsten. Pfifferlinge zu den Schalotten geben, 3–4 Minuten mitdünsten. Pfifferlinge unter die Farce mischen. Mit Schnittlauchröllchen, Salz und Pfeffer kräftig würzen. Perlhühner waschen, trockentupfen und von innen und außen mit Salz und Pfeffer einreiben, dann füllen, zunähen und mit der restlichen weichen Butter einpinseln. Das Butterschmalz in einem Schmortopf schmelzen lassen, Suppengrün putzen, waschen, grob zerteilen und darin andünsten. Perlhühner daraufsetzen, ⅛ l vom Einweichwasser der Morcheln zugießen. Perlhühner zugedeckt im vorgeheizten Ofen bei 225 Grad (Gas 4) 40 Minuten garen. Dann offen bei 250 Grad (Gas 5–6) weitere 20 Minuten bräunen. Perlhühner aus dem Topf nehmen und warm stellen. Bratensatz mit der restlichen Morchelflüssigkeit loskochen und durch ein Sieb gießen. Mit Crème fraîche verrühren, mit dem Soßenbinder andicken. Noch einmal aufkochen und mit Salz und Pfeffer abschmecken. Perlhühner halbieren und auf einer Platte mit Gemüse anrichten, mit der Sauce reichen.

Vorbereitungszeit: 40 Minuten
Garzeit: 1 Stunde
Pro Portion etwa 127 g Eiweiß, 41 g Fett, 31 g Kohlenhydrate = 4341 Joule (1038 Kalorien)

Morchel-Pfifferling-Gemüse

Für 4 Portionen:
50 g getrocknete Spitzmorcheln
375 g Pfifferlinge
125 g Zwiebeln
20 g Butter
1 Bund Schnittlauch
Salz, Pfeffer

Morcheln kräftig unter kaltem Wasser abbrausen, in ¼ l warmem Wasser einweichen. Pfifferlinge putzen, unter fließendem Wasser waschen, abtropfen. Zwiebeln gewürfelt in der Butter glasig andünsten. Morcheln und Pfifferlinge zugeben. ⅛ l der Einweichflüssigkeit von den Morcheln zugießen. Pilze 5–7 Minuten schmoren. Schnittlauchröllchen zugeben. Salzen, pfeffern.

Vorbereitungszeit: 15 Minuten
Garzeit: 5–7 Minuten
Pro Portion etwa 4 g Eiweiß, 6 g Fett, 15 g Kohlenhydrate = 523 Joule (125 Kalorien)

Geschmorte Tauben mit Orangen

Für 2 Portionen:
3 Tauben (frisch oder tiefgekühlt)
1 Stück frischer Ingwer (etwa 4 cm lang)
4 El Sherry
8 El Sojasauce
6 El Zucker
7 Orangen (unbehandelt)
3 El Öl

Tauben waschen und sorgfältig abtrocknen. Ingwer schälen und fein würfeln. Mit Sherry, Sojasauce, Zucker und dem Saft von 4 Orangen (etwa $^3/_8$ l) mischen, beiseite stellen. Das Öl in einem flachen Topf sehr heiß werden lassen, Tauben darin von beiden Seiten scharf anbraten. Die vorbereitete Sauce zu den Tauben gießen. Hitze reduzieren. Die restlichen Orangen abwaschen und in jeweils 8 Teile schneiden (mit Schale). Zu den Tauben geben, Topf verschließen und alles bei milder Hitze 2 Stunden ganz leise schmoren lassen. Tauben zwischendurch vorsichtig wenden. Das Fleisch soll so weich werden, daß man es leicht vom Knochen lösen kann. Die Orangenschale soll glasig weich und eßbar sein. Nach Ende der Garzeit Tauben und Orangenstücke auf eine tiefe, vorgewärmte Platte legen und warm stellen. Sauce bei starker Hitze sämig einkochen lassen (das dauert zwischen 5 und 10 Minuten). Über die Tauben gießen und servieren.

Kleiner Tip: Dies Gericht kann auch am Tag vorher gekocht und dann aufgewärmt werden.

Vorbereitungszeit: 20 Minuten
Garzeit: 130 Minuten
Pro Portion etwa 124 g Eiweiß, 22 g Fett, 114 g Kohlenhydrate = 5058 Joule (1209 Kalorien)

Das paßt dazu: Reis oder Baguette.

Das passende Getränk: Ein frischer Rosé aus der Provençe.

Wichtig: Warum Tauben geschmort besser schmekken als gebraten, erfahren Sie auf Seite 268.

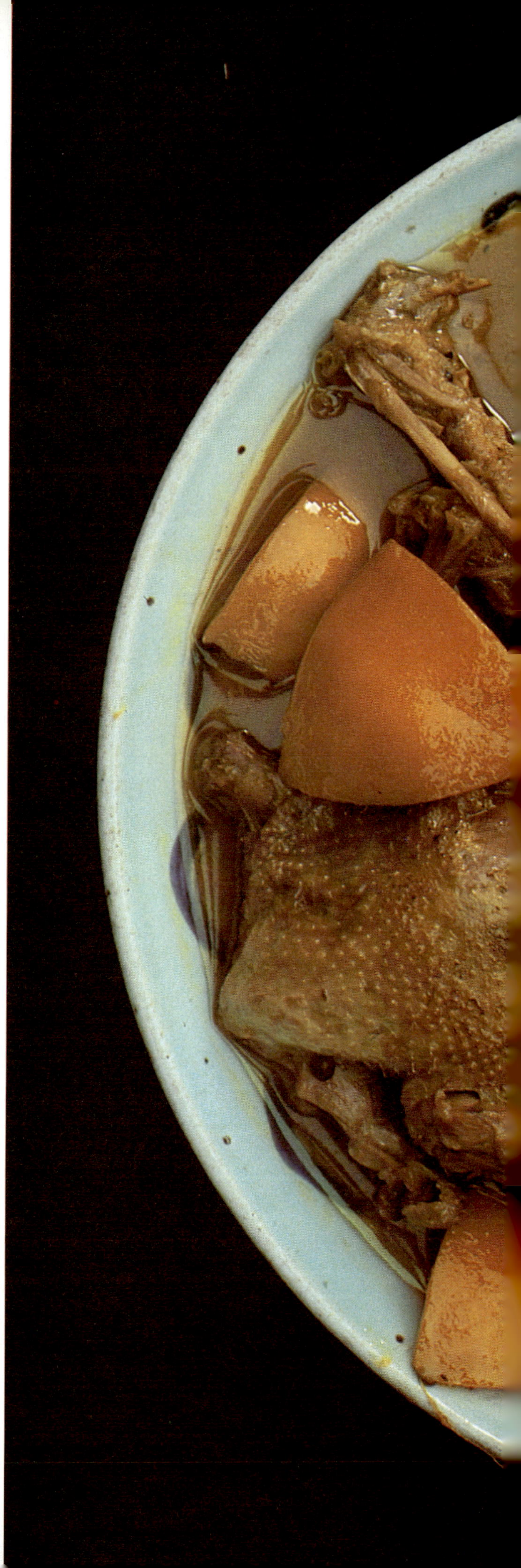

Gefüllter Fasan

Für 4 Portionen:
500 g Kastanien (etwa 250 g netto)
125 g Kalbsleber
frischer Thymian
1 Schalotte
Salz, Pfeffer
2 Fasane (à 750 g)
100 g fetter Speck in dünnen Scheiben
3 Zwiebeln
⅛ l süße Sahne

Backofen auf 250 Grad (Gas 5–6) vorheizen. Kastanien auf der runden Seite kreuzweise einritzen, im Backofen auf einem Blech 20 Minuten rösten. So heiß wie möglich aus der Schale brechen und die braune Haut mit ablösen. Kastanien grob hacken. Leber in kleine Würfel schneiden, dann mit dem Schneidstab des Handrührers pürieren. Thymian hacken, Schalotte pellen und fein würfeln. Gehackte Kastanien und Schalotte zur pürierten Leber geben, mit Salz, Pfeffer und Thymian kräftig würzen.

Fasane gut auswaschen und trockentupfen. Innen und außen mit Salz und Pfeffer einreiben, mit der Leber-Kastanien-Farce füllen. Mit Speck belegen und mit Holzstäbchen verschließen. In eine feuerfeste Form geben, die grob zerteilten Zwiebeln darumlegen. Bei 250 Grad 40 Minuten braten, dabei häufiger beschöpfen und nach und nach ⅛ l Wasser angießen. Die gegarten Fasane aus der Form nehmen, warm stellen. Bratenfond lösen, in einen Topf gießen und etwas einkochen lassen. Sahne in der Sauce erhitzen, durch ein Sieb in eine vorgewärmte Sauciere geben. Fasane tranchieren.

Vorbereitungszeit: etwa 1 Stunde
Röstzeit: 20 Minuten
Garzeit: 40 Minuten
Pro Portion etwa 95 g Eiweiß, 43 g Fett, 64 g Kohlenhydrate = 4444 Joule (1062 Kalorien)

Sherry-Kastanien

Für 4 Portionen:
1 kg Kastanien (etwa 500 g netto, gute Qualität kaufen!)
30 g Butter, Salz
3 El Creamsherry

Backofen auf 250 Grad (Gas 5–6) vorheizen. Kastanien auf der runden Seite kreuzweise einritzen, im Backofen auf einem Blech 20 Minuten rösten. So heiß wie möglich aus der Schale brechen und die braune Haut mit ablösen. Die Butter in einer Pfanne schmelzen, Kastanien bei milder Hitze unter Wenden goldbraun braten. Mit Salz würzen, dann den Sherry zugießen und etwas einkochen lassen.

Vorbereitungszeit: 40 Minuten
Röstzeit: 20 Minuten
Garzeit: 5 Minuten
Pro Portion etwa 4 g Eiweiß, 10 g Fett, 56 g Kohlenhydrate = 1470 Joule (351 Kalorien)

Das paßt dazu: Champagner-Kraut, das aus 500 g Weinkraut, ⅛ l trockenem Weißwein und ⅛ l Champagner 20 Min. schwach gekocht wird. Gewürze: 1 Zwiebel, 1 säuerlicher Apfel und Wacholderbeeren.

Das passende Getränk: Ein trockener Ruländer oder ein Pinot gris.

Gänsekeulen mit Grünkohl und Maronen

Für 6 Portionen:
1,5 kg Grünkohl
1 kg Maronen
500 g Zwiebeln
4 Gänsekeulen (ca. 2 kg)
Salz, Pfeffer aus der Mühle
2 El Streuwürze
1 Tl Koriander (gemahlen)
¾ l trockener Weißwein (z. B. Riesling)
750 g kleine Kartoffeln
60 g Butter
20 g Zucker

Grünkohl verlesen, so lange waschen, bis das Wasser klar bleibt, grob hacken und abtropfen lassen. Backofen auf 250 Grad (Gas 5–6) vorheizen. Maronen mit einem scharfen Messer auf der runden Seite überkreuz einritzen, auf ein Blech legen und im Backofen 20 Minuten rösten. So heiß wie möglich aus der Schale brechen. Zwiebeln pellen und in dünne Scheiben schneiden. Gänsekeulen mit Salz und Pfeffer einreiben und in einem Schmortopf ohne Fett rundherum scharf anbraten. Herausnehmen und beiseite stellen. Zwiebeln im Gänsefett glasig dünsten. Grünkohl nach und nach zugeben, etwas andünsten und mit Streuwürze, Koriander und Pfeffer würzen. Gänsekeulen auf den Grünkohl legen, Wein dazugießen und alles zugedeckt bei mittlerer Hitze 1 Stunde schmoren. Kartoffeln waschen, in Salzwasser garkochen, pellen und zur Seite stellen. Maronen unter den Grünkohl mischen, Gänsekeulen mit Grünkohl bedecken und alles bei mittlerer Hitze ohne Deckel weitere 30 Minuten garen.

Butter in einer Pfanne zerlassen. Kartoffeln hineingeben, mit Salz und Zucker bestreuen und dann unter gelegentlichem Schwenken langsam goldbraun braten. Grünkohl abschmecken und mit den Gänsekeulen und Kartoffeln auf einer vorgewärmten Platte anrichten.

Vorbereitungszeit: 90 Minuten
Garzeit: 90 Minuten
Pro Portion etwa 51 g Eiweiß, 88 g Fett, 93 g Kohlenhydrate = 6379 Joule (1524 Kalorien)

Das passende Getränk: Ein Bier, aber auch ein herber Rotwein.

Koriander-Ente

Für 2–4 Portionen
1 Fleischente (ca. 2 kg)
Fett für die Friteuse
2 El Korianderkörner
3 El Sojasauce (salzig)
½ Tl Salz, 2 Tl Zucker
2 Bund Frühlingszwiebeln
3 Scheiben frische Ingwerwurzel

Ente waschen, abtrocknen, in 20 bis 30 Stücke zerschneiden, dabei das Fleisch an den Knochen lassen. Rückgrat, Bürzel und Flügelspitzen nicht mitverwenden. Partienweise in der Friteuse goldbraun fritieren. Dann herausheben und abtropfen lassen. Korianderkörner im Mörser zerstoßen. Mit Sojasauce, Salz, Zukker und ¼–⅜ l Wasser verrühren und in einem schweren Kochtopf heiß werden lassen. Entenstükke in die Koriandermischung legen, zum Kochen bringen. Zugedeckt auf kleiner Flamme 75 Minuten garen, dabei öfter umrühren, evtl. ½ Tl heißes Wasser zugießen.
Inzwischen den hellgrünen Teil der Frühlingszwiebeln waschen und schräg zerteilen. Ingwer schälen und fein hacken. Entenfleisch aus dem Topf heben und auf einer vorgewärmten Platte anrichten. Frühlingszwiebeln und Ingwer in der eingekochten Sauce etwa 1 Min. bei großer Hitze garen, alles über das Fleisch gießen, servieren.

Vorbereitungszeit: 40 Minuten
Garzeit: 75 Minuten
Pro Portion (bei 2 Portionen) etwa 147 g Eiweiß, 150 g Fett, 9 g Kohlenhydrate = 8811 Joule (2105 Kalorien)

Variation: Statt Frühlingszwiebeln passen zu dieser chinesischen Ente auch glasierte Schalotten.

Das paßt dazu: Körnig gekochter Reis und mit Orangenfilets angereicherter grüner Salat.

Poularde im Zwiebelbett

Für 4 Portionen:
500 g sehr kleine Zwiebeln
250 g Möhren
1 Poularde (1,25 kg)
1 El Öl
Salz, weißer Pfeffer aus der Mühle
60 g Butter
1 Tl getrockneter Thymian
2 Lorbeerblätter
4 El Hühnerbrühe (Instant)
100 g Crème fraîche

Zwiebeln pellen, Möhren schälen, waschen und in etwas dickere Scheiben schneiden. Poularde gründlich waschen, trokkentupfen und in 8 Teile zerlegen. Öl in einem verschließbaren Bräter erhitzen, Poulardenteile darin von allen Seiten scharf anbraten, hinterher aus dem Bräter nehmen, salzen, pfeffern und warm stellen.
30 g Butter in den Bratenfond geben, Zwiebeln und Möhren darin rundherum anbraten, salzen, pfeffern und mit Thymian bestreuen. Lorbeerblätter zugeben. Poulardenteile mit dem ausgetretenen Fleischsaft zusammen auf das Gemüse legen. Hühnerbrühe zugießen. Bräter zudecken. Alles 20 Minuten schmoren lassen.
Restliche Butter in einer großen Pfanne erhitzen. Poulardenteile aus dem Bräter nehmen, mit der Hautseite in der Butter knusprig überbraten. Inzwischen das Zwiebel-Möhren-Gemüse mit einer Schaumkelle in eine vorgewärmte Form heben. Die Poulardenteile darauf anrichten und warm stellen.
Bratenfond im Bräter mit Crème fraîche binden. Sauce getrennt zur Poularde im Zwiebelbett reichen.

Vorbereitungszeit: 30 Minuten
Garzeit: 30 Minuten
Pro Portion etwa 34 g Eiweiß, 34 g Fett, 16 g Kohlenhydrate = 2211 Joule (528 Kalorien)

Das paßt dazu: Salzkartoffeln.

Das passende Getränk: Ein kräftiger Weißwein.

Wichtig: Was eine Poularde von einem Suppenhuhn oder gar von einem Hähnchen unterscheidet, lesen Sie auf Seite 272.

Putenfleischröllchen im Speckmantel

Für 8 Portionen:
500 g Champignons
2 Zwiebeln (60 g)
20 g Butter
3 Bund glatte Petersilie
Salz, Pfeffer aus der Mühle
8 dünne Scheiben Putenbrustfilet (à 125 g)
8 Scheiben durchwachsener Speck (nicht zu dünn geschnitten, zusammen 150 g)
30 g Butterschmalz
⅛ l Weißwein
4 El süße Sahne

Pilze putzen, kurz waschen und in dünne Scheibchen schneiden. Zwiebeln pellen, fein würfeln und in der Butter glasig dünsten. Champignons zugeben und so lange schmoren, bis die Flüssigkeit verdampft ist. Petersilie fein hacken und untermischen. Pilzfüllung mit Salz und Pfeffer herzhaft abschmecken.
Fleischscheiben ausbreiten, mit Salz und Pfeffer würzen und mit der Füllung bestreichen, dann zusammenrollen. Jede Rolle mit einer Speckscheibe umwickeln, Röllchen mit Holzspießchen zusammenstecken. Butterschmalz im Schmortopf erhitzen. Röllchen darin rundherum goldbraun anbraten. Weißwein zugießen. Zugedeckt 15–20 Minuten schmoren. Fond mit Sahne binden.

Vorbereitungszeit: 25 Minuten
Garzeit: etwa 20 Minuten
Pro Portion etwa 34 g Eiweiß, 22 g Fett, 3 g Kohlenhydrate = 1566 Joule (374 Kalorien)

Unser Tip: Klopfen Sie die Fleischscheiben vom Putenfilet vor dem Füllen noch etwas flach.

Das paßt dazu: Kartoffelgratin, Reis oder Weißbrot. Außerdem ein knakkiger grüner Salat.

Das passende Getränk: Ein trockener deutscher Riesling.

Variation: Die Pilze weglassen und statt dessen frische Salbeiblättchen in die Röllchen wickeln.

Wichtig: Welche kleinen Teile Sie von einer großen Pute noch kaufen können, lesen Sie auf Seite 272.

Hähnchen mit frischen Krebsen

50 g Sellerie
50 g Karotten
20 g Butter
½ l Elsässer Riesling
¼ l Hühnerbrühe
1 Bund Petersilie
1 Bund Dill
Salz
wenig Kümmel
6 lebende Flußkrebse (ca. 500 g)
1 Hähnchen (800 g, küchenfertig vorbereitet)
2 Zwiebeln (60 g)
125 g Champignons
20 g Butterschmalz
1–2 gestr. El Mehl
⅛ l süße Sahne
10 g Kräuterbutter
Pfeffer aus der Mühle

Sellerie und Karotten schälen, waschen, würfeln und in der Butter andünsten. Mit ¼ l Weißwein und Brühe auffüllen, mit Petersilie, Dill, Salz und Kümmel würzen. Krebse mit dem Kopf zuerst in den sprudelnd kochenden Sud geben und darin zugedeckt 5 Minuten ziehen lassen. Die etwas abgekühlten Krebse vorsichtig aus der Schale brechen.
Hähnchen in 8 Teile teilen. Zwiebeln pellen und fein würfeln. Champignons unter fließendem Wasser kurz waschen, die größeren halbieren. Hähnchenteile im heißen Butterschmalz rundherum goldbraun anbraten. Zwiebeln und Champignons zugeben und andünsten. Mehl darüberstäuben und kurz anschwitzen. Dann mit dem restlichen Wein und dem passierten Krebsfond ablöschen. Bei milder Hitze offen 15–20 Minuten schmoren. Mit Sahne, Kräuterbutter, Salz und Pfeffer abschmecken. Die ausgebrochenen Krebsschwänze und -scheren darin heiß werden lassen und auf den Hähnchenteilen in einer Schüssel anrichten.

Vorbereitungszeit: 90 Minuten
Garzeit: 30 Minuten
Pro Portion etwa 37 g Eiweiß, 23 g Fett, 6 g Kohlenhydrate = 1607 Joule (382 Kalorien)

Das paßt dazu: Reis und gedämpfter Chicoree.

Das passende Getränk: Elsässer Riesling.

Variante: Statt mit Riesling können Sie die Sauce auch mit Macon zubereiten, den Sie dann auch zum Essen trinken.

Wichtig: Im 2. Kapitel, das sich mit dem „Kochen im großen Topf" beschäftigt, lesen Sie auf Seite 23, wie Sie einen perfekten Krebssud zubereiten.

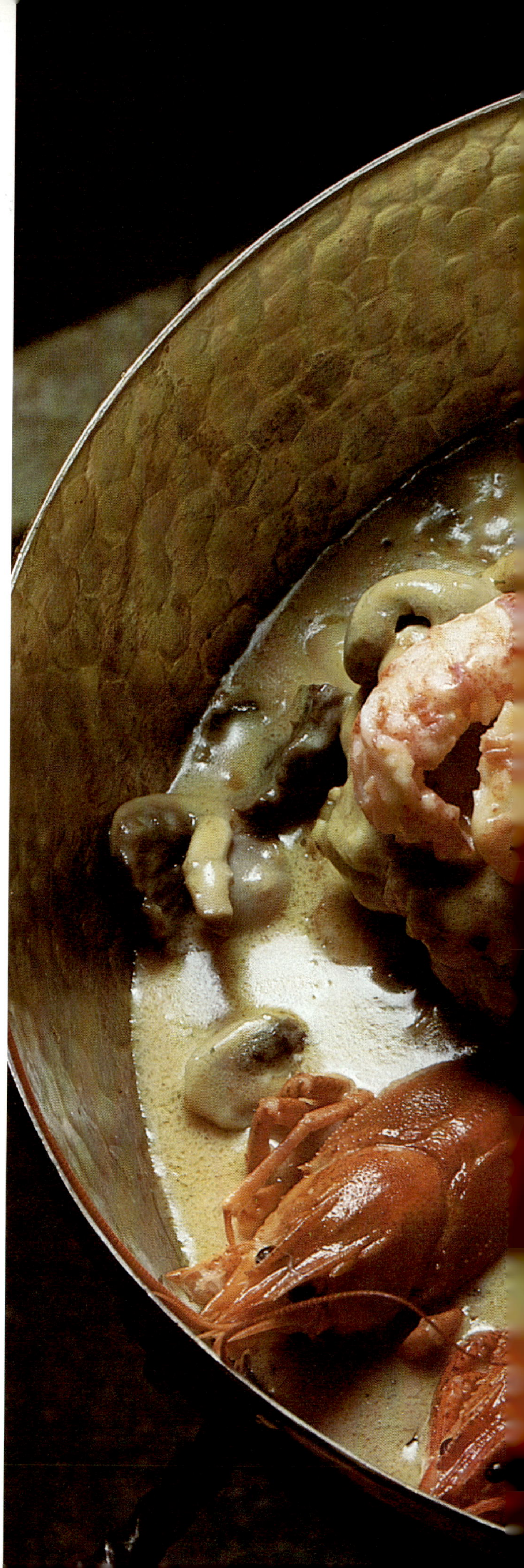

Hühnerfrikassee

Für 4 Portionen:
1 Poularde (1 kg)
1 Bund Suppengrün
Salz, 2 Lorbeerblätter
1 El Pfefferkörner
1 Zweig Rosmarin
375 g Spargel
250 g Champignons
65 g Butter, Pfeffer
1 Tl Zucker, 30 g Mehl
6 El Weißwein
1 El Zitronensaft
1 Tl Worcestershiresauce
100 g Crème fraîche
1 Eigelb
4 El süße Sahne
Petersilie

Poularde mit grob zerteiltem Suppengrün, Salz, Lorbeerblättern, Pfeffer, Rosmarin und 2 l Wasser etwa 1 Stunde kochen. Spargel schälen, in Stücke schneiden. Champignons putzen, in 25 g Butter dünsten, bis alle Flüssigkeit verdampft ist, mit Salz und Pfeffer würzen. Poularde häuten, Fleisch von den Knochen lösen und kleinschneiden. Durchgegossene Brühe im offenen Topf auf ½ l einkochen. Mit Zucker würzen und Spargelstükke darin garen, herausnehmen. Restliche Butter zerlassen, Mehl darin anschwitzen, mit Brühe und Wein auffüllen und durchkochen. Sauce mit Zitronensaft, Worcestershiresauce und Salz abschmecken, mit Crème fraîche gut verrühren. Fleisch, Spargel und Pilze in dieser Sauce ziehen lassen. Eigelb und Sahne verrühren, das Frikassee damit legieren und mit Petersilie servieren.

Vorbereitungszeit: 50 Minuten
Garzeit: 90 Minuten
Pro Portion etwa 47 g Eiweiß, 40 g Fett, 1,5 g Kohlenhydrate = 2669 Joule (636 Kalorien)

Wichtig: Alles Wichtige über die Zubereitung einer Frikasseesauce lesen Sie auf Seite 31 im 3. Kapitel: „Saucen“.

Entenpastete

Für 12–16 Portionen:
2 Entenbrüste (netto 500 g)
100 g Entenleber
(ersatzweise Geflügelleber)
4 El Cognac
Teig:
560 g Mehl
340 g Butter (gut gekühlt)
4 Eier, 2 El Milch, Salz
Füllung:
225 g Pistazienkerne
375 g Schweinenacken
250 g Ochsenleber
125 g Kalbsbrät
2 El rosa Pfeffer
(ersatzweise grüner Pfeffer aus der Dose)
1 El Thymian
Salz, Pfeffer
10 g Butter zum Braten
1 Tl Öl zum Bestreichen
1 Ei (getrennt)
etwa ⅛ l Madeiragelee

Entenbrüste von Haut und Knochen lösen. Filets mit Entenleber in Cognac marinieren.
Mehl auf die Arbeitsfläche geben, Butter in Scheiben draufgeben, mit den Händen abbröseln. Eier, Milch und Salz zugeben, rasch zusammenkneten. Auf Mehl ausrollen, zusammenfalten, wieder ausrollen und zusammenfalten, zu einem Paket formen, in Alufolie wickeln und kalt stellen. Pistazien durch die Mandelmühle drehen. Schweinefleisch und Leber zweimal durch den Fleischwolf drehen (feine Scheibe), mit dem Kalbsbrät verrühren (Schneidstab vom Handrührer). Pistazien, zerdrückten Pfeffer und Thymian zugeben. Mit Salz und Pfeffer würzen. Entenbrust und -leber aus dem Cognac nehmen, gut abgetropft in heißer Butter unter Wenden etwa 4 Minuten braten, dann kalt werden lassen. Cognac zur Farce geben. Pastetenteig ausrollen und entsprechend der Form zuschneiden. Form auslegen, Teig muß 1 cm über die Kante lappen. Eine Schicht Farce einfüllen, Entenbrustfilets und Leber drauflegen, Farce draufstreichen, Teig mit Messerrücken leicht von der Form lösen. Teigdeckel ausrollen (2 cm größer als die Oberfläche). Schornstein ausstechen. Deckel auf die Pastete legen. Teigenden mit Messerrücken zwischen Pastete und Form schieben, dabei leicht andrücken. Verzierungen ausstechen, mit Eiweiß bestreichen, auf den Deckel kleben. Alles mit Eigelb bestreichen. Im vorgeheizten Backofen bei 200 Grad (Gas 3) etwa 45 Minuten goldbraun backen. 5 Minuten im ausgeschalteten Backofen stehen lassen. Saft und Fett durch den Schornstein abgießen. Form aufklappen. Pastete auf einem Kuchengitter kalt werden lassen. Risse im Pastetenteig mit Schweineschmalz verschließen, dann wieder in die Form geben. Durch den Schornstein mit dem Madeiragelee ausgießen. Mit einem Brotmesser in Scheiben schneiden, vorher das Schweineschmalz entfernen.

Vorbereitungszeit: 90 Minuten
Garzeit: 45 Minuten
Pro Portion (bei 16 Portionen) etwa 23 g Eiweiß, 45 g Fett, 31 g Kohlenhydrate = 2772 Joule (660 Kalorien)

Wichtig: Für das **Madeiragelee** weichen Sie 3 Blatt weiße Gelatine in kaltem Wasser ein, verrühren 200 ccm Schildkrötensuppe (Dose) mit 5 El sehr gutem Madeira, lösen in einer kleinen Menge davon bei milder Hitze die ausgedrückte Gelatine darin auf, geben die restliche Flüssigkeit dazu, stellen dann das Gefäß in Eiswasser und rühren so lange, bis die Flüssigkeit zu gelieren beginnt.

Gänseweißsauer

Für 6–8 Portionen:
1 Gans (etwa 4 kg schwer)
2 Bund Suppengrün
500 g Kalbsknochen
1 Zitrone
Thymian
Bohnenkraut
1 Limette
¼ l Estragonessig
Streuwürze
Worcestershiresauce
Zucker
8 Blatt Gelatine

Gans halbieren, in 3 l Wasser mit einem Bund Suppengrün, Knochen, Zitronenvierteln, Thymian und Bohnenkraut 2–3 Stunden kochen. Kalt stellen, Brühe entfetten, durch ein Sieb gießen. Das zweite Bund Suppengrün darin kochen.

Gans häuten, Fleisch ablösen, klein schneiden, mit Gemüse und Limettenscheiben in eine Schüssel schichten. Brühe mit Essig und Gewürzen abschmecken. Eingeweichte Gelatine bei milder Hitze auflösen, dazugeben, dann über das Fleisch gießen, im Kühlschrank fest werden lassen, stürzen.

Vorbereitungszeit: 40 Minuten
Garzeit: 2–3 Std.
Pro Portion (bei 8 Portionen) etwa 59 g Eiweiß, 114 g Fett, 4 g Kohlenhydrate = 5662 Joule (1348 Kalorien)

Das paßt dazu: Eigentlich nur Bratkartoffeln und Kopf- oder Feldsalat.

Das passende Getränk: Ein herbes Pils.

Wichtig: Bevor Sie dieses Rezept ausprobieren, sollten Sie kurz in das 8. Kapitel hineinsehen, das sich ausführlich mit der Kochtechnik „Gelieren" auseinandersetzt.

15. KAPITEL
FISCH

- Pochieren statt kochen!
- Lachskotelett, Kabeljau im Sud
- „Blau-Kochen" (Schleie und Aal grün)
- Perfekt filieren und ausnehmen (Forelle und Seezunge)
- So wird Lachs gebeizt
- Fisch im Ofen (Hecht, Heilbutt)
- Fisch in der Pfanne (Hering braten)
- Umgang mit Matjes (ausnehmen, einlegen)

Eines der feinsten Fischgerichte überhaupt: gebackener Hecht im Gemüsebett. Damit er in der Hitze des Ofens saftig bleibt, wird er in ein Hemd aus Frühstücksspeck gewickelt. Die Sauce wird mit Sahne verfeinert. Das Rezept finden Sie auf Seite 312.

Der Fisch im Ofen

Weil die Töpfe im Haushalt meist nur kleinere Fische im ganzen fassen, müssen größere Fische (ab 1,5 kg) in der Saftpfanne im Ofen garen. Sie werden aufrecht hineingesetzt, mit Speck belegt (oder mit Butterflöckchen), mit Wein und Sahne (oder mit Crème fraîche) begossen und so teils gedünstet, teils wirklich gebraten. Weil Fische nur eine kurze Garzeit haben **(Faustregel:** etwa 45 Min. bei 200–225 Grad), müssen Sie der Bräunung – falls erwünscht – manchmal etwas nachhelfen: Geben Sie zum Schluß einige Minuten Oberhitze, oder schalten Sie den Grill ein. Dann wird der Fisch vorher auf jeden Fall mit Crème fraîche oder mit einer Mischung aus Reibkäse, Semmelbröseln und Butterflöckchen bestrichen. Zur Kräftigung der Sauce legen Sie Kräuter (Petersilie, Kerbel, Estragon, Thymian, Basilikum), Zwiebeln, Suppengemüse und Pilze mit in die gefettete Pfanne (Butterschmalz, Öl oder Butter). Geeignet: Fast alle Flußfische, aber auch Schellfisch, Kabeljau, Rotbarsch.

1

Fisch schuppen: *Wir zeigen es am Beispiel Hecht. Möglichst unausgenommen vom Schwanz zum Kopf hin mit dem Fischschupper oder dem Messerrücken. Das können Sie unter Wasser machen, dann spritzen die Schuppen nicht mehr so umher.*

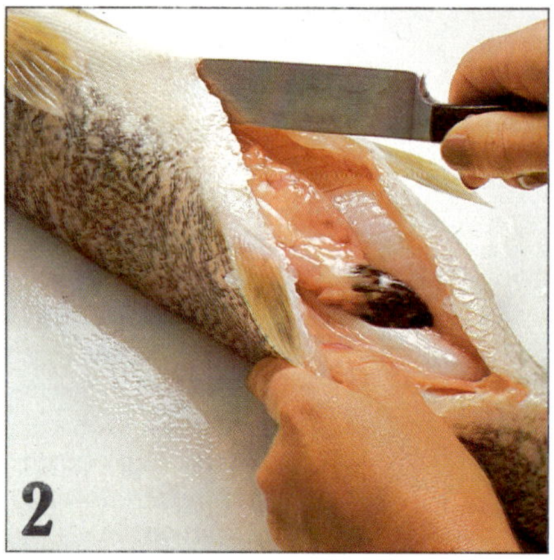

2

Das Ausnehmen erledigt meist der Fischhändler. Sie können es auch selber machen, es ist ganz einfach: Bauch zum Kopf hin aufschlitzen. Darauf achten, daß die Eingeweide nicht zerschnitten werden, damit die Galle nicht ausläuft.

3

4

Vor dem Braten den Fisch am Rücken leicht einkerben, damit er gleichmäßig gart. Mit Senf, Kräutern, Öl einreiben, mit dünnen Speckscheiben belegen, auf einem Bett von Porreeringen braten (3 + 4).

Überbackener Fisch

Diese Methode eignet sich für Filets und Stükkenfisch, für kleine ganze Fische (Forellen und Seezungen, vorher entgrätet) ebenso wie für bereits gegarten Fisch (Resteverwertung). Fische in eine feuerfeste Form legen, auf ein Bett von angedünstetem Gemüse, mit dicker Béchamel- oder Käsesauce bedecken und so im Ofen überbacken. Sauce pikant abschmecken (Zitrone, Kapern, Worcestershiresauce, Tabasco), den Auflauf noch mit geriebenem Käse, Semmelbröseln, Butterflöckchen bestreuen.

Der Fisch in der Pfanne

Geeignet sind für diese schnellste und einfachste Art, Fische genießbar zu machen, alle Fische. Kleine werden im ganzen gebraten und dafür vorher geschuppt und ausgenommen (nach Belieben auch entgrätet). Große Fische werden entsprechend in Scheiben, Filets oder Koteletts geschnitten. **Wichtig:** Nehmen Sie immer wasserfreies Fett (Öl, Pflanzenfett, Butter- oder Schweineschmalz) zum Braten. Achten Sie darauf, daß alle Fischteile in ihrer ganzen Länge und Breite Kontakt mit dem Pfannenboden haben, sonst bleiben einige Teile roh. Lassen Sie das Fett zuerst ziemlich heiß werden, ehe Sie dann die Fische hineinlegen, braten Sie dann bei mittlerer Hitze weiter. Vor dem Braten werden die Fische gut abgetrocknet, leicht gesalzen und nach Belieben noch in Mehl gewälzt oder mit Mehl, Ei, Semmelbröseln paniert. **Wichtig:** Fische nicht zu früh wenden, erst wenn die Unterseite gebräunt ist, sonst zerbrechen sie! Noch einmal Fett (jetzt auch Butter) in die Pfanne geben.

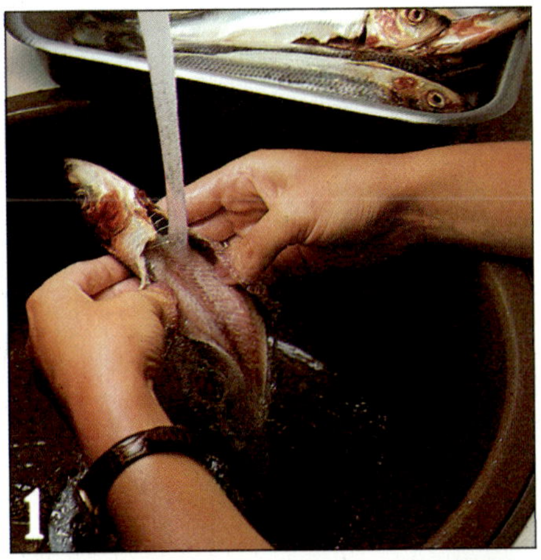

***Heringe zum Braten vorbereiten:** Nach dem Ausnehmen gründlich unter fließendem Wasser waschen. Vor allem das Blut an der Mittelgräte entfernen. Die Fische niemals im Wasser liegen lassen!*

Heringe gründlich abtropfen, mit Küchenpapier trocknen. Dann in gewürztem Mehl (Salz, Streuwürze, Pfeffer) wälzen. Überschüssiges Mehl sorgfältig abschütteln!

***Wenn die Heringe eingelegt werden:** Öl zum Braten nehmen, weil das im kalten Zustand nicht hart wird. Zum Einlegen: Zwiebelringe, Lorbeer, Pfeffer- und Wacholderkörner in Essigwasser aufkochen, kalt übergießen (3 + 4).*

Fisch im Gemüsebett

Scheiben von großen Fischen (Kabeljau, Lachs, Thunfisch, Schwertfisch, Heringshai; im Foto Heilbuttkoteletts) können wie Steaks in der Pfanne braten, unpaniert, nach dem Braten mit Kräuter- oder Pfefferbutter gewürzt werden. Das Gemüsebett aus Paprikaschoten, Tomaten und Zwiebeln wird vor den Fischen in einer zweiten Pfanne zubereitet, dick eingekocht und mit Thymian, Oregano, Basilikum und Knoblauch gewürzt. **Regel:** Das Gemüse braucht 30 Min., der Fisch etwa 8–12 Min.

Umgang mit Matjes

Zwar gibt es heute schon in jedem Supermarkt fertig zugerichtete „Matjesfilets“ zu kaufen. Wer aber wissen will (oder weiß), warum frischer Matjes als eine der feinsten Delikatessen gepriesen wird, der besteht darauf, ihn als ganzen Fisch mit Kopf und Gräten aus der Salzlake zu kaufen. Weil man nur dann erkennen kann, ob man wirklich einen „Matjes“ bekommt, besonders mild gesalzen und ohne Innereien, oder einen „Fetthering“, stärker gesalzen, aber zum Einlegen durchaus nicht zu verachten. Es lohnt sich also, das Zurechtmachen selbst zu übernehmen (s. unten). **Mittel gegen unangenehmen Fischgeruch an Händen und Geschirr:** Hände vorher naß machen. Nach der Arbeit Hände, Geschirr und Messer zuerst gründlich mit Papier abwischen, danach erst kalt, dann mit Spülmittel heiß abwaschen! Auf keinen Fall Holz- oder aufgerauhte Plastikbretter für diese Arbeit nehmen!

Zum Filieren Bauch aufschneiden, ausnehmen. Fisch mit den Daumen auseinanderbiegen, bis sich die Gräten lösen. Danach Filets mit dem Messer vom Kopf her von der Gräte ziehen. Bauchlappen etwas abschneiden. Haut vom Kopf her abziehen.

Mild gesalzener Matjes schmeckt „pur“ am besten: nur ganz kurz abspülen, trocknen, mit Zwiebeln reichen. Stärker gesalzen: kurze Zeit in Milch legen. Salzheringe bis zu 12 Std. in mehrmals gewechseltem Wasser (Mineralwasser) baden.

Matjes Hausfrauenart

Für 8 vorbereitete Heringsfilets brauchen Sie: 2 säuerliche Äpfel (feine Spalte), 1–2 Zwiebeln (Ringc), 1 Salzgurkc (Gewürzgurke, Würfel oder Scheiben), Lorbeer, Gewürz- und Senfkörner, Wacholderbeeren und Zucker nach Geschmack (1 Tl bis 2 El). Außerdem ¼ l Sahne (auch saure Sahne, Crème fraîche, Joghurt, Quark in Mischungen). Ein Löffel Mayonnaise macht die Sauce rund. So gemischt, muß der Matjes mindestens 60 Min. durchziehen. Er hält sich im Kühlschrank mindestens 3 Tage.

Burgunder-Heringe

Für 8 vorbereitete Matjesfilets (gut gewässert, aber nicht in Milch gelegt!) brauchen Sie: ⅛ l Weinessig, ⅛ l Burgunder, 100 g Kandis (oder Zucker), 2–3 Zwiebeln (Ringe), 1 Möhre (dünne Scheiben), 2 Lorbeerblätter, 2 Nelken, je 1 Tl Pfeffer- und Senfkörner. Wacholder, Gewürzkörner, Meerrettich, Kräuter nach Geschmack. Alles aufkochen, abkühlen lassen. Heringe in ein Glas schichten, völlig mit Marinade begießen. 2 Tage kühl stellen (nicht im Kühlschrank). Sie halten bis zu 2 Wochen.

REZEPTE

DIE SIE AUF DEN NÄCHSTEN SEITEN FINDEN

Kabeljaukotelett mit Wacholderbutter

Für 4 Portionen:
¼ l Weißwein
1 Lorbeerblatt
3 El Wacholderbeeren
Salz
1 unbehandelte Zitrone
4 Kabeljaukoteletts (à 180 g)
2 El Zitronensaft
125 g Butter

Weißwein mit ½ l Wasser, Lorbeerblatt, 1 El Wacholderbeeren und Salz erhitzen. Zitrone in Scheiben schneiden. Fischkoteletts waschen, abtrocknen, salzen und mit den Zitronenscheiben in die heiße, aber nicht kochende Flüssigkeit geben, 20 Minuten ziehen lassen. Restliche Wacholderbeeren zerdrücken, mit Zitronensaft und der zerlassenen Butter leicht durchkochen. Die Fischkoteletts aus dem Sud nehmen, mit Zitronenscheiben belegen und mit Wacholderbutter übergießen.

Vorbereitungszeit: 40 Minuten
Garzeit: 20 Minuten
Pro Portion etwa 31 g Eiweiß, 32 g Fett, 1 g Kohlenhydrate = 1991 Joule (476 Kalorien)

Das paßt dazu: Salzkartoffeln mit reichlich Petersilie.

Das passende Getränk: Ein einfacher weißer Landwein.

Wichtig: Fisch wird nicht gekocht, sondern pochiert. Wie Sie das machen, steht auf Seite 308.

Schellfisch mit Kräutern

Für 4 Portionen:
500 g Fleischtomaten
375 g Zwiebeln, 5 El Öl
5 Knoblauchzehen
je 2 Zweige Rosmarin und Thymian, 1 Lorbeerblatt
½ Bund glatte Petersilie
⅛ l trockener Weißwein
750 g Kartoffeln
Salz, Pfeffer
30 g Butter oder Margarine
1 Schellfisch (1,5 kg ohne Kopf gewogen, vom Händler gehäutet und ausgenommen)

Gebrühte Tomaten pellen, entkernen, kleinhakken. Gepellte Zwiebeln würfeln, im Öl andünsten. Tomaten, pürierten Knoblauch und je 1 Zweig Rosmarin und Thymian, Lorbeerblatt und Petersilie zugeben. Alles gut anschmoren, mit Wein ablöschen, bei milder Hitze 20 Minuten schmoren lassen. Anschließend Petersilie, Lorbeerblatt und andere Kräuter herausnehmen. Während die Tomatensauce schmort, geschälte Kartoffeln in dünne Scheiben schneiden, kurz in Salzwasser blanchieren, anschließend gut abgetropft nebeneinander in eine große feuerfeste Form füllen. Mit Salz und Pfeffer würzen. Mit flüssiger Butter oder Margarine beträufeln. Gewaschenen, abgetrockneten Fisch salzen und pfeffern, je 1 Zweig Rosmarin und Thymian in den Bauch füllen. Fisch auf die Kartoffeln legen, Tomatensauce darüber gießen. Gericht im vorgeheizten Backofen bei 225–250 Grad (Gas 4–5) 30 Minuten garen. In der Form servieren und bei Tisch portionieren.

Vorbereitungszeit: 40 Minuten
Garzeit: insgesamt 50 Minuten
Pro Portion etwa 60 g Eiweiß, 21 g Fett, 23 g Kohlenhydrate = 2720 Joule (650 Kalorien)

Fischrouladen

Für 4 Portionen:
1 kg Seelachsfilet (in 8 dünne, längliche Scheiben geschnitten)
2 El Zitronensaft
2 Tl Sojasauce, Salz
2 Zwiebeln (100 g)
1 Bund Dill, 250 g Porree
2 Tl Kapern
2 Tl grüner Pfeffer
2 Tl Kräutersenf
2 El ger. Meerrettich
8 dünne Scheiben durchwachsener, geräucherter Speck
30 g Butter oder Margarine
⅛ l Weißwein
⅛ l süße Sahne, 1 Eigelb

Seelachsscheiben mit einer Mischung aus Zitronensaft und Sojasauce beträufeln, salzen. Zwiebeln fein würfeln, Dillästchen hacken. Geputzten Porree in feine Streifen schneiden. Kapern, grünen Pfeffer zerdrücken, mit Zwiebelwürfeln, Dill und Senf zu einer Paste verrühren. Jede Fischscheibe mit der Paste bestreichen, Meerrettich darauf verteilen. Fischscheiben von der Schmalseite her aufrollen, mit je 1 Speckscheibe umwickeln und mit einem Zahnstocher zusammenstecken. Das Fett in einer großen Pfanne erhitzen, Rouladen darin von allen Seiten kurz anbraten. Wein in die Pfanne gießen, Porree über den Pfanneninhalt streuen. Pfanne zudecken und Rouladen bei mittlerer Hitze 15–20 Minuten schmoren, dann zugedeckt warm stellen. Sud etwas einkochen lassen. Sahne mit Eigelb verquirlen, in die Pfanne gießen und kurz miterhitzen, Rouladen noch einmal kurz in die Sauce legen, servieren.

Vorbereitungszeit: 45 Minuten
Garzeit: 20 Minuten
Pro Portion etwa 52 g Eiweiß, 38 g Fett, 8 g Kohlenhydrate = 2645 Joule (632 Kalorien)

POMMERY

Kabeljau-Gratin mit Kräutern

Für 4 Portionen:
150 g durchwachsener, geräucherter Bauchspeck
2 Bund Schnittlauch
2 Bund Petersilie
40 g Butter
1 Lorbeerblatt
4 Kabeljaukoteletts (à 200 g)
3 El Zitronensaft, Salz
1 kg Kartoffeln
Pfeffer aus der Mühle
200 ccm süße Sahne

Geräucherten Speck würfeln und in einer Pfanne kroß braten. Kräuter waschen. Schnittlauch in feine Röllchen schneiden, Petersilie fein hacken. Eine feuerfeste Form (mindestens 2 l Inhalt und 10 cm hoch) mit etwas Butter auspinseln. Lorbeerblatt auf den Boden legen. Fischkoteletts mit Zitronensaft ein wenig säuern und leicht salzen. Kartoffeln schälen, waschen, abgetropft in dünne Scheiben schneiden. Die Hälfte davon in die Form geben, salzen und pfeffern. Jeweils die Hälfte Schnittlauchröllchen und Petersilie darübergeben. Die halbe Menge Speckwürfel darauf verteilen. Vorbereitete Fischkoteletts nebeneinander auf das Kräuter-Speck-Bett legen und die restlichen Speckwürfel, gehackte Petersilie, Schnittlauchröllchen und Kartoffelscheiben nacheinander daraufschichten. Mit Salz und Pfeffer würzen. Sahne darübergießen und restliche Butter als Flöckchen obenauf setzen. Im vorgeheizten Ofen bei 225 Grad (Gas 4) etwa 20 Minuten zugedeckt (mit einem Deckel oder mit Alufolie) garen, danach weitere 50 Minuten offen garen, damit der Gratin eine goldbraune Kruste bekommt. Falls er zu stark bräunt, noch einmal mit Alufolie abdecken.

Vorbereitungszeit: 40 Minuten
Garzeit: 70 Minuten
Pro Portion etwa 51 g Eiweiß, 49 g Fett, 40 g Kohlenhydrate = 3567 Joule (852 Kalorien)

Kleiner Tip: In Frankreich nimmt man für diesen Gratin immer Fischkoteletts, also Fisch mit Haut und Gräten, weil der Geschmack intensiver wird. Wer sich aber durch die Gräten gestört fühlt, kann einfach Fischfilet verwenden.

Das passende Getränk: Ein herber französischer Landwein.

Wichtig: Wie Aufläufe und Gratins richtig gelingen, erklären wir Ihnen im 6. Kapitel: „Gerichte aus dem Backofen“ ganz genau.

Räucherlachs mit Prinzeßbohnen und Zitronensauce

Für 4 Portionen:
750 g Prinzeßbohnen
Salz
70 g Butter
5 Eigelb
Saft und Schale von
1 Zitrone (unbehandelt)
Pfeffer aus der Mühle
4 Tropfen Tabasco
500 g neue Kartoffeln
Kümmel
4 Scheiben Räucherlachs
(à 100 g)

Bohnen waschen und putzen, etwa 15 Minuten in ¼ l Salzwasser garen. Inzwischen Butter klären (erhitzen, Fett von der Molke trennen, s. S. 30). Eigelb, Zitronensaft, Zitronenschale und 2 El Wasser in einen Topf geben und verrühren, mit Salz, Pfeffer und Tabasco würzen. Auf der Automatikplatte des E-Herdes (Stufe 2 oder 3) oder im Wasserbad mit den Quirlen des Handrührers zu einer schaumigen Masse aufschlagen, dann die noch flüssige Butter zuerst tropfenweise, dann in dünnem Strahl unterrühren. Sauce über die abgetropften Bohnen geben. Kartoffeln mit der Schale in Salzwasser und ganz wenig Kümmel garen, abgießen und gut abdämpfen, schälen. Zum Räucherlachs servieren.

Vorbereitungszeit: ca. 30 Minuten
Garzeit: Bohnen etwa 15 Minuten, Sauce etwa 5 Minuten, Kartoffeln etwa 20 Minuten
Pro Portion etwa 34 g Eiweiß, 33 g Fett, 28 g Kohlenhydrate = 2412 Joule (576 Kalorien)

Das paßt dazu: Statt der Pellkartoffeln können Sie auch knuspriges Baguette reichen.

Das passende Getränk: Ein feiner Franzose, z. B. ein Chablis.

Wichtig: Wie Sie Lachs selber beizen, erklären wir Ihnen auf Seite 311 ganz ausführlich. Und wie Butter geklärt wird, sehen Sie auf Seite 30 im Saucen-Kapitel auf dem Foto Nr. 1 sehr deutlich.

Sauer eingelegte Bratheringe

Für 12 Portionen:
12 grüne Heringe (etwa 1250 g)
Salz
Mehl zum Wenden (etwa 50 g)
Öl zum Braten (etwa 75 g)
Für den Sud:
¼ l guter Weinessig
2 Lorbeerblätter, Zucker
1 El Senfkörner
375 g Zwiebeln

Heringe ausnehmen (oder schon vom Fischhändler ausnehmen lassen). Unter fließendem Wasser gut säubern, Flossen und Kopf abschneiden, Fisch dann entlang der Mittelgräte mit dem Daumen auseinanderbrechen (der Daumen drückt dabei das Fischfleisch von der Gräte). Mittelgräte entfernen, die beiden Fischfilets dabei aber nicht trennen, sie müssen zusammenhängend bleiben. Heringe innen und außen leicht salzen, dann in Mehl wenden, überschüssiges Mehl abklopfen, in heißem Öl von beiden Seiten goldbraun braten. Kalt werden lassen. Aus Weinessig, ¼ l Wasser, Lorbeerblättern, Salz, Zucker und den Senfkörnern Sud bereiten, zum Kochen bringen, in Ringe geschnittene Zwiebeln einmal darin aufkochen. Sud kalt werden lassen, über die kalten Bratheringe gießen. Fische müssen vom Sud bedeckt sein. Im Kühlschrank zugedeckt mindestens einen Tag lang durchziehen lassen, besser noch zwei Tage. Die Bratheringe halten sich mindestens eine Woche lang.

Vorbereitungszeit: 45 Minuten
Bratzeit: Pro Einlage etwa 8 Minuten von jeder Seite
Pro Portion etwa 14 g Eiweiß, 18 g Fett, 7 g Kohlenhydrate = 1072 Joule (256 Kalorien)

Matjes in Dill

Für 4 Portionen:
3/8 l Rotweinessig
2 Lorbeerblätter
150 g Zucker
10 Matjesfilets
150 g rote Zwiebeln
3–4 Bund Dill

Essig, Lorbeerblätter und Zucker zusammen aufkochen, dann kalt werden lassen. Die Matjesfilets unter fließendem Wasser abspülen, gut abtropfen lassen und in mundgerechte Stücke schneiden. Zwiebeln pellen und in Ringe schneiden, Dill hacken. Matjesstücke, Zwiebelringe und Dill abwechselnd in ein Glas schichten, mit dem kalten Sud übergießen. Glas verschließen und kühl stellen (aber nicht in den Kühlschrank) und 2 Tage durchziehen lassen.

Vorbereitungszeit: ca. 20 Minuten
Pro Portion etwa 32 g Eiweiß, 45 g Fett, 41 g Kohlenhydrate = 3069 Joule (733 Kalorien)

Das paßt dazu: Bauernbrot mit Butter.

Das passende Getränk: Bier und Korn oder Aquavit.

Wichtig: Alles Wichtige über den richtigen Umgang mit Matjes lesen Sie auf Seite 314. Dort wird auch genau gezeigt, wie Matjes perfekt ausgenommen werden. Außerdem finden Sie zusätzliche Informationen über Matjes auf Hausfrauenart und Burgunder-Heringe.

Gedünstete Maischolle

Für 4 Portionen:
125 g kleine Zwiebeln
2 mittelgroße Möhren (etwa 125 g), 100 g Butter
1 Zitrone (unbehandelt)
4 Schollen (küchenfertig vorbereitet, à 300 g)
Salz
1 Tl schwarze Pfefferkörner
½ Bund glatte Petersilie
300 ccm (gut ¼ l) Weißwein

Zwiebeln in sehr dünne Ringe, Möhren der Länge nach in dünne Scheiben schneiden. Zwiebeln und Möhren in Butter kurz andünsten. Zitrone in dünne Scheiben schneiden (möglichst 8 Stücke). Schollen waschen und mit Küchenpapier abtupfen. Vier Bogen starke Alufolie vorbereiten (etwa 45 × 60 cm). Jeweils 1 Scholle salzen und auf einen Bogen Alufolie legen. Zitronenscheiben, gedünstetes Gemüse und Pfefferkörner über die 4 Schollen verteilen. Petersilie waschen, grob zerkleinert darübergeben. Alufolie an allen Seiten etwas hochstellen und den Wein auf den Fisch gießen. Dann Alufolie schließen. Dafür zuerst Alufolie von vorn und hinten über dem Fisch zusammennehmen und falten, dann die Seiten entsprechend kniffen. Alles auf ein Backblech legen und im vorgeheizten Ofen bei 200 Grad (Gas 3) 45 Minuten garen. In der Alufolie servieren.

Vorbereitungszeit: 45 Minuten
Garzeit: 45 Minuten
Pro Portion etwa 30 g Eiweiß, 22 g Fett, 6 g Kohlenhydrate = 1713 Joule (409 Kalorien)

Das paßt dazu: Kleine neue Kartoffeln.

Das passende Getränk: Ein Blanc de Blancs.

PICPIN
VIN DE PAYS

Aalragout

(Im Foto hinten)

Für 4 Portionen:
1 kg Aal (abgezogen, in 6–8 cm langen Stücke)
Salz, 100 g durchwachsener Speck
350 g Zwiebeln
500 g Salatgurke
weißer Pfeffer
1 Pr. Zucker, 2 Bd. Dill
100 g Crème fraîche

Aalstücke innen ausputzen, Flossen abschneiden, Fische unter fließendem Wasser abspülen, mit Salz bestreut zur Seite stellen. Den Speck würfeln, im Schmortopf knusprig ausbraten, aus dem Fett nehmen. Geschnittene Zwiebeln im Fett anbraten. Gurken schälen, halbieren, entkernen und quer in knapp 2 cm breite Streifen schneiden. Bei den Zwiebeln anschmoren, mit Salz, Pfeffer und Zucker würzen. Aalstücke zwischen das Gemüse legen, bei milder Hitze im geschlossenen Topf etwa 15 Minuten dünsten. Wenn der Aal fast gar ist, Crème fraîche zugießen. Einmal kräftig aufkochen lassen, durchrühren, Dillästchen dabei unterziehen, mit Speckwürfeln bestreut servieren.

Vorbereitungszeit: 20 Minuten
Garzeit: 20 Minuten
Pro Portion etwa 26 g Eiweiß, 71 g Fett, 3 g Kohlenhydrate = 3342 Joule (798 Kalorien)

Bunter Fischtopf

(Im Foto vorn)

Für 4 Portionen:
2–2½ kg Süßwasserfische, mindestens drei bis vier Sorten

Fischsud:
1 Flasche trockener Weißwein, 2 El Salz
1 El Korianderkörner
1 El Senfkörner
2 Lorbeerblätter
250 g Möhren
250 g Zwiebeln

Sauce:
50 g Butter
250 g Möhren
100 g Zwiebeln
45 g Tomatenmark
3/8 l Rotwein (Burgunder)
Salz, schwarzer Pfeffer
1 Prise Zucker
2 Stangen Porree

Fische geputzt in etwa 5 cm breite Stücke schneiden, salzen. Für den Sud Wein und Wasser (insgesamt etwa 3 l) mit den Gewürzen und den geputzten, in grobe Stücke geschnittenen Möhren und Zwiebeln aufkochen und mindestens 30 Minuten leise kochen lassen.
Für die Sauce Butter in einer Kasserolle zerlassen, die in feine Scheiben geschnittenen Möhren darin 10 Minuten schmoren. Zwiebeln in feine Streifen schneiden, bei den Möhren weitere 10 Min. mitschmoren. Tomatenmark unterrühren, nach und nach abwechselnd Rotwein und etwas Fischsud (insgesamt 3/8 l, durchgesiebt) zugießen, jeweils wieder einkochen lassen. Nach 1 Stunde mit Salz, Pfeffer und 1 Prise Zucker abschmecken.
Sud noch einmal kräftig aufkochen, Fische hineingeben und 5 Minuten darin ziehen lassen. Inzwischen die Sauce noch einmal aufkochen, Porree, in feine Ringe geschnitten, hineinrühren. Fische aus dem Sud heben, abtropfen lassen, nebeneinander in die Sauce legen und darin weitere 5 Minuten bei milder Hitze garen.

Vorbereitungszeit für den Sud und die Sauce: 80 Minuten
Garzeit für den Fisch: 10 Minuten
Pro Portion etwa 54 g Eiweiß, 57 g Fett, 10 g Kohlenhydrate = 3699 Joule (884 Kalorien)

Zander im Gemüsebett

Für 4–6 Portionen:
1 Zander (etwa 2 kg)
1 Zitrone, 2 Zwiebeln
1 Bund Suppengrün (mit Petersilienwurzel!)
1 Lorbeerblatt
40 g Butter
Salz, Pfeffer, Zucker
200 ccm trockener Weißwein
1 Tl Streuwürze
200 g Crème fraîche
2 Tl Weiße Soße (Instant)
1 Bund glatte Petersilie
1 Bund Dill

Vorbereiteten Fisch abtrocknen, innen und außen mit Zitrone beträufeln. Zwiebeln und Suppengrün putzen, in feine Scheiben schneiden. Zwiebeln, Gemüse, bis auf Porree, und Lorbeerblatt in Butter andünsten, zugedeckt bei milder Hitze 15 Min. garen, Porree unterrühren, mit Salz, Pfeffer und 1 Prise Zucker würzen, Wein zugießen, einmal aufkochen. Fisch mit Streuwürze einreiben. Gemüse und Sud in die Saftpfanne vom Backofen umfüllen, Fisch drauflegen und mit Gemüse beschöpfen. Saftpfanne mit Alufolie zudecken, in den vorgeheizten Backofen schieben (200 Grad, Gas 3), Fisch in etwa 15–18 Minuten garen. Fisch mit Alufolie zugedeckt warm stellen. Gemüse und Sud im Topf mit Crème fraîche und Instant-Soße unter Rühren einmal aufkochen lassen. Feingehackte Kräuter hineingeben, Sauce mit dem Gemüse über den Fisch gießen.

Vorbereitungszeit: 30 Minuten
Garzeit insgesamt: 35 Minuten
Pro Portion (bei 6 Portionen) etwa 34 g Eiweiß, 20 g Fett, 6 g Kohlenhydrate = 1610 Joule (385 Kalorien)

Forellen mit Pinienkernen

(Im Foto hinten)

Für 4 Portionen:
500 g Champignons
Salz, weißer Pfeffer
1 Knoblauchzehe
4 Forellen à 375 g
Mehl zum Bestäuben
100 g Margarine
100 g Frühlingszwiebeln
100 g frisches Weißbrot
50 g Butter
50 g Pinienkerne
4 El trockener Weißwein

Champignons geputzt in feine Blättchen schneiden, zugedeckt kurz weich dünsten. Salzen, pfeffern, durchgepreßten Knoblauch zugeben, in eine ofenfeste Form füllen. Backofen auf 200 Grad (Gas 3) vorheizen. Fische von innen sauber ausputzen (Bauchlappen abschneiden), kurz unter fließendem Wasser waschen, abtrocknen, salzen und mit Mehl bestäuben, überschüssiges abklopfen. Inzwischen Margarine in einer großen Pfanne heiß werden lassen. Fische darin von jeder Seite 2 Minuten braten, herausheben und nebeneinander auf die Pilze legen. Frühlingszwiebeln putzen, waschen und mit einem Teil des Grüns in feine Ringe schneiden. Weißbrot entrinden, klein würfeln, Butter in einer Pfanne schmelzen, Zwiebeln, Brotwürfel und Pinienkerne 1 Minute darin durchrühren, etwas salzen und pfeffern und über die Forellen verteilen. Mit Wein beträufeln und alles im Ofen auf der mittleren Einschubleiste 15 Minuten backen.

Vorbereitungszeit: 40 Minuten
Garzeit: 20 Minuten
Pro Portion etwa 45 g Eiweiß, 41 g Fett, 23 g Kohlenhydrate = 2844 Joule (680 Kalorien)

Forellen auf chinesische Art

(Im Foto vorn)

Für 4 Portionen:
4 Forellen à 375 g
4 Knoblauchzehen
1 Stückchen frischer Ingwer (2 cm lang)
⅛ l Sojasauce
150 ccm trockener Sherry
500 g kleine Zwiebeln
2 El Sesamsamen
1 El Öl
reichlich Öl zum Braten
1 El Zucker
1 El Weinessig
1 Bund Schnittlauch

Vorbereitete, geputzte Forellen auf jeder Seite im Abstand von etwa 2 cm bis zur Mittelgräte einkerben. Knoblauch würfeln, Ingwer auch, beides mit Sojasauce und der Hälfte des Sherrys mischen. Forellen darin 30–40 Minuten marinieren. Zwiebeln in Längsrichtung vierteln, so daß die Stücke am Wurzelansatz zusammenhängen. Sesamsamen hellbraun rösten. 1 El Öl zugeben, Zwiebeln darin goldbraun anbraten, mit restlichem Sherry ablöschen, zugedeckt bei milder Hitze 10 Min. dünsten. Öl in einer Pfanne heiß werden lassen, abgetropfte Forellen darin bei mittlerer Hitze pro Seite etwa 5–7 Minuten braten. Marinade mit Zwiebeln kochen lassen. Mit Zucker und Essig süß-säuerlich abschmekken. Forellen mit gehacktem Schnittlauch und Zwiebeln servieren.

Vorbereitungszeit: 50 Minuten
Garzeit: 10–15 Minuten
Pro Portion etwa 41 g Eiweiß, 7 g Fett, 19 g Kohlenhydrate = 2505 Joule (599 Kalorien)

Polnischer Karpfen

Für 6 Portionen:
1 Bund Suppengrün
100 g Zwiebeln
100 g Butter
3 Lorbeerblätter
2 Nelkenköpfe
1 El schwarze Pfefferkörner
6 Pimentkörner
½ Zitrone in Scheiben (unbehandelt)
1 Flasche Malzbier (½ l)
¼ l helles Bier
¼ l Rotwein
125 g holländischer Honigkuchen (ohne Rosinen)
2 Karpfen (à 1 kg, längs gespalten)
Salz
1 El Rotweinessig
1 El Zitronensaft

Suppengrün putzen, waschen und würfeln. Zwiebeln pellen und würfeln. 50 g Butter zerlassen, Suppengrün und Zwiebeln darin andünsten. Lorbeerblätter, Nelkenköpfe, Pfefferkörner, Piment und Zitronenscheiben zugeben, gut durchdünsten, dann Bier und Rotwein zugießen. Bei milder Hitze zugedeckt 20 Minuten kochen lassen, durch ein Sieb in einen anderen Topf gießen. Honigkuchen grob zerkleinern, zugeben und weitere 20 Minuten kochen lassen. Karpfenhälften noch einmal quer teilen (nicht waschen, der echte polnische Karpfen wird mit Karpfenblut zubereitet), auf beiden Seiten salzen, auf die Saftpfanne des Backofens legen. Sauce mit Essig, Zitronensaft und Salz kräftig abschmecken, heiß über die Karpfen gießen. Pfanne mit Alufolie abdecken. Auf der mittleren Einschubleiste im vorgeheizten Backofen bei 200 Grad (Gas 3) 20 Minuten garen. Karpfenstücke in einer vorgewärmten, tiefen Form anrichten und warm stellen. Sauce in einen kleinen Topf umgießen, die restliche eiskalte Butter in Flöckchen einrühren. Etwas Sauce über den Karpfen gießen, die restliche Sauce extra servieren.

Vorbereitungszeit: 30 Minuten
Garzeit: 1 Stunde
Pro Portion etwa 23 g Eiweiß, 25 g Fett, 17 g Kohlenhydrate = 1450 Joule (345 Kalorien)

Das paßt dazu: Kleine Salzkartoffeln und Endivien-Radicchio-Salat.

Das passende Getränk: Entweder Bier oder ein Burgunder.

Wichtig: Wenn Sie die Karpfen selbst schlachten: Das Karpfenblut auffangen, mit Essig und Zitronensaft vermischen und in die fertige Sauce rühren.

Außerdem wichtig: Warum und wie Sie eiskalte Butter in eine Sauce einschwenken, um diese dadurch zu binden, erfahren Sie auf Seite 31.

Krustentiere

Rechnen Sie pro Person etwa 250 g Krustentiere brutto, also mit Schale gewogen. Hummer, Langusten oder Krebse kaufen Sie am besten lebend und kochen sie selbst ab, Hummerkrabbenschwänze kaufen Sie tiefgefroren und kochen sie selbst, Tiefseekrabben und Taschenkrebse gibt es im Fischgeschäft normalerweise nur fertig gekocht.

Das Wasser muß immer wieder sprudelnd kochen, ehe Sie lebende Tiere ins Wasser geben. Das Kochwasser ist mit Salz, evtl. noch mit Kümmel gewürzt (½–1 gestrichener El Salz pro Liter). Man rechnet für 500 g schwere Hummer 20 Minuten Garzeit, für 800 g schwere 25 Minuten, für 1 kg schwere 35 Minuten. Krebse werden in 8–10 Minuten gar, tiefgefrorene Hummerkrabbenschwänze (leicht antauen lassen) brauchen 8–10 Minuten. Dabei grundsätzlich nur ziehen lassen. Abtropfen und kalt werden lassen, Krustentiere auf einer Platte anrichten. Hummer wird beim Anrichten zerteilt.

250 g Krustentiere (brutto) haben etwa 19 g Eiweiß, 2 g Fett, 0 g Kohlenhydrate = 440 Joule (105 Kalorien)

Limettenmayonnaise

Für 12 Portionen:
4 Eigelb (zimmerwarm)
Salz, Pfeffer
5 El Limettensaft
½ l Öl (zimmerwarm)
abgeriebene Limettenschale, feingestiftelte Limettenschale zum Garnieren

Eigelb mit Salz, Pfeffer und Limettensaft verrühren, unter ständigem Rühren (Quirle vom Handrührer) Öl zuerst tropfenweise, dann in dünnem Strahl zugießen, bis die Mayonnaise fest geworden ist. Mit abgeriebener Limettenschale abschmecken, mit gestiftelter Schale garnieren.

Pro Portion etwa 1 g Eiweiß, 22 g Fett, 1 g Kohlenhydrate = 893 Joule (213 Kalorien)

Tomatenmayonnaise

Für 12 Portionen:
2 Eigelb
Salz, Pfeffer
1 El Zitronensaft
¼ l Öl
3 reife Tomaten (150 g)
1 El Tomatenketchup
1 El Cognac

Mayonnaise rühren wie im Rezept „Limettenmayonnaise“. Tomaten brühen, häuten entkernen, pürieren, mit Ketchup verrühren, ⅔ davon unter die Mayonnaise rühren, mit Cognac abschmecken, mit restlichem Püree garnieren.

Pro Portion etwa 1 g Eiweiß, 44 g Fett, 1 g Kohlenhydrate = 1730 Joule (413 Kalorien)

Aioli

Für 12 Portionen:
4 Eigelb, gut 1 Tl Senf
Salz, Pfeffer aus der Mühle
½ l Öl, 4 El Zitronensaft
10–12 Knoblauchzehen

Mayonnaise rühren wie im Rezept „Limettenmayonnaise“. Mayonnaise mit pürierten Knoblauchzehen mischen.

Pro Portion etwa 1 g Eiweiß, 40 g Fett, 0 g Kohlenhydrate = 1562 Joule (373 Kalorien)

Wichtig: Die Mayonnaisemengen sind für eine große Portionenzahl berechnet, weil man sie bis zu einer Woche aufbewahren kann – die Tomatenmayonnaise allerdings nur 2–3 Tage.

Bago-Bago

(Indischer Eintopf)

Für 4–6 Portionen:
750 g Hähnchenbrustfilet
6 Hummerkrabben
1 kg frische Miesmuscheln
150 g Zwiebeln, 6 El Öl
200 g Langkornreis
⅜ l trockener Weißwein
Salz, 1 kleine Dose Ananasstücke
2 Knoblauchzehen
1 kl. Dose Tomatenmark
¼ l süße Sahne
Cayennepfeffer
1 Dose Crabmeat

Hähnchenbrüste würfeln. Hummerkrabben schälen, kalt abspülen, Darm entfernen. Muscheln unter fließendem Wasser abbürsten, mehrmals waschen und alle geschlossenen tropfnaß in einen großen, stark aufgeheizten Topf geben. Topf schließen und Muscheln unter gelegentlichem Rütteln 10 Minuten garen, abkühlen lassen, Fleisch herausnehmen. Gewürfelte Zwiebeln im Öl glasig dünsten. Reis darin verrühren. Weißwein angießen. Reis bei geringer Hitze in knapp 20 Minuten ausquellen lassen. Leicht salzen. Ananasstücke abtropfen lassen, Saft auffangen Knoblauchzehen durchpressen, zusammen mit dem Tomatenmark unter die Sahne rühren. 6 El Ananassaft zugeben. Sauce mit Cayennepfeffer scharf abschmecken. Reis an den Topfrand schieben. Hühnerfleisch in der Mitte erhitzen, bis es weiß ist. Dann mit Reis, Hummerkrabben, Muschelfleisch und Crabmeat mischen. 5 Minuten garen. Sauce und Ananasstückchen untermischen und heiß werden lassen.

Vorbereitungszeit: 1 Stunde
Garzeit: 30 Minuten
Pro Portion (bei 6 Portionen) etwa 48 g Eiweiß, 28 g Fett, 37 g Kohlenhydrate = 2796 Joule (668 Kalorien)

Muscheltopf

Für 4 Portionen:
3 kg Miesmuscheln
1 Bund Suppengrün
2 Zwiebeln
2 El Öl
1 Lorbeerblatt
1 El Pfefferkörner
1/8 l Weißwein

Muscheln sehr gut waschen, wenn nötig entbarten. Beschädigte oder geöffnete Muscheln aussortieren und wegwerfen. Suppengrün putzen, waschen und sehr fein würfeln. Zwiebeln pellen und in Ringe schneiden. Beides im Öl in einem breiten Topf gut andünsten, Lorbeerblatt und Pfefferkörner zugeben, ebenfalls gut unterrühren. Jetzt mit dem Weißwein ablöschen, den Sud 5–10 Minuten leise kochen lassen. Die Muscheln hineingeben. Zugedeckt etwa 10 Minuten kochen lassen. Den Topf dabei mehrmals schütteln, damit die Muscheln gleichmäßig gegart werden. Muscheln dann aus dem Sud heben, auf vorgewärmten Tellern anrichten. Den Sud getrennt reichen.

Vorbereitungszeit: 60 Minuten
Garzeit: 10 Minuten
Pro Portion etwa 14 g Eiweiß, 7 g Fett, 9 g Kohlenhydrate = 767 Joule (183 Kalorien)

Das paßt dazu: Schwarzbrot oder Graubrot mit Butter.

Das passende Getränk: Ein herber Weißwein, ein Rosé oder auch ein Altbier.

Wichtig: Auf Seite 23 (im Kapitel: „Kochen im großen Topf") wird ausführlich erklärt, wie Muscheln fürs Kochen vorbereitet werden und wie man sie dann gekonnt zubereitet.

Salat von Jakobsmuscheln

Als Vorspeise für
4 Portionen:
250 g Spargel
(aus der Dose oder frisch)
1 Paket Jakobsmuscheln, tiefgefroren (450 g)
½ Paket Erbsen (tiefgefroren, 150 g)
2 Orangen
3 El Öl
3 El Zitronensaft
Salz
Zucker
Zwiebelsalz

Spargel aus der Dose abtropfen lassen, Wasser auffangen, Jakobsmuscheln im Spargelsaft 6–7 Minuten garen. Muscheln abtropfen, im selben Wasser die Erbsen 3–6 Minuten garen, abgießen und erkalten lassen. Inzwischen die Orangen wie Äpfel schälen und die Filets zwischen den Trennhäuten der Frucht herausschneiden. Aus Öl, Zitronensaft, Salz, Zucker und Zwiebelsalz eine pikante Salatsauce zubereiten. Alle Zutaten darin gut ziehen lassen.

Vorbereitungszeit: 15 Minuten
Garzeit: etwa 25 Minuten
Pro Portion etwa 15 g Eiweiß, 12 g Fett, 17 g Kohlenhydrate = 1097 Joule (262 Kalorien)

Das passende Getränk: Ein herber, kräftiger weißer Franzose, z. B. ein Muscadet.

Wichtig: Die teuren Jacobsmuscheln, die in Frankreich Coquilles Saint Jacques heißen und in England und Amerika „scallops" genannt werden, sind als Vorspeise für jedes feinere Menü geeignet. Es sind Atlantikmuscheln und bei uns meist tiefgefroren oder in der Dose, fast nie aber frisch zu haben. Ihr festes Fleisch steckt in den großen, schönen flachen Muschelschalen, die man früher oft – heute seltener – zum Überbakken von kleinen Vorgerichten (z. B. Ragout fin) genommen hat. Ihr Fleisch ist sehr fest, deshalb werden Jacobsmuscheln nie roh gegessen. Der weiße Muschelkörper (noix = Nuß) wird, wenn er tiefgefroren ist, in einem Muschelsud (siehe 2. Kapitel: „Kochen im großen Topf", S. 23) pochiert. Sie können die Jacobsmuscheln aber auch panieren, fritieren, im Salat verwenden oder in gelber Eiersauce mit anderem Fisch zusammen als Ragout servieren. Schön ist es auch, sie mit Kräutern, Käse und verschiedenen Saucen zu gratinieren.

Übrigens: Falls der weiße Muschelkörper (noix) von einer orangefarbenen Masse umgeben ist, handelt es sich um eine weibliche Jacobsmuschel. Es ist der Rogen, der als besondere Delikatesse gilt und „corail" heißt.

16. KAPITEL
KARTOFFELN

- Auf die Sorte kommt es an: kleine Kartoffelkunde
- Kartoffeln im großen Topf: Kartoffelsuppe, Béchamelkartoffeln, Brühkartoffeln
- Kartoffelsalat: Grundrezept und viele Variationen
- Kartoffeln im Ofen: Kümmelkartoffeln, Savoyard-Kartoffeln, Blechgrumbeeren
- Kartoffelbrei und was man daraus machen kann
- Kartoffeln in der Pfanne: Bratkartoffeln, Bauernfrühstück, roh gebratene Kartoffeln, Röstkartoffeln und Rösti
- Kartoffelpuffer
- Rohe Klöße

„Blechgrumbeeren mit Backäpfeln", dieses Ur-Pfälzer Gericht zeigt, wie vielfältig sich Kartoffeln in der Küche verwenden lassen. Das Rezept finden Sie auf Seite 352.

Kartoffel-Tomaten-Auflauf

Für 4 Portionen:
1 kg lange Kartoffeln (festkochend)
750 g Tomaten
100 g Butter
100 g geriebener Käse
Salz
Pfeffer aus der Mühle
1 Bund frisches Basilikum

Kartoffeln mit der Schale kochen, abgießen, abdämpfen und pellen, dann in nicht zu dünne Scheiben schneiden. Tomaten waschen, Stielansätze herausschneiden. Tomaten auch in Scheiben schneiden. Eine feuerfeste Form mit etwas Butter ausstreichen. Tomaten und Kartoffeln abwechselnd im Kranz hineinschichten (außen Kartoffeln, dann Tomaten, innen wieder Kartoffeln). Die Hälfte des geriebenen Käses darüberstreuen. 50 g flüssige Butter darübergießen, salzen und pfeffern. Die zweite Schicht Kartoffeln und Tomatenscheiben wieder im Kranz auf die erste legen. Mit grobgehacktem Basilikum (etwas zum Garnieren beiseite legen) bestreuen. Den restlichen Käse und die restliche Butter in Flöckchen daraufgeben. Den Auflauf im vorgeheizten Backofen bei 225 Grad (Gas 4) in 25 Minuten goldbraun überbacken. Das restliche Basilikum auf den Auflauf streuen und servieren.

Vorbereitungszeit: 40 Minuten
Garzeit: 25 Minuten
Pro Portion etwa 12 g Eiweiß, 28 g Fett, 46 g Kohlenhydrate = 2080 Joule (497 Kalorien)

Das paßt dazu: Spiegeleier oder eine Scheibe Schinken.

Das passende Getränk: Ein französischer Rosé oder ein deutscher Weißherbst.

Wichtig: Was Sie beim Backen von Aufläufen beachten müssen, erfahren Sie ab Seite 56 im 6. Kapitel: „Gerichte aus dem Backofen".

Schnittlauchpuffer mit Quarkfüllung

Für 4–6 Portionen:
500 g Kartoffeln
Salz
2 Eier
1 gestrichener El Mehl
4 Bund Schnittlauch
500 g Sahnequark
etwa 100 ccm Milch
1 kleine Knoblauchzehe
Pfeffer aus der Mühle
1 El Zitronensaft
1 Prise Zucker
125 g gekochter Schinken
1 Bund glatte Petersilie
ca. 100 ccm Öl zum Braten

Kartoffeln waschen, schälen, waschen, auf einer Reibe reiben, mit Salz würzen. Eier und Mehl zugeben. Den Teig sehr gut verrühren.
Schnittlauch in feine Röllchen schneiden. Die Hälfte davon in den Kartoffelpufferteig geben. Restlichen Schnittlauch mit Quark, Milch, durchgepreßtem Knoblauch, Salz, Pfeffer, Zitronensaft und Zucker verrühren. Schinken fein würfeln. Petersilie waschen und hacken. Beides unter den Quark mischen. Kartoffelpuffer in heißem Öl von beiden Seiten knusprig braten, jeweils einen Puffer mit Quark bestreichen, einen zweiten darauflegen.

Vorbereitungszeit: insges. 30 Minuten
Garzeit: pro Pfanne 6–8 Minuten
Pro Portion (bei 4 Portionen) etwa 27 g Eiweiß, 47 g Fett, 27 g Kohlenhydrate = 2881 Joule (688 Kalorien)

Das paßt dazu: Ein frischer grüner Salat – evtl. mit einer Schnittlauch-Vinaigrette.

Das passende Getränk: Eigentlich nur ein bayerisches Weizenbier, in das eine Zitronenscheibe gelegt wird.

Wichtig: Bevor Sie ans Puffer-Backen gehen, sollten Sie erst auf Seite 356 nachlesen, wie es richtig gemacht wird.

Kartoffeln aus der Folie

Für 1 Portion:
1–2 große Kartoffeln (jede etwa 150 g)
Fett für die Folie
Alufolie

Ofen auf 225 Grad (Gas 4) vorheizen. Kartoffeln unter fließendem Wasser sehr gründlich abbürsten. Folie in passend große Stücke schneiden und auf der Innenseite einfetten. Die Kartoffeln stückweise darin einwickeln. Auf dem Rost (mittlere Einschubleiste) 40–45 Min. backen. Mit Dill- oder Kaviarbutter servieren.

Vorbereitungszeit: 15 Minuten
Garzeit: 40 bis 45 Minuten
Pro Stück etwa 3 g Eiweiß, 4 g Fett, 27 g Kohlenhydrate = 690 Joule (165 Kalorien)

Kleiner Tip: Wenn Sie Energie und Backzeit sparen wollen, können Sie die gebürsteten Kartoffeln 10 Minuten vorkochen.

Dillbutter

(Im Foto rechts)

Für 4 Portionen:
150 g Butter (zimmerwarm)
1 Eigelb
1 Tl Zitronensaft
Salz
Pfeffer aus der Mühle
Worcestershiresauce
3 Bund Dill

Butter schaumig rühren, Eigelb zugeben und gut mit der Butter vermischen. Butter mit Zitronensaft, Salz, Pfeffer und Worcestershiresauce abschmecken. Zuletzt Dill hacken und untermischen. Butter in Alufolie zur Rolle formen und im Kühlschrank fest werden lassen. Später mit dem Buntmesser in Scheiben schneiden.

Vorbereitungszeit: 15 Minuten
Pro Portion etwa 1 g Eiweiß, 33 g Fett, 0 g Kohlenhydrate = 1296 Joule (310 Kalorien)

Kaviarbutter

(Im Foto links)

Für 4 Portionen:
150 g Butter (zimmerwarm)
1 Eigelb
wenig abgeriebene Zitronenschale
Salz
Pfeffer aus der Mühle
100 g deutscher Kaviar

Butter schaumig rühren, Eigelb zugeben und gut mit der Butter verrühren. Mit Zitronenschale, Salz und Pfeffer abschmecken, zum Schluß Kaviar unterrühren. Butter in Alufolie zur Rolle formen, in den Kühlschrank legen, bis sie wieder fest ist. Vor dem Servieren mit dem Buntmesser in Scheiben schneiden.

Vorbereitungszeit: 15 Minuten
Pro Portion etwa 5 g Eiweiß, 34 g Fett, 1 g Kohlenhydrate = 1437 Joule (344 Kalorien)

Das passende Getränk: Eigentlich passen nur eiskalter Korn (wegen des Kaviars) und herbes Pils. Sie können aber auch einen weißen oder roten Landwein trinken.

Wichtig: Kartoffeln, die im ganzen in der Schale und zusätzlich mit Alufolie umhüllt im Ofen gebacken werden, schmecken ganz besonders aromatisch, weil sie keine Mineralstoffe verlieren (im Gegensatz zu denen, die in Wasser gekocht werden). Lesen Sie dazu die Seite 352, Stichwort: „Kartoffeln im Ofen“.

Potato-Cakes

(Kartoffelplätzchen)

Für 10 Stücke:
750 g Kartoffeln
Salz
100 g Butter oder Margarine
150 g Mehl
4–5 El Milch
Mehl zum Bestäuben
Fett für das Backblech
Kümmel, Thymian

Kartoffeln waschen, schälen und wieder waschen. Grob würfeln und gar kochen. Dann abgießen und durch eine Kartoffelpresse drücken oder zerstampfen. Den Brei salzen und etwas auskühlen lassen. 50 g Fett und das Mehl zugeben und so viel Milch zugießen, daß ein lockerer, aber gut formbarer Teig entsteht.
Aus dem Teig eine Rolle formen und in 10 Stücke teilen. Jedes Stück leicht mit Mehl bestäuben und zu einer Kugel formen. Auf ein gut gefettetes Backblech setzen und zu einem runden Fladen von etwa 10 cm Durchmesser auseinanderdrücken. Mit Kümmel und (oder) Thymian bestreuen, die restliche Butter oder Margarine in Flöckchen darauf verteilen und im auf 200 Grad vorgeheizten Backofen (Gas 3) etwa 30 Minuten goldbraun und knusprig backen. Vor dem Servieren mit grobkörnigem Salz bestreuen.

Vorbereitungszeit: etwa 60 Minuten
Garzeit: etwa 30 Minuten
Pro Stück etwa 3 g Eiweiß, 9 g Fett, 22 g Kohlenhydrate = 774 Joule (185 Kalorien)

394416 Made in Ireland

Provenzalische Kartoffeln

Für 4 Portionen:
1,25 kg kleine Kartoffeln
4 El Olivenöl
100 g Butter
1 Bund glatte Petersilie
3–4 Bund Basilikum (möglichst frisch)
1 Knoblauchzehe
Salz
Pfeffer aus der Mühle
Worcestershiresauce

Kartoffeln sorgfältig abbürsten und waschen. Olivenöl und 20 g Butter in einer großen Deckelpfanne schmelzen lassen. Kartoffeln tropfnaß nebeneinander in die Pfanne geben und zugedeckt in 35 Minuten goldbraun braten. Dabei gelegentlich schwenken. Kräuter waschen und hacken, Knoblauchzehe pellen und durchpressen. Mit der restlichen Butter, Salz, Pfeffer und Worcestershiresauce verkneten. Kräuterbutter über die gegarten Kartoffeln geben, kurz schmelzen lassen und dann sofort servieren.

Vorbereitungszeit: 15 Minuten
Garzeit: 35 Minuten
Pro Portion etwa 7 g Eiweiß, 32 g Fett, 57 g Kohlenhydrate = 2419 Joule (578 Kalorien)

Das paßt dazu: Ein bunter Salat und Schinken oder kalter Braten.

Das passende Getränk: Natürlich ein Rosé aus der Provence.

Wichtig: Auf Seite 355 erklären wir Ihnen ausführlich, was Sie beim Braten der Provenzalischen Kartoffeln beachten müssen.

3 Kartoffelsuppen

...mit Schinkenklößchen

Für 4 Portionen:
500 g mehlig kochende Kartoffeln, 2 Möhren
1 kleine Sellerieknolle
1 Petersilienwurzel
2 Stangen Lauch
2 Zwiebeln, 40 g Butter
1 l kräftige Brühe (Instant)
1 Bund Petersilie
Pfeffer, Salz
Für die Schinkenklößchen:
100 g roher Schinken
1 große Zwiebel
1 Bund Petersilie
20 g Butter
1 altes trockenes Brötchen
1 Ei, Pfeffer, Salz
Muskatnuß

Kartoffeln, Möhren, Sellerie und Petersilienwurzel schälen und würfeln. Welke Lauchteile abschneiden, Stangen längs aufschneiden, waschen und in Scheiben schneiden. Zwiebeln in Scheiben schneiden. Butter in einem großen Topf auslassen, Gemüse darin andünsten. Heiße Brühe zugießen, bei schwacher Hitze ½ Stunde garen lassen. Petersilie waschen, fein hacken und zur Seite stellen. Für die Schinkenklößchen Schinken sehr fein würfeln. Zwiebel pellen, Petersilie waschen, beides möglichst fein hakken. Butter in einer Pfanne auslassen, Schinken, Zwiebel und Petersilie darin andünsten, bis die Zwiebel glasig ist. Brötchen reiben, zugeben und alles goldgelb rösten. Die Masse in eine Schüssel geben, Ei unterkneten, mit Pfeffer, Salz und Muskatnuß würzen. Walnußgroße Klößchen formen und in ½ l heißem, schwach gesalzenem Wasser ziehen (nicht kochen) lassen, bis die Klößchen an die Oberfläche kommen. Suppe durch ein Sieb streichen, mit Pfeffer und Salz abschmecken, mit Klößchen und Petersilie anrichten.

Vorbereitungszeit: 45 Min.
Garzeit: 30 Minuten
Pro Portion etwa 12 g Eiweiß, 21 g Fett, 39 g Kohlenhydrate = 1718 Joule (410 Kalorien)

...mit Sahne

Für 4 Portionen:
500 g mehlig kochende Kartoffeln, 1 Möhre
½ Sellerieknolle
1 Petersilienwurzel
1 Stange Lauch
80 g Butter, ½ Blumenkohl
1 l Hühnerbrühe (Instant)
1 kl. Dose Champignons (190 g), 1 kl. Dose Spargelabschnitte (200 g)
4 Scheiben Toastbrot
1 Bund Petersilie
Salz, Pfeffer
Muskatnuß, 2 Eigelb
100 ccm süße Sahne

Kartoffeln, Möhre, Sellerie und Petersilienwurzel schälen und würfeln. Welke Lauchteile abschneiden, Stange längs aufschneiden, waschen und in Scheiben schneiden. 30 g Butter in einem großen Topf auslassen und vorbereitetes Gemüse darin andünsten. Blumenkohl waschen und in Röschen zerteilen. Hühnerbrühe und Blumenkohlröschen zu dem angedünsteten Gemüse geben, bei schwacher Hitze ½ Stunde garen lassen. 10 Minuten vor Ende der Garzeit Pilze und Spargel mit Flüssigkeit zugeben. Gewürfeltes Toastbrot in der restlichen Butter knusprig rösten. Petersilie hacken. Wenn die Suppe gar ist, einen Teil der Champignons herausnehmen, Suppe mit dem Schneidstab des Handrührers pürieren, mit Salz, Pfeffer und geriebener Muskatnuß würzen. Eigelb und Sahne verquirlen, Suppe damit legieren. Mit Petersilie und Champignons anrichten, Toastbrotwürfel extra reichen.

Vorbereitungszeit: 30 Min.
Garzeit: 30 Minuten
Pro Portion etwa 12 g Eiweiß, 26 g Fett, 43 g Kohlenhydrate = 1961 Joule (468 Kalorien)

...mit Tomaten

Für 4 Portionen:
500 g mehlig kochende Kartoffeln, 1 Möhre
½ Sellerieknolle
1 Petersilienwurzel
2 Stangen Lauch
1 große Zwiebel
7 große, reife Tomaten
100 g Speck (geräuchert)
20 g Butter
1 l Brühe (Instant)
1 Knoblauchzehe, 1 Bund Petersilie, Salz, Pfeffer

Kartoffeln, Möhre, Sellerieknolle und Petersilienwurzel schälen und würfeln. Welke Lauchteile abschneiden, Stangen längs aufschneiden, waschen, in Scheiben schneiden. Zwiebel in Scheiben schneiden. Tomaten häuten. 6 Tomaten vierteln, 1 zur Seite legen. Speck würfeln. Butter in einem großen Topf auslassen, Zwiebel und Speck darin anbraten. Vorbereitete Gemüse und Tomatenviertel zugeben und kurz mitdünsten. Heiße Brühe zugießen, bei schwacher Hitze ½ Stunde garen lassen. Knoblauchzehe pellen, Petersilie waschen und fein hacken, die restliche Tomate würfeln. ¾ der Suppe mit dem Schneidstab des Handrührers pürieren, mit dem restlichen Viertel mischen, mit Salz und Pfeffer abschmecken. Eine Terrine mit Knoblauch ausreiben, Suppe einfüllen, mit Tomate und Petersilie anrichten.

Vorbereitungszeit: 30 Min.
Garzeit: 30 Minuten

Pro Portion etwa 8 g Eiweiß, 20 g Fett, 33 g Kohlenhydrate = 1515 Joule (362 Kalorien)

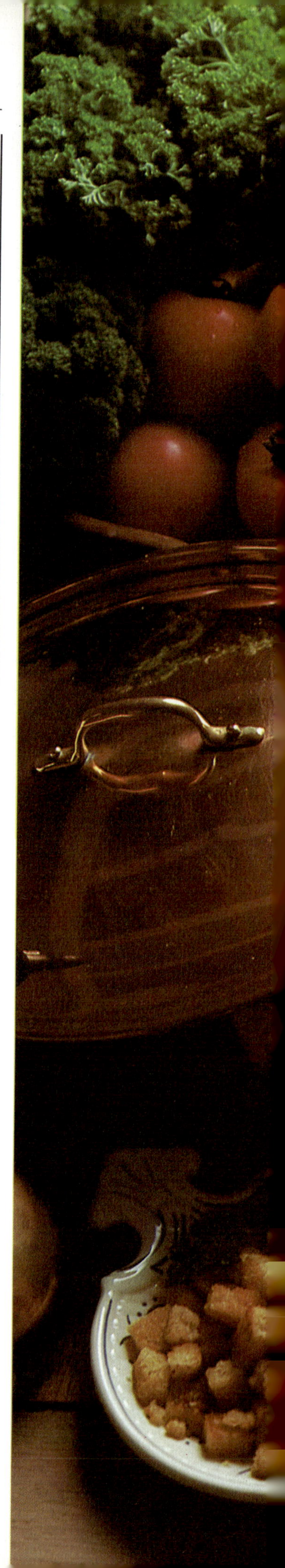

Kartoffelsalat mit Speck

Für 4 Portionen:
1 kg fest kochende Kartoffeln
¼ l Brühe
4 El Weinessig
4 Tl Zucker
Salz
Pfeffer aus der Mühle
3 El Öl
½ Salatgurke
4 Tomaten
1 Bund Dill
100 g durchwachsener Speck
1 Zwiebel (50 g)

Kartoffeln kochen, abschrecken, auskühlen lassen, dann pellen und in nicht zu dünne Scheiben schneiden. Aus der heißen Brühe, Essig, Zucker, Salz, Pfeffer und Öl eine Salatsauce bereiten und über die Kartoffeln gießen. Gut durchziehen lassen. Dann in Scheiben geschnittene Salatgurke, geviertelte Tomaten und gehackten Dill zugeben und noch einmal abschmekken. Vor dem Servieren den feingewürfelten ausgelassenen Speck und die gewürfelte, im Speckfett gebräunte Zwiebel auf dem Salat anrichten.

Vorbereitungszeit: 15 Minuten
Garzeit: etwa 20 Minuten
Pro Portion etwa 6 g Eiweiß, 24 g Fett, 45 g Kohlenhydrate = 1887 Joule (451 Kalorien)

Das paßt dazu: Würstchen oder vielleicht auch Spiegeleier.

Das passende Getränk: Eigentlich nur Bier oder Mineralwasser.

Wichtig: Warum Sie für alle Kartoffelsalate immer Kartoffeln einer fest kochenden Sorte nehmen müssen, erfahren Sie auf Seite 350, Stichwort: „Auf die Sorte kommt es an“.

Kartoffel-Steinpilz-Gratin

Für 4 Portionen:
25 g getrocknete Steinpilze
125 g Zwiebeln
125 g durchwachsener Speck
30 g Margarine
3/8 l süße Sahne
Salz
1 kg Kartoffeln
Fett für die Form
Pfeffer aus der Mühle
1 Bund Petersilie
125 g Parmesankäse (gerieben)
2 Eier
15 g Butter

Steinpilze in 1/8 l warmem Wasser einweichen. Zwiebeln pellen und fein würfeln. Speck würfeln und in der Margarine ausbraten, Zwiebelwürfel zugeben und glasig dünsten. Steinpilze mit Einweichwasser und 1/4 l Sahne zugießen und im offenen Topf einkochen lassen, bis die Sauce cremig ist (nach etwa 10 Minuten). Salzwasser für die Kartoffeln zum Kochen bringen. Kartoffeln waschen, schälen, waschen, in sehr dünne Scheiben schneiden und im kochenden Salzwasser 6 bis 7 Minuten blanchieren. Eine Auflaufform ausfetten. Die Hälfte der Kartoffeln einschichten, darauf die Steinpilzsauce geben, dann die restlichen Kartoffelscheiben darauf verteilen. Mit Salz und Pfeffer würzen. Petersilie waschen und hacken. Mit der restlichen Sahne, 75 g Parmesankäse und den Eiern mischen und auf den Gratin gießen. Restlichen Parmesan darüberstreuen, Butter in Flöckchen daraufsetzen. Im vorgeheizten Backofen bei 200 Grad (Gas 3) auf der mittleren Einschubleiste 40 bis 45 Minuten goldbraun überbacken.

Vorbereitungszeit: 40 Minuten
Garzeit: insgesamt 60 Minuten
Pro Portion etwa 26 g Eiweiß, 74 g Fett, 50 g Kohlenhydrate = 4193 Joule (1002 Kalorien)

Das paßt dazu: Dieser Gratin ist zwar für sich schon ein sättigendes Hauptgericht. Wer aber auf Fleisch nicht verzichten möchte, kann zum Beispiel Lammkoteletts dazu reichen.

Passendes Getränk: Ein leichter Ahr-Burgunder.

Wichtig: Dieser Gratin wird mit getrockneten Steinpilzen gemacht, weil diese aromatischer sind als frische. Weshalb das so ist, erklären wir Ihnen im 19. Kapitel: „Spargel, Artischocken, Pilze" auf Seite 474.

Hotpot

(Belgisches Kartoffelfleisch)

Für 4 bis 6 Portionen:
50 g fetter Speck (sehr dünne Scheiben)
1 kg Schmorbraten
Salz
Pfeffer aus der Mühle
3 Zwiebeln
Thymian
2 Lorbeerblätter
3/8 bis 1/2 l Rotwein
750 g längliche Kartoffeln
500 g Möhren

Speck in einem schweren Topf bei starker Hitze ausbraten. Speckreste aus dem heißen Fett nehmen, nicht weiter verwenden. Braten salzen, pfeffern und im Fett von allen Seiten scharf anbraten. Zwiebeln pellen, vierteln und ebenfalls im Speckfett anrösten. Angebratenes Fleisch mit Thymian bestreuen. Lorbeerblätter auf den Braten legen. Bratenfond mit Rotwein löschen, mit einem Pinsel alle Röststoffe vom Topfboden lösen. Dann den Topf schließen, Hitze herunterschalten und das Fleisch unter gelegentlichem Wenden 90 Minuten schmoren. Eventuell noch Wein nachgießen.

Inzwischen Kartoffeln waschen, schälen, wieder waschen und in Scheiben schneiden, in kaltes Wasser legen, Möhren putzen, waschen und ebenfalls in Scheiben schneiden.

Nach 90 Minuten Garzeit den Bratenfond sehr kräftig abschmecken. Zuerst Möhrenscheiben, ungefähr 5 Minuten später abgetropfte Kartoffelscheiben in den Topf geben und 30 Minuten bei milder Hitze mitkochen lassen. Noch einmal abschmecken und im Topf servieren.

Vorbereitungszeit: etwa 45 Minuten
Garzeit: insgesamt etwa 120 Minuten
Pro Portion (bei 6 Portionen) etwa 38 g Eiweiß, 19 g Fett, 26 g Kohlenhydrate = 2167 Joule (518 Kalorien)

Das paßt dazu: Ein frischer Salat.

Das passende Getränk: Ein französischer Rotwein oder ein dunkles Bier.

Wichtig: Im 4. Kapitel: „Schmoren und Dünsten" wird ausführlich erklärt, wie Ihr Schmorbraten zart und mürbe wird, ohne auszutrocknen.

Kräuterkartoffeln mit Ei

1 kg kleine neue Kartoffeln
Salz
4 Eier
4 Tomaten
½ Salatgurke
2 kleine Paprikaschoten
10 El Gurkenessig
1–2 El Zucker
Pfeffer aus der Mühle
8 El gemischte, gehackte Kräuter
8 El gutes Pflanzenöl
750 g Kasseler

Kartoffeln in der Schale in Salzwasser kochen, gleichzeitig Eier in 6 bis 7 Minuten nicht ganz hart kochen. Tomaten vierteln, gewaschene Gurke in Streifen schneiden, Paprikaschoten entkernen und in sehr feine Streifen schneiden (wer empfindlich ist, kann sie kurz mit kochendem Wasser überbrühen). Aus Gurkenessig, 10 El Wasser, Zucker, Salz, Pfeffer und vielen gehackten frischen Kräutern (Petersilie, Schnittlauch, Dill, Kresse) und dem Öl eine Marinade rühren. Kartoffeln pellen und noch warm in die Marinade schneiden, kurz durchziehen lassen und mit den Gemüsen, den halbierten Eiern und Scheiben von Kasseler anrichten.

Vorbereitungszeit: etwa 40 Minuten
Garzeit: etwa 20 Minuten
Pro Portion etwa 41 g Eiweiß, 69 g Fett, 50 g Kohlenhydrate = 4332 Joule (1035 Kalorien)

Das passende Getränk: Bier, Mineralwasser oder ein leichter Landwein.

Wichtig: Was Sie beim Zubereiten von Salaten mit gekochten Zutaten (hier Kartoffeln) beachten müssen, wird im 9. Kapitel: „Salate“ auf Seite 92 ausführlich erklärt.

Kartoffelsalat mit verschiedenen Gemüsen

Für 4–6 Portionen:
1 kg Kartoffeln (lange, festkochende Sorte, nicht zu groß)
Salz
4 Eier
125 g Zucchini
125 g Salatgurke
1 Bund Radieschen
125 g Tomaten
2 Gewürzgurken
2 rote Zwiebeln
1 Paprikaschote (klein)
1 El Essig
⅛ l Brühe (Instant)
Pfeffer aus der Mühle
1 Prise Zucker
1 El süßer Senf
1 Tl scharfer Senf
⅛ l Öl
½ Tablett Kresse

Kartoffeln waschen, in Salzwasser gar kochen, abgießen und pellen. Eier hart kochen, abschrecken, pellen. Zucchini waschen, in Stifte schneiden und in Salzwasser 2 bis 3 Minuten blanchieren. Abgießen, kalt werden lassen.
Salatgurke, Radieschen und Tomaten waschen und in Scheiben schneiden. Gewürzgurken ebenfalls in Scheiben schneiden. Zwiebeln wie einen Apfel in Spalten, die gewaschene und geputzte Paprikaschote in schmale Streifen schneiden. Alles getrennt beiseite stellen.

Aus Essig, warmer Brühe, Salz, Pfeffer, Zucker, Senf und Öl eine Salatsauce zubereiten. Kartoffeln in Scheiben schneiden und vorsichtig in der Salatsauce wenden. Kurz durchziehen lassen und mit Kresse bestreuen. Das vorbereitete Gemüse salzen und pfeffern. Eier in Scheiben schneiden, mit dem Kartoffelsalat anrichten (s. Foto). Jeder mischt sich seinen Salat dann selbst zusammen.

Vorbereitungszeit: 45 Minuten
Garzeit: insgesamt 35 Minuten
Pro Portion (bei 6 Portionen) etwa 8 g Eiweiß, 21 g Fett, 31 g Kohlenhydrate = 1506 Joule (360 Kalorien)

Das passende Getränk: Mineralwasser, ein Pils und ein kalter, klarer Schnaps.

Wichtig: Warum Sie zum Zubereiten dieses Salates unbedingt Kartoffeln einer festkochenden Sorte nehmen müssen, wird auf Seite 350 erklärt. Stichwort: „Auf die Sorte kommt es an.“

Pytt i Panna

(Schwedische Kartoffelpfanne)

Für 4 Portionen:
750 g Kartoffeln
80 g Margarine
Salz
100 g Zwiebeln
2 dicke Scheiben gekochter Schinken, etwa 400 g (oder Fleischwurst oder Bratenreste)
schwarzer Pfeffer aus der Mühle
1 Bund glatte Petersilie
4 Eigelb

Kartoffeln waschen, schälen und wieder waschen. Dann in möglichst exakte kleine Würfel schneiden und in kaltes Wasser legen, damit etwas Stärke herausschwemmt und sie sich nicht verfärben.
50 g Margarine in einer großen Pfanne heiß werden lassen und die abgetropften Kartoffeln darin von allen Seiten goldbraun braten (ungefähr 20 Minuten) und anschließend leicht salzen.
In der Zwischenzeit Zwiebeln pellen und würfeln und in einer zweiten Pfanne in der restlichen Margarine glasig braten. Schinken ebenfalls in möglichst exakte Würfel schneiden und zu den Zwiebeln geben, kurze Zeit mitbraten. Sobald die Kartoffeln gar sind, Schinken und Zwiebeln zu den Kartoffeln geben, mit Pfeffer bestreuen und noch ungefähr 5 Minuten bei milder Hitze durchziehen lassen.
Inzwischen Petersilie hakken und über das Gericht streuen. Auf Portionsteller verteilen und zu jeder Portion ein rohes Eigelb servieren.

Vorbereitungszeit: etwa 40 Minuten
Garzeit: etwa 25 Minuten
Pro Portion etwa 19 g Eiweiß, 34 g Fett, 31 g Kohlenhydrate = 2249 Joule (538 Kalorien)

Das passende Getränk: Ein Bier und ein eiskalter Aquavit.

Wichtig: Es ist ziemlich wichtig, daß man sich beim Braten von Kartoffeln in der Pfanne an gewisse Spielregeln hält. Wir erklären sie Ihnen auf S. 354, Stichwort: „Kartoffeln in der Pfanne“.

DAS
AUS DEM

Kartoffeltorte

Für 12–16 Stücke:
375 g Kartoffeln (mehlig kochend)
8 Eier (getrennt)
200 g Zucker
100 g Mandeln
4 Bittermandeln
2 El Zitronensaft
Schale von ½ Zitrone (unbeh.)
20 g Kartoffelmehl
Fett für die Form

Kartoffeln am Vortag in der Schale knapp gar kochen, abgießen, abdämpfen, pellen. Durch die Kartoffelpresse drücken, bis zum nächsten Tag nicht zugedeckt an einen luftigen Platz stellen, damit sie gut austrocknen können.

Eigelb mit Zucker schaumig rühren, bis der Zukker sich völlig aufgelöst hat. Geriebene Mandeln, Zitronensaft und abgeriebene Zitronenschale zugeben. Nach und nach die Kartoffelmasse unterrühren. Kartoffelmehl über die Masse sieben, mit einarbeiten und zum Schluß den sehr steif geschlagenen Eischnee unterziehen. Teig in eine gut ausgefettete Springform (∅ 24 cm) füllen und im vorgeheizten Backofen auf der unteren Einschubleiste bei 175 Grad (Gas 2) 70 bis 80 Minuten backen. Torte 10 Min. im ausgeschalteten Backofen auskühlen lassen. Mit einem spitzen Messer den Tortenrand und den Tortenboden von der Form lösen. Torte auf ein Tortengitter setzen und kalt werden lassen.

Vorbereitungszeit: 30 Minuten
Garzeit Kartoffeln: etwa 20 Minuten
Backzeit: 70–80 Minuten
Pro Stück (bei 16 Stücken) etwa 5 g Eiweiß, 7 g Fett, 18 g Kohlenhydrate = 663 Joule (156 Kalorien)

Blechkartoffeln mit Quarksauce

Für 4 Portionen:
1 kg neue Kartoffeln
Fett für das Backblech
1 El Öl
grobkörniges Salz
Pfeffer aus der Mühle
Kümmel
1 Becher Magerquark (250 g)
⅛ l Sahne
1 mittelgroße Zwiebel
1 Bund Schnittlauch
Salz
Pfeffer aus der Mühle

Kartoffeln kräftig abbürsten unter fließendem Wasser, halbieren und mit der Schnittfläche nach unten auf ein gut gefettetes Backblech legen. Mit Salz, Pfeffer und Kümmel kräftig würzen und im vorgeheizten Backofen auf der unteren Einschubleiste etwa 40 bis 60 Minuten bei 225 Grad (Gas 3–4) backen. Eventuell in den letzten 10 Minuten mit etwas Öl bepinseln.
Quark und Sahne verrühren, feingehackte Zwiebel und in Röllchen geschnittenen Schnittlauch hineingeben und würzen. Sauce und Kartoffeln getrennt servieren.

Vorbereitungszeit: 15 Minuten
Garzeit: 40–60 Minuten
Pro Portion etwa 16 g Eiweiß, 12 g Fett, 41 g Kohlenhydrate = 1457 Joule (348 Kalorien)

Das paßt dazu: Ein frischer grüner oder ein Tomatensalat.

Das passende Getränk: Ein weißer Silvaner oder Müller-Thurgau.

Wichtig: Auf Seite 352 steht alles, was Sie über Kartoffeln wissen müssen, die auf dem Blech gebacken werden.

17. KAPITEL

KOHL UND BLATTGEMÜSE

- Kohl, Kohl, Kohl!!!
  Alles über Wirsing-, Weiß- und Rotkohl
- Was Sie über Kohl im allgemeinen wissen müssen
- Wie Sie Kohlrouladen machen
- Grünkohl braucht Frost
- Entfernter Verwandter: Chinakohl
- Aus Italien: Broccoli
- Im Frühling: Kohlrabi
- Winterkohl: Rosenkohl
- Würzig und zart: Blumenkohl
- Spinat: Kein Kinderschreck!
- Alles über alle Spinatsorten und andere Spinatgemüse
- Staudensellerie und was man damit macht
- Fenchelgemüse und zarte Chicoree
- Hausgemachtes Sauerkraut

Unbestritten gehören herzhaft gefüllte Kohlrouladen zu den schönsten Kohlgerichten überhaupt. Wir servieren sie mit knusprigen Bratkartoffeln und einer kräftigen dunklen Sauce, die aus dem Schmorfond und Crème fraîche gezogen wird. Wie Sie Rouladen füllen, wickeln und schmoren, wird auf *Seite 388 genau erklärt.*

Kohl, Kohl, Kohl!!!

Keine Gemüsepflanze wird in so vielen verschiedenen Formen angeboten wie der Kohl: Wir essen die Blätter (Weiß-, Rot- und Wirsingkohl, Spitzkohl und Grünkohl), die Seitensprossen (Rosenkohl), die verdickten Blütenstände (Blumenkohl und Broccoli) und die Stengel (Kohlrabi). So viele Formen, so viele Zubereitungsmöglichkeiten: Es geht alles – vom deftigen Kohleintopf bis zur zarten Gemüsebeilage. **Wichtig:** In allen Formen ist der Kohl kalorienarm und reich an wertvollen Vitaminen und Mineralstoffen. Wo ihm Schwerverdaulichkeit nachgesagt wird, liegt es an der Zubereitung. Kohl sollte nicht (wie in alten Rezepten oft gesagt) mit viel Fett und lange Zeit („am besten schmeckt er aufgewärmt") „totgekocht" werden. **Im Gegenteil:** Dünsten Sie den Kohl lieber nur kurze Zeit, so daß er noch „Biß" hat. Oder blanchieren Sie ihn wenige Minuten. Besonders gut schmeckt geachtelter Weißkohl (oder Wirsing), der erst blanchiert und dann mit brauner Butter übergossen wird.

Rotkohl braucht Säure

Damit er seine schöne rote Farbe nicht verliert, wird er gleich zu Anfang mit Essig oder Zitronensaft beträufelt und dann mit Zucker (Kandis oder Johannisbeergelee) im geschlossenen Topf gedünstet.

2

Den Kohlkopf in reichlich kochendem Salzwasser so lange blanchieren, bis sich die Blätter leicht lösen lassen. Aufpassen, daß der Kohl nicht zu weich wird!

1

So lösen Sie die Blätter für Kohlrouladen:

Den Strunk kegelförmig herausschneiden, die dicken Blattrippen mit einem spitzen Messer lösen, dabei dicht am Strunk schneiden.

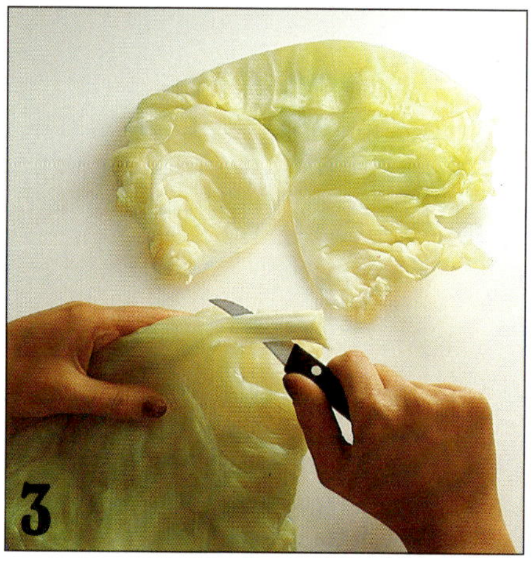

3

Wenn sich die äußeren Blätter lösen lassen, den Kohlkopf herausnehmen, kurz abkühlen lassen. Dicke Blattrippen heraus- oder flach schneiden, damit sich die Blätter besser rollen lassen.

4

Immer ein Erfolg: Kohlrouladen

Sie machen zwar ein wenig Arbeit, aber die Mühe lohnt sich. ***Grundrezept:*** *Die blanchierten Weißkohl- oder Wirsingkohlblätter vom Kohlkopf lösen, ausbreiten, mit je 2–3 El Füllung zusammenrollen und binden (s. Fotos).* ***Wichtig:*** *Die kleinen Innenblätter ebenfalls kurz blanchieren, kleinschneiden und mit in die Füllung mischen. Die Rouladen in Fett anschmoren (am besten portionsweise in der Pfanne), nach und nach Brühe angießen, dabei den Bratensatz in der Pfanne lösen, dann zugedeckt auf dem Herd oder im Backofen gar schmoren. Zum Schluß die Sauce mit saurer Sahne und etwas Mehl (oder nur mit Speisestärke) andicken.* ***Füllung:*** *Sie kann aus Hackfleisch von Rind, Schwein oder Lamm, aber auch aus Reis und Pilzen bestehen und sollte immer pikant abgeschmeckt sein.*

Grünkohl braucht Frost

Dadurch wandelt sich nämlich ein Teil der Stärke in seinen Blättern in Zucker um – der Grünkohl schmeckt milder. **Regel:** Grünkohl wird erst blanchiert, dann grob geschnitten oder fein gewiegt. Sie dünsten ihn mit Zwiebeln in Schmalz 90–120 Min., bis er gar ist. Sie können geräucherte Schweinebacke, mageren Rauchspeck oder Kasseler mitkochen. Geräucherte Wurst kommt erst kurz vor Schluß in den Topf, damit sie nicht platzt.

Grünkohl gründlich waschen und von den Stielen abstreifen (1). Dann portionsweise in reichlich kochendem Salzwasser kurz blanchieren. Grünkohl mit Schmalz, Zwiebeln, geräuchertem Fleisch und/oder Würsten schmoren (2).

Verwandt: Chinakohl

Er ist nur ein entfernter Verwandter der anderen Kohlsorten und außerdem so zart, daß Sie ihn auch roh (als Salat zum Beispiel) essen können. **Vorteil:** Auch so bleibt er längere Zeit knackig. Salatreste vom Mittag können Sie gut bis zum Abend aufheben. **Zwischenmahlzeit** (2): Mit Tomatenscheiben und feingehackten Zwiebeln in einer Essig-Öl-Sauce wenden und vor dem Servieren mit frisch gebratenen Stückchen von Schweinefilet mischen.

Chinakohl in Streifen schneiden (1), kurz dünsten (10–15 Min.) und nie blanchieren! Zuerst die dicken Rippen, den Strunk und die unteren Blattteile in den Topf geben. Die zarten Blattspitzen kommen erst hinterher dazu.

Spinat: ein Festessen

Seit der sagenhafte Eisengehalt des Spinats durch neuere wissenschaftliche Untersuchungen als Rechenfehler erkannt und auf ein Zehntel reduziert wurde, finden seine Blätter in der Küche endlich wieder die Beachtung, die sie verdienen. Spinat wird nicht mehr, fein püriert, zu einem milden Brei verkocht, sondern in ganzen Blättern oder grob geschnitten knapp gegart – und manchmal sogar roh als Salat serviert. Für die Zubereitung gibt es zwei Methoden. **Erstens:** Sie geben die Blätter tropfnaß in den Topf (mit oder ohne Fett) und lassen sie zugedeckt zusammenfallen. Dabei bleiben alle Inhaltsstoffe erhalten. So schmeckt der Spinat kräftig-herb, verkocht aber leicht und gibt sehr viel Flüssigkeit ab, die gebunden werden muß. **Zweitens:** Sie blanchieren die Blätter kurz (1 Min.) in reichlich kochendem Salzwasser, lassen sie anschließend gut abtropfen und servieren sie dann als „Blattspinat" oder als (mit Fleischfarce) gefüllte „Laubfrösche", die mit einer kleinen abgezogenen sauren Sahne-Sauce (4) gereicht werden. **Wichtig:** Spinat nicht aufwärmen!

1

Wurzelspinat (1, links) muß sorgfältig geputzt und oft gewaschen werden (2), weil er aus dem Freiland kommt. Beim Blattspinat (1, rechts) kaufen Sie nur die kurz abgeschnittenen Blätter. Die kleinen Stiele werden mitgegessen.

3

Wenn Sie Spinat als Blattgemüse oder in Röllchen (4) servieren wollen, müssen Sie ihn blanchieren (3): Portionsweise in reichlich kochendes Wasser geben (1 Min.), anschließend schnell abkühlen lassen.

2

4

Spinatsorten und andere Spinatgemüse

Wurzelspinat wird als ganze Pflanze von der Wurzel abgestochen. Er kommt immer aus dem Freiland (während der Wintermonate aus Italien) und hat große dunkelgrüne, gewellte Blätter. Er muß sorgfältig gewaschen werden, weil er oft sehr sandig ist. Anschließend wird er geputzt: Stiele entfernen, aber das zarte Herz nicht wegwerfen! Wurzelspinat schmeckt kräftiger und eignet sich für alle Gerichte, bei denen die Blätter ganz bleiben sollen. **Blattspinat** wird bei der Ernte mit der Sense geschnitten. Er muß nicht geputzt, sondern nur verlesen und gewaschen werden. Die zarten Stiele ißt man mit. Er wird in Spezialbeeten (im Frühjahr unter Glas) gezogen und hat entsprechend zarte Blätter. Er muß sofort verbraucht werden und eignet sich gut für Salat. **Neuseeland-Spinat** stammt von einer anderen Pflanzenart und wird fast nur im Kleingarten angebaut. Man erntet die einzelnen Blätter und verwendet sie wie Spinat. **Mangold** hat 20–30 cm große Blätter, die auf kräftigen weißen Stielen stehen. Die Blätter werden abgestreift, blanchiert und wie Spinat verwendet. Die Stiele kocht man in Salzwasser ab und reicht sie, ähnlich wie Spargel, mit Butter, Käse oder hellen Saucen. **Rübstiel** (Stielmus) sind die Blätter der Mai- oder Zuckerrüben. Man ißt nur die Stiele, die blanchiert und zerkleinert in Butter oder heller Sauce geschmort werden.

Staudensellerie

Beim Staudensellerie (Bleichsellerie) kommt es vor allem auf die saftigen Blattstiele an. Die großen grünen Blätter werden nicht mitgegessen, können aber zum Würzen von Fleischbrühe oder Fischsud benutzt werden. Die Blattstiele werden entweder quer in feine Scheiben geschnitten und roh in Salaten verwendet oder in größeren Stücken kurz blanchiert (1–2 Min., Foto 2), abgetropft mit Käsesauce, mit Parmesan und Ochsenmark gratiniert oder in Gemüsemischungen gegessen.

Die dicken äußeren Stangen abbrechen und (ähnlich wie bei Rhabarber) die harten Fäden an der Außenseite abziehen (1). Grüne Blätter entfernen (oder zum Würzen verwenden). Bleichselleriestücke 2 Minuten blanchieren (2).

Fenchelgemüse

Die fleischigen Blattansätze des Gemüsefenchels, die eine zwiebelähnliche Knolle bilden, schmecken lieblich und zart nach Anis. Das grüne Kraut erinnert an Dill (es wird zum Schluß gehackt über die Gerichte gestreut). Fenchel wird roh, in Streifen oder Ringe geschnitten, gegessen. Oder halbiert oder geviertelt kurz in Salzwasser blanchiert und dann mit Käse überbacken oder zu Käsesauce (Fenchelwasser!) oder Tomatensauce gereicht. Fenchel paßt gut zu Fisch!

Erst den Wurzelansatz abschneiden (1), dann harte angetrocknete Außenblätter entfernen. Das Grün aufbewahren. Knollen längs halbieren (oder vierteln) und blanchieren. Mit Käsesauce servieren (2).

Zartes Gemüse: Chicoree

Versuchen Sie dieses feine Wintergemüse einmal nicht als Salat, sondern gedünstet: Chicoree quer in Scheiben schneiden, 5 Min. mit Salz, Pfeffer, einer Prise Zucker und einigen Tropfen Zitronensaft dünsten. Gut zu Spiegelei, kurzgebratenem Fleisch, Tomatensauce und zu chinesischen Gerichten. **Andere Methode:** Ganze Kolben 5 Min. in Salzwasser blanchieren, abgetropft mit Schinken und Käse überbacken. Oder: Füllen und überbacken.

Vorbereiten und putzen:

Die Bitterstoffe der Chicoree sitzen vor allem im Strunk. Deshalb wird er vor der Zubereitung keilförmig herausgeschnitten. Sonst nur die welken Blätter entfernen.

Hausgemachtes Sauerkraut

Weißkohl, fein geschnitten, mit Salz und Zucker eingestampft, beginnt unter dem Einfluß von Milchsäurebakterien zu gären: Aus dem frischen Kohl wird Sauerkraut. Sauergemüse ist zwar nicht unbegrenzt, aber (bei kühler Lagerung) doch mehrere Monate haltbar. Es enthält viel Vitamin C, Mineralstoffe und Fermente, die nicht durch langes Kochen zerstört werden sollten. **Deshalb:** Sauerkraut nur kurze Zeit bei milder Hitze dünsten oder (noch besser!) roh essen. Es lohnt sich, Sauerkraut selbst zu machen, weil man im Handel nur selten rohes bekommt.

1

So machen Sie Sauerkraut:
Für 8 kg geputzten Winter-Weißkohl brauchen Sie: 100 g Salz, 30 g Zucker, 3 El Wacholderbeeren. Kohl putzen, einige große Blätter aufheben. Strunk herausschneiden. Kohl vierteln. Viertel fein hobeln oder schneiden (mit dem elektrischen Allesschneider).

2

Das brauchen Sie zum Einlegen:
Für die oben angegebene Menge brauchen Sie einen sauberen 10 l-Topf aus Steinzeug. Das Kraut wird schichtweise eingelegt und jeweils so lange gestampft (Faust oder Holzstampfer), bis Zellsaft austritt. Salz, Gewürze (auch Apfelscheiben) zwischen die Schichten geben.

3

Zum Beschweren brauchen Sie einen Stein:
Den Topf zu vier Fünfteln füllen, die Flüssigkeit muß über dem Kraut stehen. Jetzt die aufbewahrten Kohlblätter auflegen, darauf ein sauberes, ausgekochtes Leintuch legen, mit einem ausgekochten Brett (Teller) abdecken und einen dicken Stein drauflegen.

4

Nach 2–3 Wochen ist das Sauerkraut fertig:
Es steht erst 2–3 Tage bei 20–22 Grad, danach 2–3 Wochen bei 15 Grad. Den Topf zum erstenmal öffnen: Hat sich ein weißlicher Belag gebildet, Tuch, Brett, Stein auskochen, wieder auflegen. Wenn keine Flüssigkeit drauf ist: kaltes Salzwasser auffüllen (10 g/1 l).

5

Selbstgemachtes Sauerkraut schmeckt roh am besten:
Für Salat Kraut auseinanderzupfen oder grob zerschneiden. Mit Zucker (besser: Honig) und frisch gemahlenem Pfeffer würzen. Mit feingeschnittenen Zwiebeln und Äpfeln mischen. Kurz ziehen lassen, gehackte Haselnüsse und etwas Sonnenblumen- oder Nußöl unterziehen.

REZEPTE
DIE SIE AUF DEN NÄCHSTEN SEITEN FINDEN

Grünkohl mit Entenkeulen und Kasseler

Für 6–8 Portionen:
1,5 kg Grünkohl
1 kg Tomaten
100 g durchwachsener Speck
3 Knoblauchzehen
4 Entenkeulen (à 250 g)
Salz, Pfeffer aus der Mühle
2 El Hühnersuppenpaste
4 Scheiben Kasseler (à 200 g)

Grünkohl verlesen. Zwei- bis dreimal in kaltem Wasser waschen, grob hacken und abtropfen lassen. Tomaten auf der runden Seite kreuzweise einschneiden und nacheinander in kochendes Wasser tauchen. Haut abziehen und Stielansatz herausschneiden. Die Hälfte der Tomaten würfeln, die andere Hälfte vierteln. Speck in Würfel schneiden, Knoblauchzehen fein hacken. Entenkeulen mit Salz und Pfeffer einreiben, im Schmortopf – ohne Fett – rundherum scharf anbraten. Herausnehmen und beiseite stellen. Speck und Knoblauch im Entenfett anbraten. Die gewürfelten Tomaten zugeben und kurz mitschmoren. Nach und nach den Grünkohl zugeben und etwas andünsten. Entenkeulen in den Grünkohl legen und damit bedecken. Hühnersuppenpaste mit ½ l lauwarmem Wasser auflösen und darübergießen. Bei geschlossenem Deckel 60 Minuten bei milder Hitze garen. Kasseler und Tomatenviertel darauflegen, zugedeckt weitere 15 Minuten garen. Mit Salz und Pfeffer würzen.

Vorbereitungszeit: 1 Stunde 30 Minuten
Garzeit: 1 Stunde 15 Minuten
Pro Portion (bei 8 Portionen) etwa 40 g Eiweiß, 48 g Fett, 9 g Kohlenhydrate = 2796 Joule (668 Kalorien)

Ungarische Krautwickel

Für 6–8 Portionen:
500 g Schweinemett
Salz, schwarzer Pfeffer aus der Mühle
Paprikapulver
1 Ei
100 g gekochter Reis
1 Weißkohlkopf (etwa 600 g)
75 g Schweineschmalz
1 kg Sauerkraut
¼ l Fleischbrühe (Instant)
4 Scheiben durchwachsener Speck (etwa 50 g)
4 kleine Koteletts (à 50 g)
4 kleine grobe Bratwürste (à 50 g)
1 Tl Mehl
200 g Crème fraîche (ersatzweise saure Sahne)

Schweinemett mit Salz, Pfeffer und Paprikapulver würzen. Ei und gekochten Reis zugeben, alles gut mischen. Aus dem Kohlkopf Strunk kegelförmig herausschneiden, in kochendem Wasser 2–3 Minuten blanchieren. Die einzelnen Blätter vorsichtig vom Kohlkopf lösen. Wenn die erforderlichen acht Blätter nicht sofort gut abzulösen sind, muß der Kohlkopf noch einmal blanchiert werden. Die dicken Rippen flach abschneiden. Die Mett-Reis-Füllung auf den oberen Teil der acht Blätter legen. Blätter einschlagen, dann zu Rouladen aufrollen, eventuell mit Zwirn umwickeln (s. S. 388).
In einem großen Schmortopf Schmalz zerlassen, Sauerkraut etwas zerpflücken und zugeben, gut durchmischen. Die Kohlrouladen auf das Sauerkraut legen und die heiße Brühe darübergießen. Alles bei geschlossenem Deckel etwa 1½ bis 2 Stunden schmoren lassen. 15 Minuten vor Ende der Garzeit Speckscheiben ausbraten, aus der Pfanne nehmen. Die gesalzenen Koteletts mit den Bratwürsten im Speckfett braun braten.
Rouladen aus dem Kraut nehmen und warm stellen. Kraut noch einmal mit Salz, Pfeffer und Paprikapulver würzen. Mehl mit Crème fraîche mischen und über das Kraut geben, noch einmal aufkochen. Rouladen und gebratene Koteletts auf dem Kraut anrichten. Die krossen Speckscheiben um die Würste wickeln und vor dem Servieren auch auf das Kraut legen.

Vorbereitungszeit: 1 Stunde
Garzeit: 2 Stunden
Pro Portion (bei 8 Portionen) etwa 34 g Eiweiß, 73 g Fett, 26 g Kohlenhydrate = 3964 Joule (947 Kalorien)

Das paßt dazu: Kartoffelpüree.

Das passende Getränk: Bier oder ein ungarischer Rotwein.

Wichtig: Wenn Sie mehr darüber wissen wollen, wie Kohlrouladen richtig gefüllt, richtig zusammengerollt und gebunden werden, wenn Sie außerdem noch erfahren wollen, was man beim Schmoren der Kohlrouladen beachten muß, lesen Sie bitte die Seite 388.

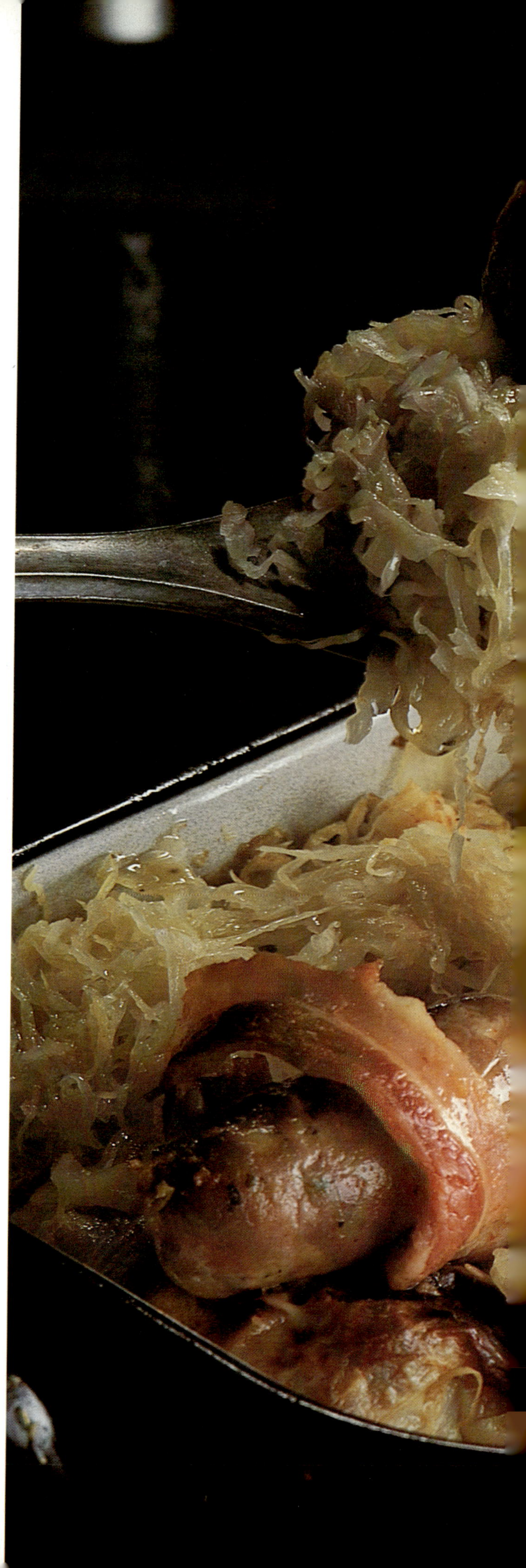

Kohlrabi-Eintopf mit Hähnchenkeulen

Für 4 Portionen:
1 Bund Suppengrün
1 kg Kohlrabi
2 El Öl
4 Hähnchenkeulen (etwa 900 g)
1 l Hühnerbrühe (evtl. Instant)
250 g Kartoffeln
2 Bund glatte Petersilie
Salz
Pfeffer aus der Mühle
Muskatnuß (frisch gerieben)

Suppengrün putzen, waschen und kleinschneiden. Kohlrabiknollen schälen und in Spalten schneiden. Die zarten Herzblätter vom Kohlrabi aufheben. Öl in einem Topf heiß werden lassen, Hähnchenkeulen darin von jeder Seite 4 Minuten scharf anbraten. Das vorbereitete Suppengrün und die Kohlrabispalten zugeben, in 5 Minuten andünsten. Danach die Brühe zugießen. Den Eintopf im geschlossenen Topf 20 Minuten garen. Anschließend Hähnchenkeulen herausnehmen und warm stellen. Kartoffeln schälen, waschen und abgetropft auf der feinen Seite der Haushaltsreibe in den Eintopf reiben, durchrühren und im offenen Topf 5 Minuten mitkochen lassen. Inzwischen Kohlrabiblätter und Petersilie waschen, trockenschütteln und fein hacken. Beides in den Topf geben. Den Eintopf mit Salz, Pfeffer und Muskatnuß abschmecken. Zum Schluß Hähnchenkeulen hineingeben und vor dem Servieren wieder heiß werden lassen.

Vorbereitungszeit: 35 Minuten
Garzeit: 40 Minuten
Pro Portion etwa 41 g Eiweiß, 12 g Fett, 22 g Kohlenhydrate = 1583 Joule (378 Kalorien)

Rosenkohl mit Rosmarin

Für 4 Portionen:
3 El Öl
1 Zwiebel (etwa 60 g)
1 große Dose Tomaten (530 g Einwaage)
1 El Tomatenmark
Salz
1 El Zucker
etwas Rosenpaprika (oder Cayennepfeffer)
2 Lorbeerblätter
1 Zweig Rosmarin (oder 1 Tl getrockneter Rosmarin)
1 kg Rosenkohl

Öl in einer Kasserolle erhitzen. Zwiebel pellen und würfeln, im Öl andünsten, aber nicht braun werden lassen. Tomaten zugeben und etwas zerkleinern. Tomatenmark unterrühren. Mit Salz, Zucker und Paprika herzhaft würzen, zum Kochen bringen und im offenen Topf unter gelegentlichem Umrühren 25 Minuten bei milder Hitze kochen lassen. Lorbeerblätter und feingehackte Rosmarinnadeln zufügen. Inzwischen Rosenkohl putzen, waschen und 5 Minuten in reichlich kochendem Salzwasser vorgaren. Dann zu den Tomaten geben und weitere 10 Minuten garen.

Vorbereitungszeit: etwa 20 Minuten
Garzeit: etwa 35 Minuten
Pro Portion etwa 12 g Eiweiß, 10 g Fett, 24 g Kohlenhydrate = 970 Joule (232 Kalorien)

Das paßt dazu: Reis oder Nudeln. Oder Schweinebraten, der mit reichlich Knoblauch gespickt ist.

Das passende Getränk: Ein leichter, frischer italienischer Landwein.

Wichtig: Wenn Sie keinen frischen Rosmarin bekommen können, nehmen Sie einfach getrocknete Rosmarinnadeln.

Blumenkohl mit Zitronen-mayonnaise

Für 4 Portionen als Beilage oder als kleines Hauptgericht:
1 Kopf Blumenkohl (1 kg brutto)
Salz
2 Eigelb (Klasse 2)
5 El Zitronensaft
1–2 Tl Zucker
1 Tl Dijon-Senf
¼ l Öl
Pfeffer aus der Mühle
Muskatnuß (frisch gerieben)
etwas Kresse (oder ein paar Blättchen Zitronenmelisse)

Den vorbereiteten Blumenkohl im ganzen in reichlich Salzwasser in einem großen Topf 10 bis 15 Minuten garen. Inzwischen für die Mayonnaise Eigelb, 4 El Zitronensaft, Salz, Zucker und Senf verrühren. Öl mit den Quirlen vom Handrührgerät erst tropfenweise, dann in dünnem Strahl unterrühren.
Blumenkohl in einem Durchschlag abtropfen lassen, anschließend auf eine vorgewärmte Platte legen, mit Pfeffer und Muskatnuß bestreuen und mit dem restlichen Zitronensaft beträufeln. Die Zitronenmayonnaise über den Kohl ziehen. Vor dem Servieren mit etwas Kresse bestreuen.

Vorbereitungszeit: 25 Minuten
Garzeit: 10–15 Minuten
Pro Portion etwa 5 g Eiweiß, 66 g Fett, 24 g Kohlenhydrate = 2821 Joule (674 Kalorien)

Das paßt dazu: Gepökelte Rinderzunge oder hauchdünn geschnittenes Rauchfleisch.

Das passende Getränk: Ein Bier oder ein milder Weißwein.

Wichtig: Im 9. Kapitel: „Salate“ wird auf Seite 88 in Wort und Bild genau erklärt, wie eine Mayonnaise gemacht wird.

Blumenkohl mit Eigelb-Speck-Sauce

(Im Foto vorn)

Für 4 Portionen als Beilage oder kleines Hauptgericht:
1 Kopf Blumenkohl (etwa 1 kg)
Salz
1 Bund Schnittlauch
150 g Bacon (oder magerer Frühstücksspeck)
2 Knoblauchzehen
3/8 l süße Sahne
4 Eigelb (Klasse 2)
1 Tl abgeriebene Zitronenschale (unbehandelt)
Muskatnuß (frisch gerieben)

Den vorbereiteten Blumenkohl im ganzen in Salzwasser 10 bis 15 Minuten garen, anschließend in einem Durchschlag abtropfen lassen. Schnittlauch waschen und abgetropft in Röllchen schneiden. Bacon in sehr feine Streifen schneiden. Die Knoblauchzehen gepellt in hauchdünne Blättchen schneiden.
Baconstreifen in einer Pfanne mit den Knoblauchblättchen goldbraun rösten. Sahne mit Eigelb verquirlen und mit dem Bacon unter Rühren einkochen, bis eine cremige Sauce entsteht, die nicht gerinnen darf. Sauce mit Salz, Zitronenschale und Muskat würzen. Blumenkohlröschen vom Strunk lösen und kurz in der Sauce schwenken. Vor dem Servieren mit Schnittlauch bestreuen.

Vorbereitungszeit: 30 Minuten
Garzeit: insgesamt 20 Minuten
Pro Portion etwa 17 g Eiweiß, 56 g Fett, 16 g Kohlenhydrate = 2961 Joule (708 Kalorien)

Das paßt dazu: Kurzgebratenes Fleisch (z. B. Hähnchenkeulen)

Das passende Getränk: Ein kühles Weißbier.

Wichtig: Wie Blumenkohl geputzt und gefüllt wird, zeigen Ihnen die Fotos auf Seite 390.

Blumenkohl auf orientalische Art

(Im Foto hinten)

Für 4 Portionen als Beilage:
1 Kopf Blumenkohl (1 kg, oder 2 kleine Köpfe à 500 g)
Salz
50 g Cashewkerne (ungesalzen)
200 g Butter
1 El Curcuma
1 El Koriander
1 El Chinagewürz

Den vorbereiteten Blumenkohl im ganzen in Salzwasser 10 bis 15 Minuten garen und anschließend in einem Durchschlag abtropfen lassen. Cashewkerne grob hakken, in einer Pfanne ohne Fett goldbraun rösten. Butter in einem Topf schmelzen lassen. Curcuma, Koriander, Chinagewürz und Salz zugeben, gut durchrühren und einmal kurz aufschäumen lassen. Blumenkohlröschen vom Strunk lösen und in der Butter-Gewürz-Mischung schwenken. In eine vorgewärmte Schüssel füllen und mit Cashewkernen bestreuen.

Vorbereitungszeit: 25 Minuten
Garzeit: 10–15 Minuten
Pro Portion etwa 19 g Eiweiß, 46 g Fett, 30 g Kohlenhydrate = 2511 Joule (600 Kalorien)

Das paßt dazu: Lammkoteletts und gebratenes Hähnchen- oder Putenfleisch.

Das passende Getränk: Ein Weizenbier.

Wichtig: Auf Seite 390 erfahren Sie alles über den richtigen Umgang mit Blumenkohl.

Schweinerippenbraten mit Rotkohlfüllung

Für 6–8 Portionen:
500 g Rotkohlblätter (etwa 8–10 große Blätter)
175 g Zwiebeln
6 El Öl
Salz
etwa 4 Tl Essig
4 El Rotwein
150 g Mozzarella
50 g Parmesan
Pfeffer aus der Mühle
gemahlener Kümmel
1,5 kg Schweinerippenbraten (vom Schlachter eine Tasche einschneiden lassen)
¾ l Brühe (Instant)
2 Tl Kümmel
750 g Kartoffeln (festkochende Sorte)

Von einem Rotkohlkopf die großen Blätter lösen (das Innere für Gemüse verwenden). Die Rippen etwas flach schneiden. Zwiebeln würfeln, in 2 El Öl in einer großen Dekkelpfanne andünsten, die unzerteilten Kohlblätter darin wenden, einzeln mit einer Prise Salz bestreuen und mit Essig beträufeln, übereinander schichten, Rotwein darübergießen. Kohl in der zugedeckten Pfanne 20 Minuten schmoren. Dann die Blätter auf einer Servierplatte wieder auseinander legen und jedes mit einer Mischung aus Mozzarella, Zwiebeln, geriebenem Parmesan, Salz, Pfeffer und Kümmelpulver bestreichen. Fleisch innen und außen mit Salz und Pfeffer einreiben, Kohlblätter in die Fleischtasche schichten und die Öffnung mit Rouladennadeln zustecken. Das restliche Öl in die Fettpfanne vom Bratofen geben, Fleisch darauf legen und auf der mittleren Schiene in den vorgeheizten Ofen bei 200 Grad (Gas 3) schieben. Instant-Brühe und Kümmel mit ¾ l Wasser aufkochen und den Braten nach und nach damit begießen. Nach einer Stunde Bratzeit die geschälten, geviertelten Kartoffeln um den Braten legen und mit dem Fleisch zusammen noch etwa 45 Minuten braten. Fleisch auf eine große Platte legen, Rouladennadeln entfernen und das Fleisch aufschneiden. Kartoffeln auf derselben Platte anrichten, alles mit der Sauce übergießen.

Vorbereitungszeit: 50 Minuten
Garzeit: 1 Stunde 45 Minuten
Pro Portion (bei 8 Portionen) etwa 24 g Eiweiß, 72 g Fett, 20 g Kohlenhydrate = 3650 Joule (872 Kalorien)

Das paßt dazu: Salzkartoffeln.

Das passende Getränk: Ein herbes Pils.

Wichtig: Schweinefleisch wird immer bei milder Hitze gebraten. Faustregel: Pro Zentimeter Höhe (Dicke) ungefähr 10 Minuten bei 200 Grad (Gas 3). Mehr darüber lesen Sie auf Seite 182 und 183.

Spinat-Nieren-Ragout im Reisrand

Für 4 Portionen:
500 g Spinat
250 g Langkornreis
Salz
375 g Kalbsnieren
100 g Schalotten
50 g Butter
20 g Mehl
⅛ l Rotwein
4–6 El süße Sahne
wenig Estragon und Knoblauch
Butter für die Form
Petersilie zum Bestreuen

Spinat putzen und waschen. Reis in etwa ¾ l kochendem Salzwasser 18 Minuten quellen lassen. Inzwischen Spinat tropfnaß in einen Topf geben und bei geschlossenem Deckel zusammenfallen lassen. Nieren putzen und in dünne Scheibchen schneiden. Schalotten pellen, sehr fein würfeln, in der Butter glasig dünsten. Dann die Nieren zugeben und unter Rühren so lange braten, bis sie grau sind. Mehl darüberstäuben und gut durchschwitzen lassen. Mit Rotwein ablöschen, Sahne unterrühren, mit Estragon und durchgepreßtem Knoblauch würzen, zum Schluß mit Salz abschmecken. Dann Spinat unterheben und mit den Nierchen heiß werden lassen. Reis in eine gebutterte Reisrandform füllen, leicht andrücken. Unmittelbar vor dem Servieren auf eine Platte stürzen. Spinat und Nieren in die Mitte füllen. Gehackte Petersilie darüberstreuen.

Vorbereitungszeit: 30 Minuten
Garzeit: Reis 18 Minuten, Nieren und Spinat 15 Minuten
Pro Portion etwa 22 g Eiweiß, 26 g Fett, 60 g Kohlenhydrate = 2559 Joule (612 Kalorien)

Das passende Getränk: Ein roter französischer Landwein.

Wichtig: Unter dem Stichwort „Nieren für Kenner“ auf Seite 144 erfahren Sie, was Sie beim Vor- und Zubereiten von Kalbsnieren alles beachten sollten.

Lammkeule mit Spinat

Für 4–6 Portionen:
750 g Lammkeule
30 g Pflanzenfett
1–2 Knoblauchzehen
Salz, Pfeffer aus der Mühle
1 kg Spinat
20 g Butter
10 g Mehl
2 El Zitronensaft
2 Eigelb

Lammfleisch kurz waschen, abtrocknen, vom Knochen lösen und das Fett abschneiden. Pflanzenfett in einem großen Topf schmelzen lassen. Die gepellten, feingehackten Knoblauchzehen darin andünsten. Fleischwürfel zugeben und rundherum kräftig anbraten. Anschließend leicht salzen und pfeffern. Nach und nach ¼ l Wasser zugießen. Fleisch zugedeckt auf milder Hitze 1 Stunde 20 Minuten gar schmoren.

Inzwischen Spinat putzen, waschen und in einem Sieb oder Durchschlag abtropfen lassen. Den vorbereiteten Spinat nach der Schmorzeit zum Fleisch geben und offen 10 Minuten garen. Spinat und Fleisch aus dem Topf heben, zusammen auf einer vorgewärmten Platte anrichten und im Backofen (50 Grad) warm halten.

Butter in einem Topf zerlassen, Mehl darin anschwitzen, dann mit ⅛ l vom Bratenfond ablöschen, kurz aufkochen lassen. Sauce mit Zitronensaft, Salz und Pfeffer abschmecken und zum Schluß mit Eigelb legieren. Zitronensauce vor dem Servieren über den Spinat und das Lammfleisch gießen.

Vorbereitungszeit: 45 Minuten
Garzeit: 1 Stunde 35 Minuten
Pro Portion (bei 6 Portionen) etwa 24 g Eiweiß, 29 g Fett, 6 g Kohlenhydrate = 1689 Joule (404 Kalorien)

Das paßt dazu: Baguette.

Das passende Getränk: Ein italienischer Rotwein, z. B. ein Barbaresco.

Wichtig: Für dieses Gericht ist kräftiger Wurzelspinat am besten geeignet. Was ihn vom zarten Blattspinat unterscheidet, lesen Sie auf Seite 392.

Chicoree mit Spiegelei

Für 4 Portionen:
1 kg Chicoree
75 g Butter
Salz, Pfeffer aus der Mühle
2 Tl Zucker
1 Tl Zitronensaft
8 Eier
1 Bund glatte Petersilie

Chicoree putzen, eventuell waschen, den bitteren Kern herausschneiden, dann in nicht zu schmale Ringe schneiden. Butter in zwei Pfannen (mit Deckel) heiß werden lassen. Chicoree gut mit der heißen Butter vermengen, mit Salz, Pfeffer, Zucker und Zitronensaft würzen und zugedeckt 5 Minuten garen lassen. Die Hitze reduzieren, die Deckel von den Pfannen nehmen und in das Gemüse je vier Vertiefungen schieben. In jede Vertiefung ein Ei geben und bei milder Hitze stocken lassen. Mit gehackter Petersilie bestreuen.

Vorbereitungszeit: 15 Minuten
Garzeit: insgesamt 10 Minuten
Pro Portion etwa 16 g Eiweiß, 30 g Fett, 8 g Kohlenhydrate = 1609 Joule (384 Kalorien)

Das paßt dazu: Butterkartoffeln oder Graubrot.

Das passende Getränk: Ein leichter Weißwein, z. B. ein Müller-Thurgau.

Wichtig: Den bitteren Kern am Ende der Chicoreeknolle müssen Sie unbedingt entfernen, weil er sehr viele Bitterstoffe enthält. Lesen Sie dazu auch die Seite 393.

Chinakohlauflauf mit Entenfleisch

Für 4 Portionen:
1 Entenbrust (etwa 500 g)
3 Zwiebeln (etwa 125 g)
Salz, Pfeffer aus der Mühle
etwas abgeriebene Zitronenschale
1 Knoblauchzehe
750 g Chinakohl
30 g Butter
30 g Mehl
⅛ l Milch
⅛ l Sahne
Muskatnuß (gerieben)
50 g Emmentaler (gerieben)

Entenfleisch von den Brustknochen lösen, in kleine Würfel schneiden und – ohne Fett – in einer Pfanne bei großer Hitze knusprig braten. Überschüssiges Fett abgießen, kleingewürfelte Zwiebeln in der Pfanne goldgelb braten, alles mit Salz, Pfeffer, Zitronenschale und durchgepreßtem Knoblauch kräftig abschmecken, zur Seite stellen. In einer zweiten Pfanne 2 El Entenfett heiß werden lassen, den in fingerbreite Streifen geschnittenen Chinakohl darin anschmoren, bis er sich leicht bräunt. (Ein Kohlblatt zur Verzierung zurücklassen.) Mit Salz und Pfeffer würzen. Eine tiefe Auflaufform dünn mit Entenfett ausstreichen, die Hälfte des Kohls, darauf das Entenfleisch und den restlichen Kohl einschichten. Butter und Mehl anschwitzen, mit Milch ablöschen, mit Sahne auffüllen und die dicke Sauce mit Salz, Pfeffer und Muskatnuß würzen, über den Auflauf füllen. Mit geriebenem Käse bestreuen, das Kohlblatt auflegen und den Auflauf im vorgeheizten Ofen bei 200 Grad (Gas 3) etwa 20 Minuten überbacken.

Vorbereitungszeit:
etwa 20 Minuten
Garzeit (mit Überbacken):
etwa 45 Minuten
Pro Portion etwa 25 g Eiweiß, 37 g Fett, 14 g Kohlenhydrate = 2152 Joule (514 Kalorien)

Das paßt dazu: Kartoffelschnee oder Reis.

Das passende Getränk: Ein leichter italienischer Rotwein, z. B. ein Valpolicella.

Wichtig: Im 6. Kapitel: „Gerichte aus dem Backofen“ steht alles, was Sie über das Zubereiten von Aufläufen wissen müssen.

Broccolitorte

Für 6 Portionen:
250 g Mehl, 125 g Butter
5 Eier, Salz
1 Prise Zucker
Fett zum Ausfetten der Springform
750 g Broccoli
1 Knoblauchzehe
⅛ l süße Sahne
50 g Parmesan
200 g gekochter Schinken

Mehl, zimmerwarme Butter, ein Ei, Salz und Zukker zu einem Mürbeteig verkneten. Eine Springform von 26 cm Durchmesser fetten und bemehlen. Teig ausrollen, die Springform damit belegen und einen ungefähr 5 cm hohen Rand drücken. Im Backofen bei 200 Grad (Gas 3) 10 Minuten vorbacken (der Teig darf nicht braun werden).
Broccoli putzen, waschen und teilen. Salzwasser mit der halbierten Knoblauchzehe zum Kochen bringen, und den Broccoli darin etwa 10 Minuten garen, abtropfen lassen.
Die restlichen vier Eier mit der Sahne und dem frisch geriebenen Parmesan verquirlen. Den abgetropften Broccoli auf dem Boden verteilen. Schinken würfeln, auf dem Tortenboden verteilen. Das Sahne-Ei-Gemisch darübergießen.
Broccolitorte in den Backofen schieben und bei 200 Grad (Gas 3) etwa 45 Min. backen. Heiß servieren.

Vorbereitungszeit: 45 Minuten
Garzeit: 10 Minuten (vorbacken), 10 Minuten (Broccoli garen), 45 Minuten (Torte fertig backen)
Pro Portion etwa 31 g Eiweiß, 40 g Fett, 26 g Kohlenhydrate = 2570 Joule (614 Kalorien)

Das passende Getränk: Ein kräftiger italienischer Landwein oder ein Bier.

Wichtig: Falls Ihnen der Broccoli noch ein fremdes Gemüse ist, sollten Sie unbedingt die Seite 391 lesen.

Wirsingrouladen

Für 4 Portionen:
1 großer Wirsingkohl (etwa 2 kg)
Salz
50 g fetter Speck
100 g Zwiebeln
4 grobe Bratwürste (500 g)
Pfeffer aus der Mühle
⅛ l Brühe (Instant)
1 kleine Dose geschälte Tomaten (280 g EW)
⅜ l Crème fraîche (oder saure Sahne, mit süßer Sahne vermengt)

Vom Wirsingkohl 8 große Blätter ablösen, waschen und in Salzwasser etwa 8 Minuten kochen, dann herausnehmen und abkühlen lassen. Inzwischen Speck in feine Streifen schneiden, Zwiebeln pellen und grob würfeln. Speck ausbraten, Zwiebelwürfel darin andünsten. Bratwürste halbieren, in jedes Kohlblatt eine halbe Wurst wickeln, das Kohlblatt mit einem Zahnstocher zustecken. Rouladen mit etwas Pfeffer würzen, dann im Speck-Zwiebel-Gemisch anbraten. Mit Brühe ablöschen. Tomaten abgießen, zu den Rouladen geben. Crème fraîche zugeben. Kohlrouladen zugedeckt etwa 20 Minuten schmoren lassen.

Vorbereitungszeit: etwa 30 Minuten
Garzeit: etwa 20 Minuten
Pro Portion etwa 32 g Eiweiß, 67 g Fett, 26 g Kohlenhydrate = 3701 Joule (884 Kalorien)

Kleiner Tip: Aus dem übrigen Wirsingkohl kann man einige Tage später z. B. einen Wirsingeintopf mit Hammelfleisch machen.

Das paßt dazu: Pellkartoffeln oder Salzkartoffeln.

Das passende Getränk: Ein frisches Pils.

Wichtig: Alles Wissenswerte vom Wirsingkohl steht auf Seite 388.

Staudensellerie mit fünf Füllungen

Für 30 kleine Stangen (als Vorspeise 10, zum Knabbern 6–8 Portionen):
etwa 1 kg Staudensellerie, möglichst mit vielen Blättern

Die einzelnen Stengel von der Selleriestaude abschneiden. Von den äußeren Stengeln, wenn nötig, Fäden wie bei Rhabarber abziehen. Stengel gründlich waschen und mit Küchenkrepp trocknen. Jeden Stengel, von unten anfangend, in 10 cm lange Stücke schneiden. Das obere Ende mit den Blättern zum Garnieren beiseite legen.

Wichtig: Jede Füllung reicht für 6 Stangen von 10 cm Länge.

Sardellencreme

200 g Doppelrahm-frischkäse
1 Tl Sardellenpaste (7 g)
½ kleine Zwiebel
Pfeffer aus der Mühle
etwas abgeriebene Zitronenschale
6 Sardellenfilets

Frischkäse cremig rühren, Sardellenpaste untermischen. Zwiebel sehr fein hacken und ebenfalls untermischen. Die Creme mit Pfeffer und einem Hauch abgeriebener Zitronenschale abschmekken und mit dem Spritzbeutel (Sterntülle) in die Selleriestangen spritzen. Jede Füllung mit einem aufgerollten Sardellenfilet garnieren.

Paprikacreme

200 g Doppelrahm-frischkäse
1 El Paprikapulver (edelsüß)
1 kleine Zwiebel
1 Bund Schnittlauch

Frischkäse cremig rühren, dabei das Paprikapulver mit verrühren. Zwiebel sehr fein hacken, Schnittlauch waschen, mit Küchenkrepp trocknen und in Röllchen schneiden. Zwiebelwürfel und Schnittlauch unter den Käse mischen. Die Creme in die Selleriestangen spritzen oder streichen.

Pistaziencreme

200 g Doppelrahm-frischkäse
2 El Pistazienkerne
1 Stück frische Ingwerwurzel (20 g)
1 El Sherry
12 schöne Pistazienkerne zum Garnieren

Frischkäse cremig rühren. Pistazien hacken, Ingwer schälen und ganz fein hacken. Beides mit Sherry unter den Frischkäse rühren. Die Creme in die Selleriestangen spritzen oder streichen und jede Füllung mit zwei Pistazienkernen garnieren.

Gorgonzolacreme

175 g Gorgonzola (oder Roquefort)
100 g Butter
Pfeffer aus der Mühle
1 Tl trockener Sherry
1 Prise Salz

Gorgonzola mit einer Gabel zerdrücken oder durch ein Sieb streichen. Butter schaumig rühren. Dann beides miteinander vermischen und mit Pfeffer, Sherry und Salz abschmecken. Die Creme in die Selleriestangen spritzen oder streichen.

Tatar mit grünem Pfeffer

2 Tl grüner Pfeffer (aus dem Glas oder der Dose)
200 g Beefsteakhack
1 kleine Zwiebel
Salz

Vom grünen Pfeffer etwas zum Garnieren zurücklassen, den Rest hacken und unter das Beefsteakhack mischen. Zwiebel fein hacken und ebenfalls bis auf einen Rest unter das Fleisch mengen. Die Masse mit Salz abschmecken und in die Selleriestangen füllen. Mit grünem Pfeffer und Zwiebelwürfeln garnieren.

Anrichten:
Die gefüllten Selleriestangen abwechselnd mit den Blättern auf runden Platten oder Tellern sternförmig anrichten. Wer mag, reicht in einem Töpfchen hart gekochtes, gehacktes Ei, das sich jeder nach Belieben auf die Füllungen streuen kann.

Vorbereitungszeit insgesamt: etwa 45 Minuten
Pro Portion (bei 10 Portionen) etwa 19 g Eiweiß, 35 g Fett, 5 g Kohlenhydrate = 1781 Joule (425 Kalorien)

Italienischer Fenchelsalat

Für 4 Portionen:
4 Fenchelknollen
(etwa 750 g)
1 Knoblauchzehe
2–3 El Weinessig
1 knapper El Senf
Salz
Pfeffer aus der Mühle
4 El Olivenöl
125 g roher Schinken
1 Apfel (etwa 125 g)
1 große Apfelsine
(etwa 280 g)

Fenchelknollen putzen, waschen und in Streifen schneiden. Knoblauchzehe zerdrücken, mit Essig, Senf, Salz, Pfeffer und Öl verrühren. Sauce über die Fenchelstreifen gießen, alles miteinander vermischen. Schinken in feine Würfel schneiden, Apfel und Apfelsine schälen, in Scheiben und dann in Würfel schneiden. Alles über den Salat verteilen, erst direkt vor dem Servieren untermischen.

Vorbereitungszeit: 20 Minuten
Pro Portion etwa 10 g Eiweiß, 20 g Fett, 25 g Kohlenhydrate = 1580 Joule (378 Kalorien)

Das paßt dazu: Meterbrot oder Baguette.

Das passende Getränk: Ein weißer italienischer Landwein oder Mineralwasser.

Wichtig: Im Kapitel „Salate“ lesen Sie auf Seite 91 (Punkt 15) mit welchen anderen Salaten sich Fenchel gut verträgt.

18. KAPITEL

WURZEL- UND FRUCHTGEMÜSE

- Fruchtgemüse = Sommergemüse
- Alles über Tomaten
- Wie Sie eine Tomaten-Concassée kochen
- Richtig umgehen mit Paprikaschoten, Zucchini, Auberginen, Schmorgurken
- Ein Bund Suppengrün – was alles dazu gehört und was man damit macht
- Möhrengemüse, Porreegemüse und Selleriesalat
- Winterfrüchte: Schwarzwurzeln, Teltower Rübchen und Rote Bete
- Kohlrüben
- Die große Zwiebelfamilie
- Grüne Erbsen und grüne Bohnen

Zu den schönsten Sommereintöpfen gehört zweifellos die französische Ratatouille: Bunt durcheinander gewürfelt werden Auberginen, Zucchini, Tomaten, Paprika und Zwiebeln miteinander geschmort. Gewürzt wird mit südlichen Kräutern und reichlich frischem Basilikum. Im folgenden Kapitel finden Sie das Rezept und alle Informationen, die Sie über die Gemüse-Zutaten brauchen.

Fruchtgemüse

Alle Früchte, die wir als Gemüse essen, stammen nicht aus unseren Breiten, sondern aus subtropischen Zonen. Inzwischen werden diese Fruchtgemüse zwar auch bei uns angebaut, aber sie brauchen zum Reifen sommerliche Sonne oder ein schützendes Glashaus. Besonders wärmebedürftig sind die Früchte aus der Familie der Nachtschattengewächse: Tomaten, Paprika, Auberginen. Aber auch Gurke und Kürbis lieben die Sonne. **Wichtig:** Was schnell wächst, muß, wenn es gerade richtig reif für den Kochtopf geerntet wurde, auch schnell verwendet werden, weil es sich (bis auf die dicken, großen Kürbisse) nicht lange aufbewahren läßt. Außerdem ist es gegen allzu kühle Temperaturen empfindlich. Fruchtgemüse sollten Sie, wenn überhaupt, nur im Gemüsefach vom Kühlschrank aufbewahren. Tomaten, Auberginen und Paprika lagern Sie besser luftig und trocken bei Raumtemperatur. **Zubereitung:** Sommergemüse vertragen sich gut miteinander – entweder im Salat oder auch gemeinsam als Mischgemüse im großen Topf in Olivenöl (mit südlichen Gewürzen) geschmort.

Tomaten

Oft hält ihr Inneres nicht, was das knackige Rot der „schnittfesten" Einheitsfrüchte verspricht: Das Fleisch ist wäßrig, blaß, sauer und voller Kerne. ***Deshalb:*** *Wenn es keine vollreifen Fleischtomaten gibt, nehmen Sie für gekochte Gerichte, bei denen Tomaten eine entscheidende Rolle spielen, die kleinen länglichen, geschälten Tomaten aus der Dose.* ***Wichtig:*** *Weil die Tomatenschale ebenso unverdaulich ist wie die Kerne, muß beides vor dem Kochen entfernt werden. 1: Mit einem spitzen Messer den Kelch mit dem darunter sitzenden festen Fleisch keilförmig herausschneiden. 2: Die Tomaten einzeln für einige Sekunden in kochendes Wasser tauchen, danach in kaltem Wasser abschrecken. 3: Die lose Schale mit einem Messer abpellen. 4: Die Tomate jetzt halbieren und die Kerne herausdrücken. Übrig bleibt das reine Tomatenfleisch, das, in Stückchen geschnitten, als „Concassée" (5) in wenigen Minuten zu Tomatenpüree zerfällt, wenn man es in Butter oder Öl dünstet.*

Zucchini

Die rund ums Mittelmeer verbreiteten Zucchini sehen zwar aus wie schlanke grüne Gurken, sie gehören aber zur Kürbisfamilie und schmecken um so besser, je kleiner und frischer sie sind. ***Wichtig:*** *Putzen ist überflüssig! Sie müssen nur den Stielansatz und die Spitzen abschneiden. Die gewaschenen Früchte können Sie mit Schale roh in Scheiben geschnitten (oder geraspelt) in Salaten (mit Vinaigrette oder Mayonnaise-Sahne-Saucen) verwenden. Sie können sie aber auch kurz (5–10 Minuten) in Butter oder Olivenöl dünsten. Die kleinen weichen Kerne werden immer mitgegessen. Die Italiener blanchieren die ganzen Früchte in kochendem Salzwasser (2–3 Minuten), ehe sie sie weiterverarbeiten. Die Zucchini bleiben dann knackiger. Diese Methode eignet sich auch für* ***gefüllte Zucchini*** *(Foto links): längs halbiert, etwas ausgehöhlt und dann mit beliebiger Fleisch-, Eier- oder Kräuterfarce gefüllt und mit geriebenem Käse auf Tomaten-Concassée (Foto 5, oben) gratiniert.*

1

2

Gemüsepaprika

Die großen, dicken, saftigen Paprikaschoten sind inzwischen soweit durchgezüchtet, daß sie kaum noch etwas von der ursprünglichen Schärfe des Gewürzpaprikas haben. Zum Rohessen sind übrigens die blaßgelben, spitzen Schoten aus Ungarn am besten geeignet. ***Vorbereitung*** *(1): Längs halbieren, Kerne und weiße Innenstränge entfernen, dann waschen. Anschließend in Würfel oder Streifen schneiden (für Salate, Quark und Saucen möglichst fein).* ***Rösten und pellen:*** *Wer einen empfindlichen Magen hat, sollte die Schoten pellen: Unter den Grill (oder oben in den heißen Backofen) schieben, unter häufigem Wenden so lange rösten, bis die Haut dunkelbraun ist und Blasen wirft. Schoten herausnehmen, unter einem nassen Tuch abkühlen lassen. Danach die dünne Haut mit einem Messer abziehen, Kerne und Rippen entfernen.* ***Paprikasalat:*** *Geröstete, gepellte Paprikaschoten in breite Streifen schneiden, dabei die Kerne entfernen, Streifen mit Salz und Pfeffer würzen und in Olivenöl und Zitronensaft (mit einigen Knoblauchscheibchen) marinieren.* ***Wichtig:*** *Wenn Sie reichlich Öl nehmen, können Sie diesen Salat bis zu einer Woche im Kühlschrank aufbewahren.*
Gefüllte Paprika *(Foto 2): Erst den Stielansatz herausschneiden, dabei die Kerne mit herausziehen. Schoten innen gut waschen, um Kernreste zu entfernen. Dann mit einer kräftig gewürzten Fleisch- oder Reisfarce (500 g für 4 Schoten) füllen und in einer Tomatensauce im zugedeckten Topf schmoren (30–40 Minuten).*

1

2

Auberginen

Die „Eierfrüchte", wie sie manchmal auch genannt werden, sollen dunkelviolett sein und eine straffe glänzende Haut haben. ***Vorbereitung:*** *Nicht schälen, sondern nur den Stielansatz mit den Kelchblättern und eventuell vorhandene braune, eingefallene Stellen abschneiden. Schnittstellen mit Zitronensaft oder Öl einreiben, weil sie in der Luft bräunlich anlaufen. Früchte in 1 cm dicke Scheiben schneiden, mit Salz bestreuen (1), um Bitterstoffe und Wasser zu entziehen. 30 Minuten beiseite stellen. Gut abtropfen lassen und trockentupfen.*
Braten: *Vorbereitete Auberginenscheiben in heißem Öl in der Pfanne portionsweise braun braten (2). Anschließend können sie mit Kräutern oder Knoblauch als Salat angemacht oder mit Hackfleisch, Tomatenpüree und Käse überbacken werden.*
Schmoren: *Wenn Sie die Auberginen in Mischgerichten (Ratatouille z. B.) schmoren, werden sie nicht eingesalzen.* ***Püree:*** *Ganze oder halbierte Früchte auf dem Blech im Ofen bei 225 Grad (Gas 4) 15–20 Min. backen.*

Gurkengemüse

Die dicken, halbreifen (gelbgestreiften) Früchte von der Spitze zum Stielansatz hin schälen und prüfen, ob sie nicht bitter sind. Danach halbieren, die Kerne mit scharfem Löffel herauskratzen (Foto). Die so vorbereiteten Gurken können mit Hackfleisch oder einer Mischung aus vorgekochtem Reis und gedünsteten Pilzen gefüllt und in Tomaten- oder Sahnesauce geschmort werden. ***Gewürze:*** *Dill, Zwiebeln, Knoblauch.*

Ein Bund Suppengrün

Ein gutes Bund Suppengrün, ausreichend für 1–2 l Fleischbrühe oder Eintopf, sollte insgesamt mindestens 250 g wiegen, frisch geschnitten sein und auch noch grüne Blätter haben. Ein gutes Suppengrün ist zu schade, um es nach dem Auskochen wegzuwerfen. Geben Sie es deshalb erst etwa 30 Minuten vor Beendigung der Garzeit in großen Stücken in die leise siedende Brühe und lassen Sie es nur knapp gar werden! Anschließend können Sie die Suppenwurzeln als Suppeneinlage oder zu Salaten verwenden. **Wichtig:** Alle Gemüse sollten immer in gleich große bzw. starke Stücke geschnitten werden, damit sie alle zugleich gar werden und nichts anbrennt, wenn sie angeröstet werden. Es gibt verschiedene Schnittmethoden für Suppengrün. **Mirepoix:** 1–2 cm dicke Scheiben oder Würfel – zum Anrösten (mit Knochen), für Schmorbraten, braune Brühe und Saucen. **Brunoise:** Kleine Würfelchen, die nur kurz angeröstet werden; für feine Saucen (für Steaks, Filetbraten, Fisch). **Julienne:** Streichholzlange und -breite Streifen – als Gemüsebeilage, für Suppen und Saucen.

Suppengrün *Möhren* *Porree (Lauch)* *Sellerie* *Petersilienwurzel*

So wird Suppengrün richtig vorbereitet

Oft wird das Suppengrün ja eher wegwerfend ge- und behandelt, weil es zumeist aus einer schrumpeligen Möhre besteht, aus einer hauchdünnen, braun angelaufenen Scheibe Sellerie, aus einem weichen Porree und einem faserigen Schwänzchen von Petersilienwurzel. Wenn man Ihnen so etwas anzubieten versucht, sollten Sie den Gemüsehändler wechseln!
***Möhren** (Mohrrüben, Gelbe Rüben, Karotten): Mit dem Sparschäler dünn abschälen oder mit dem Messer schaben. Ganz junge Möhren nur kräftig abbürsten. Für Brühen ganz lassen, für Gemüse quer in gleichmäßige Scheiben, für „Julienne" längs in Streifen schneiden. **Porree** (Lauch): Sehr sorgfältig waschen, in den Blattwinkeln sitzt oft viel Sand! Grüne Blätter in Brühe mitkochen, herausnehmen. Hellgrüne und weiße Teile in dicke Ringe schneiden, als Suppeneinlage oder Gemüse nur knapp garen. Für „Julienne" die Stangen längs halbieren, dann in Streifen schneiden. **Sellerieknolle:** Halbieren oder vierteln, danach schälen und (wenn sie nicht gleich verbraucht wird) in leicht gesäuertes Wasser legen, damit sie nicht braun wird. Blätter gehackt in die Suppe geben. Vorsicht: Nicht zu viel nehmen – schmeckt leicht penetrant! **Petersilienwurzel:** Mit dem Sparschäler schälen. Dicke, zarte Wurzeln, in Scheiben oder als „Julienne" geschnitten, als Gemüsebeilage oder Püree essen. Dünne Wurzeln nur bürsten. Als Gewürz mitkochen und dann entfernen.*

„Esterházy"-Garnitur

Mit in Julienne-Streifen geschnittenem Wurzelwerk können Sie eine Bratensauce (mit Wein und/oder saurer Sahne) so anreichern, daß Sie keine weitere Gemüsebeilage brauchen. Das Gemüse – etwa 2 Teile Möhren, je 1 Teil Sellerie, Porree und Petersilienwurzel (letztere nur, wenn sie dick und zart ist!) – wird extra in etwas Fett (es darf gerne Bratenfett sein) kurz gedünstet, so daß es noch knackig ist, und erst unmittelbar vor dem Servieren mit der Bratensauce vermischt. Diese „Esterházy"-Garnitur (wie sie in der Küchen-Fachsprache heißt) paßt besonders gut zu Rinderschmorbraten, aber auch zu Steaks von Rind und Schwein, die nur kurz angebraten und dann in einer Sauce aus Zwiebeln und Wein gar geschmort werden. ***Wichtig:*** *Zur „Esterházy"-Garnitur passen auch feine Paprikastreifen oder blättrig geschnittene Champignons.*

Möhrengemüse

Junge Möhren schmecken am besten, wenn sie in Butter gedünstet und „glasiert" werden: Erst Zwiebeln (ganz oder gewürfelt) in Butter andünsten. Tropfnasse Möhren (ganz oder in dikken Scheiben) zugeben, mit 1 Tl Zukker und etwas gekörnter Brühe würzen. Zugedeckt bei ganz milder Hitze 15–20 Minuten garen. Deckel nicht lüften, Topf gelegentlich schwenken. Mit reichlich Petersilie und frisch gemahlenem Pfeffer servieren.

Porreegemüse

Die ganzen Stangen werden in Salzwasser in 10–15 Minuten knapp gegart und mit einer Zitronensauce (Béchamelsauce, mit Sahne und Eigelb legiert, mit Zitronensaft und -schale gewürzt) serviert. ***Oder:*** *Einzeln in Schinkenscheiben wickeln und mit Käsesauce überbacken.* ***Übrigens:*** *Für Porreegemüse, Suppen und Eintöpfe wird der Porree nicht blanchiert, sondern in Fett angedünstet oder direkt in die Suppe gegeben.*

Selleriegemüse

Sellerieknolle halbieren (oder vierteln), schälen, in 1 cm dicke Scheiben schneiden, in leicht gesäuertes Wasser legen. Sellerieschieben in diesem Wasser mit Salz knapp garen (zirka 7 Minuten). Abgetropfte warme Scheiben mit einer Marinade (Weinessig, einige Löffel Selleriewasser, 1 Prise Zucker, Pfeffer, Öl) übergießen. Zugedeckt durchziehen lassen. Mit Zwiebelringen und reichlich gehackter Petersilie anrichten.

1

2

Schwarzwurzeln

Sie werden zwar oft „Winterspargel" genannt, schmecken aber anders. Sie sind mild-würzig und können, ähnlich wie Spargel, mit den gleichen Saucen und Zutaten angerichtet werden. ***Putzen:*** *Es ist etwas mühsam, weil die Schwarzwurzeln einen weißen Milchsaft enthalten, der sich an der Luft sofort braun verfärbt und an den Fingern hängen bleibt (läßt sich mit Bimsstein leicht entfernen).* ***Wichtig:*** *Damit die Stangen weiß bleiben, legt man sie nach dem Schälen sofort in eine Schüssel mit Wasser, in dem 1 El Mehl und 2 El Essig verrührt sind (1).* ***Zubereiten:*** *Schwarzwurzeln werden in leicht gesäuertem Salzwasser weich gekocht und abgetropft mit brauner Butter, gerösteten Semmelbröseln und gehacktem Ei serviert (2). Sie können aber auch mit dem Kochwasser eine Béchamelsauce herstellen, die mit Sahne und Eigelb abgezogen und mit gehackter Petersilie gewürzt wird.* ***Oder:*** *Halbgar gekochte Schwarzwurzeln in fingerlange Stücke schneiden und in der Friteuse ausbacken.* ***Oder:*** *Einfach so, wie sie sind, in Butter braten.*

Teltower Rübchen

Dieses feine, zu Unrecht wenig bekannte Gemüse, schmeckt am besten gedünstet: 1 El Zucker im trockenen Topf schmelzen und hellbraun werden lassen. Topf vom Feuer nehmen, ein Stück Butter und die dünn geschabten, vom Waschen noch tropfnassen Rübchen (500 g) hineingeben und kräftig umrühren. Mit etwas gekörnter Brühe würzen, zudecken und bei ganz milder Hitze in 30 Minuten gar dünsten. Aufpassen, daß dabei nichts anbrennt!

1

2

Rote Bete

Damit sie nicht ausbluten und ihre schöne rote Farbe erhalten bleibt, dürfen Rote Bete vor dem Kochen nicht angeschnitten werden. ***Also:*** *Wurzeln nicht entfernen, nur die Blätter so abdrehen, daß die Stielansätze an der Rübe bleiben.* ***Zubereiten:*** *Sie werden, sauber gewaschen und mit Wasser bedeckt, in etwa 50 Minuten gar gekocht. Anschließend werden sie unter fließendem Wasser abgeschreckt. Dabei können Sie die Haut ganz leicht abstreifen (1). Rote Bete schmecken auch als Gemüse ganz prima: Servieren Sie sie gekocht, frisch geschält und noch warm mit Salz, Pfeffer und einem Klecks Crème fraîche als Vorspeise oder als Beilage zu kurzgebratenem Fleisch (2).* ***Rezept*** *für einen Salat, der sich lange hält: 1 kg Rote Bete kochen, pellen, in Scheiben schneiden, mit Meerrettichscheiben, etwas Kümmel und Koriander in einen Steintopf schichten. ½ l Weinessig, 1 Tl Salz aufkochen, kalt über die Rote Bete gießen. Topf mit Einmachhaut verschließen.*
So als Beilage servieren oder in Salaten verwenden.

Kohlrüben

Die dicken, gelbfleischigen Kohl- oder Steckrüben sind mit den Teltower Rübchen verwandt und können, in fingerlange und -dicke Streifen geschnitten, ebenso zubereitet werden. ***Variation:*** *Kochen Sie eine Zwiebel mit geräuchertem Schweinebauch halbweich und garen Sie darin dann die geschnittenen Kohlrüben. Das Gemüse wird mit frisch gemahlenem Pfeffer und Senf serviert. Die Sauce können Sie mit Butter-Mehlschwitze oder gewürfelten Kartoffeln binden.*

Zwiebeln

Schalotten: *Die größeren mit der violett-rosa Schale sind die feinsten. Die kleineren gelben mit den grünen Adern sind etwas strenger im Geschmack. Schalotten werden besonders schnell gar und eignen sich deshalb für alle Saucen, die à la minute gemacht werden, und für Fisch.*
Rote Zwiebeln: *Sie sind milde und deshalb gut zum Rohessen. Sehr dekorativ in grünen Salaten. Nicht geeignet für helle Saucen und Gemüse.*
Schaschlik-Zwiebeln: *Plattrund und mild im Geschmack. Gut zum Einlegen, zum Schmoren in Saucen, zum Grillen am Spieß (vorher blanchieren).*
Gelbe Zwiebeln *(Haushaltszwiebeln): Die am meisten angebotene Zwiebelsorte. Zum Würzen, Dünsten, für Zwiebelsuppe und -kuchen. Für Salate blanchieren, wenn sie sehr streng sind. Für Hackfleischteig vorher in Butter dünsten.*
Kleine Gewürzzwiebeln: *Ausgesucht kleine gelbe Zwiebeln. Anstelle der heute kaum erhältlichen weißen Perlzwiebeln zum Einlegen, zum Glasieren und als ganze Zwiebelchen in Gemüsen, zu Braten.*

1

2

Gemüsezwiebel *(Spanische Zwiebel): Besonders milde. Gut für Salate und zum Füllen (2). Dafür vorher halbieren und in Salzwasser halbgar kochen. Danach aushöhlen, beliebig füllen (Hack, Reis, Pilze) und langsam gar schmoren. Für knusprige Zwiebelringe (1) 2 mm dicke Scheiben auseinanderdrücken, in Mehl wälzen, abschütteln, in Fett schwimmend ausbacken. Gut abtropfen lassen!*
Frühlingszwiebeln: *Sind keine kleinen, noch nicht ausgewachsene Gewürzzwiebeln, sondern spezielle Sorten, die von Februar bis Juli auf dem Markt sind. Zum Rohessen und Dünsten.*

Für alle Zwiebeln gilt: *Immer erst unmittelbar vor Gebrauch schneiden, gleichmäßig groß. Zum Rohessen sofort mit der Salatsauce mischen. Für Salate, die länger durchziehen müssen, vorher blanchieren oder mit heißer Marinade übergießen. Beim Rösten in Fett ständig rühren. Dabei einkalkulieren, daß sie sehr schnell nachbräunen. Deshalb Temperatur gleich zurückschalten. Zum „glasig dünsten" nur milde Temperatur nehmen, zudecken. Beim Einkauf darauf achten, daß sie trocken und fest sind und keine grünen Spitzen zeigen. Angefaulte Zwiebeln sofort aussortieren!*

Hülsenfrüchte

Küchentechnisch gehören die Samenkörner von Erbsen, Bohnen und Linsen in reifem, getrocknetem Zustand zu den Nährmitteln. Als „Fruchtgemüse“ hingegen essen wir sie in frischem, noch unausgereiftem Zustand, zum Teil sogar mit ihren „Hülsen“ oder Schoten. **Für alle gilt:** Sie sind um so zarter und feiner, je jünger und frischer sie sind. Zwischen Ernte und Verzehr sollen nur wenige Stunden liegen, weil die Samenkörner bei längerer Lagerung nachreifen und dabei mehlig und bitter werden. **Deshalb:** Notfalls kurz blanchieren, abtropfen und bis zur Weiterverarbeitung kühl aufbewahren! Das gilt besonders für junge **Erbsen**, aber auch für **grüne Bohnen** (wenn sie schon dicke weiße Kerne enthalten) und **Palbohnen** (fast ausgereifte, aber noch weiche Bohnenkerne) sowie für **dicke Bohnen** (Saubohnen), von denen nur die Kerne gegessen werden (wenn sie schon ziemlich groß sind: nach dem Blanchieren die Haut abpellen). **Zuckerschoten** sind eine spezielle Erbsensorte, die im ganzen mit der Schote gegessen werden (vorher an den Kanten die Fäden abziehen).

Grüne Erbsen

Wenn sie zu lange gegart werden, verlieren sie viel von ihrem frischen, süßen Aroma – und vor allem ihre appetitliche grüne Farbe. ***Deshalb:*** *Erbsen immer erst unmittelbar vor dem Servieren zubereiten! Frische grüne Erbsen brauchen je nach Alter 15–25 Minuten Garzeit. Tiefgekühlte Erbsen sind schon blanchiert und müssen eben nur warm gemacht werden. Erbsen werden tropfnaß in Butter gedünstet, in Sahne gegart oder in Suppen gestreut. Auf* ***französische Art*** *dünstet man sie in Butter mit kleinen Perlzwiebeln, einem Petersilienstengel und in Streifen geschnittenen Kopfsalatherzen und mischt zum Schluß noch vorsichtig Streifen von gekochtem Schinken unter.*

Grüne Bohnen

Die einfachste Methode: Sie kochen die grünen Bohnen (Prinzeßbohnen nur geputzt, größere Bohnen in Stükke gebrochen oder geschnippelt) in wenig Salzwasser (mit Bohnenkraut) knapp gar, lassen sie abtropfen und schwenken sie dann in Butter oder Margarine. So gekochte grüne Bohnen werden mit viel gehackter Petersilie und frisch gemahlenem Pfeffer gewürzt und zu Steaks, Rinderfilet oder Lamm serviert.

Oder: *Sie dünsten die grünen Bohnen mit gehackten Zwiebeln (oder Knoblauch) in Butter oder Olivenöl bei ganz milder Hitze im geschlossenen Topf. Wenn nötig, geben Sie tropfenweise etwas Wasser zu. Zum Schluß würzen Sie die Bohnen mit einigen Spritzern Zitronensaft, Pfeffer und reichlich frisch gehackter Petersilie.*

REZEPTE

DIE SIE AUF DEN NÄCHSTEN SEITEN FINDEN

Bohneneintopf mit Hammelfleisch

Für 4 Portionen:
1,25 kg Hammelkeule
750 g Kartoffeln
1,5 kg Brechbohnen
300 g kleine Zwiebeln
2 Knoblauchzehen
2 große rote Paprikaschoten
40 g Pflanzenfett
Salz, Pfeffer aus der Mühle
2 Bund glatte Petersilie
1 Bund Bohnenkraut

Hammelfleisch vom Knochen lösen und in Würfel schneiden. Die Kartoffeln schälen, waschen und in Achtel schneiden. Bohnen waschen, putzen und in mundgerechte Stücke brechen. Zwiebeln pellen, ebenso die Knoblauchzehen, Paprikaschoten putzen, waschen und in Streifen schneiden. Fett erhitzen und das Fleisch darin von allen Seiten scharf anbraten. Mit Salz und Pfeffer würzen. Die halbierten Zwiebeln und die durchgepreßten Knoblauchzehen zugeben und etwas bräunen lassen. Dann Kartoffeln, Bohnen und Paprikaschoten mit in den Topf geben, mit 1 l Wasser auffüllen und zugedeckt etwa 60 Minuten garen. Mit Salz und Pfeffer abschmecken. Vor dem Servieren mit gehackter Petersilie und Bohnenkraut bestreuen.

Vorbereitungszeit: etwa 60 Minuten
Garzeit: etwa 60 Minuten
Pro Portion etwa 60 g Eiweiß, 59 g Fett, 56 g Kohlenhydrate = 4380 Joule (1047 Kalorien)

Wichtig: Wenn Ihnen Lammkeule für einen Eintopf zu teuer ist, nehmen Sie einfach die preiswertere Lammbrust. Auf Seite 225 wird erklärt, wie sie mit grünen Bohnen gekocht wird.

Süßsaure Zuckerschoten mit geröstetem Schweinefilet

Für 4 Portionen:
500 g Zuckerschoten
500 g Schweinefilet
4 El Rotweinessig
4 El Tomatenketchup
4 El Zucker
2 Scheiben frische Ingwerwurzel (ersatzweise 1 Messerspitze Ingwerpulver)
1 Knoblauchzehe
4 El Öl
Salz

Zuckerschoten waschen und entfädeln. Schweinefilet quer zur Faser in sehr dünne Scheiben schneiden (Fleisch dafür eventuell im Gefriergerät etwas anfrieren lassen). Essig, Ketchup und Zucker mischen. Ingwer und Knoblauch schälen und sehr fein würfeln. Öl in einer Pfanne rauchendheiß werden lassen. Schweinefleisch darin unter Rühren 1 Minute braten, anschließend salzen. Ingwer- und Knoblauchwürfel darüberstreuen, alles bei großer Hitze wieder 1 Minute braten. Dann die Zuckerschoten zugeben und 1 Minute mitbraten. Ketchup-Mischung zugießen, einmal kurz aufkochen lassen und dann sofort servieren.

Vorbereitungszeit: 30 Minuten
Garzeit: etwa 5 Minuten
Pro Portion etwa 26 g Eiweiß, 25 g Fett, 37 g Kohlenhydrate = 2109 Joule (504 Kalorien)

Das paßt dazu: Körnig gekochter Reis.

Das passende Getränk: Ein Weißbier oder Tonic-Wasser.

Wichtig: Wo das Filet beim Schwein sitzt, zeigt Ihnen die Zeichnung auf Seite 188.

Erbsenomelett

Für 4 Portionen:
1,5 kg Erbsen (450 g netto)
50 g Butter
Salz
weißer Pfeffer aus der Mühle
1 Prise Zucker
8 Eier
100 g Gruyère-Käse
1 Bund Basilikum

Erbsen auspalen und mit kaltem Wasser abbrausen. Butter in einer flachen, feuerfesten Form schmelzen lassen. Die tropfnassen Erbsen darin vorsichtig 10 bis 12 Minuten dünsten, anschließend mit Salz, Pfeffer und einer kräftigen Prise Zucker würzen. Etwa ein Drittel der Erbsen aus der Form nehmen und bis zur Verarbeitung beiseite stellen.
Eier gut verquirlen, mit Salz und Pfeffer würzen, auf die Erbsen in der Form gießen. Das Omelett auf der mittleren Einschubleiste im Backofen bei 200 Grad (Gas 3) 15 Minuten backen.
Inzwischen den Käse raffeln. Die restlichen Erbsen und den Käse auf dem Omelett verteilen. Die Form jetzt auf die nächsthöhere Einschubleiste setzen. Das Omelett noch einmal 5 Minuten backen. Grob gezupftes Basilikum auf das Gericht streuen.

Vorbereitungszeit: 45 Minuten
Garzeit: etwa 30 Minuten
Pro Portion etwa 28 g Eiweiß, 29 g Fett, 16 g Kohlenhydrate = 2014 Joule (481 Kalorien)

Das passende Getränk: Mineralwasser oder Bier.

Wichtig: Wenn Sie sich die mühsame Arbeit des Auspalens ersparen wollen, nehmen Sie doch einfach tiefgekühlte Erbsen, die schon blanchiert sind und deshalb auch eine kürzere Garzeit haben.

Griechischer Porree

Für 4 Portionen:
1 kg Porree (sehr schlanke Stangen)
6 El Olivenöl, 2 Zitronen
⅛ l trockener Weißwein
1 El Korianderkörner
1 Bund Thymian
6 Lorbeerblätter
1 Bund glatte Petersilie
Salz, schwarzer Pfeffer

Porree putzen, Wurzelansatz und dunkelgrüne Teile abschneiden, Stangen gründlich waschen und mit einem Küchenfaden zu kleinen Bündeln zusammenbinden. In einen Topf das Öl, Saft von 1½ Zitronen und Weißwein geben. Koriander, Thymian, Lorbeerblätter und die gewaschenen, abgezupften Petersilienblätter hineinlegen, salzen und pfeffern. Ungefähr 10 Minuten bei milder Hitze kochen lassen. Die Porreebündel hineinlegen und 30 Minuten bei milder Hitze gar dünsten. Im Sud kalt werden lassen. Dann die Porreebündel in einer Schüssel anrichten, den Küchenfaden entfernen. Mit etwas Sud übergießen und mit der restlichen, in Achtel geschnittenen Zitronenhälfte als Vorspeise servieren.

Vorbereitungszeit: 20 Minuten
Garzeit: etwa 30 Minuten
Pro Portion etwa 4 g Eiweiß, 19 g Fett, 13 g Kohlenhydrate = 1114 Joule (266 Kalorien)

Porreerollen

Für 4–6 Portionen:
6 Porreestangen (mittelgroß, etwa 1 kg), Salz
2 El Weißweinessig
weißer Pfeffer, 6 El Öl

Von den Porreestangen den Wurzelansatz und dunkelgrüne Teile abschneiden. Stangen gründlich waschen und in reichlich kochendem Salzwasser 20 Minuten garen. Vorsichtig herausnehmen, abtropfen und auskühlen lassen. Dann mit einem scharfen Messer der Länge nach halbieren. Stangenhälften mit der Schnittfläche nach innen aufrollen und dicht nebeneinander in eine Form setzen. Aus Essig, Salz, Pfeffer und Öl eine Vinaigrette rühren und über die Porreerollen träufeln. Mindestens eine Stunde durchziehen lassen, dann als Vorspeise servieren.

Vorbereitungszeit: etwa 20 Minuten
Garzeit: etwa 20 Minuten
Pro Portion (bei 6 Portionen) etwa 3 g Eiweiß, 13 g Fett, 9 g Kohlenhydrate = 690 Joule (165 Kalorien)

Porree in Alufolie

Für 4 Portionen:
8 Porreestangen (mittelgroß, etwa 1,25 kg)
1 Knoblauchzehe
60 g Butter, Salz

Vom Porree den Wurzelansatz und die dunkelgrünen Teile abschneiden. Stangen der Länge nach vom grünen Ende her aufschlitzen, dabei etwa 5 cm des weißen Endes geschlossen lassen. Stangen vorsichtig waschen, damit sie nicht auseinanderfallen, und abtropfen lassen. Knoblauchzehe pellen und über die zimmerwarme, weiche Butter pressen. Salz darüberstreuen und alles miteinander verkneten. Knoblauchbutter in die Porreestangen streichen. Je zwei Stangen locker in Alufolie einschlagen. Folie gut zusammenkneifen, damit kein Saft herauslaufen kann. Im vorgewärmten Backofen bei 200 Grad (Gas 3) 25 Minuten garen. Herausnehmen und heiß als Vorspeise servieren.

Vorbereitungszeit: 15 Minuten
Garzeit: etwa 25 Minuten
Pro Portion etwa 58 g Eiweiß, 14 g Fett, 17 g Kohlenhydrate = 908 Joule (217 Kalorien)

Gefüllter Sellerie

Für 4 Portionen:
2 Sellerieknollen (à 600 g)
Salz, 2 El Zitronensaft
100 g durchwachsener Speck, 1 Zwiebel
200 g frische Champignons
Pfeffer, Selleriesalz
175 g Mett, 1 Ei
2 El Weißwein
6 El süße Sahne
4 Scheiben Bacon
1 Bund Petersilie

Sellerieknollen waschen, schälen, noch einmal kurz waschen, halbieren und in kochendes Salzwasser mit Zitronensaft geben. In etwa 30 Minuten garen. Durchwachsenen Speck fein würfeln und auslassen, die gepellte und feingehackte Zwiebel zugeben und goldgelb andünsten. Dann die gewaschenen, gehackten Champignons zugeben, kurz mitdünsten, anschließend mit Pfeffer, Salz und Selleriesalz würzen, auskühlen lassen. Mett untermischen. Die abgetropften Selleriehälften mit einem Eßlöffel vorsichtig aushöhlen. Das herausgenommene Selleriefleisch pürieren und mit der Speck-Pilz-Masse und dem Ei verrühren. Die Füllung in die Selleriehälften häufen. Gefüllte Selleriehälften in eine Auflaufform setzen. Aus Wein, Sahne und 2 El Selleriewasser eine Sauce rühren, mit Pfeffer und Selleriesalz abschmecken. Die Sauce bei starker Hitze etwas einkochen (reduzieren), über den Sellerie gießen. Jeweils eine Scheibe Bacon über eine Selleriehälfte legen. Sellerie zugedeckt im Ofen bei 200 Grad (Gas 3) 35 Minuten und offen noch einmal 10 Minuten garen. Mit Petersilie bestreuen.

Vorbereitungszeit: 30 Minuten
Garzeit: 75 Minuten
Pro Portion etwa 17 g Eiweiß, 47 g Fett, 20 g Kohlenhydrate = 2511 Joule (600 Kalorien)

Schmorgurken mit Pfifferlingen

(links im Foto)

Für 4 Portionen:
1 kg Schmorgurken
250 g Pfifferlinge
50 g durchwachsener Speck, 20 g Butter
2 Zwiebeln (à 30 g)
Salz, Pfeffer aus der Mühle
1 Bund Petersilie

Schmorgurken schälen, der Länge nach halbieren, Kerne mit einem Löffel herausschaben. Schmorgurkenhälften quer in Streifen schneiden. Pfifferlinge putzen, wenn nötig unter fließendem Wasser waschen und gut abtropfen lassen. Kleine Pilze ganz lassen, große halbieren. Speck klein würfeln und in der Butter glasig dünsten. Zwiebeln pellen, würfeln, im Speckfett ebenfalls glasig werden lassen. Gurken und Pilze zugeben, mit Salz und Pfeffer würzen. Alles zugedeckt 15 Minuten schmoren lassen. Petersilie klein hacken und kurz vor Ende der Garzeit unter die Gurken rühren. Schmorflüssigkeit eventuell etwas einkochen lassen.

Vorbereitungszeit: 25 Minuten
Garzeit: 15 Minuten
Pro Portion etwa 3 g Eiweiß, 12 g Fett, 5 g Kohlenhydrate = 621 Joule (149 Kalorien)

...mit Tomaten

(im Foto Mitte links)

Für 4 Portionen:
1 kg Schmorgurken
375 g Tomaten
2 Zwiebeln (à 30 g)
25 g Butter
125 g Crème fraîche
Salz, Pfeffer aus der Mühle
frisches Basilikum
½ Bund Petersilie

Schmorgurken schälen, der Länge nach halbieren, Kerne mit einem Löffel herausschaben. Schmorgurkenhälften quer in Streifen schneiden. Tomaten überbrühen, pellen, halbieren (große vierteln), Kerne herausdrücken. Zwiebeln pellen, würfeln und in der Butter glasig dünsten. Schmorgurken zugeben und kurz durchschmoren. Crème fraîche unterrühren. Gemüse salzen und pfeffern, mit gewaschenen Basilikumblättchen würzen. Gemüse 15 Minuten schmoren lassen. 5 Minuten vor Ende der Garzeit Tomaten zugeben. Petersilie vor dem Servieren gehackt unterrühren.

Vorbereitungszeit: 30 Minuten
Garzeit: 15 Minuten
Pro Portion etwa 3 g Eiweiß, 18 g Fett, 8 g Kohlenhydrate = 881 Joule (210 Kalorien)

...mit Dill

(im Foto Mitte rechts)

Für 4 Portionen:
1,25 kg Schmorgurken
1 Zwiebel (30 g)
30 g Butter
4 Sardellenfilets (in Öl eingelegt)
Pfeffer aus der Mühle
eventuell Salz
2 Bund Dill

Schmorgurken schälen, der Länge nach halbieren, Kerne mit einem Löffel herausschaben. Schmorgurkenhälften noch einmal längs halbieren, dann in mundgerechte Stücke schneiden. Zwiebel pellen und im Fett glasig dünsten. Sardellenfilets abtropfen lassen, zwei sehr fein hacken, zusammen mit den Schmorgurken zu den Zwiebeln geben. Mit Pfeffer würzen. (Nur eventuell salzen, weil die Sardellenfilets salzig sind.) Das Gemüse 15 Minuten schmoren lassen. Inzwischen Dill waschen, mit Haushaltspapier abtrocknen und dann hakken (einen Dillast für die Garnitur aufheben). Dill kurz vor Ende der Garzeit unter das Gemüse rühren. Schmorflüssigkeit vor dem Servieren eventuell etwas einkochen lassen. Zum Schluß mit den restlichen Sardellenfilets und Dill garnieren.

Vorbereitungszeit: 20 Minuten
Garzeit: 15 Minuten
Pro Portion etwa 2 g Eiweiß, 7 g Fett, 4 g Kohlenhydrate = 378 Joule (90 Kalorien)

... süßsauer

(im Foto rechts)

Für 4 Portionen:
1,25 kg Schmorgurken
2 Zwiebeln (à 30 g)
30 g Butter
1 gestrichener El Mehl
¼ l süße Sahne
1 El Dijon-Senf
2 El Zitronensaft
Salz, Pfeffer aus der Mühle
Zucker
2 hartgekochte Eier
1 Bund Schnittlauch

Schmorgurken schälen, der Länge nach halbieren, Kerne mit einem Löffel herausschaben. Gurkenhälften in etwa 4 cm lange Streifen schneiden. Zwiebeln pellen, würfeln und im Fett glasig dünsten. Schmorgurken zugeben. Mehl darüberstäuben. Sahne unter Rühren zugießen. Gemüse mit Senf, Zitronensaft, Salz, Pfeffer und einer Prise Zucker abschmecken, dann zugedeckt 15 Minuten leise schmoren lassen. Inzwischen die gepellten Eier würfeln. Gewaschenen Schnittlauch in Röllchen schneiden. Ei und Schnittlauch über die Schmorgurken streuen.

Vorbereitungszeit: 20 Minuten
Garzeit: 15 Minuten
Pro Portion etwa 3 g Eiweiß, 27 g Fett, 12 g Kohlenhydrate = 1317 Joule (315 Kalorien)

Zwiebelstrudel

Für 6–8 Portionen:
300 g Mehl
1 Prise Salz
1 Prise Zucker
1 Ei (Klasse 2)
3 El Pflanzenöl
etwas Mehl zum Ausrollen
Öl zum Bestreichen
Füllung:
2 kg Gemüsezwiebeln
80 g Pflanzenfett
Salz
weißer Pfeffer aus der Mühle
2 Tl Kümmel
1 Eigelb
2 Tl Öl
Garnitur:
100 g Zwiebeln
30 g Pflanzenfett

Mehl auf die Arbeitsfläche schütten, in die Mitte eine Mulde drücken, Salz, Zucker, Ei und Öl hineingeben. Alles zuerst mit einem großen Messer zusammen hacken, dann zu einem glatten Teig verkneten. Dabei nach und nach 100 ccm Wasser zugeben. Teig mindestens 10 Minuten durcharbeiten, dann eine Kugel daraus formen, auf ein leicht bemehltes Brett legen und dünn mit Öl einpinseln. Eine Schüssel darüberstülpen. Teig bei Raumtemperatur 30 Minuten ruhen lassen.
Inzwischen Gemüsezwiebeln pellen und in gleichmäßig dünne Ringe schneiden. Pflanzenfett in einer großen Pfanne erhitzen. Zwiebeln darin dünsten, mit Salz, Pfeffer und Kümmel würzen. So lange dünsten, bis die Flüssigkeit verdampft ist. Masse zum Auskühlen ausbreiten.
Inzwischen die Teigkugel auf der bemehlten Arbeitsfläche auf eine Größe von etwa 40 × 25 cm ausrollen. Ein Handtuch mit Mehl bestäuben. Das ausgerollte Teigstück darauflegen. Den Teig sehr vorsichtig auf eine Größe von 80 × 50 cm ausziehen: Beide Handflächen unter die Teigplatte schieben, Teig von der Mitte her zum Rand hin nach und nach ausziehen. Darauf achten, daß die Ränder nicht zu dick sind. Kalte Zwiebelmasse auf dem Teig verteilen. Teig von der Schmalseite mit Hilfe des Handtuchs zu einem Strudel zusammenrollen. Das Backblech mit Öl bepinseln. Strudel mit der Nahtstelle nach unten diagonal darauflegen. Eigelb mit Öl mischen. Den Strudel damit dünn einpinseln. Strudel auf der mittleren Einschubleiste bei 225 Grad (Gas 4) 40 bis 45 Minuten backen.
Für die Garnitur Zwiebeln pellen, in dünne Ringe schneiden, im Fett braun braten und über den fertigen Strudel geben.

Vorbereitungszeit: 60 Minuten
Garzeit: 40–45 Minuten
Pro Portion (bei 8 Portionen) etwa 9 g Eiweiß, 22 g Fett, 53 g Kohlenhydrate = 1951 Joule (466 Kalorien)

Das passende Getränk: Ein trockener, leichter Weißwein, z. B. ein Müller-Thurgau.

Wichtig: Was Gemüsezwiebeln von anderen Zwiebeln unterscheidet, lesen Sie auf Seite 435.

Schwarzwurzel-suppe

Für 4 Portionen:
1 Zwiebel (75 g)
30 g Butter oder Margarine
500 g Schwarzwurzeln
¼ l herber Weißwein
⅜ l Brühe
150 g gekochter Schinken
1 Prise Zucker
Salz
Tabasco
⅛ l süße Sahne
Rosenpaprika
1 Eigelb

Zwiebel pellen und fein würfeln. Im zerlassenen Fett glasig dünsten. Geputzte Schwarzwurzeln in Scheiben schneiden und mitdünsten (etwa 5 Minuten). Mit Wein und Brühe auffüllen und etwa 25 Minuten leise kochen lassen. Den in feine Streifen geschnittenen Schinken hineingeben und mit Zucker, Salz und Tabasco pikant abschmecken. Sahne steif schlagen und mit Paprika abschmecken. Mit 2 El der Sahne Eigelb verrühren und unter die Suppe ziehen (die Suppe darf nicht mehr kochen!). Restliche Sahne kurz vor dem Servieren auf die Suppe geben.

Vorbereitungszeit: etwa 20 Minuten
Garzeit: etwa 30 Minuten
Pro Portion etwa 10 g Eiweiß, 24 g Fett, 15 g Kohlenhydrate = 1647 Joule (393 Kalorien)

Das paßt dazu: Toast- oder Meterbrot.

Das passende Getränk: Ein trockener Weißwein, z. B. ein Riesling, mit dem Sie dann aber auch kochen sollten.

Wichtig: Damit die Schwarzwurzeln nach dem Schälen nicht braun werden, müssen sie sofort in Wasser gelegt werden, das mit 1 El Mehl und 2 El Essig verrührt ist. Mehr darüber lesen Sie auf Seite 434.

Borschtsch

(Russische Kohlsuppe)

Für 6 Portionen:
500 g Rindfleisch (z. B. Hochrippe)
250 g durchwachsener Speck
250 g Möhren
250 g Porree
½ kleiner Weißkohl (etwa 250 g)
500 g rote Bete
Salz, Pfeffer aus der Mühle
Kümmel
2 Knoblauchzehen
2 Lorbeerblätter
Weinessig
Zucker (etwa 30 g)
150 g gekochter Schinken im Stück
⅛ l süße Sahne
¼ l saure Sahne
1–2 Tl Zitronensaft

Rindfleisch und Speck in 1 l Wasser etwa 60 Minuten garen. Inzwischen Gemüse putzen: Möhren in dünne Scheiben, Porree in Ringe schneiden, Weißkohl vierteln und in Scheiben schneiden, rote Bete schälen und grob raspeln. Nach den 60 Minuten das Gemüse in den Topf geben, herzhaft mit Salz, Pfeffer, Kümmel und dem gepreßten Knoblauch abschmecken, Lorbeerblätter zugeben. Alles bei schwacher Hitze etwa 30 Minuten garen. Mit Weinessig und Zucker süßsauer abschmecken, danach den in Würfel geschnittenen Schinken hineingeben. Süße und saure Sahne miteinander verrühren und mit etwas Zitronensaft säuern. Lorbeerblätter herausnehmen, Fleisch und Speck ebenfalls herausnehmen und in Scheiben schneiden. Wieder in die Suppe geben. Sahne entweder mit der Suppe verrühren oder getrennt servieren. Dann kann jeder Gast bei Tisch die Suppe mit einem Klecks Sahne je nach Geschmack verfeinern.

Vorbereitungszeit: etwa 30 Minuten
Garzeit: 90–115 Minuten
Pro Portion etwa 23 g Eiweiß, 56 g Fett, 17 g Kohlenhydrate = 3055 Joule (730 Kalorien)

Das paßt dazu: Frisch aufgebackenes Meterbrot.

Das passende Getränk: Ein kräftiger roter Landwein oder Bier.

Wichtig: Rote-Bete-Saft läßt sich nur schwer von Gegenständen aus Kunststoff entfernen. Deshalb alle gebrauchten Gegenstände aus Kunststoff sofort nach Gebrauch in Essigwasser legen oder mit Zitronensaft abreiben, sonst bleiben sie monatelang rosa. Mehr darüber wird auf Seite 434 erklärt.

Gefüllte Paprikaschoten

Für 4 Portionen:
2 Zwiebeln (100 g)
2 El Öl
750 g gemischtes Hackfleisch
2 Eier
1 Knoblauchzehe
Salz, Pfeffer aus der Mühle
1 El Rosmarin
1 El italienische Kräutermischung
8 kleine grüne Paprikaschoten (etwa 1 kg)
1 große Dose geschälte Tomaten
⅛ l Weißwein
1–2 Bund Basilikum

Zwiebeln pellen und fein hacken. Öl erhitzen, Zwiebelwürfel darin andünsten, abkühlen lassen, zum Hackfleisch geben. Eier untermischen, dann mit dem durchgepreßten Knoblauch, Salz, Pfeffer und den Kräutern würzen. Von den Paprikaschoten jeweils den Deckel abschneiden, Kerne und dikke Trennwände herauskratzen, Schoten waschen. Das vorbereitete Hackfleisch in die Schoten füllen. Schoten in einen Schmortopf setzen, die etwas zerkleinerten Tomaten mit ihrer Flüssigkeit darum herumgießen, Wein dazugießen und mit Salz und Pfeffer würzen. Die Paprikaschoten zugedeckt 30 bis 40 Minuten schmoren. Das feingehackte Basilikum unter die Sauce rühren, eventuell noch einmal mit Salz und Pfeffer abschmecken.

Vorbereitungszeit:
etwa 30 Minuten
Garzeit: 35–40 Minuten
Pro Portion etwa 43 g Eiweiß, 55 g Fett, 17 g Kohlenhydrate = 3331 Joule (796 Kalorien)

Wichtig: Paprikaschoten werden erst nach dem Putzen gewaschen. Warum das so ist, wird auf Seite 431 erklärt.

(Italia)
ITALIENISCHER ROTWEIN
WACHSTUM UND
ORIGINALABFÜLLUNG
WEINGUT
POMPILIO FAVERO FRANCESCA
ROMANO D'EZZELINO
(VENETO)

Ratatouille

(Französischer Gemüseauflauf)

Für 6 Portionen:
250 g Zwiebeln, 5 El Öl
500 g gemischtes Hackfleisch
3 Knoblauchzehen
2 El Tomatenmark
½ El Paprika edelsüß
200 ccm Rotwein
Salz, ½ Tl Rosenpaprika
1 El Zucker
200 g Reis
1 rote Paprikaschote (200 g)
1 grüne Paprikaschote (150g)
1 Bund krause Petersilie
1 Zweig frischer Rosmarin (oder 1 El getrocknete Rosmarinnadeln)
2 Fleischtomaten (400 g)
1 Aubergine (250 g)
1 Zucchini (200 g)
½ Salatgurke (300 g)
6 Eier
200 g süße Sahne
125 g Gruyère

Zwiebeln pellen und würfeln, in 3 El Öl glasig werden lassen. Hackfleisch zerkrümeln und darin unter Rühren anschmoren. Knoblauchzehen durchpressen und zugeben, Tomatenmark und süßen Paprika unterrühren, Wein zugießen und das Hackfleisch bei mittlerer Hitze durchschmoren, dann mit Salz, scharfem Paprika und Zucker würzig abschmecken. Hackfleisch in eine flache Auflaufform (2,5 l Fassungsvermögen) geben und auf dem Boden verteilen. Reis 5 Minuten in kochendem Salzwasser vorgaren, dann gut abtropfen lassen und in 2 El mäßig heißem Öl wenden, bis alle Körner mit Fett überzogen sind. Paprikaschoten der Länge nach in Sechstel schneiden, putzen und waschen. Je zwei Spalten roten und grünen Paprika fein würfeln, zum Reis geben und kurz mit andünsten. Gehackte Petersilie und die zerkleinerten Rosmarinnadeln untermischen und auf das Hackfleisch schichten.
Tomaten einritzen, Stielansätze herausschneiden. Tomaten brühen, abschrecken, häuten und in dicke Scheiben schneiden. Aubergine und Zucchini waschen und schräg in ½ cm dicke Scheiben schneiden, beide Gemüse 3 Minuten in stark gesalzenem Wasser vorgaren. Salatgurke schälen und in ½ cm dicke Scheiben schneiden, Paprikaspalten je einmal quer halbieren. Die Gemüsescheiben in Reihen fast senkrecht und so dicht wie möglich in den Reis stecken. Eier mit Sahne verrühren und leicht salzen, die Hälfte davon über das Gemüse gießen. Im Backofen bei 200 Grad (Gas 3) zugedeckt auf der untersten Einschubleiste 30 Minuten backen. Inzwischen Käse fein raffeln und mit der restlichen Eiersahne verrühren. Den Auflauf aus dem Ofen nehmen, die Mischung über die Gemüse gießen. Die offene Form auf der mittleren Einschubleiste in den Ofen schieben, den Auflauf weitere 40 Minuten backen.

Vorbereitungszeit: 70 Minuten
Garzeit: 70 Minuten
Pro Portion etwa 34 g Eiweiß, 53 g Fett, 45 g Kohlenhydrate = 3644 Joule (871 Kalorien)

Das passende Getränk: Ein kräftiger roter italienischer oder französischer Landwein.

Wichtig: Wenn Ihnen Auberginen und Zucchini noch fremd sind, sollten Sie auf Seite 430/431 nachlesen, wie Sie richtig mit diesen Fruchtgemüsen umgehen.

Tomatensalat

Für 4 Portionen:
500 g Tomaten
Salz
schwarzer Pfeffer aus der Mühle
1–2 Knoblauchzehen
1 Bund Petersilie
3 El Olivenöl

Tomaten waschen, abtrocknen, in Scheiben schneiden und in eine Schüssel schichten. Jede Schicht Tomaten salzen, reichlich pfeffern und mit gehacktem Knoblauch und gehackter Petersilie bestreuen, zum Schluß mit etwas Öl beträufeln.

Vorbereitungszeit: etwa 10 Minuten
Pro Portion etwa 1 g Eiweiß, 11 g Fett, 4 g Kohlenhydrate = 533 Joule (127 Kalorien)

Das paßt dazu: Kurzgebratenes oder gegrilltes Fleisch.

Das passende Getränk: Wenn überhaupt, ein Rosé aus der Provence.

Wichtig: Dieser Salat schmeckt nur im Sommer, wenn es die großen, gerippten Fleischtomaten gibt. Lesen Sie dazu auch die Seite 430.

Moussaka

(Griechischer Gemüseauflauf)

Für 12 Portionen:
1 kg Auberginen, Salz
1 kg Kartoffeln
3/8 l Olivenöl
Pfeffer, Rosmarin
1,5 kg Tomaten
500 g Zwiebeln
5 Knoblauchzehen
1 kg Lammhack
1 kg gemischtes Hack
Thymian, Salbei
Cayennepfeffer
12 Eier, 3/8 l Milch

Auberginen in Scheiben schneiden, salzen und 20 Minuten ziehen lassen. Kartoffeln schälen und in etwa messerrückendicke Scheibchen schneiden. Saftpfanne mit 1 El Öl auspinseln, Kartoffelscheiben darauf verteilen, mit Salz, Pfeffer und Rosmarin würzen, 25 Minuten bei 200 Grad (Gas 3) backen. Tomaten brühen, häuten, halbieren und entkernen, dann in Scheiben schneiden. Zwiebeln und Knoblauch würfeln, in 5 El Öl glasig dünsten, Hack zugeben und unter Rühren durchbraten. Mit Salz, Pfeffer, gehackten Kräutern und Cayennepfeffer kräftig würzen. Abgekühlt über die Kartoffeln verteilen. Auberginenscheiben ausdrücken, in heißem Öl 3 bis 5 Minuten braten, zwischendurch wenden, auf einem Sieb abtropfen lassen. Auberginen- und Tomatenscheiben dachziegelartig auf das Hackfleisch legen. Tomatenscheiben mit Salz, Pfeffer und Rosmarin würzen. Eier mit Milch verquirlen und darübergießen. Etwa 25 Minuten im Ofen weiterbacken.

Vorbereitungszeit: 1½ Stunden
Garzeit: etwa 55 Minuten
Pro Portion etwa 42 g Eiweiß, 63 g Fett, 25 g Kohlenhydrate = 3711 Joule (887 Kalorien)

Osso buco mit Tomaten

(Kalbshaxe mit Tomaten)

Für 4 Portionen:
500 g Fleischtomaten
5 El Olivenöl
60 g durchwachsener Speck
150 g Sellerie (Knolle oder Stange)
2 mittelgroße Zwiebeln
2 Möhren
2 Stangen Porree
2 Lorbeerblätter
1 El Thymian
2 Kalbshaxen à 750 g (vom Schlachter jede Haxe in zwei Teile hacken lassen)
Salz, Pfeffer aus der Mühle
20 g Mehl
60 g Butter
⅛ l Weißwein
⅛ l Brühe (Instant)
2 Knoblauchzehen
fein abgeschälte Schale von 1 Zitrone
1 El gehackte Petersilie

Tomaten überbrühen, abschrecken, abpellen und zerdrücken. Im eigenen Saft so lange kochen, bis ein dickes Püree entstanden ist. 2 El Öl in eine Pfanne geben. Feingewürfelten Speck darin auslassen und sehr fein gehackten Sellerie, Zwiebelwürfel, Möhren und Porree (beides in sehr dünne Scheiben geschnitten) dazugeben. Mit Lorbeerblättern und Thymian würzen und etwa 15 Minuten im zugedeckten Topf dünsten. Dann vom Herd nehmen.
Fleisch salzen, pfeffern und in Mehl wenden. Die restlichen 3 El Öl und die Butter in einer Pfanne erhitzen und das Fleisch scharf darin anbraten.
Danach das Fleisch ohne das Fett in eine Kasserolle legen. Gemüse zugeben, Weißwein darübergießen und ohne Deckel kochen, bis ein Viertel der Flüssigkeit eingekocht ist. Jetzt Tomatenpüree, Brühe, die durchgepreßten Knoblauchzehen und die Zitronenschale zugeben und das Ganze bei geschlossenem Deckel bei milder Hitze etwa 1¼ Stunde schmoren lassen. Gare Kalbshaxen herausnehmen und warm stellen. Zitronenschale aus der Sauce nehmen. Sauce durch ein Sieb streichen oder mit dem Pürierstab des Handrührers pürieren. Falls sie nicht kräftig genug schmeckt und zu dünnflüssig ist, noch etwas einkochen lassen. Dann mit der Hälfte der gehackten Petersilie verrühren und eventuell nachwürzen. Mit dem Fleisch in einer Schüssel anrichten. Mit der restlichen Petersilie garnieren.

Vorbereitungszeit: etwa 45 Minuten
Garzeit: insgesamt etwa 2 Stunden
Pro Portion etwa 55 g Eiweiß, 45 g Fett, 14 g Kohlenhydrate = 3083 Joule (737 Kalorien)

Das paßt dazu: Risotto oder Meterbrot.

Das passende Getränk: Ein leichter Rotwein oder Rosé.

Wichtig: Wenn dieses Gericht richtig schmecken soll, müssen Sie unbedingt die dicken gerippten Fleischtomaten verwenden. Wenn Sie die nicht bekommen, nehmen Sie lieber die geschälten aus der Dose als die kleinen nichtssagenden und nichtaromatischen Treibhaustomaten. Mehr darüber steht auf Seite 430.

19. KAPITEL
SPARGEL, ARTISCHOCKEN, PILZE

- Das Beste aus Spargel
- Spargel richtig schälen, kochen, dämpfen oder dünsten
- Spezialität: Grünspargel
- Artischocken, die eßbaren Blüten
- Ganze Artischocken zum Dippen
- Artischockenböden zum Füllen
- Der Champignon und seine Brüder (Pfifferlinge, Maronen und Steinpilze)
- Alles über's Putzen, Aufbewahren und Zubereiten von Pilzen
- Getrocknete Pilze: z.B. Morcheln
- Der richtige Umgang mit Eßkastanien

In Schalottenbutter geschwenkte Pfifferlinge, Maronen und Champignons einträchtig neben weißem Spargel mit einer Sauce Vinaigrette, die dann wieder zu der großen, gekochten Artischocke als Dip gereicht wird. Alles über diese exzellenten Gemüse sagen wir Ihnen auf den nächsten Seiten. Die Rezepte beginnen auf Seite 476.

Das Beste aus Spargel

Weil es Spargel immer nur kurze Zeit frisch gibt, und weil er immer teuer ist (er wird in „Handarbeit" geerntet), sollten Sie beim Einkaufen nur den besten nehmen. Für den Geschmack ist es egal, ob Stangen dick oder dünn sind. **Wichtig:** Die Schnittflächen müssen glatt und prall sein. Ausgefranste Enden und eine welke, runzlige Schale deuten auf längere Lagerung – diese Enden müssen großzügig weggeschnitten werden. Die Stangen sollen fest sein – und nicht biegsam. Wenn die Stangen leicht brechen oder beim Aneinanderschlagen „klingen", sind sie ganz frisch. Sie sollten frisch gestochenen Spargel auch frisch verwenden. Geht das nicht, schlagen Sie ihn in ein feuchtes Tuch ein und heben ihn im Gemüsefach (Kühlschrank) auf. Bei Sonderangebot an dünnem Suppenspargel: Zugreifen! Die Stangen waschen, durchbrechen (soweit sie sich brechen lassen, nicht schälen!), die unteren Enden ungeschält auskochen, mit dem Schneidstab pürieren, mit einer leichten Mehlschwitze binden und darin die Köpfe garen. Zum Schluß mit Sahne und Eigelb abziehen.

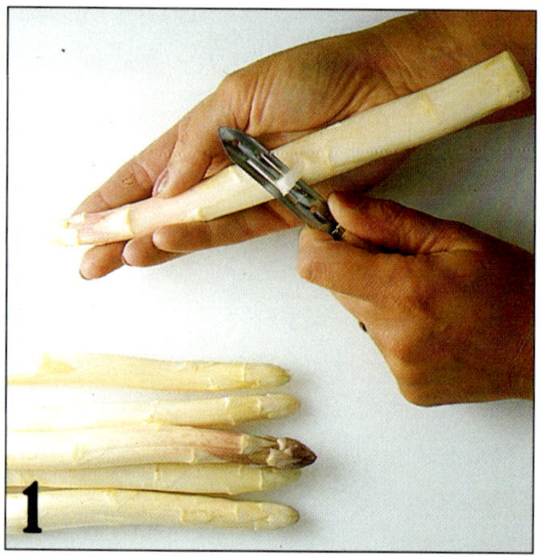

1

Spargel schälen: *Geht am besten mit dem Spargelschäler. Kurz unter dem Spargelkopf ansetzen und dünn, zum unteren Ende hin etwas dicker schälen. Spargel mit der Hand unterstützen, damit er nicht zerbricht.*

2

Erst nach dem Schälen die unteren holzigen Enden abschneiden. Dabei spürt man, ob der Spargel ringsum gut geschält ist. Wo Spitzen stehenbleiben (s. Foto), muß nachgeschält werden.

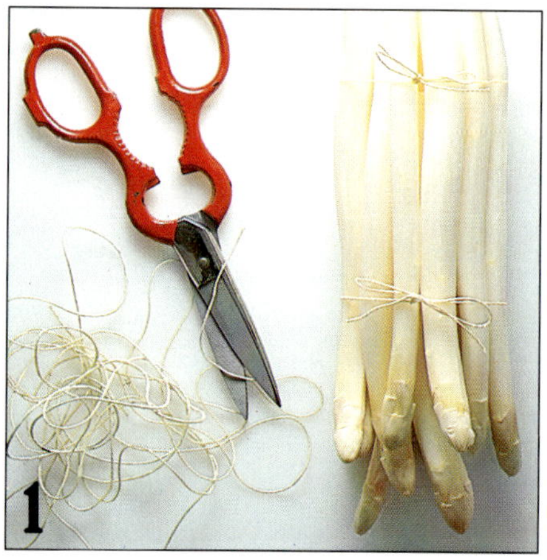

1

Spargel kochen: *Er wird portionsweise (etwa 500 g) mit Küchengarn zusammengebunden. (Und – wenn's ganz fein sein soll – auch gleich lang geschnitten.) So kann man ihn nach dem Kochen bequem abtropfen und servieren.*

2

In einem breiten Topf Salzwasser aufkochen. Zur Geschmacksverbesserung ein Stückchen Butter und etwas Zucker zugeben. Spargel in sprudelnd kochendes Wasser geben, auf milder Hitze 15 Minuten garen, bis er gar ist und noch „Biß" hat.

Spezialität Grünspargel

Seit einigen Jahren findet sich auf unseren Märkten auch der in Frankreich, Italien und USA seit langem bekannte grüne Spargel. Er schmeckt ein wenig anders, würziger als der weiße, wird im Kochtopf (bis auf kürzere Garzeit) aber genauso behandelt. **Vorteil:** Er wird nicht oder höchstens am unteren weißen Ende geschält. **Aufbewahren:** In ein feuchtes Tuch einschlagen und aufrecht in den Kühlschrank stellen, sonst wird er krumm!

Spargel dämpfen: *Er wird besonders aromatisch, wenn man zuerst die Spargelschalen und -abschnitte mit Wasser bedeckt auskocht. Dieser Sud kann anschließend für Spargelsuppe verwendet werden.*

Die Spargelbündel werden auf den Spargelschalen (leicht gesalzen und mit Butterflöckchen bestreut) im Dampf gegart (15–20 Min.). In einem Topf mit Siebeinsatz (Fischtopf) kann der Spargel ganz besonders gut abtropfen.

Spargel dünsten: *Bei dieser wenig bekannten Methode bleiben alle Säfte im Spargel. Etwas Butter in einem gut schließenden Topf zerlassen. Geschälte Spargelstücke zugeben, mit wenig Salz und einer Prise Zucker würzen (1). Zugedeckt bei milder Hitze etwa 20 Min. dünsten. Zum Schluß etwas Sahne angießen (2), durchkochen, abschmekken und mit gehackter Petersilie zu neuen Kartoffeln und Schinken servieren (3).*

Artischocken, die eßbaren Blüten

Artischocken sind die Blütenknospen einer distelähnlichen Pflanze aus dem Mittelmeerraum. Man ißt den dicken, fleischigen Blütenboden und den unteren, ebenfalls weichen Teil der großen Blätter. Nur ganz junge Knospen (gibt's bei uns fast nie) werden roh genossen. Die dicken, großen müssen vor jeder anderen Zubereitung gekocht werden: in reichlich Wasser etwa 35–45 Minuten. **Garprobe:** Ein Blatt herauszupfen, es muß sich leicht lösen lassen. Im Schnellkochtopf werden sie im Dampf mit wenig Wasser in 10–12 Min. gar und schmecken besonders aromatisch. Nach dem Kochen lassen Sie sie gut abtropfen und servieren sie warm oder kalt mit verschiedenen Saucen (Hollandaise, Béarnaise, Mayonnaise mit Kräutern, s. Foto rechts). Achten Sie beim Einkauf darauf, daß die Blätter frisch und grün aussehen und daß die Köpfe möglichst schwer sind. Wenn Sie Artischocken aufbewahren: Stiele frisch anschneiden. Jede Artischocke für sich in ein Glas mit frischem Wasser stellen.

Artischocken kalt waschen (mit einigen Spritzern Essig oder Zitronensaft). Den Blütenkopf fest anfassen und über der Tischkante den Stiel herausbrechen. Dabei lösen sich die harten Fasern aus dem Blütenboden.

Wenn Sie wollen: Blattspitzen mit der Küchenschere oder mit einem Sägemesser abschneiden. So passen mehr Blütenköpfe auf einmal in Ihren Kochtopf.

Jetzt wird der untere Teil geputzt: Alles Grüne und die unteren harten Blätter vom Blütenboden abschneiden. Alle Schnittstellen sofort mit etwas Zitronensaft abreiben, sonst werden sie braun.

So werden die Artischocken im Kochtopf angeordnet. Kochwasser leicht salzen, etwas Zitronensaft dazu. Zugedeckt in 30–45 Minuten garen. Schnellkochtopf 10–12 Minuten. Garprobe: Ein Blatt herauszupfen, es muß sich leicht lösen lassen.

Artischocken-Böden

So gut die in kalte oder warme Saucen „gedippten" Artischockenblätter auch schmecken, so sollten Sie doch gelegentlich gefüllte Artischockenböden reichen – als raffinierte Vorspeise. Es gibt da viele **Variationsmöglichkeiten**: Die Böden werden mit einer Champignon-Duxelles (s. nächste Seite) gefüllt oder mit geschnetzelter Leber in Sahne gereicht, mit geschmolzenen Tomaten, Basilikum serviert oder mit einem Ragout aus Krebsschwänzen und Champignons gefüllt (Foto 6).

Die vorbereiteten Böden (links für sehr feine Füllungen, rechts für kräftigere Gerichte mit den Blattansätzen) werden wie ganze Artischocken (aber nur knapp gar) gekocht und dann gefüllt.

So präparieren Sie frische Artischockenböden zum Füllen: *Entweder zuerst mit einem scharfen Messer die Blätter bis zum fleischigen Teil abschneiden, oder . . .*

Heu aus gekochten Artischocken entfernen: *Die violetten Innenblättchen fest anfassen, mit leicht drehender Bewegung abheben und dabei das Heu mit ablösen. Mit dem Messer nachhelfen und bei Bedarf den Boden sauber abkratzen.*

. . . zuerst alle starken Blätter abbrechen und danach den Blütenboden direkt an den Blattansätzen abschneiden. Die untere Seite der Böden putzen (wie links außen beschrieben). Zitronensaft nicht vergessen!

Jetzt müssen Sie das faserige „Heu", die eigentlichen Blüten, im Innern der Knospe entfernen. Das geht am besten mit einem Kartoffelausstecher oder mit einem scharfen Teelöffel.

Der Champignon und seine Brüder

Champignons sind die einzigen Pilze, die sich bequem züchten lassen. Sie sind deshalb fast überall und immer zu bekommen. Bei Waldpilzen wie Steinpilz, Pfifferling und Marone müssen Sie zugreifen, wenn sie auf dem Markt erscheinen. Sonst greifen Sie auf Pilzkonserven zurück, am besten auf Trockenpilze (s. übernächste S.). **Champignons** gibt es in verschiedenen Sorten. Die kleinsten, schneeweißen, noch fest geschlossenen gelten als die feinsten und sind dementsprechend teuer. Sie brauchen nicht geputzt zu werden, haben aber ihr Aroma noch nicht voll entwickelt. Wo es weniger auf Farbe und Struktur ankommt, sondern auf Würze (bei Ragouts, dunklen Bratensaucen, Duxelles), sollten Sie ruhig größere Pilze nehmen, deren Lamellen dunkler gefärbt und zum Teil geöffnet sind. **Achten Sie auf Sonderangebote!** Am würzigsten und gleich gut zum Rohessen wie zum Füllen geeignet sind die großen

1

Kleine weiße Champignons werden nicht geputzt, sondern nur unter fließendem Wasser im Sieb kurz abgebraust. Immer nur kleine Mengen auf einmal abbrausen!

2

Für helle Saucen gibt man tropfnasse Champignons mit etwas Butter und etwas Zitronensaft in einen breiten Topf und schmort sie zugedeckt etwa 5 Min. bei starker Hitze.

3

Große „rosa" Champignons werden in Scheiben geschnitten (achten Sie auf die Fingerhaltung!) und wie Steinpilze (s. rechte Seite) gebraten oder gefüllt (4).

4

So machen Sie eine „Duxelles": Champignons fein hacken, mit Zwiebel und Kräutern in Butter schmoren, bis die Masse keine Flüssigkeit mehr abgibt. In große Pilzköpfe füllen, in gefetteter Form überbacken.

„rosa" Champignons aus Frankreich. **Pfifferlinge** (Reherl, Eierschwämmchen, im Foto rechts) schmecken am besten, je kleiner und trockener sie sind. Große Pilze mit braun eingetrockneten oder glasig-weichen Stellen sind zweite Wahl (diese Stellen unbedingt wegschneiden!). Pfifferlinge schmecken gut mit saurer Sahne, viel gehackter Petersilie oder in Speck gebraten. **Maronen** (im Foto in der Mitte) sollen jung und fest sein. Ältere Pilze werden beim Zubereiten leicht schleimig, auf jeden Fall muß man ihre Röhren entfernen und sie gleich nach dem Kauf zubereiten. Beim Zerschneiden laufen sie leicht blau an, das hat keine Bedeutung und verliert sich beim Zubereiten wieder. Maronen eignen sich vor allem für Ragouts, Suppen, Eintöpfe und zum Einlegen. **Steinpilze** sind die feinsten Röhrenpilze (leider oft madig). Bei jungen, festen Exemplaren die Röhren mitverwenden. Sie schmecken am besten gebraten oder als Würze in Bratensaucen mit Sahne.

Putzen: Die Pilze am besten gleich nach dem Einkauf von Sand, Moos und Blättern befreien, schlechte Stellen wegschneiden. Nur wenn nötig, kurz abbrausen, niemals im Wasser liegenlassen! Sie verlieren ihr Aroma und saugen sich voll („Schwammerl").

Aufbewahren: Geputzte, **ungewaschene** Pilze einen Tag lang an einem luftigen, kühlen Platz ausbreiten. Nur Champignons können einige Tage im Gemüsefach vom Kühlschrank liegen.

Auf jeden Fall besser: Pilze in Butter oder Öl kurz gar dünsten. Danach abgekühlt und zugedeckt in den Kühlschrank stellen. Sie halten sich 2 bis 3 Tage (so auch einfrieren).

Zubereiten: Alle Pilze enthalten soviel Wasser, daß sie im eigenen Saft gegart werden können. Nur in Ausnahmefällen (zum Einlegen) werden sie in Salzwasser blanchiert.

Steinpilze schmecken am besten in dicken Scheiben bei starker Hitze in der Pfanne gebraten (Butter oder Olivenöl). Pfanne nicht zu voll füllen! Zum Würzen: ein Hauch Knoblauch, frisches Basilikum, Thymian.

Zum Einlegen kleine feste Pilze aller Art, ganz oder halbiert 5 Min. in Salzwasser blanchieren. Sud aus Weinessig, Zucker, Kräutern und Gewürzen kochen, Pilze darin aufwallen lassen, heiß in Verschlußgläser geben.

Getrocknete Pilze

Getrocknete Pilze sind meist aromatischer als frische. Wenn es um Würze für Ragout, Sauce, Eintopf oder Pastete geht, sollten Sie immer zu Trockenpilzen greifen. Sie lassen sich, weil luftdicht verpackt, fast unbegrenzt aufheben. Vor dem **Einweichen** müssen alle Trockenpilze gründlich unter kaltem Wasser **abgebraust** werden. Sie werden vor dem Trocknen nicht gewaschen und sind deshalb meist noch etwas sandig. Damit Trockenpilze ihr volles Aroma entwickeln können, werden sie vor der Zubereitung mit wenig warmem Wasser übergossen und mindestens 15, besser 30 Min. eingeweicht. Zum **Garen** gibt man sie entweder direkt in die Sauce (immer mit dem Einweichwasser; Vorsicht: auf Sandrückstände achten!) oder schmort sie extra mit etwas Butter und einer Schalotte. Besonders gut zum Trocknen geeignet (und bei uns fast nie frisch zu haben) sind **Morcheln.** Sie eignen sich nicht nur zum Würzen, sie können sogar, in Sahnesauce geschmort, als Beilage fungieren. **Übrigens:** Pilze enthalten etwa 90 Prozent Wasser. 25 g Trokkenpilze entsprechen deshalb 250 g frischen.

1

Getrocknete Morcheln entfalten ihr Aroma am besten, wenn sie vor der Zubereitung einige Zeit in lauwarmem Wasser eingeweicht werden. Vorher gründlich abbrausen, sie sind oft noch sandig.

2

Morcheln in wenig Butter zugedeckt weichdünsten. Dann mit ihnen und dem Einweichwasser den Bratensatz (hier vom Kalbssteak) ablöschen, etwas einkochen lassen, mit Crème fraîche binden und zum Fleisch servieren.

Umgang mit Eßkastanien

Eßkastanien (Maroni) lassen sich in der Küche vielseitig verwenden: im ganzen geschmort oder glasiert als Beilage zu feinen Braten (Gans, Ente, Wild) und Kohlgerichten, in Suppen, als Püree, zu Süßspeisen und Gebäck. Vorher müssen sie von ihrer harten braunen Schale und dem hellbraunen Häutchen, das den Kern umschließt, befreit werden. Dafür gibt es zwei Methoden: Entweder Sie schneiden die harte Schale mit einem scharfen Messer rings um die Spitze ein (1), werfen die Kastanien portionsweise für 2 Min. in kochendes, leicht gesalzenes Wasser, lassen sie abtropfen (2) und drücken dann den Kern leicht aus der Schale (3). Oder Sie schneiden sie auf der runden, gewölbten Seite kreuzweise ein (4), legen sie auf ein Backblech und schieben sie in den auf 225–250 Grad vorgeheizten Backofen, bis sie platzen (5). Danach Schale und Häutchen abziehen (6). **Vorsicht:** Wenn die Kastanien zu lange im Ofen bleiben, garen sie durch, zerbrechen und eignen sich nur noch für Püree. Es sei denn, Sie wollen sie, so wie die Pfälzer, zum jungen Wein genießen.

REZEPTE

DIE SIE AUF DEN NÄCHSTEN SEITEN FINDEN

Überbackener Spargel in Blattspinat

Für 4 Portionen:
750 g Blattspinat
Salz
2 kg Spargel
1 Prise Zucker
80 g Butter
400 g Gruyère (8 Scheiben)

Spinat solange waschen, bis das Wasser klar bleibt. Portionsweise in kochendem Salzwasser 2 bis 3 Min. blanchieren, mit einer Schaumkelle herausheben, gut abtropfen lassen. Spargel sorgfältig schälen und (mit Küchengarn oder Bast) zu 4 Bündeln zusammenbinden, in kochendem Salzwasser zusammen mit dem Zukker und einem Stich Butter 18 bis 20 Min. leise kochen lassen, vorsichtig mit einer Schaumkelle herausheben und gut abtropfen lassen. Eine feuerfeste Platte mit weicher Butter (20 g) bestreichen. Die Hälfte des gut ausgedrückten Spinats auf die Platte geben, Spargelbündel darauf legen, die Fäden entfernen. Den restlichen Spinat als Streifen über dem Spargel verteilen. Restliche Butter in Flöckchen darauf setzen. Über jedes Spargelbündel 2 Scheiben Käse legen. Im Backofen bei 225 (Gas 4) Grad auf der untersten Einschubleiste in 12 bis 15 Min. heiß werden lassen. Grill einschalten und auf der obersten Einschubleiste 2 bis 3 Min. übergrillen, bis der Käse goldbraun geworden ist.

Vorbereitungszeit: 60 Minuten
Garzeit: insgesamt 40 Minuten
Pro Portion etwa 38 g Eiweiß, 48 g Fett, 20 g Kohlenhydrate = 2880 Joule = 688 Kalorien

Wichtig: Auf S. 468/469 werden die drei Garmethoden für Spargel (Kochen, Dämpfen oder Dünsten) beschrieben.

POIVRE

Spargelsülze mit Kalbfleischsalat

Für 4 Portionen:
750 g Spargel
Salz
Zucker zum Abschmecken
2 Zwiebeln
1 Lorbeerblatt
2 Bund Dill
Lemon-Pepper (oder schwarzer Pfeffer, Knoblauchsalz und die fein abgeriebene Schale von ¼ Zitrone)
1 El Streuwürze
750 g Kalbsbrust
6 Blatt Gelatine (weiß)
4 El Sherry
6 El Estragonessig
3 El Zitronensaft
Tabasco
Knoblauch nach Geschmack
3 El Öl
1 Bund Radieschen

Spargelstangen waschen, gut schälen, in reichlich kochendem Salzwasser mit 1 Prise Zucker 20 Minuten garen. Herausnehmen, kalt werden lassen und in 3 cm lange Stücke schneiden.

Im Spargelsud die geviertelten Zwiebeln, Lorbeerblatt und 1 Bund Dill zum Kochen bringen, mit Lemon-Pepper und Streuwürze würzen und die Kalbsbrust etwa 1 Stunde darin leise kochen lassen. Fleisch im Sud erkalten lassen, dann herausnehmen und in dünne, mundgerechte Streifen schneiden.

Brühe entfetten, ½ l davon abnehmen und durchsieben. Gelatine in kaltem Wasser einweichen. Brühe herzhaft mit Sherry und Estragonessig abschmecken. Ausgedrückte Gelatine in der Brühe auflösen. Spargelstücke in eine Ringform (25 cm ∅) oder dickwandige Schüssel schichten und vorsichtig mit der Brühe begießen. In den Kühlschrank stellen und fest werden lassen.

Aus Zitronensaft, Salz, Zucker, Tabasco, wenig durchgepreßtem Knoblauch, dem restlichen gehackten Dill und Öl eine Sauce herstellen, Fleisch darin ziehen lassen und zum Schluß die gehackten Radieschen unterziehen. Den Spargelring stürzen (das geht am besten, wenn man die Form kurz in heißes Wasser hält) und den Salat im Spargelring anrichten.

Vorbereitungszeit: etwa 30 Minuten
Garzeit: etwa 25 Minuten
Pro Portion etwa 24 g Eiweiß, 14 g Fett, 7 g Kohlenhydrate = 1265 Joule (302 Kalorien)

Das paßt dazu: Röstkartoffeln.

Das passende Getränk: Ein säurearmer trockener Weißwein, z. B. ein Orvieto, Chablis, Ruländer.

Wichtig: Wie Sie beim Zubereiten einer Gelatine-Sülze richtig vorgehen müssen, erfahren Sie im 8. Kapitel „Gelieren“ ab Seite 76.

Grüner und weißer Spargel mit Möhren und Frühlingszwiebeln

Für 4 Portionen:
1 kg weißer Spargel
500 g grüner Spargel
2 Bund Frühlingszwiebeln (à 250 g)
3 Bund junge Möhren (à 250 g)
100 g Butter
Salz
Zucker
2 Bund glatte Petersilie

Spargel sorgfältig schälen (grünen Spargel nur am unteren weißen Ende) und zu 3 Bündeln zusammenbinden (Küchengarn oder Bast). Frühlingszwiebeln putzen, d. h. die Wurzeln und welke grüne Blattspitzen abschneiden. Zwiebeln waschen und der Länge nach halbieren (größere Zwiebeln vierteln). Möhren putzen, schaben, waschen. Kleine ganz lassen, dickere Möhren der Länge nach halbieren oder vierteln. 1,5 l Wasser mit 30 g Butter, Salz und Zucker zum Kochen bringen. Spargel darin 18 bis 20 Min. garen, mit einer Schaumkelle vorsichtig herausheben, gut abtropfen lassen, zugedeckt im Backofen (100 Grad, Gas 1) warm halten. Vorher die Fäden entfernen. Frühlingszwiebeln im Spargelwasser 5 bis 6 Min. garen. Möhren mit wenig Wasser, 20 g Butter, Salz und Zucker zugedeckt 6 bis 8 Min. dünsten. Die Gemüse auf einer vorgewärmten Platte anrichten. Die restliche Butter in einer Pfanne bräunen. Das Gemüse damit begießen. Zum Schluß mit der gehackten Petersilie bestreuen.

Vorbereitungszeit: 60 Minuten
Garzeit: Spargel 18–20 Minuten, Möhren 6–8 Minuten, Frühlingszwiebeln 5–6 Minuten
Pro Portion etwa 8 g Eiweiß, 22 g Fett, 31 g Kohlenhydrate = 1489 Joule = 356 Kalorien

Das paßt dazu: Kurzgebratenes oder gegrilltes Fleisch.

Wichtig: Diese frühlingshafte Gemüsebeilage lebt davon, daß das Gemüse auch wirklich knackig frisch ist. Woran Sie frisch gestochenen Spargel erkennen und wie Sie ihn behandeln müssen, lesen Sie auf Seite 468.

Salat von grünem und weißem Spargel, Broccoli und Haselnüssen

Für 4 Portionen:
500 g grüner Spargel
500 g weißer Spargel (nicht zu dick, evtl. Bruchspargel)
500 g Broccoli
Salz
1 Tl Zucker
30 g Butter
50 g Haselnußkerne
4–5 El Sherryessig
schwarzer Pfeffer aus der Mühle
6 El Pflanzenöl
2 Eigelb
2 Bund glatte Petersilie

Spargel sorgfältig schälen, beim grünen Spargel nur das untere weiße Ende. Spargel in 5 cm lange Stücke brechen. Broccoli waschen, in Röschen zerteilen und dann putzen. Salzwasser mit Zucker und Butter zum Kochen bringen. Spargel 12 bis 15 Min. darin garen, dann den Broccoli 6 bis 8 Min. im gleichen Wasser garen (Spargel vorher herausnehmen). Gemüse gut abtropfen lassen. Haselnußkerne in einer Pfanne goldbraun rösten, auf ein Drahtsieb geben, die braunen Häutchen abreiben. Nüsse grob hacken. Sherryessig, Salz, Pfeffer in eine Schüssel geben, gut miteinander verrühren. Öl in dünnem Strahl unter ständigem Rühren zugeben. Zum Schluß Eigelb unterrühren.
Petersilie waschen, gut trocken schütteln, grob hacken. Spargel, Broccoliröschen, Nüsse und Petersilie lagenweise in eine Schüssel schichten, mit der Salatsauce begießen, zugedeckt kühl stellen und mindestens 1 Stunde durchziehen lassen.

Vorbereitungszeit: 90 Minuten
Garzeit: insgesamt 20 Minuten
Pro Portion etwa 8 g Eiweiß, 35 g Fett, 11 g Kohlenhydrate = 1703 Joule (407 Kalorien)

Das paßt dazu: Kurzgebratenes Fleisch und Baguette.

Das passende Getränk: Ein trockener Riesling.

Wichtig: Warum Sie beim grünen Spargel nur das untere weiße Ende (und nicht die ganze Spargelstange) schälen müssen, wie Sie überhaupt richtig umgehen mit grünem Spargel, erfahren Sie auf Seite 469.

Spargel-Morchel-Frikassee

Für 4 Portionen:
750 g Spargel
1 Prise Zucker
Salz
250 g frische Morcheln
2 Schalotten
30 g Butter
30 g Mehl
Pfeffer aus der Mühle
¼ l süße Sahne
1 El Zitronensaft
1 Bund Petersilie
2 Eigelb
2 Eier (hart gekocht)

Spargelstangen gut schälen und mit 1 Prise Zucker in Salzwasser etwa 20 Minuten garen. Herausnehmen, Spargelwasser nicht weggießen. Morcheln gut waschen und ebenfalls in kochendem Salzwasser garen (10 Minuten). Herausnehmen und das Kochwasser wegschütten. Schalotten hacken und in der Butter andünsten, zerkleinerte Morcheln zugeben und 10 Minuten dünsten. Dann Mehl überstäuben, mit ¼ l des Spargelwassers auffüllen und mit Salz und Pfeffer würzen. Sahne zugeben und mit Zitronensaft den Geschmack abrunden. Dann in Stücke geschnittene Spargelstangen und die gehackte Petersilie hineingeben. Noch einmal heiß werden lassen und vom Herd nehmen. Die beiden Eigelb mit etwas Sauce verrühren und das Frikassee damit legieren. Frikassee mit den hart gekochten, geachtelten Eiern garnieren.

Vorbereitungszeit: etwa 35 Minuten
Garzeit: Spargel etwa 20 Minuten, Morcheln etwa 20 Minuten
Pro Portion etwa 10 g Eiweiß, 30 g Fett, 14 g Kohlenhydrate = 1669 Joule (399 Kalorien)

Das paßt dazu: Neue Butterkartoffeln.

Das passende Getränk: Ein blumiger Weißwein, z. B. ein Müller-Thurgau.

Wichtig: Eine Frikassee-Sauce wird meistens mit Eigelb „abgezogen“ (der Fachmann sagt „legiert“). Das ist ganz einfach. Auf Seite 31 steht, wie es richtig gemacht wird.

Sehr wichtig: Frische Morcheln gibt es (sehr selten) im April und Mai. Sie können für das Spargel-Morchel-Frikassee selbstverständlich auch getrocknete Morcheln nehmen – und zwar 25 g, die erst eingeweicht und anschließend, wie die frischen, mit Schalotten in Butter gedünstet werden. Wie Sie mit getrockneten Morcheln umgehen, erfahren Sie auf Seite 474.

Vier Spargelsaucen

Käse-Schinken-Sauce

(Im Foto oben links)

Für 4–6 Portionen:
1 Bd. Dill,
1 Bd. Schnittlauch
200 g Lachsschinken
200 g Frischkäse (70%)
⅛ l Milch
2 Eigelb (Gew.-Kl. 2)
50 g Butter, Salz, Pfeffer
⅛ l süße Sahne

Dill und Schnittlauch hakken. Schinken fein würfeln. Käse, Milch, Eigelb glattrühren. Butter bräunen, unter die Käsemischung rühren. Kräuter und Schinken unterheben, salzen, pfeffern. Sahne steifgeschlagen unterheben.

Vorbereitungszeit: 20 Minuten
Pro Portion (bei 4 Port.) 17 g Eiweiß, 45 g Fett, 4 g Kohlenhydrate = 2097 Joule (501 Kal.)

Erbsen-Kerbel-Sauce

(Im Foto unten links)

Für 4–6 Portionen:
1 Pk. tiefgekühlte Erbsen (300 g), 1 Bd. Kerbel
3 Eigelb (Gew.-Kl. 2)
Schale von 1 Limette (dünn abgerieben),
2 El Limettensaft
Salz, weißer Pfeffer
200 ccm Öl
100 g süße Sahne

Erbsen etwa 6 Minuten garen, abgießen, mit dem Schneidstab vom Handrührer pürieren. Kerbel von den Stielen zupfen, kurz kalt abspülen, gut abtropfen lassen, beiseite stellen. Eigelb, Limettenschale und -saft, Salz und Pfeffer miteinander verrühren. Öl unter ständigem Rühren zuerst tropfenweise, dann in dünnem Strahl zugeben. Pürierte Erbsen mit der Sahne zur Mayonnaise geben. Kerbel hacken, unterrühren. Mit Salz und Pfeffer abschmecken.

Vorbereitungszeit: 15 Minuten
Pro Portion (bei 4 Port.) 7 g Eiweiß, 63 g Fett, 10 g Kohlenhydrate = 2269 Joule (662 Kal.)

Hollandaise-Grundrezept

Für 4–6 Portionen:
250 g Butter
4 Eigelb (Gew.-Kl. 2)
Salz, weißer Pfeffer
1 Tl Zitronensaft

Butter in einem Topf schmelzen und einmal kräftig aufschäumen lassen, in einen Topf mit Tülle umgießen, die Molke absetzen lassen (s. S. 30). Eigelb, Salz, Pfeffer, Zitronensaft und 4 El Wasser gut verrühren. Auf der Automatikplatte (3–4) oder im Wasserbad mit einem Schneebesen schaumig-cremig aufschlagen. Geklärte Butter (ohne Molke) unter ständigem Rühren zuerst tropfenweise, dann in dünnem Strahl zugeben.

Vorbereitungszeit: 20 Minuten
Pro Portion (bei 4 Port.) etwa 4 g Eiweiß, 58 g Fett, 1 g Kohlenhydrate = 2344 Joule (560 Kal.)

Krabben-Hollandaise

(Im Foto oben rechts)

Für 4–6 Portionen:

70 g von der Buttermenge des Grundrezepts durch Krebsbutter ersetzen und mit auflösen. 150 g feingewürfeltes Krabbenfleisch unter die Sauce heben.

Vorbereitungszeit: 25 Minuten
Pro Portion (bei 4 Port.) etwa 11 g Eiweiß, 59 g Fett, 1 g Kohlenhydrate = 2648 Joule (632 Kalorien)

Hollandaise mit rosa Pfeffer

(Im Foto unten rechts)

Für 4–6 Portionen:

Hollandaise nach dem Grundrezept herstellen. 2 Tl rosa Pfeffer zerstoßen, unterziehen.

Vorbereitungszeit: 25 Minuten
Pro Portion (bei 4 Port.) 4 g Eiweiß, 58 g Fett, 1 g Kohlenhydrate = 2344 Joule (560 Kal.)

Artischocken à la Barigoule

Für 6 Portionen:
Für die Füllung:
250 g Champignons
1 Dose Sardellenfilets in Öl (17 g Einwaage)
250 g gekochter Schinken (in Scheiben)
Für das Gemüsebett:
100 ccm Olivenöl
1 große Zwiebel (200 g)
1 Möhre
1 Thymianzweig (frisch, ersatzweise getrocknet)
1 Lorbeerblatt
4 Knoblauchzehen
Außerdem:
6 kleine Artischocken (möglichst violette)
1 Zitrone
100 g Bacon
Salz
Pfeffer aus der Mühle
½ l trockener Weißwein

Champignons putzen und sehr fein hacken, Sardellen abtropfen lassen und ebenfalls fein hacken, Schinken in ganz kleine Würfel schneiden. Alles vermengen und vorläufig beiseite stellen.
Für das Gemüsebett einen schweren Topf (Bräter) bereitstellen, in dem die Artischocken eben Platz haben. Olivenöl im Topf erhitzen, die in Scheiben geschnittene Zwiebel und Möhre darin anbräunen. Thymian, Lorbeer und durchgepreßte Knoblauchzehen zugeben, kurz mitdünsten, dann Topf vom Herd nehmen. Von den Artischocken Stiele abbrechen, auch die kleinen äußeren Blättchen abzupfen, Stielansatz mit Zitronensaft einreiben, damit er nicht schwarz wird. Obere Artischockenblätter mit einem scharfen Messer oder einer Schere abschneiden, dann Blätter auseinanderdrücken und das Heu mit einem Teelöffel aus den Artischocken herausschaben. Artischocken unter fließendem Wasser gut abspülen, abtropfen lassen und dann mit der vorbereiteten Farce füllen und mit den Baconstreifen kreuzweise verschließen. Den Topf mit dem Gemüse wieder auf den Herd setzen. Artischocken hineingeben, die äußeren Blätter leicht salzen und mit Pfeffer bestreuen. Weißwein und ½ l Wasser in den Topf gießen, Topf zudecken und die Artischocken 40–45 Minuten kräftig kochen lassen. Vor dem Servieren Artischocken rausnehmen, auf einer tiefen Platte warm stellen und den Sud so lange einkochen lassen, bis er die Konsistenz von dickflüssigem Öl hat. Sud durch ein Sieb gießen, mit Zitronensaft abschmekken und über die Artischocken gießen. Zum Essen Artischockenblätter einzeln von außen nach innen abzupfen, in die Farce tauchen und mit den Zähnen abstreifen. Restliche Farce zusammen mit dem Artischockenboden essen.

Vorbereitungszeit: etwa 45 Minuten
Garzeit: 40–45 Minuten
Pro Portion etwa 14 g Eiweiß, 37 g Fett, 13 g Kohlenhydrate = 2134 Joule (510 Kalorien)

Das paßt dazu: Baguette oder frisch aufgebackenes Meterbrot.

Das passende Getränk: Ein Rotwein aus der Provence.

Wichtig: Auf S. 470/471 wird der richtige Umgang mit Artischocken im Foto genau erklärt.

Artischocken

Stiel der Artischocken abbrechen (siehe Seite 470/471). Stielansatz sofort mit Zitronensaft beträufeln, damit sich das Fruchtfleisch nicht verfärbt. Spitze Blätter mit einem scharfen Messer eventuell stutzen.
In reichlich kochendem Salzwasser (dicht an dicht gelegt) 40 bis 45 Minuten zugedeckt kochen.
Garprobe: Das Fruchtfleisch ist gar, wenn sich die Blätter leicht aus der Frucht herausziehen lassen. Die Artischocken gut abgetropft heiß, lauwarm oder gekühlt servieren.

Sauce Vinaigrette

(links)

Für 4 Portionen:
2 El Weinessig
2 Tl scharfer Senf
Salz
schwarzer Pfeffer aus der Mühle
4–6 El gehackte Kräuter (Petersilie, Schnittlauch, Kerbel, Estragon, Zitronenmelisse u. a.)
8 El Öl

Essig, Senf und Gewürze mit dem Schneebesen verrühren, Kräuter (nach Geschmack und Marktlage) sehr fein hacken, untermischen. Öl nach und nach unter Rühren zugeben. Sauce kurz vor dem Servieren noch einmal kräftig durchrühren und abschmecken.

Vorbereitungszeit: etwa 10 Minuten
Insgesamt etwa 1 g Eiweiß, 97 g Fett, 1 g Kohlenhydrate = 4667 Joule (1115 Kalorien)

Provenzalische Mayonnaise

(Mitte)

Für 4 Portionen:
2 mittelgroße, fleischige Tomaten
4 El Mayonnaise (80%)
1 kleine Zwiebel
1 Knoblauchzehe
Salz, Pfeffer aus der Mühle
1 El Zitronensaft

Tomaten mit kochendem Wasser überbrühen, halbieren und Kerne herausdrücken, Fruchtfleisch durch ein Sieb streichen und mit der Mayonnaise verrühren. Zwiebel sehr fein hacken, Knoblauch durchpressen und beides gleich in die Tomatenmayonnaise geben. Mit Salz, Pfeffer und Zitronensaft abschmecken.

Vorbereitungszeit: 15 Minuten
Insgesamt etwa 3 g Eiweiß, 64 g Fett, 10 g Kohlenhydrate = 2716 Joule (649 Kalorien)

Zitronenbutter

(rechts)

Für 4 Portionen:
125 g Butter
4 El Zitronensaft
1 Tl abgeriebene Zitronenschale
1 Tl Salz
1 Prise Cayennepfeffer

Zimmerwarme Butter mit den Gewürzen schaumig rühren, abschmecken und ungekühlt servieren.

Vorbereitungszeit: 5 Minuten
Insgesamt etwa 1 g Eiweiß, 104 g Fett, 5 g Kohlenhydrate = 4667 Joule (1115 Kalorien)

Das passende Getränk: Ein voller, trockener Weißwein, z. B. ein Orvieto oder ein Meursault.

Wichtig: Artischocken sind eigentlich nichts weiter als die Blütenknospen einer distelähnlichen Pflanze aus dem Mittelmeerraum. Wie man sie richtig behandelt und zubereitet, lesen Sie auf Seite 470/471.

Gebratene Champignons mit Frühlings-zwiebeln und Brunnenkresse

Für 4 Portionen:
1 Bund Brunnenkresse
4 sehr dicke Scheiben Weißbrot
100 g Butter
4 kleine Tomaten
2 Bund Frühlingszwiebeln (etwa 600 g)
1 gestrichener El mittelscharfer Senf
200 g süße Sahne
Salz
weißer Pfeffer aus der Mühle
12 gleich große rosa Champignons (etwa 500 g, ersatzweise Steinpilze oder Maronen)

Brunnenkresse verlesen, grobe Stengel abschneiden. Blätter kurz in reichlich Wasser waschen und zum Abtropfen auf einem Durchschlag beiseite stellen. Brotscheiben auf beiden Seiten hauchdünn mit Butter bestreichen und im Backofen bei 200 Grad (Gas 3) in etwa 15 Minuten goldbraun rösten. Tomaten mit auf den Rost legen. Inzwischen Frühlingszwiebeln waschen, putzen und in Ringe schneiden. 20 g Butter erhitzen, Frühlingszwiebeln tropfnaß unterrühren und 3 Minuten dünsten. Senf mit Sahne verrühren und zugießen, heiß werden lassen. Mit Salz und Pfeffer abschmecken und bei milder Hitze warm halten. Champignons kurz waschen und putzen, jeden Pilz in 3 dicke Scheiben schneiden. Pilzscheiben in der restlichen Butter portionsweise (dabei auch die Butter portionieren) von jeder Seite 2 Minuten braten, dann salzen und pfeffern. Mit einer Schaumkelle aus der Pfanne heben und warm stellen. Brunnenkresse ganz kurz in der heißen Bratbutter schwenken und auf 4 vorgewärmte Teller verteilen. Auf jede Portion eine Brotscheibe legen und die Pilze darüber verteilen. Den angesammelten Pilzsaft in die Frühlingszwiebelsauce rühren und die Sauce über die Pilze gießen oder extra reichen. Tomaten daneben legen. Salat sofort servieren.

Vorbereitungszeit: 30 Minuten
Garzeit: etwa 25 Minuten
Pro Portion etwa 16 g Eiweiß, 31 g Fett, 63 g Kohlenhydrate = 2536 Joule (606 Kalorien)

Das paßt dazu: Dieser Salat ist entweder eine frühlingshafte Vorspeise bei einem Menü. Oder mit kurzgebratenem Fleisch ein kleines Hauptgericht.

Wichtig: Champignons sind „pflegeleichte“ Pilze, die in der Küche kaum Arbeit machen. Weiterer Vorteil: Sie sind auch frisch das ganze Jahr über auf dem Markt. Was Sie noch über den Champignon und Pilze im allgemeinen wissen sollten, lesen Sie auf S. 472/473.

Champignonsuppe mit Basilikum

Für 4 Portionen:
1 Markknochen
3 Suppenknochen
1 Bund Suppengrün
1 mittelgroße Zwiebel
1 Lorbeerblatt
750 g kleine weiße Champignons
50 g Butter oder Margarine
40 g Mehl
2 El trockener Sherry
3 Eigelb
200 g Crème fraîche
2 Bund frisches Basilikum
Salz
weißer Pfeffer aus der Mühle

Mark- und Suppenknochen mit 1½ l Wasser zum Kochen bringen und abschäumen. Suppengrün putzen, grob zerkleinern und mit der gepellten Zwiebel und dem Lorbeerblatt zu den Knochen geben. Brühe bei milder Hitze 1 Stunde offen kochen lassen. Anschließend durch ein Sieb gießen.

Inzwischen Champignons putzen, kurz unter fließendem Wasser abspülen und gründlich abtropfen lassen oder mit Küchenkrepp trocken tupfen.

Fett erhitzen, Pilze im ganzen darin andünsten, mit Mehl bestäuben und mit 1 l Brühe ablöschen. Suppe 10 Minuten leise kochen lassen.

Sherry mit Eigelb und Crème fraîche verrühren, Suppe damit legieren. Zum Schluß das gehackte Basilikum zugeben und die Champignonsuppe mit Salz und Pfeffer abschmecken.

Vorbereitungszeit: 15 Minuten
Garzeit: insgesamt 1 Stunde und 10 Minuten
Pro Portion etwa 13 g Eiweiß, 35 g Fett, 18 g Kohlenhydrate = 1981 Joule (474 Kalorien)

Variation: Wenn Sie kein frisches Basilikum bekommen, können Sie die Champignonsuppe auch mit Petersilie (möglichst mit glatter) zubereiten.

Das paßt dazu: Knusprige Brötchen oder frisches Weißbrot.

Das passende Getränk: Wenn überhaupt, dann vor der Suppe ein trockener Sherry.

Wichtig: Diese feine, frische Suppe lebt davon, daß sie auf einer selbst gekochten Brühe angesetzt wird. Sie schmeckt nur halb so gut, wenn man für die Zubereitung vorgefertigte Brühen nimmt. Es sollte übrigens immer eine selbst gekochte Rinderbrühe sein; eine Hühnerbrühe wäre im Fall dieser Champignonsuppe zu fade und nichtssagend. Lesen Sie dazu die Seite 20: Gute Brühe braucht Zeit.

Steinpilze mit geschmolzenen Tomaten

Für 4 Portionen:
375 g Tomaten
375 g Steinpilze
etwas Mehl zum Wenden
150 g Butter
Salz
Pfeffer aus der Mühle
1 Knoblauchzehe
1 Bund Dill
½ Kasten Kresse
½ Bund Petersilie

Tomaten kurz in kochendes Wasser legen, herausheben, mit kaltem Wasser abschrecken, Haut abziehen. Tomaten vierteln, Kerne aus dem Fleisch herausdrücken. Die vorbereiteten Tomaten beiseite stellen.
Pilze gründlich putzen. Nur wenn nötig, waschen. Pilze schneiden und in Mehl wenden. Etwas Butter in einer Pfanne schmelzen lassen. Pilzscheiben darin nacheinander braten. Nach Bedarf restliche Butter zugeben. Pilze nach dem Braten würzen und warm halten. Tomaten in die Pfanne geben, mit dem durchgepreßten Knoblauch und den gehackten Kräutern mischen und heiß werden lassen. Anschließend über die angerichteten Pilze geben und sofort servieren.

Vorbereitungszeit: 20 Minuten
Garzeit: insgesamt 15 Minuten
Pro Portion etwa 3 g Eiweiß, 32 g Fett, 8 g Kohlenhydrate = 1415 Joule (338 Kalorien)

Kleiner Tip: Wichtig für gutes Gelingen bei Steinpilzen ist, daß sie immer in einer großen, weit geöffneten Pfanne gebraten werden. In einem kleineren Gefäß werden sie leicht schleimig, weil die Flüssigkeit nicht schnell genug verdampfen kann.

Das paßt dazu: Baguette.

Das passende Getränk: Wenn überhaupt, dann ein leichter Rotwein, der wenig oder keine Gerbsäure hat.

Wichtig: Wenn Sie mehr über Steinpilze wissen wollen, lesen Sie bitte die Seite 473.

Pilzklöße in Rinderbouillon

Für 4 Portionen:
Für die Bouillon:
375 g Ochsenbein
375 g Querrippe
1 Bund Suppengrün
1 El Instant-Brühe
Für die Klöße:
30 g Butter
1 Zwiebel
500 g gemischte Pilze (z. B. Sandröhrlinge, Maronen, Birkenpilze)
125 g Kalbsbratwurst
½ Kasten Kresse
Salz
Pfeffer aus der Mühle
4 El Semmelbrösel

Fleisch zusammen mit dem geputzten, nicht zerkleinerten Suppengrün und der Instant-Brühe in 1½ l Wasser kalt aufsetzen und bei milder Hitze langsam kochen lassen. Topf dabei nicht zudecken, damit die Bouillon klar bleibt. Zwischendurch abschäumen. Suppengrün und Fleisch aus der Bouillon nehmen.
Für die Klöße Butter in einer Pfanne flüssig werden lassen. Die fein gehackte Zwiebel darin glasig braten. Geputzte Pilze klein schneiden und dann im Fett so lange offen dünsten, bis die Flüssigkeit ganz verdampft ist. Pilz-Zwiebel-Masse auskühlen lassen. In der Zwischenzeit Bratwurstfüllung aus der Haut drücken und mit der Kresse mischen. Pilz-Zwiebel-Masse zugeben, mit Salz und Pfeffer abschmecken. Zum Binden Semmelbrösel zugeben. Teig gut durchkneten und anschließend etwas ausquellen lassen. Aus dem Teig mit nassen Händen 8 Klöße formen. Klöße in der Bouillon 15 Minuten ziehen, aber nicht kochen lassen. Die Pilzklöße werden in der Bouillon als Vorspeise gereicht.

Vorbereitungszeit: 45 Minuten
Garzeit: 15 Minuten
Pro Portion etwa 8 g Eiweiß, 19 g Fett, 20 g Kohlenhydrate = 1128 Joule (269 Kalorien)

Das paßt dazu: Baguette, Weißbrot oder auch eine Portion körnig gekochter Reis.

Wichtig: Beim Ansetzen einer guten Fleischbrühe müssen Sie einige wichtige Dinge beachten. Sie werden auf Seite 20/21 ausführlich erklärt.

Gemüsetopf mit Kastanien

Für 6–8 Portionen:
1,5 kg Eßkastanien (etwa 750 g netto)
375 g durchwachsener Speck
2 Zwiebeln
1 Lorbeerblatt
500 g Porree
500 g Möhren
1 kg Sellerie
500 g Weißkohl
30 g Pflanzenfett
Salz
weißer Pfeffer aus der Mühle
½ l Hühnerbrühe (eventuell Instant)
1 Bund glatte Petersilie
100 g Butter

Eßkastanien auf der rund gewölbten Seite einritzen, mit der flachen Seite auf ein Backblech legen und auf der mittleren Einschubleiste im vorgeheizten Backofen bei 200 Grad (Gas 3) etwa 20 Minuten rösten. Dann so heiß wie möglich aus den Schalen brechen und die braunen Häutchen entfernen.
Speck mit einer Zwiebel und dem Lorbeerblatt in ½ l kochendem Wasser 60 Minuten kochen.
Inzwischen Gemüse putzen und waschen. Porree in Ringe, Möhren in Scheiben, Sellerie in Stifte und Weißkohl in Streifen schneiden.
Die zweite Zwiebel würfeln. Pflanzenfett in einer feuerfesten Form erhitzen, Zwiebel darin andünsten, vorbereitetes Gemüse zugeben und ebenfalls andünsten. Mit Salz und Pfeffer würzen und die Hühnerbrühe zugießen. Den Eintopf 30 Minuten leise kochen lassen. In den letzten 10 Minuten Eßkastanien zugeben. Jetzt möglichst nicht mehr umrühren, damit die Eßkastanien nicht zerfallen. Gewaschene Petersilie hacken, kurz vor dem Servieren unter das Gemüse mischen. Speck aus der Brühe heben, etwas abkühlen lassen, in dünne Scheiben schneiden und auf dem Gemüsetopf anrichten. Butter braun werden lassen und getrennt zum Gemüsetopf reichen.

Vorbereitungszeit: etwa 2 Stunden
Garzeit: 1½ Stunden
Pro Portion (bei 8 Portionen) etwa 11 g Eiweiß, 45 g Fett, 57 g Kohlenhydrate = 2930 Joule (700 Kalorien)

Das passende Getränk: Ein deutscher Spätburgunder oder ein Valpolicella.

Wichtig: Ehe man Kastanien zubereiten kann, muß immer erst die feste Schale geknackt werden. Wie das gemacht wird, steht auf Seite 474.

Kastanien-Küchli

Für etwa 6 Stück:
500 g Eßkastanien
(etwa 250 g netto)
2 Eier
1 Prise Salz
70 g Zucker
etwas Muskatnuß
(frisch gerieben)
60 g Semmelbrösel
100 g Pflanzenfett zum Braten

Eßkastanien auf der rund gewölbten Seite über Kreuz einritzen, mit Wasser bedeckt etwa 20 Minuten kochen, bis die Schale aufplatzt. Eßkastanien abgießen, etwas abkühlen lassen, dann aus den Schalen brechen und die braunen Häutchen entfernen. Gepellte Eßkastanien durch ein Sieb streichen, mit 1 Ei mischen, mit 1 Prise Salz, 20 g Zukker und einem Hauch Muskatnuß abschmecken. Aus dem Eßkastanienteig kleine flache Küchlein formen. Das zweite Ei aufschlagen. Die Küchlein erst darin und dann in den Semmelbröseln wenden. Pflanzenfett in einer Pfanne erhitzen. Die Küchlein darin von beiden Seiten goldbraun braten, anschließend mit dem restlichen Zucker bestreuen und zu Kompott oder einem anderen Dessert servieren.

Vorbereitungszeit: 40 Minuten
Garzeit: insgesamt 30 Minuten
Pro Stück etwa 5 g Eiweiß, 19 g Fett, 33 g Kohlenhydrate = 1407 Joule (336 Kalorien)

Wichtig: Es gibt zwei Methoden, die harte Schale der Kastanien zu knakken. Beide werden auf Seite 474 erklärt.

20. KAPITEL

KLÖSSE, KNÖDEL, NUDELN, REIS

- Nudeln aus der eigenen Küche
- Spätzle schaben
- Nudeln aus der Tüte
- Kleine Reis-Kunde
- Reis körnig kochen
- Geschmorter Reis
- Milchreis kochen
- Klöße aus Kartoffeln
- Hefeklöße
- Semmelknödel
- Abgebrannte Klößchen: Schwemm- und Grießklößchen

Selbstgemachte Nudeln in drei Farben (mit Spinat und Tomatenmark) sind mehr als eine einfache Beilage: Sie sind ein Festessen! Rezept auf der nächsten Seite.

Nudeln aus eigener Küche

Selbstgemachte Nudeln, frisch gekocht, so lange sie noch nicht hart geworden sind, sind eine Delikatesse. **Das Grundrezept:** 1 Ei auf 100–125 g Mehl (je nach Größe der Eier und Aufnahmefähigkeit des Mehls). Außerdem auf 250 g Mehl noch 1 El Öl und bei Bedarf (wenn der Teig zu fest ist) 1 El kaltes Wasser. **Färben:** Auf diese Menge 2–3 El fein pürierten, gut ausgedrückten Spinat oder 2 El Tomatenmark (dann kein Wasser!). **Kneten:** Zutaten mit zwei Messern (Palette) mischen (dabei etwas Mehl zurücklassen), danach mit bemehlter Hand zu einem Kloß zusammendrücken, mindestens 10 Min. weiter kneten (bei Bedarf Mehl zugeben). Teig mit dem Handballen immer wieder flachdrücken, schlagen, wieder drücken, bis er glatt, glänzend und elastisch ist. Zwischen zwei Schüsseln an einem warmen Platz 30–60 Min. ruhen lassen. **Ausrollen:** Auf leicht bemehlter Arbeitsfläche hauchdünn ausrollen. Für **Bandnudeln** etwas antrocknen lassen, zusammenrollen. Für **gefüllte Nudeln** 2 Teigplatten rollen, Füllung in Häufchen auf eine setzen, andere darüberklappen, ausstechen. **Garen:** Immer in reichlich Salzwasser! Nicht abspülen! Ungefüllte frische Nudeln brauchen 3–5 Min.

Mehl wie einen Kranz aufs Backbrett setzen, in die Mitte Eier, Salz, Öl, Wasser, Spinat oder Tomatenmark geben. Zuerst mit zwei Messern, dann mit bemehlter Hand zusammenkneten. Weiterarbeiten, wie oben beschrieben.

Fertigen Teig auf bemehlter Arbeitsfläche hauchdünn ausrollen, mit Mehl bestäuben, etwas antrocknen lassen. Danach zusammengerollt zu Nudeln schneiden. Rechtecke: Lasagne, Cannelloni, Maultaschen. Kreis: Tortellini, Ravioli, Schleifen.

Spätzle schaben

Sind mit Nudeln zwar eng verwandt, aber weicher und lockerer. **Grundrezept:** Auf 500 g mindestens 4 Eier (je mehr, je besser), 2 gestr. Tl Salz und (je nach Eierzahl) bis zu ¼ l Wasser. **Kneten:** Mit dem Holzlöffel (oder Knethaken) so lange schlagen, bis der Teig elastisch ist und Blasen wirft. **Schaben und garen:** In kleinen Portionen auf ein nasses Brett streichen, mit dem Messer ins siedende Wasser schaben. Wenn sie an die Oberfläche steigen, herausnehmen, in lauwarmes Wasser tauchen. Vor dem Servieren in Butter „schmälzen".

1

2

Spätzleteig vom nassen Brett mit nassem Messer ins siedende Wasser streichen (1). Wenn sie an die Oberfläche gestiegen sind, mit Schaumkelle herausfischen. In lauwarmem Wasser (2) aufbewahren, bis alle fertig sind.

Nudeln aus der Tüte

Von der Industrie hergestellte Teigwaren werden immer in sehr reichliches, kochendes Salzwasser gegeben (mindestens 2 l auf 250 g) und genau nach Vorschrift „bißfest" gekocht. **Makkaroni für einen Auflauf:** Nur knapp gar kochen, mit kaltem Wasser abschrecken, um den Kochprozeß abzustoppen. Mit geriebenem Käse und Würfelschinken in eine gefettete Form schichten, mit Eier-Milch (2–3 Eier und ¼ l Milch für 250 g) übergießen. Obendrauf noch einmal Käse, Butterflöckchen/Speckwürfel (30 Min. bei 225 Grad).

1

Makkaroni für einen Auflauf schrecken Sie nach dem Kochen in einem Durchschlag mit kaltem Wasser ab (1). Mit Käse, Eier-Milch und Butterflöckchen in eine feuerfeste Form geschichtet, bleiben sie 30 Minuten im Backofen (2).

2

1. Rundkornreis, weiß, geschliffen

2. Mittelkornreis, parboiled (Avorio)

3. US-Langkornreis, parboiled

4. Naturreis, Rundkorn, enthülst

5. Naturreis, Langkorn, enthülst

6. Wilder Reis (dem Reis verwandte Grasart)

Reis körnig kochen

Jede Reissorte hat ihre besonderen Kocheigenschaften. **Langkornreis (3):** Er ist geschält, vorher mit Dampf und Druck so behandelt, daß Vitamine und Mineralstoffe aus der Schale und dem Silberhäutchen in das Innere des Kornes wandern (parboiled). Er bleibt beim Kochen körnig-locker. **Mittelkornreis (2),** ebenfalls parboiled, klebt etwas, bleibt trotzdem körnig, ist besonders gut für geschmorte Reisgerichte wie Risotto. **Rundkornreis (1)** ist weiß, geschliffen, kocht weich und breiig, nur für Milchreis und Reispudding geeignet. **Naturreis (4 + 5),** sowohl **Rund-** wie auch **Langkorn,** ist nur enthülst, nicht geschält. Das Silberhäutchen mit dem Keim ist noch dran. Er bleibt beim Kochen bräunlich, körnig und hat eine längere Garzeit (35–50 Min.). Wird bei längerer Lagerung ranzig! **Wildreis (6):** Samen einer nordamerikanischen Grasart, schmeckt würzig, muß eingeweicht werden, braucht dreifache Menge Wasser, Garzeit 45 Min. Die **einfachste Methode** für jede Art von „Wasserreis“: Körner in reichlich kochendes Salzwasser schütten. Probieren, ob gar, über einem Sieb abgießen, ausdampfen lassen.

Reis zum Warmhalten auf eine ofenfeste Platte schütten, Butterflöckchen aufsetzen, mit Alufolie abdecken, in den auf 150° C vorgeheizten Ofen stellen. Wasserreis hält sich im Kühlschrank, abgedeckt, 8 Tage.

Reis zum Anrichten in gutgebutterte Formen (Ringform, Tassen) drücken und stürzen. Eventuell vorher mit Käse, Butterflöckchen, Kräutern mischen (z. B. Dill für Fischgerichte).

Geschmorter Reis

Sie können den Reis auch mit einer genau abgemessenen Menge Wasser bei milder Hitze ausquellen lassen. Dabei gehen keine Vitamine und Mineralstoffe verloren! **Wichtig:** Reis und Flüssigkeit vorher genau abmessen, einmal aufkochen, langsam ausquellen lassen. Noch schmackhafter wird der Reis, wenn Sie ihn vorher in Fett glasig andünsten und mit heißer Brühe aufgießen (Fotos unten). Garzeit und Flüssigkeitsverhältnis: für Parboiled-Reis 20–30 Min. (1:2 bis 2½), Naturreis 30–50 Min. (1:2½), Wildreis, eingeweicht, 45 Min. (1:3).

*Für **Risi-Pisi** den trockenen Reis in Butter solange rösten, bis alle Körner hellgelb und glasig durchscheinend sind (1). Feingewürfelte Zwiebel und etwas Würfelschinken (nach Belieben) mitrösten. Mit 2 Tassen kochender Hühnerbrühe aufgießen (2), 1 Tasse Erbsen zugeben, eine weitere Tasse voll heißer Brühe bereithalten, nach Bedarf löffelweise zugießen. Öfter mit einer Gabel umrühren. Vor dem Anrichten Butterflöckchen und geriebenen Parmesan unterziehen (3).*

Milchreis kochen

Reis, in Milch gekocht, auch mit Sahne und/oder Eiern verfeinert, warm oder kalt serviert, ergibt gehaltvolle Desserts – wie z. B. Schweizer Reis. **Wichtig:** Die Mischung aus Reisstärke, Milch und Zucker brennt leicht an, was mit Tricks verhindert werden kann: Sie geben den Zucker erst hinterher dazu. Oder Sie blanchieren den Reis vorher in Salzwasser. Oder in einem schweren Topf ein Stück Butter zergehen lassen, ehe Sie die Milch darin kochen. Reis darin einmal aufkochen, bei milder Hitze (Ofen: 150 °C) ausquellen lassen.

Schweizer Reis: *125 g Reis (Langkorn- oder Milchreis) in viel Salzwasser 5 Min. brausend kochen, abgießen und abtropfen lassen (1). ½ l Milch und ¼ l Sahne mit einer aufgeschlitzten Vanilleschote aufkochen, vom Feuer nehmen, Reis dazu, aufkochen und bei ganz milder Hitze in etwa 30 Min. ausquellen lassen (2). Gelegentlich umrühren, damit nichts anhängt. Mit Zucker nach Geschmack würzen. Kalt mit gedünsteten Kirschen servieren (3).*

Klöße aus Kartoffeln

Das Rezept für einen Teig aus gekochten Kartoffeln, aus dem Sie vielerlei Klöße machen können, ist ganz einfach: Für 4 Portionen am Vortag 500 g ungeschälte Kartoffeln kochen, pellen, kühl stellen. Am nächsten Tag reiben, mit 150 g Mehl, 2 Eiern, etwas Salz zu glattem Teig verarbeiten. Auf der bemehlten Arbeitsfläche mit bemehlten Händen eine Rolle daraus formen, in 8–12 gleichgroße Stücke teilen, daraus mit bemehlten Händen Klöße rollen. **Wichtige Regeln fürs Klößekochen:** 1. In einem möglichst großen, breiten Topf viel Salzwasser zum Kochen bringen. Die Klöße müssen im Wasser bequem nebeneinander schwimmen können! 2. Einen **Probekloß** kochen, um zu sehen, welche Garzeit er hat. Prüfen, ob der Teig die richtige Konsistenz hat. Zerfällt der Probekloß, Mehl unter den Teig arbeiten. 3. Alle Klöße müssen gleichmäßig groß und fertig gedreht sein, ehe sie schnell nacheinander ins kochende Wasser kommen. 4. Die Hitze sofort herunterschalten, wenn die Klöße im Wasser sind. Sie dürfen nur „ziehen" und nicht sprudelnd kochen, weil sie sonst zerfallen.

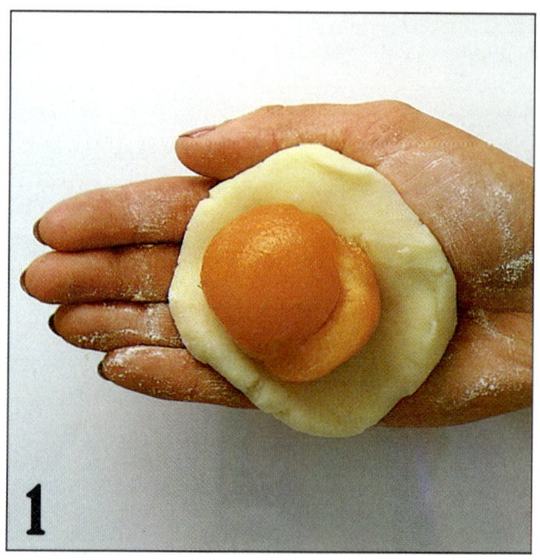

1

2

Auf dem großen Foto sehen Sie, wie viele verschiedene Beilagen Sie aus einem Teig machen können: Oben die Teigrolle, aus der alle geschnitten werden. Links Bubenspitzen (Schupfnudeln), daneben Nocken (Gnocchi) und runde Klöße.

Für Aprikosenknödel *(links) Früchte halbieren und anstelle des Steins ein Zukkerstück hineinsetzen. Kloßteig sehr flach drükken, damit er die Frucht mühelos umhüllen kann (1). Dann vorsichtig und sorgfältig zusammendrükken (2).*

Hefeklöße

Für 8–12 Klöße brauchen Sie: 500 g Mehl, 30 g frische Hefe (1 Btl. Trockenhefe), ¼ l lauwarme Milch, 1 Ei, ½ Tl Salz (für süße Klöße abgeriebene Zitronenschale). Diese Zutaten mit den Knethaken vom Handrührer zu einem glatten Teig verarbeiten, nach Belieben 1–2 El weiche Butter zugeben. Wenn der Teig sich als elastischer Kloß von der Schüssel löst und Blasen wirft, mit einem Tuch abdecken und an einem warmen Platz 20 Min. gehen lassen. Danach mit der Hand durchkneten, Klöße daraus formen. Auf einem bemehlten Brett noch einmal gehen lassen. **Wichtig:** Hefeklöße werden im zugedeckten Topf in Salzwasser etwa 20 Min. gegart. Das Wasser muß dabei die ganze Zeit kochen! Deckel erst nach der Garzeit abnehmen, Klöße mit der Schaumkelle herausfischen und sofort mit zwei Gabeln aufreißen, damit der Dampf entweichen kann. **Für Dampfnudeln (Buchteln):** In einem breiten, feuerfesten Deckeltopf 50 g Butter zerlassen, ¼ l Milch und 50 g Zucker darin aufkochen. Klöße nebeneinander darin zugedeckt im Ofen bei 200 Grad garen.

1

2

Hefeklöße in einem breiten Topf, der zu einem Drittel mit sprudelnd kochendem Wasser gefüllt ist, garen. Deckel drauf und erst nach 20 Min. wieder lüften. Knödel rausnehmen, sofort aufreißen (unten) und mit brauner Butter begießen.

Semmelknödel

Sie passen besonders gut zu Sauerkraut mit Rauchfleisch, zu Pilzgulasch, zu kräftigen Saucen überhaupt. So werden sie gemacht: 50 g durchwachsenen, gewürfelten Speck knusprig ausbraten. 2–3 gewürfelte Zwiebeln darin glasig braten. Dann mit dem Speck aus der Pfanne nehmen, etwas Butterschmalz zum Speckfett geben. Würfel von 6 alten Brötchen darin goldbraun rösten. ¼ l heiße Milch darüber gießen und mindestens 10 Min. ausquellen lassen. Danach 4 Eier und 2 Eigelb untermischen. Mit Salz, Pfeffer und viel feingehackter Petersilie (oder Majoran) würzen. Aus der Masse mit nassen Händen 8 Knödel formen. In heißem, aber nur siedendem Wasser(!) in 20 Min. gar ziehen lassen. **Variation:** Semmelknödel schmecken auch „süß" mit Obst. Dann nehmen Sie statt Speck 60–80 g Butterschmalz, lassen Zwiebeln, Pfeffer und Kräuter fort und würzen statt dessen mit abgeriebener Zitronenschale. Wenn Klöße übrig bleiben, schneidet man sie in fingerdicke Scheiben, brät sie in reichlich Fett, schlägt 1–2 verquirlte Eier darüber und ißt sie mit grünem Salat.

1

2

Die in Fett kross gerösteten Brötchenwürfel müssen in heißer Milch erst quellen und dann wieder kalt werden, bevor Sie Eier, Speckwürfel und Kräuter zugeben (links). Klassisch: Semmelknödel mit Sauerkraut und Rauchfleisch (unten).

Abgebrannte Klößchen

Sie sind eigentlich zu Unrecht etwas aus der Mode gekommen, diese kleinen, zarten Klößchen, die aus einer schlichten Bouillon eine magenfüllende Suppe machen, die aber auch mit Zimtzucker, brauner Butter und Kompott eine sättigende Nachspeise sind. Wahrscheinlich liegt es daran, daß der Teig für diese Klößchen „abgebrannt" werden muß, was umständlich und kompliziert klingt – und doch ganz einfach ist. Sie können den Teig übrigens gut vorbereiten und (im Kühlschrank) sogar bis zum nächsten Tag aufbewahren. Auch bereits gegarte Klößchen können Sie in Wasser oder Brühe wieder erhitzen oder in Butter aufbraten. **Also:** Diese Klößchen sind immer genau das richtige, wenn es darum geht, eine etwas knapp geratene Mahlzeit aufzuwerten. **Grundmenge für Grießklößchen:** ¼ l Milch, 50 g Butter/Margarine, 1 Prise Salz, 100 g Grieß, 3 Eier. Reicht als Suppeneinlage für 4 bis 8 Portionen, z. B. in Hühnersuppe oder zu gedünsteten Früchten. **Grundmenge für Schwemmklößchen:** ¼ l Milch, 20–30 g Butter, Salz, Muskat, 125 g Mehl, 3 Eier (oder 1 ganzes in die Masse rühren, etwas abkühlen lassen und 2–3 Eigelb unterziehen). Wie die Klößchen abgebrannt werden, wird in den Bildunterschriften erklärt.

1

Milch, Fett und Salz aufkochen, Grieß oder Mehl unter ständigem Rühren einrieseln lassen (1). Kräftig weiterrühren, bis die Masse in einem dicken Kloß am Löffel hängt und sich am Topfboden eine feine Haut bildet (2).

2

3

Topf vom Herd nehmen, sofort ein Ei unterrühren, etwas abkühlen lassen. Danach die restlichen Eier (bzw. Eigelb) gut untermischen. Die Masse etwas ruhen lassen.

4

Mit zwei Löffeln längliche Klößchen formen. Löffel zwischendurch immer wieder in lauwarmes Wasser tauchen! Klößchen in leise siedendem Wasser gar ziehen lassen.

5

Grießklößchen brauchen etwa 5 Minuten, Schwemmklößchen 3–4 Min. In Wasser warm halten und erst kurz vor dem Servieren in die Suppe geben. Beide sind gut für Hühnersuppe oder für Obstsuppen und Kompott.

REZEPTE

DIE SIE AUF DEN NÄCHSTEN SEITEN FINDEN

Hefeklöße mit Pflaumensauce

Für 6 Portionen:
Für die Klöße:
15 g frische Hefe
⅛ l Milch
250 g Mehl
1 El Zucker
1 Ei, Salz
25 g Butter
Für die Sauce:
1 Glas Pflaumen ohne Steine (450 g Einwaage)
1 Tl gemahlener Zimt
2 El Rum

Hefe zerbröckeln und in der lauwarmen Milch auflösen. Mehl in eine Schüssel geben, das Hefe-Milch-Gemisch, Zucker, Ei und 1 Prise Salz zugeben, in der Küchenmaschine oder mit den Knethaken des Handrührers zu einem glatten, lockeren Teig verarbeiten. Teig zudecken und an einem warmen Platz 20 Minuten gehen lassen. Aus dem gegangenen Teig sechs runde Klöße formen und auf bemehlter Unterlage noch einmal gehen lassen (etwa 15 Minuten).
Klöße in kochendes Salzwasser geben, Topf zudecken und erst nach 20 Minuten wieder öffnen, wenn die Klöße fertig sind. Klöße herausnehmen, sofort mit zwei Gabeln aufreißen, damit der Dampf entweichen kann, dann die Butter bräunen und in die Klöße gießen. Während die Klöße kochen, die Pflaumensauce bereiten. Pflaumen dafür auf einem Sieb abtropfen lassen, mit dem Schneidstab des Handrührers zerkleinern, erhitzen und mit Zimt und dem Rum abschmecken.

Vorbereitungszeit: etwa 45 Minuten
Garzeit: 20 Minuten
Pro Portion etwa 7 g Eiweiß, 6 g Fett, 52 g Kohlenhydrate = 1289 Joule (308 Kalorien)

Wichtig: Alles über den richtigen Umgang mit Hefeklößen lesen Sie auf Seite 511. Sehr wichtig ist es übrigens, daß der Dekkel während des Garens auf keinen Fall vom Topf genommen werden darf.

Rohe Kartoffelklöße

Für 4 Portionen:
3 kg mehlig kochende Kartoffeln
50 g Toastbrot
20 g Butter, Salz

1 kg Salzkartoffeln kochen.
Toastbrot klein gewürfelt in Butter goldbraun rösten, auskühlen lassen.
Rohe Kartoffeln schälen, grob zerkleinern, reiben. Saft auffangen und stehenlassen, bis sich die Stärke abgesetzt hat. Trockene Kartoffelmasse mit den Fingern zerreiben, bis sie ganz locker ist (gröbere Stücke dabei aussortieren). Die gekochten Kartoffeln mit dem Schneidstab des Handrührers mit der Flüssigkeit pürieren, Püree vorsichtig erhitzen. Wasser soweit wie möglich von der Kartoffelstärke abgießen, Stärke zu den rohen Kartoffeln geben, zum Kochen bringen. Das kochende Püree sofort auf die rohen Kartoffelflocken gießen, dann schnell vermischen, bis sich der Teig als Kloß vom Topf löst. Kloßteig in acht Portionen teilen. Zunächst aus jedem Teil ein Nestchen formen, in die Höhlung jeweils ein paar geröstete Brotwürfel geben, Teigmasse zusammendrücken, mit nassen Händen runde Klöße formen.
Klöße in kochendes Salzwasser geben, Hitze zurückschalten. Klöße im offenen Topf in 20 Min. gar ziehen lassen.

Vorbereitungszeit: 45 Minuten
Garzeit: 20 Minuten
Pro Kloß etwa 7 g Eiweiß, 2 g Fett, 59 g Kohlenhydrate = 1243 Joule (297 Kalorien)

Sauerbraten

Für 4 Portionen:
½ l Rotwein
⅛ l Rotweinessig
2 Zwiebeln
ein paar Pfefferkörner
2 Lorbeerblätter
6 Wacholderbeeren
2 Pimentkörner
1 kg Rinderschmorbraten
Salz
30 g Schweineschmalz
⅛ l süße Sahne

Rotwein und Essig mischen, Zwiebeln pellen und halbieren, zusammen mit den Pfefferkörnern, Lorbeerblättern, den zerdrückten Wacholderbeeren und Pimentkörnern ins Essig-Weingemisch geben. Schmorbraten hineinlegen, so daß er bedeckt ist, und zwei Tage an einem kühlen Ort marinieren. Vor dem Garen das Fleisch herausnehmen, mit Küchenkrepp trockentupfen, dann mit Salz einreiben. In einem Bräter Schmalz erhitzen, Fleisch darin rundum braun anbraten. Beize durch ein Sieb gießen, Gewürze aus dem Sieb zum Fleisch geben und kräftig anbraten. Dann nach und nach Beize in ganz kleinen Portionen nachgießen, Topf zudekken und den Inhalt 1 ¾ bis 2 Stunden schmoren lassen. Fleisch warm stellen, Bratenfond durch ein Sieb gießen, etwas einkochen lassen und mit Sahne binden.

Vorbereitungszeit: 15 Minuten
Garzeit: etwa 2 Stunden
Pro Portion etwa 54 g Eiweiß, 35 g Fett, 4 g Kohlenhydrate = 2825 Joule (675 Kalorien)

Das passende Getränk: Ein deutscher Burgunder, z. B. einer von der Ahr.

Wichtig: Im 4. Kapitel: „Schmoren und Dünsten“ erfahren Sie noch mehr darüber, wie Sie zu einem guten Schmorbraten kommen.

Serviettenknödel

Für 4 Portionen:
300 g Toastbrot
30 g Butterschmalz
300 g Mehl
3 Eier (getrennt)
Salz, ¼ l Milch
50 g zerlassene Butter

Toastbrot in kleine Würfel schneiden, in einer Pfanne im Butterschmalz goldgelb rösten, dann auskühlen lassen. Mehl mit Eigelb und Salz verrühren, Milch nach und nach untermischen, Teig mit den Knethaken des Handrührers gut durchkneten, dann Brotwürfel unterheben. Eiweiß sehr steif schlagen, mit dem Schneebesen unter den Teig heben (nicht rühren). Eine Serviette mit kaltem Wasser anfeuchten und gut auswringen. Knödelmasse in Laibform in die Mitte der Serviette geben, Serviette zusammenrollen, die beiden Enden mit Bindfaden fest zubinden. Serviettenrolle in reichlich kochendes Salzwasser geben und zugedeckt 1 Stunde leise sieden lassen. Knödel aus der Serviette nehmen und mit einem kräftigen Faden in dicke Scheiben schneiden (dazu den Faden um die Rolle legen und über Kreuz zusammenziehen). Die Scheiben vor dem Servieren mit flüssiger Butter begießen.

Vorbereitungszeit: 30 Minuten
Garzeit: 1 Stunde
Pro Portion etwa 21 g Eiweiß, 26 g Fett, 96 g Kohlenhydrate = 3101 Joule (741 Kalorien)

Pilzgulasch

Für 4 Portionen:
150 g durchwachsener Speck
100 g Zwiebeln
500 g kleine Champignons
2 Gläser Pfifferlinge (à 180 g)
1 Dose Steinpilze (380 g)
Salz, Pfeffer aus der Mühle
evtl. Petersilie

Speck würfeln und in einer Pfanne anbraten. Zwiebeln pellen, würfeln, zugeben und glasig dünsten. Champignons putzen, waschen und zugeben, gut durchschmoren. Inzwischen Pfifferlinge und Steinpilze in ein Sieb gießen und unter fließendem Wasser abbrausen, dann zu den Champignons geben, erhitzen und mit Salz und Pfeffer würzen. Eventuell vor dem Servieren mit gehackter Petersilie bestreuen.

Vorbereitungszeit: 15 Minuten
Garzeit: 10 Minuten
Pro Portion etwa 11 g Eiweiß, 26 g Fett, 13 g Kohlenhydrate = 1419 Joule (339 Kalorien)

Das passende Getränk: Ein junger frischer Beaujolais.

Wichtig: Wie Sie mit Pilzen richtig umgehen, lesen Sie im 19. Kapitel: „Spargel, Artischocken, Pilze".

Bandnudeln mit Muschelsauce

Für 4 Portionen:
250 g Bandnudeln
3 El Öl, Salz
2 Zwiebeln (100 g)
1 Knoblauchzehe
1 Dose geschälte Tomaten (420 g Einwaage)
1 Glas Kapern (20 g)
Pfeffer aus der Mühle
1 Tl Zucker, Oregano
Cayennepfeffer
1 Dose Pfahlmuscheln im eigenen Saft (75 g Einwaage)
1 Bund Schnittlauch

Nudeln mit 1 El Öl in 3 l kochendem Salzwasser 10–12 Minuten „al dente" (bißfest) kochen. Zwiebeln pellen und fein würfeln. Knoblauch pellen und durchpressen. Das restliche Öl in einer Pfanne heiß werden lassen. Zwiebeln und Knoblauch darin glasig dünsten.

Tomaten in einem Sieb abtropfen lassen, den Saft anderweitig verwenden. Tomaten vierteln und zu den Zwiebeln geben. So lange dünsten, bis die Flüssigkeit völlig verdampft ist.

Kapern abtropfen lassen und zugeben. Alles mit Salz, Pfeffer, Zucker, Oregano und Cayennepfeffer kräftig abschmecken. Nudeln abgießen, kurz unter fließendem kaltem Wasser abspülen und zugedeckt warm stellen. Muscheln abgießen, etwas abspülen, abtropfen lassen und ganz zum Schluß unter Schwenken in der Sauce heiß werden lassen. Nicht mehr umrühren, damit die Muscheln nicht zerfallen. Schnittlauch in feine Röllchen schneiden und unter die Sauce geben.

Vorbereitungszeit: 30 Minuten
Garzeit: 25 Minuten insgesamt
Pro Portion etwa 13 g Eiweiß, 10 g Fett, 54 g Kohlenhydrate = 1589 Joule (380 Kalorien)

Das passende Getränk: Ein trockener italienischer Weißwein, z. B. ein Rapitala.

Wichtig: Lesen Sie auf Seite 507, wie Sie mit Nudeln aus der Packung richtig umgehen.

H2O
H2O

Spaghetti mit Meeresfrüchten

Für 4 bis 6 Portionen:
1 kg Venusmuscheln (Vongole) mit Schale (tiefgefroren)
1 kg Miesmuscheln mit Schale
¼ l Weißwein
Salz, 125 g Butter
1 Bund Suppengrün
1 Zwiebel
4 Knoblauchzehen
2 Bund glatte Petersilie
1 Dose Tomaten (600 g Tomatenfüllgewicht)
Pfeffer, 1 El Zucker
5 frische Salbeiblätter
1 kleiner Stengel Rosmarin
500 g gereinigte Tintenfische (tiefgefroren)
4 El Öl, 500 g lange Spaghetti
300 g Tiefseeshrimps
400 ccm süße Sahne

Venusmuscheln eventuell putzen, unter fließend kaltem Wasser gründlich waschen. Muscheln, die geöffnet oder deren Schalen beschädigt sind, aussortieren. Wein mit ¼ l Salzwasser in einem großen Topf aufkochen. Vongole hineingeben, 5–10 Minuten zugedeckt kochen lassen. Dabei den Topf mehrmals schütteln, damit die Muscheln gleichmäßig garen. Herausnehmen, Miesmuscheln entsprechend im kochenden Sud in 10–15 Minuten garen. Zur Seite stellen.
40 g Butter in einer großen Pfanne erhitzen, feingeschnittenes Suppengrün und Zwiebelwürfel darin andünsten. 2 durchgepreßte Knoblauchzehen und ein Bund gehackte Petersilie zufügen. Grob zerkleinerte Tomaten mit Flüssigkeit in der Pfanne mit 1 Tl Salz, frisch gemahlenem Pfeffer und Zucker würzen. Bei milder Hitze langsam einkochen, dabei manchmal umrühren. Restliche Butter in einer kleinen Pfanne erhitzen. Gehackte Kräuter (1 Bund Petersilie, Salbei und Rosmarin) und 2 durchgepreßte Knoblauchzehen darin andünsten. Aufgetautes Tintenfischfleisch in mundgerechte Stücke schneiden, in der Pfanne mit den Kräutern zugedeckt 15 Minuten schmoren. Einen großen Topf mit etwa 5 l Wasser, Salz und Öl für die Spaghetti aufsetzen. Muschelfleisch aus den Schalen lösen. Nichtgeöffnete Muscheln aussortieren. Spaghetti ins vorbereitete, kochende Wasser geben, in etwa 9 Minuten knapp gar kochen.
Die eingekochten Tomaten mit Suppengrün und die in Butter und Kräutern geschmorten Tintenfische in einen großen Topf geben. Sahne zufügen und alles mit Salz und Pfeffer abschmecken. Muscheln und Shrimps darin erhitzen. Zuletzt abgetropfte Spaghetti vorsichtig mit der Sauce und den Meeresfrüchten vermischen. Im geschlossenen Topf noch etwa 4 Minuten bei milder Hitze ziehen lassen.

Vorbereitungszeit: 90 Minuten
Garzeit insgesamt: 60 Minuten
Pro Portion (bei 6 Portionen) etwa 38 g Eiweiß, 52 g Fett, 74 g Kohlenhydrate = 4110 Joule (982 Kalorien)

Kleiner Tip: Wenn Sie keine Venusmuscheln bekommen, erhöhen Sie die Miesmuschelmenge auf 1,5 kg.

Wichtig: Im 2. Kapitel: „Kochen im großen Topf" lesen Sie auf S. 23, wie Sie einen perfekten Muschelsud ansetzen und die Muscheln perfekt kochen.

Makkaroni mit Erbsen und Schinken

Für 4 Portionen:
250 g Makkaroni
1 El Salz, 1 El Öl
1 Paket Perlerbsen (tiefgefroren, 300 g)
Pfeffer aus der Mühle
1 Prise Zucker
1 Bund glatte Petersilie (ersatzweise 1 Pk. tiefgefrorene)
250 g gekochter Vorderschinken (eventuell aus der Dose)
75 g Parmesan
100 g Butter

Makkaroni zweimal durchbrechen und mit dem Öl in 3 l kochendem Salzwasser 10–12 Minuten „al dente" (bißfest) kochen. Erbsen in wenig kochendem Salzwasser 3 Minuten blanchieren, abgießen, abtropfen lassen und mit Salz, Pfeffer und Zucker würzen.
Petersilie fein hacken und unter die Erbsen mischen. Schinken in feine Streifen schneiden. Parmesan reiben. Makkaroni abgießen, unter fließendem kaltem Wasser abspülen, abtropfen lassen und mit Schinken und Erbsen vermischen. Butter bräunen und mit dem Parmesan zu den Nudeln servieren. Jeder mischt Käse und Butter selbst unter die Nudeln.

Vorbereitungszeit: 25 Minuten
Garzeit: 15 Minuten
Pro Portion etwa 33 g Eiweiß, 44 g Fett, 55 g Kohlenhydrate = 3282 Joule (785 Kalorien)

Das passende Getränk: Ein trockener italienischer Weißwein – oder einfach ein gutes Mineralwasser.

Wichtig: Sie sollten den Parmesan möglichst im Stück kaufen und dann erst zu Hause reiben – er schmeckt dann auf jeden Fall aromatischer.

Tortellini mit brauner Butter und Parmesan

Für 4 Portionen:
200 g gekochter Schinken (in Scheiben geschnitten)
200 g Frischkäse (70% Fettgehalt)
1 Ei
etwas abgeriebene Zitronenschale
6–8 Blätter frischer Salbei (oder 1 Tl getrockneter Salbei)
200 g Mehl
2 Eier
½ El Öl
1 El Wasser
Salz
1 Eiweiß
100 g Butter
100 g frisch geriebener Parmesan

Schinken sehr fein würfeln, mit dem Frischkäse, dem Ei, der Zitronenschale und dem sehr fein gehackten frischen oder dem feingerebelten getrockneten Salbei verkneten. Mehl auf ein Backbrett geben, in die Mitte eine Mulde drücken und alle anderen Zutaten hineingeben. Mit 2 Messern schnell zu einem Teig zusammenmischen, Nudelteig ausrollen, Teig auf den bemehlten Tisch legen und mit einem Ausstecher von 5 cm so viele Taler wie möglich ausstechen. (Taler so dicht wie möglich ausstechen, da die Teigreste nicht, wie zum Beispiel bei Plätzchenteig, wieder zusammengeknetet und neu ausgerollt werden können. Aus den Teigresten können Sie nur Suppennudeln schneiden.) Auf jeden Taler ½ Tl Füllung setzen und die Hälfte des Talerrandes mit Eiweiß bepinseln. Zum Halbkreis zusammenklappen und die Ränder gut zusammendrücken, damit die Füllung beim Kochen nicht heraustreten kann. Über dem Zeigefinger zu Tortellini drehen.
Fertige Tortellini auf ein bemehltes Brett setzen. Dann portionsweise in viel kochendem Salzwasser etwa 4 Minuten sprudelnd gar kochen. Abtropfen lassen, mit flüssiger, brauner Butter begießen und dick mit Parmesan bestreuen. Sofort servieren.

Vorbereitungszeit: etwa 3 Stunden
Garzeit: etwa 4 Minuten
Pro Portion etwa 29 g Eiweiß, 52 g Fett, 36 g Kohlenhydrate = 3191 Joule (762 Kalorien)

Übrigens: Tortellini sind eine feine Vorspeise oder ein leichtes, raffiniertes Abendessen auch für anspruchsvolle Gäste.

Das passende Getränk: Ein trockener Weißwein.

Wichtig: Alles Wichtige über selbstgemachte Nudeln steht auf Seite 506.

Nudelsalat mit Muscheln

(Im Foto links)

Für 12 Portionen:
250 g Nudeln (schneckenförmige oder Hörnchen)
750 g Paprikaschoten (rot oder grün)
Für die Salatsauce:
2 Zitronen, Basilikum
Lemon-Pepper (ersatzw. frisch gemahlener weißer Pfeffer mit etwas Zitronenschale)
Salz
2 Zwiebeln
6 El Öl
3 Dosen spanische Muscheln in pikanter Sauce (Einwaage à 75 g)

Nudeln in reichlich Salzwasser je nach Sorte etwa 10 Minuten kochen, dann abschrecken. Paprikaschoten waschen, abtrocknen und unter den Grill legen, häufig drehen, bis die Haut ganz dunkel ist. Danach häuten und in mundgerechte Stücke schneiden. Aus Zitronensaft, Kräutern, Gewürzen, den gewürfelten Zwiebeln und Öl eine Salatsauce bereiten, mit den Nudeln mischen. Zum Schluß Muscheln mit der Flüssigkeit unterheben. Gut durchziehen lassen.

Vorbereitungszeit: 40 Minuten
Garzeit: insgesamt 20 Minuten
Pro Portion etwa 5 g Eiweiß, 6 g Fett, 19 g Kohlenhydrate = 668 Joule (160 Kalorien)

Nudelsalat mit Thunfisch

(Im Foto in der Mitte)

Für 12 Portionen:
250 g Nudeln (am besten schneckenförmige oder Hörnchen)
1 rohes Eigelb
2 Eigelb von hartgekochten Eiern
Salz
Pfeffer aus der Mühle
2 El Zitronensaft, ⅛ l Öl
2 Ds. Thunfisch in Öl (200 g)
1 Glas Kapern (35 g)
⅛ l süße Sahne
2 rote Zwiebeln
500 g Tomaten

Nudeln in reichlich Salzwasser je nach Sorte etwa 10 Minuten kochen, unter fließendem Wasser abschrecken. Das rohe Eigelb mit den durchs Sieb gestrichenen gekochten Eidottern verrühren, mit Salz, Pfeffer und Zitronensaft würzen, Öl unter ständigem Rühren tropfenweise zugeben. Wenn die Mayonnaise fest ist, gut abgetropften, zerpflückten Thunfisch zugeben, mit dem Schneidstab des Handrührgeräts pürieren. Kapern unterheben (einige zum Garnieren zurückbehalten), alles mit Sahne verrühren. Die Zwiebeln in Spalten schneiden. Tomaten achteln, einige zum Garnieren beiseite legen. Nudeln mit Sauce mischen, vorsichtig Tomaten unterheben. Durchziehen lassen. Mit Tomatenachteln, Kapern und Zwiebelspalten garnieren.

Vorbereitungszeit: 25 Minuten
Garzeit: insgesamt 20 Minuten
Pro Portion etwa 8 g Eiweiß, 19 g Fett, 18 g Kohlenhydrate = 1184 Joule (283 Kalorien)

Nudelsalat mit Erbsen und Kräutern

(Im Foto rechts)

Für 12 Portionen:
250 g Nudeln (schneckenförmige oder Hörnchen)
2 Pakete tiefgekühlte Erbsen (à 300 g), Salz
250 g Mayonnaise (80 %)
100 ccm Milch (1 Tasse)
1 Paket Kresse
1 Bund Dill
1 Bund Schnittlauch
Salz
Pfeffer aus der Mühle
6 El Essig

Nudeln je nach Sorte etwa 10 Minuten kochen. Unter fließendem Wasser abschrecken. Erbsen in wenig Salzwasser kurz aufkochen, abgießen, kalt werden lassen. Mayonnaise mit der Milch verrühren. Kresse, Dill und Schnittlauch hacken, in die Mayonnaise geben, mit Salz, Pfeffer und Essig abschmecken. Nudeln und Erbsen mit der Kräutermayonnaise mischen. Gut durchziehen lassen.

Vorbereitungszeit: 15 Minuten
Garzeit: insgesamt 12 Minuten
Pro Portion etwa 5 g Eiweiß, 18 g Fett, 19 g Kohlenhydrate = 1135 Joule (271 Kalorien)

Wichtig: Wie Sie Nudeln aus der Packung richtig behandeln, lesen Sie auf Seite 507.

Pasta al forno

Nudelauflauf aus dem Ofen

Für 10 bis 12 Portionen:
3 kg Spinat
Salz
2 El Öl
50 g Butter
500 g Lasagneblätter aus Hartweizengrieß (möglichst dünn, etwa 26 Stück)
300 g Emmentaler
200 g Parmesan
600 g magerer, mild gesalzener gekochter Schinken (20 Scheiben à 30 g)
600 g Gruyère (20 Scheiben à 30 g)
200 g Parmaschinken (20 Scheiben à 10 g)
¾ l süße Sahne
6 Eigelb
Muskatnuß
Pfeffer aus der Mühle

Spinat gründlich waschen, bis sich kein Sand mehr im Wasser absetzt. Auf einem Durchschlag abtropfen lassen. Spinat in einen Topf geben, mit wenig Salz bestreuen und bei mittlerer Hitze in etwa 10 Minuten zusammenfallen lassen. Auf einem Durchschlag abtropfen lassen.

4 l Wasser mit Salz und Öl zum Kochen bringen. Inzwischen einen Bräter oder eine rechteckige Auflaufform von ungefähr 35 × 28 cm Seitenhöhe mit Butter ausstreichen. Jeweils 4–6 Lasagneblätter in dem Salzwasser 10–12 Minuten kochen lassen, bis sie knapp gar sind. Mit einer Schaumkelle herausnehmen und auf einem Küchenhandtuch auslegen. Teigblätter, die beim Kochen eventuell gebrochen sind, gleich in die Auflaufform legen. 20 Blätter zum Füllen zurückbehalten. Emmentaler und Parmesan grob reiben und vermischen. Auf jedes Lasagneblatt eine Scheibe gekochten Schinken und Gruyère legen. Lasagneblätter aufrollen und mit je 1 Scheibe Parmaschinken umwickeln. Abgetropften Spinat ausdrücken, grob hacken.

Sahne in einem Topf etwa 5 Minuten einkochen lassen (Vorsicht, sie kocht leicht über!). Topf vom Herd nehmen. Etwas von der Sahne herausnehmen und zuerst mit 2 Eigelb verquirlen. Dann die übrigen Eigelb darunterrühren und die Mischung zurück in den Topf geben. Alles gut verquirlen. Mit frisch geriebenem Muskatnuß, gemahlenem Pfeffer und etwas Salz würzen.

Die Hälfte des Spinats auf die 6 Teigplatten in der Form streichen und ein Drittel der Käsemischung darüberstreuen. 10 der vorbereiteten Nudelrollen darauflegen und mit dem restlichen Spinat bedecken. Die restlichen Nudelrollen darauflegen und mit dem zweiten Drittel der Käsemischung bestreuen. Eigelb-Sahne gleichmäßig darübergießen und den restlichen Käse darüberstreuen. Form auf die zweite Einschubleiste von unten in den vorgeheizten Ofen schieben und bei 225 Grad (Gas 4) etwa 70 Minuten garen. Wenn der Auflauf zu braun wird, eventuell in den letzten zehn Minuten mit Alufolie abdecken.

Vorbereitungszeit: 2 Stunden
Garzeit: 70 Minuten
Pro Portion (bei 12 Portionen) etwa 54 g Eiweiß, 69 g Fett, 43 g Kohlenhydrate = 4412 Joule (1054 Kalorien)

Das passende Getränk: Ein kräftiger italienischer Landwein

Wichtig: Was Sie alles über Gerichte wissen müssen, die Sie wie diese Lasagne im Backofen zubereiten, steht demzufolge auch im 6. Kapitel: „Gerichte aus dem Backofen."

S.pA.-MILANO
LEGRINO
A MINERALE
SECCO
DI ORIGINE CONTROLLATA

Fischfrikassee im Safran-Reisrand

Für 4 Portionen:
375 g Langkornreis
Salz
1 Prise Safranpulver
Fett für die Ringform
1 Zwiebel (30 g)
50 g Butter
500 g Steinbeißer in 2 Scheiben
⅛ l trockener Weißwein
1 Dose Muschelfleisch (Einwaage 150 g)
20 g Mehl
⅛ l süße Sahne
weißer Pfeffer aus der Mühle
etwa 1 El Zitronensaft
125 g Krabbenfleisch

Reis in kochendem Salzwasser 15 Minuten ausquellen lassen. Safran zugeben und weitere 3 Minuten quellen, dann im Drahtsieb abtropfen lassen. In die gefettete Ringform drücken und warm stellen.
Inzwischen die Zwiebel pellen und fein würfeln. In 30 g Butter andünsten, die halbierten Steinbeißerscheiben zugeben und von jeder Seite 2 Minuten andünsten. Weißwein und Muschelsud zugießen, salzen und bei milder Hitze zugedeckt 5 Minuten ziehen lassen. Fischscheiben herausheben und warm stellen. In einem zweiten Topf restliche Butter aufschäumen lassen, Mehl unterrühren. Mit dem Fischsud auffüllen und 10 Minuten bei milder Hitze durchkochen, gelegentlich rühren. Sahne unterziehen, mit Pfeffer und Zitronensaft pikant würzen. Fisch, Muschel- und Krabbenfleisch in die Sauce geben und vorsichtig erhitzen. Reis stürzen und das Frikassee darin anrichten.

Vorbereitungszeit: 10 Minuten
Garzeit: etwa 25 Minuten
Pro Portion etwa 24 g Eiweiß, 79 g Fett, 79 g Kohlenhydrate = 2771 Joule (662 Kalorien)

Das passende Getränk: Ein trockener Weißwein – möglichst der, mit dem Sie auch gekocht haben.

Wichtig: Es gibt zwei Methoden, zu perfektem körnigem Reis zu kommen. Lesen Sie dazu Seite 508.

Nasi Goreng

Für 4 Portionen:
125 g Langkornreis
Salz
1 Zwiebel (30 g)
2 Knoblauchzehen
70 g Butter oder Margarine
1 große Hähnchenbrust (350 g)
150 g gekochter Schinken
1 rote und 1 grüne Paprikaschote (à 150 g)
150 g Krabbenfleisch
Zucker
Pfeffer aus der Mühle
2 Eier
½ Salatgurke

Reis in ¼ l kochendem Salzwasser bei milder Hitze etwa 18 Minuten ausquellen lassen, kalt abschrecken und abtropfen lassen. Feingehackte Zwiebel und ausgedrückten Knoblauch in 50 g Fett goldgelb dünsten. Das entbeinte und enthäutete Hähnchenfleisch in Streifen schneiden und im Fett anbraten, den in Streifen geschnittenen Schinken zufügen. Paprika in feine Streifen schneiden und mit den Krabben in die Pfanne geben. Mit Salz, 1 Prise Zucker und Pfeffer abschmecken. Reis zugeben und etwas bräunen lassen. Inzwischen Eier mit 4 El Wasser verquirlen, salzen und in einer anderen Pfanne mit dem restlichen Fett stocken lassen, ohne zu wenden. Masse herausnehmen, aufrollen, erkalten lassen und in dünne Scheiben schneiden. Zusammen mit der gestiftelten Gurke vor dem Servieren zum Reis geben und vermischen.

Vorbereitungszeit: etwa 25 Minuten
Garzeit: insgesamt etwa 20 Minuten
Pro Portion etwa 37 g Eiweiß, 26 g Fett, 29 g Kohlenhydrate = 2223 Joule (521 Kalorien)

Das paßt dazu: Sojasauce, Sambal oelek und geröstete Kokosraspeln.

Das passende Getränk: Ein milder Weißwein oder Tee.

Wichtig: Geschmorter Reis hat gekochtem Reis gegenüber den Vorteil, daß fast keine Vitamine und Mineralstoffe bei der Zubereitung verlorengehen. Lesen Sie dazu auch die Seite 509.

Curry-Reis-Salat mit Hähnchen

(Im Foto links)

Für 12 Portionen:
200 g Reis
Salz, 6 El Öl
150 g Zwiebeln
2 El Currypulver
¼ l süße Sahne
4 El Essig
500 g Mayonnaise (50%)
2 gebratene Hähnchen
(à etwa 1 kg)
1 Ananas (1,5 kg)

Reis in reichlich Salzwasser 20 Minuten sprudelnd kochen, abgießen, kurz kalt abschrecken, gut abtropfen lassen. Öl erhitzen, die feingehackten Zwiebeln darin andünsten, Curry zugeben, gut durchschwitzen lassen, mit Sahne ablöschen, mit Essig und Mayonnaise verrühren. Hähnchen von Haut und Knochen lösen, in mundgerechte Stücke schneiden. Ananas schälen und zerlegen, alle Zutaten mischen, gut durchziehen lassen.

Garzeit: insges. 30 Minuten
Pro Portion etwa 18 g Eiweiß, 36 g Fett, 22 g Kohlenhydrate = 2100 Joule (502 Kalorien)

Tomaten-Reis-Salat

(Im Foto in der Mitte)

Für 12 Portionen:
200 g Reis, Salz
250 g Zucchini
150 g rote Zwiebeln
3 El Tomatenpüree
1 Zehe Knoblauch
4 El Zitronensaft
6 El Tomatensaft
Pfeffer, 6 El Öl
500 g Fleischtomaten

Reis in reichlich Salzwasser 20 Minuten sprudelnd kochen, abgießen, kurz kalt abschrecken, gut abtropfen lassen. Zucchini in Scheiben schneiden. Zwiebeln fein hacken. Aus Tomatenpüree, püriertem Knoblauch, Zitronen- und Tomatensaft, Salz, Pfeffer, Öl eine Sauce rühren. Salatzutaten mit Sauce mischen, zum Schluß die in Scheiben geschnittenen Tomaten unterheben, gut durchziehen lassen, abschmecken.

Vorbereitungszeit: 45 Minuten
Garzeit: 20 Minuten
Pro Portion etwa 2 g Eiweiß, 6 g Fett, 17 g Kohlenhydrate = 588 Joule (141 Kalorien)

Kräuter-Reis mit Schillerlocken

(Im Foto rechts)

Für 12 Portionen:
200 g Reis, Salz
je 2 Bund Dill,
Schnittlauch und Petersilie
2–3 Blätter
Zitronenmelisse
1 Tablett Kresse
1 kleine Zwiebel
6 El Zitronensaft
4 El Weißwein, Pfeffer
12 El Öl
500 g Schillerlocken

Reis in reichlich Salzwasser 20 Minuten sprudelnd kochen, abgießen, kurz kalt abschrecken, gut abtropfen lassen. Alle Kräuter und die Zwiebel hakken. Aus Zitronensaft, Weißwein, Pfeffer, Salz und Öl eine Sauce rühren, mit Kräutern und Reis mischen, dann in Ringe geschnittene Schillerlocken zugeben und alles gut durchziehen lassen, abschmecken.

Vorbereitungszeit: 20 Minuten
Garzeit: 20 Minuten
Pro Portion etwa 10 g Eiweiß, 22 g Fett, 48 g Kohlenhydrate = 1318 Joule (315 Kalorien)

Wichtig: Für alle Salate sollten Sie guten Langkornreis verwenden, am besten einen „parboiled", über den Sie alles auf Seite 508 erfahren.

Reiskuchen mit Äpfeln

Für 4 Portionen:
250 g ungeschälter Rundkornreis
30 g Butter
½ l Milch
1,5 kg Äpfel (Cox Orange)
¼ l Weißwein
100 g Zucker
3 Eier, getrennt
50 g gehackte Mandeln
Zwiebackmehl (etwa 20 g)

Reis in Butter und Milch bei milder Hitze etwa 1 Stunde kochen und erkalten lassen. Äpfel schälen, entkernen und in Spalten schneiden. Etwa 5 Minuten im Weißwein mit 50 g Zucker kochen. Abtropfen lassen. Eigelb mit dem übrigen Zucker schaumig rühren, Mandeln untermengen, alles zum erkalteten Reis geben. Zuletzt das steifgeschlagene Eiweiß unterheben. Eine Kuchen- oder Auflaufform mit Zwiebackmehl bestreuen, die Hälfte des Teigs hineinfüllen. Äpfel darüber schichten, mit dem übrigen Teig bedecken. Im vorgeheizten Backofen bei 200 Grad (Gas 3) auf der mittleren Einschubleiste etwa 45 Minuten backen. Dazu schmeckt eine Weinschaumsauce.

Vorbereitungszeit: etwa 90 Minuten
Garzeit: etwa 1 Stunde und 45 Minuten
Pro Portion etwa 18 g Eiweiß, 24 g Fett, 118 g Kohlenhydrate = 3600 Joule (860 Kalorien)

Wichtig: Wie Sie verhindern, daß Ihnen der Milchreis anbrennt (was er leicht und gern tut), lesen Sie auf Seite 509.

21. KAPITEL
FRÜCHTE

- Immer schnell serviert: frische Früchte
- Frische Ananas und Ananasschiffchen
- Kiwi – im Salat mit Bananen und Johannisbeeren
- Wie man Orangen filiert
- Der richtige Umgang mit Melonen
- Was macht man mit einer Passionsfrucht?
- Rot und schwarz: Johannisbeeren
- Zart und fruchtig: Erdbeeren
- Alles über Himbeeren, Brombeeren, Blaubeeren, Pfirsiche und Aprikosen
- Rote Grütze
- Früchte kochen
- Früchte im Alkohol: exotischer Rumtopf
- Essig-Früchte: Essig-Pflaumen und Kürbiskompott

Ein Traumsalat: Erdbeeren, Brombeeren und Johannisbeeren, dazu Bananenscheiben und Orangenfilets – alles angerichtet auf Kiwischeiben. Dazu noch halbsteif geschlagene Sahne. Und das Tüpfelchen auf dem i ist fruchtiges Erdbeermark. Wie Sie mit all den schönen Früchten richtig umgehen, steht auf den folgenden Seiten.

Schnell serviert: Früchte

Frische Früchte, gut ausgereift, aromatisch und saftig, sind schon für sich ein köstliches Dessert. Noch besser schmecken sie, wenn Sie sie mit ein paar kleinen Zutaten anrichten: ein wenig Süße, ein wenig Säure, ein paar Spritzer eines edlen Alkohols ... und schon haben Sie einen erfrischenden Obstsalat. Ein paar **Regeln** sollten Sie allerdings beachten: Nehmen Sie nur gut ausgereifte, tadellose Früchte, und schneiden Sie sie in mundgerechte Stücke (festfleischige Äpfel und Birnen z. B. in feine Scheibchen oder Stifte, weiche Birnen oder Bananen so dick, daß sie beim Mischen nicht zerfallen). Achten Sie beim Mischen auf ein Gleichgewicht zwischen süßen und säuerlichen Früchten. Nehmen Sie zum Süßen anstelle von Zucker einen milden, flüssigen Honig (Akazienhonig) oder Ahornsirup oder Gelee (Johannisbeeren oder Quitten), das macht den Obstsalat „runder". Vor allem: **Süßen Sie sparsam!** Und: Lassen Sie den Salat nur **kurze Zeit ziehen!** Servieren Sie ihn **nicht zu kalt!**

1

2

3

Frische Ananas

Eine unreife Ananas schmeckt strohig und herb und hat noch nicht ihr charakteristisches Aroma. Den Grad der Reife erkennen Sie am intensiven Duft und daran, daß das Fruchtfleisch elastisch nachgibt. Dann muß die Ananas bald verbraucht werden. Und weil sie leicht Druckstellen bekommt, wird sie zum Aufbewahren (und Nachreifen) an ihrem grünen Schopf aufgehängt – am besten in einem nicht zu kühlen Raum. Eine angeschnittene Ananas hält sich, fest in Klarsichtfolie verpackt, noch zwei, drei Tage im Kühlschrank. ***So wird die Ananas vorbereitet:*** *Entweder Sie schneiden den Schopf ab, teilen die Frucht längs in Viertel und schneiden dann den harten Strunk in der Mitte heraus (1). Jetzt wird die Schale mit einem Sägemesser abgeschnitten. Oder Sie schneiden die Ananas quer in Scheiben, schälen jede Scheibe und stechen mit dem Apfelstecher den Strunk heraus (2).* ***Ananasschiffchen:*** *Die Frucht längs in Viertel schneiden, mit grobem Zucker bestreuen, mit hochprozentigem Rum flambieren und dann mit Vanilleeis oder Sahne servieren (3) – ein eleganter Nachtisch!*

1

2

Kiwis

Sie sind reif, wenn sie bei leichtem Daumendruck elastisch nachgeben. Reife Früchte halten sich im Gemüsefach vom Kühlschrank mindestens noch eine Woche. ***Nachreifen:*** *Bei Zimmertemperatur aufbewahren! Für* ***Obstsalat*** *werden sie mit einem scharfen Messer möglichst dünn geschält (1), in Scheiben geschnitten, mit Bananenscheiben und Johannisbeeren angerichtet und mit Zitronensaft und Ahornsirup leicht gewürzt (2). Sonst löffelt man die halbierte Frucht einfach so aus der Schale.*

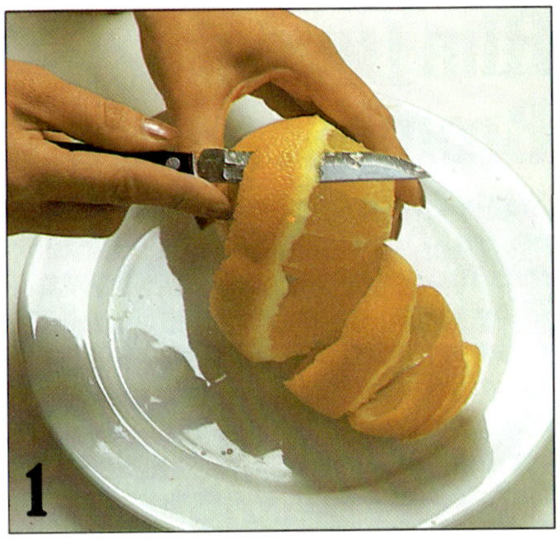

1

2

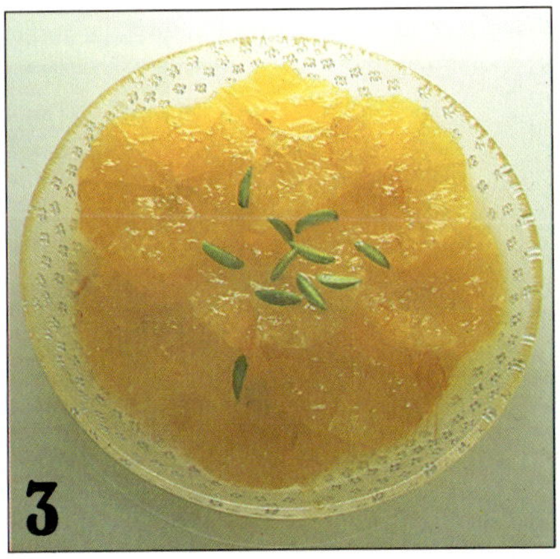

3

Orangen filieren

Ob Sie Orangen in einen Obstsalat schneiden oder anderweitig in der Küche verwenden wollen – sie müssen auf jeden Fall vorbereitet werden: Zuerst wird die Orange wie ein Apfel geschält – und zwar so, daß die zähe, weiße Haut innen mit abgeschnitten wird (1), weil sie beim Essen stört und die Vermischung der Aromen verhindert. Die einzelnen Fruchtsegmente sind an der Oberfläche offen. Jetzt trennen Sie jedes einzelne Filet mit einem Messer heraus (2). Arbeiten Sie dabei über einem Teller, um den Saft abzufangen. Auch die leeren Häutchen werden mit der Hand ausgepreßt, um noch Saft zu gewinnen.
Schnelles, raffiniertes Dessert: *Die geschälte Orange quer in Scheiben schneiden. Aufgefangenen Orangensaft mit je einem Eßlöffel Orangenmarmelade und -likör mischen. Die Orangenscheiben darin kurz durchziehen lassen. Die Orangenscheiben einzeln auf kleinen Tellern anrichten und vor dem Servieren mit einigen Pistazienkernen bestreuen. (3).*

1

2

Melonen

Sie können eine grüne, gelbe, weiße, eine rauhe oder glatte Schale haben, ihr Fleisch kann weiß, grünlich oder gelb sein – über den Reifezustand sagt die Farbe nichts. Das Fruchtfleisch muß immer „schmelzend" weich sein. Ob eine Melone reif ist, erkennen Sie außerdem an ihrem intensiven Duft (mit der Nase einkaufen!) und daran, daß sich die Frucht am Blütenansatz ein wenig eindrücken läßt. Reife Melonen halten sich im Kühlschrank noch etwa eine Woche (angeschnitten und fest in Folie eingewickelt: zwei, drei Tage). Zum Nachreifen bei Zimmertemperatur aufbewahren! Unreife Melonen schmekken fad und sind wenig bekömmlich.
Vorbereiten: *Zum Servieren längs oder quer halbieren, Kerne und weiches Innere herausschaben, das Fruchtfleisch mit einem Kartoffelausstecher in Kügelchen ausstechen (1) oder mit dem Messer auslösen und würfeln.* ***Oder:*** *Quer halbieren, Kerne herausschaben, mit wenig Portwein oder anderem Dessertwein füllen und einen Obstsalat darin anrichten (2). Zu frischer Melone passen außerdem Schinken, Rauchfleisch, Käse und schwarzer oder grüner Pfeffer.*

Passionsfrucht

Wenn diese Früchte von außen ganz trocken und verschrumpelt aussehen, sind sie richtig reif: Unter der harten Schale (dunkelviolett, aber auch gelblich-weiß) sitzen viele kleine Kerne, die in ein gelb-grünes, sehr aromatisches Gelee eingebettet sind. Kerne und Fruchtfleisch können Sie einfach so aus der Schale auslöffeln.
Sie können sie aber auch als Würze an Obstsalate oder Mixgetränke geben. Wenn Sie die weichen Kerne stören, müssen Sie die Masse einfach durch ein Sieb streichen.

Früchte kochen

Um sehr herbe oder auch festfleischige Früchte in ein angenehmes Kompott zu verwandeln, müssen sie mit Zucker gegart werden. Dabei sollen sie möglichst Form, Farbe und Aroma behalten, und das bedeutet: Sie dürfen nicht einfach in Wasser garen, sondern sollen vorsichtig in einer Zuckerlösung gar ziehen („pochieren"). Der Zucker macht den Saft sämig, bindet und entfaltet das Aroma. Mit dünn abgeschälter Zitronenschale, Zimt, Vanille oder Nelken können Sie zusätzlich würzen. Sie können auch anstelle von Wasser Wein oder Fruchtsaft nehmen. Wie stark Sie die Zuckerlösung ansetzen, richtet sich nach dem Verwendungszweck und dem Säuregehalt der Früchte. **Regel:** ¼ l Wasser (oder Wein) mit 200 – 250 g Zucker ergeben knapp ½ l Zuckersirup, der für 500 – 750 g Früchte reicht. Die Gewürze werden von Anfang an mitgekocht. Die Früchte geben Sie in den nicht brausend kochenden Sirup und lassen sie bei milder Hitze eben garen. Den Topf nicht zudecken! Damit die Früchte nicht nachgaren: Schnell in ein kaltes Gefäß umschütten!

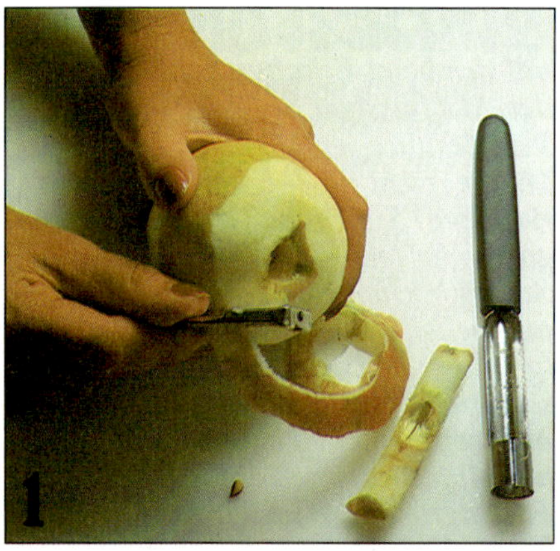
1

2

Äpfel in Wein

Äpfel (festfleischige Sorte) mit einem Sparschäler rund schälen, Kernhaus ausstechen (1). In Zuckerlösung mit herbem Weißwein (50 - 80 g Zucker auf ¼ l für 500 g Äpfel) sehr vorsichtig pochieren (2). Dabei öfter wenden. Abgekühlt mit Pistazienmarzipan füllen und dann mit Vanillesauce servieren (3).

3

Rotwein-Birnen

Die Birnen schälen, die Stiele dranlassen. Das Kernhaus nur entfernen, wenn es sehr hart ist (Birnen dann längs halbieren). Sehr reife, süße Birnen können ohne Zuckerzusatz in (gutem!) roten Portwein gegart werden. ***Gewürze:*** *Vanille und Birnengeist. Werden die Birnen in Rotwein gegart, braucht dieser einen Zucker-, besser noch Honigzusatz.* ***Gewürze:*** *Zimt und Nelken. Birnen bei milder Hitze langsam garen, dabei öfter wenden, im Wein kalt werden lassen.*

Stachelbeeren

Unreife Stachelbeeren ergeben ein sehr erfrischendes, aber auch sehr herbes Kompott. Um ihnen einen Teil der Säure zu nehmen, können Sie sie kurz in kochendem Wasser blanchieren, ehe sie in der dicken Zuckerlösung gar ziehen. ***Vorsicht:*** *Sie zerfallen leicht! Um die Säure zu brechen, können Sie den Sirup auch mit etwas kalt angerührter Speisestärke (1 geh. Teelöffel auf ½ l) binden.* ***Gewürze:*** *Zitronenschale, Stangenzimt. Sehr gut schmecken sie zu Vanillepudding.*

Rhabarber

Die Blattstiele des Rhabarbers sind – botanisch gesehen – ein Gemüse, werden aber wie Obst verwendet. ***Vorbereitung:*** *Blätter und Stielansatz entfernen, nicht schälen! Für Kompott die Stiele in etwa 3 cm lange Stücke schneiden, vorsichtig in dicker Zuckerlösung pochieren. Für Grütze oder Suppe kurze Stücke schneiden und so lange kochen, bis sie zerfallen. Mit kalt angerührter Speisestärke oder Sago binden.* ***Gewürze:*** *Zitronenschale, Zimtstange.*

Kirschen

Die vielen Arten Süßkirschen schmecken am besten roh, beim Kochen verlieren sie ihr zartes Aroma und werden fade. Sie sollten sie dann zumindest mit Wein oder Zitronensaft und Gewürzen zubereiten. Die dunklen Sauerkirschen (Schattenmorellen) dagegen sind ideal zum Kochen, Backen und Einmachen. Wenn Sie oft Sauerkirschen verwenden, sollten Sie sich eine kleine Maschine anschaffen, die den Stein mühelos entfernt (1).

Wichtig: *5 bis 6 Kirschsteine werden immer geknackt (Nußknacker) und das Innere mitgekocht (2). Sie geben dem Kompott ein besonders gutes Aroma (sie schmecken nach bitteren Mandeln; die Blausäure, die sie enthalten, verfliegt beim Kochen!). Die so vorbereiteten Sauerkirschen können Sie in einer Zuckerlösung andünsten, mit Alkohol oder in Essig-Zukker-Lösung (s. nächste Seite) einmachen. Kirschsuppe oder Rote Grütze binden Sie mit kalt angerührter Speisestärke, oder Sie lassen Sago im Kirschsaft ausquellen.*

Früchte in Alkohol

Grundregel: *Mindestens 250 g Zucker auf 500 g Früchte und so viel hochprozentiger Alkohol, daß die Früchte gut bedeckt sind. Mit 54%igem Rum gelingt der Rumtopf sicher. Bei Spirituosen, die nur 38–40% haben, müssen Sie mit etwas reinem Alkohol (aus der Apotheke) nachhelfen – wie beim* ***exotischen Rumtopf*** *(Foto): Hier liegen in weißem Rum und Zucker Ananas, Kiwi, Pflaumen und Orangen. Mit Einmachcellophan verschlossen hält sich der Rumtopf 2 Monate.*

Essig-Früchte

Vorteil dieser Methode: Sie können jederzeit (mit einem sauberen Löffel natürlich!) herangehen und sich eine kleine Portion aus dem Topf nehmen. Das Einlegen selber ist ganz einfach. Sie brauchen dafür vollreife, unbeschädigte Früchte, die möglichst nicht gewaschen, sondern nur trocken abgerieben werden. Außerdem ausreichend Zucker (mindestens halb soviel an Gewicht wie Früchte) und guten Weinessig (und zwar mindestens ¼ l auf 2 kg Früchte). Essig und Zucker werden miteinander aufgekocht. Dann lassen Sie das Obst portionsweise so lange darin kochen, bis es knapp gar ist. Obst mit Gewürzen (Zimt, Nelken, Ingwer, Sternanis oder Zitronenschale) in saubere Gläser oder Steintöpfe schichten, mit der sirupartig dick eingekochten Zuckerlösung bedecken. Nach einer Woche nachsehen, ob die Zuckerlösung noch dickflüssig ist und die Früchte vollständig bedeckt sind. Wenn nicht, Saft abgießen, mit Zucker und ein wenig Essig ergänzen und erneut dick einkochen. Zum Schluß Früchte einmal darin aufkochen, heiß in die Gefäße füllen, nach dem Erkalten mit Einmachcellophan oder Pergament verschließen und dann kühl aufbewahren.

1

Essigpflaumen

Für 2 kg Pflaumen lassen Sie ⅜ l Weinessig mit ¼ l Wasser (oder Rotwein) und 1 kg Zucker aufkochen und anschließend kalt werden. Die Pflaumen werden nicht gewaschen, sondern nur mehrmals mit einem spitzen Hölzchen eingestochen (1) und dann in einen Steintopf geschichtet. Jetzt gießen Sie die kalte Zucker-Essig-Lösung darüber. Nach 48 Stunden gießen Sie den Saft ab, kochen ihn wieder auf und lassen die Pflaumen darin portionsweise so lange ziehen, bis sie Risse bekommen (2). Anschließend werden sie wieder in den Steintopf geschichtet. Den Saft kochen Sie zum Schluß so lange ein, bis er sirupähnlich dick wird. Sie lassen ihn wieder kalt werden und gießen ihn erst dann über die Pflaumen (3). Der Topf wird mit Pergamentpapier bedeckt, das fest mit Bindfaden zusammengebunden wird. Den Topf stellen Sie an einen kühlen Platz. ***Gewürze:*** *2 Stangen Zimt, 6 bis 8 Nelken.*

2

3

Kürbiskompott

Kürbis schälen, Kerne entfernen, Kürbis würfeln (3 cm), abwiegen. 1,5 kg Kürbisfleisch mit ¼ l Weinessig beträufeln, zugedeckt 12 Std. ziehen lassen, gelegentlich umrühren. Auf einem Sieb gut abtropfen lassen. 1 Flasche herben Apfelwein mit 1 kg Zukker aufkochen. Kürbiswürfel portionsweise darin so lange kochen, bis nach 5 Min. die Kanten glasig werden. Zum Schluß 2 unbehandelte Zitronen (mit Schale in Scheiben geschnitten), 1 Stückchen Ingwer, 1 Stange Zimt, 18 Nelken und alle Kürbiswürfel im Sud noch einmal kräftig aufkochen, heiß in Gläser oder Steintöpfe füllen. Nach dem Kaltwerden verschließen. Nach einer Woche prüfen, ob der Saft noch sirupartig ist. Sonst abfüllen und noch einmal dick einkochen.

REZEPTE

DIE SIE AUF DEN NÄCHSTEN SEITEN FINDEN

Erdbeer-Vanille-Creme im Karamelmantel

Für 6–8 Portionen:
150 g Zucker
5 Blatt weiße Gelatine
750 g Erdbeeren (kleine Sorte)
1 Vanilleschote
1 Prise Salz
¼ l Milch
4 Eigelb (Kl. 2)
4 cl Erdbeerlikör
¼ l süße Sahne
30 g Pistazien

Eine Puddingform aus Schwarzblech (Inhalt: 1½ l) im Backofen heiß werden lassen. 100 g Zukker in einer Pfanne zu goldbraunem Karamel schmelzen. Karamel in die heiße Form gießen und mit einem Backpinsel verstreichen. Dann zum Abkühlen beiseite stellen. Gelatine in kaltem Wasser einweichen. 250 g Erdbeeren waschen, putzen und vierteln. Vanilleschote längs aufschlitzen, Mark herauskratzen. Mark, Schote und Salz zur Milch geben und langsam bis zum Siedepunkt erhitzen. Inzwischen Eigelb mit dem restlichen Zucker solange aufschlagen, bis sich der Zucker gelöst hat. Vanilleschote aus der Milch nehmen. Die kochendheiße Milch in dünnem Strahl unter die Eigelbmasse schlagen, dann bei milder Hitze unter ständigem Schlagen abbinden lassen. Nicht kochen, weil das Eigelb sonst gerinnt. Ausgedrückte Gelatine im leicht erwärmten Erdbeerlikör auflösen und unter die Creme rühren. Die Schüssel ins Wasserbad stellen, ab und zu mit dem Schneebesen durchrühren. Sahne sehr steif schlagen. Sobald die Creme abgekühlt ist und zu gelieren beginnt, Sahne unterziehen. Erdbeeren unterheben und in die Form füllen. Mindestens 4 Stunden kühl stellen, dann auf eine Platte stürzen. Die Form erst abheben, wenn der Karamel geschmolzen ist und die Creme sich aus der Form gelöst hat. Inzwischen die restlichen Erdbeeren waschen und putzen und die Pistazien grob hacken. Pistazien auf die Creme streuen. Die Creme außerdem mit Erdbeeren garnieren.

Vorbereitungszeit: 60 Minuten
Abschlagen: etwa 10 Minuten
Kühlzeit: 4 Stunden
Pro Portion (bei 8 Portionen) etwa 6 g Eiweiß, 17 g Fett, 30 g Kohlenhydrate = 1299 Joule (310 Kalorien)

Wichtig: Alles, was Sie über die Technik des Gelierens wissen müssen, wird ab Seite 76 ausführlich erklärt.

Erdbeeren mit Hühnerbrust und Frühlingszwiebeln

Für 4 Portionen:
4 Hühnerbrustfilets (à 100 g)
25 g Butter oder Margarine
Salz
etwas frischer Estragon (oder 2 Messerspitzen getrockneter)
500 g Erdbeeren
grob geschroteter grüner Pfeffer
Saft von 1 Zitrone
2 Bund Frühlingszwiebeln
4 El Weinessig
8 El weißer Portwein
1 Tl Rotisseursenf
8 El Öl
Salatblätter

Hühnerbrustfilets in heißem Fett von jeder Seite etwa 2 bis 3 Minuten braten, daß sie innen noch ein bißchen saftig sind. Aus der Pfanne nehmen, abgekühlt in mundgerechte Stücke schneiden, mit Salz und Estragon bestreuen, beiseite stellen. Erdbeeren waschen, Kelche entfernen, vierteln, grünen Pfeffer und Zitronensaft darüber geben, beiseite stellen. Von den Frühlingszwiebeln das dunkle Grün abschneiden, das Weiße in feine Ringe schneiden.
Zwiebeln pellen und in Ringe schneiden.
Aus Essig, Portwein, Senf, Öl eine Salatsauce rühren. Eine Platte mit Salatblättern belegen. Hühnerfleisch in der Salatsauce wenden, auf die Platte legen. Frühlingszwiebeln einmal durch die Salatsauce heben, auf die Platte legen. Dann Erdbeeren daneben. Restliche Salatsauce über das Hühnerfleisch und die Zwiebeln gießen. Ein bißchen durchziehen lassen.

Vorbereitungszeit: 20 Minuten
Garzeit: 4–6 Minuten
Pro Portion etwa 25 g Eiweiß, 32 g Fett, 17 g Kohlenhydrate = 2089 Joule (499 Kalorien)

Das paßt dazu: Entweder knuspriges Baguette oder Toastbrot.

Das passende Getränk: Ein badischer Müller-Thurgau.

Wichtig: Wie Sie die zarten und fruchtigen Erdbeeren richtig behandeln, wird auf Seite 546 ausführlich erklärt.

Himbeerschaum mit Vanilleeis

Für 4 Portionen:
250 g Himbeeren
65 g Zucker
3 El weißer Portwein
1 Vanilleschote
1 El Himbeergeist
2 Eier (Gewichtsklasse 4)
1 Pk. Vanilleeis (250 g)

Himbeeren verlesen und mit 50 g Zucker, Portwein und dem Mark der Vanilleschote zum Kochen bringen. 4 bis 5 Minuten kochen lassen. Dann durch ein Sieb gießen und mit Himbeergeist, Eiern und dem restlichen Zukker verquirlen. Im lauwarmen Wasserbad (oder auf Automatikstufe 2–3 des E-Herdes) etwa 10 bis 15 Minuten zu einem dicklichen Schaum aufschlagen. Eis in Würfel schneiden und in Portionsschalen oder -gläser füllen, den Schaum darüber verteilen und dann sofort servieren.

Vorbereitungszeit: etwa 15 Minuten
Garzeit: etwa 15 Minuten
Pro Portion etwa 25 g Eiweiß, 8 g Fett, 47 g Kohlenhydrate = 1329 Joule (318 Kalorien)

Wichtig: Diese Creme wird im lauwarmen Wasserbad „aufgeschlagen". Was es mit dieser Technik auf sich hat, wird im 7. Kapitel ab Seite 66 genau erklärt.

Johannisbeeren im Mandelring

Für 4 Portionen:
150 g Mandeln
20 g Butter oder Margarine
¼ l süße Sahne
¼ l Milch
2 El Zucker
1 Pk. Vanillinzucker
1 Prise Salz
1 Pk. Mandelpuddingpulver
500 g rote Johannisbeeren
75 g Zucker
3 El Marillenlikör (Aprikosenlikör)
abgeriebene Schale von 1 unbehandelten Zitrone

Mandeln mit kochendem Wasser überbrühen, kalt abschrecken und häuten. Eine Hälfte fein mahlen, die andere grob hacken und in Butter oder Margarine braun rösten.
Sahne und Milch in einen Topf geben, etwas davon zum Anrühren für das Mandelpuddingpulver abnehmen. Sahne-Milch mit Zucker, Vanillinzucker und Salz zum Kochen bringen, das angerührte Puddingpulver unterrühren. Pudding einmal aufkochen lassen, Mandeln unterrühren (von den gerösteten 2 El zurücklassen!), Puddingmasse in eine mit Wasser ausgespülte Savarinform füllen und abkühlen lassen. Rote Johannisbeeren waschen, entstielen und mit Zucker, Marillenlikör und abgeriebener Zitronenschale würzen, kühl stellen und durchziehen lassen. Mandelring auf eine runde Platte stürzen, mit den zurückgelassenen Mandeln bestreuen. Die vorbereiteten Johannisbeeren in die Mitte füllen.

Vorbereitungszeit: 45 Minuten
Garzeit: 2 Minuten
Pro Portion etwa 12 g Eiweiß, 46 g Fett, 58 g Kohlenhydrate = 3106 Joule (742 Kalorien)

Das passende Getränk: Sie können Johannisbeersaft oder einfach einen schönen heißen Kaffee dazu trinken.

Variation: In diesen kalt gestürzten Mandelflammeri können Sie natürlich auch alle anderen Beeren, die Ihnen der Markt gerade bietet, füllen. Und statt mit Aprikosenlikör können Sie den Mandelring mit Cointreau würzen.

Wichtig: Auf Seite 546 erfahren Sie, wie Sie richtig mit roten oder schwarzen Johannisbeeren umgehen.

St. Columba-Creme

(Im Foto links)

Für 6 Portionen:
250 g grüne Stachelbeeren
⅛ l Weißwein
100 g Zucker
Schale von 1 Zitrone (unbehandelt)
500 g Sahnequark
2 El Crème fraîche
1 Eigelb
50 g Zucker
1 Prise Salz
½ Vanilleschote
1 Paket Waffelröllchen

Stachelbeeren waschen und putzen. Weißwein mit Zucker und der abgeriebenen Zitronenschale aufkochen. Stachelbeeren hineingeben und bei milder Hitze weich dünsten. Stachelbeeren mit der Schaumkelle herausnehmen und in eine Schüssel geben. Flüssigkeit so lange einkochen lassen, bis sie sirupartig ist. Über die Stachelbeeren gießen und vorsichtig untermengen. Auskühlen lassen. Quark mit Crème fraîche, Eigelb, Zucker, Salz und dem Mark der Vanilleschote mit dem Schneebesen zu einer Creme verrühren. Ein paar Stachelbeeren zur Dekoration beiseite stellen. Das ausgekühlte Kompott unter die Creme ziehen und in Sektschalen füllen. Jede Portion mit Stachelbeeren und 2 Waffelröllchen garnieren.

Vorbereitungszeit: 45 Minuten
Garzeit: 15 Minuten
Pro Portion etwa 11 g Eiweiß, 13 g Fett, 35 g Kohlenhydrate = 1341 Joule (320 Kalorien)

Wichtig: Wenn Ihnen die Stachelbeeren zu sauer sind, können Sie sie einfach kurz in kochendem Wasser blanchieren, bevor Sie sie in der Zuckerlösung garen. Mehr darüber, wie Sie Stachelbeeren behandeln sollten, steht auf Seite 549.

Cranachan-Creme

(Im Foto rechts)

Für 6 Portionen:
250 g grüne Stachelbeeren
⅛ l Weißwein
100 g Zucker
Schale von 1 Zitrone (unbehandelt)
100 g kernige Haferflocken
¼ l süße Sahne
1 Päckchen Vanillinzucker
200 g Crème fraîche
4 El Rum (40%)

Stachelbeeren waschen und putzen. Weißwein mit Zucker und der abgeriebenen Zitronenschale aufkochen. Stachelbeeren hineingeben und bei milder Hitze weich dünsten. Mit der Schaumkelle herausnehmen und in eine Schüssel geben. Flüssigkeit sirupartig einkochen lassen, über die Stachelbeeren gießen und vorsichtig untermengen. Auskühlen lassen. In einer Pfanne die Haferflocken ohne Fett unter ständigem Rühren goldbraun rösten. Auf einen Teller schütten und kalt werden lassen. Sahne steif schlagen, Vanillinzucker zugeben. Crème fraîche, Rum und Haferflocken unter die Sahne ziehen. Einige Stachelbeeren beiseite stellen. Die Creme über die Stachelbeeren gießen und mit den restlichen Stachelbeeren garniert gut gekühlt servieren.

Vorbereitungszeit: 45 Minuten
Garzeit: 15 Minuten
Pro Portion etwa 5 g Eiweiß, 27 g Fett, 36 g Kohlenhydrate = 1914 Joule (457 Kalorien)

Wichtig: Beide Cremes sind schottische Festtagsspeisen. Am 9. Juni wird der St. Columba Day gefeiert. Die Cranachan-Creme ist auf keinen Tag festgelegt. Man reicht sie als krönenden Abschluß eines festlichen Menüs.

Birnenauflauf mit Speck

Für 4 Portionen:
100 g Margarine oder Butter
150 g Zucker
1 Pk. Vanillinzucker
3 Eier
3 El Milch
200 g Mehl
55 g Speisestärke
1 Tl Backpulver
fein abgeriebene Schale von 1 unbehandelten Zitrone
1 Prise Salz
200 g Frühstücksspeck
1,5 kg Birnen (Gute Luise)
½ Zimtstange
2 El Zitronensaft

Fett schaumig rühren, 100 g Zucker mit Vanillinzucker vermischen und zusammen mit den Eiern nach und nach unter das Fett rühren. Milch ebenfalls nach und nach zugeben. Mehl mit 50 g Speisestärke und dem Backpulver vermischen und zusammen mit der abgeriebenen Schale von ½ Zitrone und der Prise Salz unterrühren.
Eine feuerfeste Form mit ⅔ des Frühstücksspecks auslegen. Auf den Herd stellen und den Speck glasig dünsten. Birnen schälen, halbieren, Kerngehäuse herausschneiden. Etwa 1 kg der Birnen über den Speck in die feuerfeste Form schichten. Teig darüberfüllen, restlichen Frühstücksspeck auf den Teig legen. Auflauf im Backofen bei 200 Grad (Gas 3) etwa 45 Minuten backen.
Restliche Birnen in Würfel schneiden.
Von ¼ l Wasser 2 El abnehmen und mit den restlichen 5 g Speisestärke verrühren. Beiseite stellen. In dem restlichen Wasser Birnenstücke mit Zimtstange, dem restlichen Zucker, Zitronensaft und der restlichen Zitronenschale zum Kochen bringen. Etwa 10 Minuten garen. Zimtstange herausnehmen. Die Hälfte der Birnen zermusen. Speisestärke unterrühren und noch einmal aufkochen lassen. Birnenkompott wieder mischen und entweder auf dem Auflauf verteilen oder extra dazu servieren.

Vorbereitungszeit: etwa 30 Minuten
Garzeit: etwa 45 Minuten
Pro Portion etwa 18 g Eiweiß, 59 g Fett, 113 g Kohlenhydrate = 4575 Joule (1093 Kalorien)

Das passende Getränk: In Norddeutschland trinkt man zu diesem deftigen, süß-herzhaften Auflauf ein herbes Bier.

Wichtig: Alles, was Sie über Aufläufe wissen müssen, steht im 6. Kapitel: „Gerichte aus dem Backofen“ (ab Seite 56).

Hausgemachtes Apfel-Chutney

Für 6 bis 8 kleine Gläser (von je ¼ l Inhalt):
1,5 kg Kochäpfel (möglichst mehrere Sorten)
300 g rote Zwiebeln
2–4 Peperoni (frisch, je nach Schärfe)
400 ccm Rotweinessig
375 g brauner Zucker
20 g Salz
250 g Sultaninen
40 g Senfkörner

Äpfel waschen, schälen und putzen, in kleine Stückchen schneiden. Zwiebeln pellen, in dünne Scheiben schneiden. Peperoni hacken (vorher der Länge nach aufschlitzen, Kerne ausschaben und wegwerfen!). Alles in einen Topf geben, mit den restlichen Zutaten verrühren, 15 Minuten stehen lassen, anschließend zugedeckt etwa 20 bis 30 Minuten kochen lassen (Zwiebeln und Äpfel sollen gar, aber noch nicht völlig zerfallen sein). Noch heiß in kleine Gläser füllen und wie Marmelade mit Einmachhaut verschließen.

Vorbereitungszeit: 20 bis 30 Minuten
Garzeit: etwa 30 Minuten
Insgesamt etwa 13 g Eiweiß, 6 g Fett, 728 g Kohlenhydrate = 12 557 Joule (3000 Kalorien)

Kleiner Tip: Kühl und dunkel aufbewahrt hält sich das Chutney mehrere Monate.

Das paßt dazu: Apfel-Chutney schmeckt sehr gut zu allen Curry-Reis-Gerichten und zu kaltem Fleisch oder Gegrilltem.

Wichtig: Chutneys sind marmeladenartig eingekochte süß-saure (manchmal auch scharfe) Gewürzpasten, die ihren Ursprung in Indien haben (Hindu: catni) und unseren Senffrüchten ein wenig ähnlich sind.

Apfel-
Chutney

Äpfel mit Mandelbaiser

Für 8 Portionen:
1,25 kg Äpfel
2 Vanilleschoten
350 g Zucker
¼ l Cidre (oder Apfelwein)
8 kandierte und gefüllte Backpflaumen (aus Frankreich) oder ersatzweise Kurpflaumen aus dem Reformhaus
50 g Butter
2 El Calvados
abgeriebene Schale von 1 unbehandelten Zitrone
Butter für die Form
1 bittere Mandel
100 g süße Mandeln (geschält)
2 Eiweiß

4 Äpfel (etwa 600 g) schälen, das Kerngehäuse mit einem Apfelausstecher ausstechen, quer halbieren. Eine Vanilleschote aufschlitzen, Mark herausstreichen und mit 200 g Zucker zum Cidre geben. Zum Kochen bringen, Apfelhälften hineingeben und 6 bis 8 Minuten pochieren, bis sie knapp gar sind. Im Sud kalt werden lassen, herausnehmen und in jede Apfelhälfte eine Pflaume füllen.
Während die Apfelhälften kalt werden, restliche Äpfel schälen, vierteln, Kerngehäuse entfernen und die Viertel in Spalten schneiden. In der Butter knapp gar dünsten, mit Calvados, dem ausgekratzten Mark der zweiten Vanilleschote, Zitronenschale und 100 g Zucker würzen.
Eine Auflaufform, in der alle Apfelhälften nebeneinander Platz haben, einfetten, Apfelkompott hineinfüllen, Apfelhälften daraufstellen. Bittere und süße Mandeln durch die Mandelmühle drehen. Eiweiß mit dem restlichen Zucker sehr steif schlagen, gemahlene Mandeln vorsichtig darunterheben. Baisermasse über die Äpfel streichen und im vorgeheizten Backofen bei 250 Grad (Gas 5–6) auf der zweiten Schiene von oben goldbraun überbakken. Warm servieren.

Vorbereitungszeit: etwa 30 Minuten
Garzeit: insgesamt etwa 30 Minuten
Pro Portion etwa 3 g Eiweiß, 12 g Fett, 70 g Kohlenhydrate = 1741 Joule (416 Kalorien)

Wichtig: Damit Ihnen diese schöne Speise auch richtig gelingt, sollten Sie sich das 6. Kapitel: „Gerichte aus dem Backofen“ und im 10. Kapitel: „Eier“ die Seite 101 (Stichwort: Eischnee schlagen) durchlesen.

1973

Kirschenmichel

Für 4 Portionen:
6 Eier
250 g Zucker
4 altbackene Brötchen
1 kg Sauerkirschen
100 g geraspelte Mandeln
2 El Kirschwasser
Fett für die Form

Eier trennen. Eigelb mit Zucker sehr schaumig rühren. Brötchen grob reiben und zur Eimasse geben. Eiweiß sehr steif schlagen und unterheben. Kirschen entsteinen und mit den Mandeln vermengen. Mit Kirschwasser beträufeln. In eine gefettete Auflaufform geben. Eiermasse darübergießen. In den vorgeheizten Backofen auf die untere Schiene stellen. Kirschenmichel bei 200 Grad (Gas 3) 50 bis 60 Minuten backen.

Vorbereitungszeit: etwa 30 Minuten
Garzeit: 50–60 Minuten
Pro Portion etwa 20 g Eiweiß, 23 g Fett, 125 g Kohlenhydrate = 3442 Joule (822 Kalorien)

Wichtig: Im 6. Kapitel: „Gerichte aus dem Backofen" steht alles, was Sie im allgemeinen über Aufläufe wissen sollten. Auf Seite 62 finden Sie dann noch eine Kochanweisung für den Kirschenmichel.

Pfirsiche unter Nuß-Schokoladen-Creme

(Im Foto links)

Für 4 Portionen:
5 reife Pfirsiche
1 Pk. Vanillinzucker
4 El italienischer Brandy
1 Tafel bittere Schokolade
1 Tafel Mokka-Schokolade
2 Eier
50 g Zucker
1 Prise Salz
1 Tl Pulverkaffee
¼ l süße Sahne
50 g geröstete, gehackte Walnüsse

Vier Pfirsiche kurz überbrühen, kalt abschrecken, häuten, halbieren, entsteinen und in Spalten schneiden. Spalten in eine Schüssel legen, mit Vanillinzucker bestreuen und mit Brandy begießen. Abdecken und mindestens zwei Stunden kühl stellen. Für die Creme die Schokolade in Stücke brechen und im Wasserbad (oder auf der Automatikplatte: 2–3) schmelzen lassen. Eier trennen. Eigelb mit Zucker und 1 Prise Salz schaumig rühren. Geschmolzene Schokolade und Pulverkaffee unterrühren. Eiweiß zu festem Schnee schlagen, süße Sahne steif schlagen. Die Hälfte des Eischnees unter die Creme rühren, den Rest unterheben, anschließend die Sahne und Walnüsse unterheben. Die Creme über die Pfirsiche füllen, Speise im Kühlschrank gut durchkühlen lassen. Den letzten Pfirsich kurz vorm Servieren in Spalten schneiden und die Speise damit garnieren.

Vorbereitungszeit: 40 Minuten
Pro Portion etwa 10 g Eiweiß, 47 g Fett, 63 g Kohlenhydrate = 3112 Joule (744 Kalorien)

Pfirsich-Schichtspeise

(Im Foto hinten)

Für 4 Portionen:
4 reife Pfirsiche
4 El Himbeergeist
100 g Makronen
100 g gehackte Mandeln
30 g Butter
2 Pk. Vanillinzucker
1 Paket Vanilleeis (500 ml)

Pfirsiche vierteln, mit Himbeergeist beträufeln und abgedeckt kühl stellen. Makronen zerbröckeln. Die gehackten Mandeln in einer Pfanne rösten, dann Butter und Vanillinzucker untermischen. Danach auch die Makronenbrösel zugeben. Alles vermengen und abkühlen lassen. Die Makronenmasse auf 4 Gläser verteilen, die marinierten Pfirsiche darauflegen und unmittelbar vor dem Servieren das Vanilleeis dazulegen.

Vorbereitungszeit: zusammen 30 Minuten
Pro Portion etwa 13 g Eiweiß, 41 g Fett, 58 g Kohlenhydrate = 2945 Joule (704 Kalorien)

Pfirsiche mit Mandel-Zabaione

(Im Foto vorn rechts)

Für 4 Portionen:
6 reife Pfirsiche
2 Eier
60 g Zucker
3 El Marsala
15 g feingemahlene Mandeln

Pfirsiche nacheinander kurz in kochendes Wasser tauchen, kalt abschrecken und häuten, halbieren und entsteinen. Eier, Zucker und Marsala in einen hohen Topf geben, gründlich verschlagen und dann bei mäßiger Hitze (Automatikplatte 3–4) unter ständigem Schlagen so lange erhitzen, bis die Schaummasse aufstößt. Topf sofort vom Herd nehmen, die Sauce darf auf keinen Fall kochen. Die gemahlenen Mandeln unterheben und die Zabaione über die vorbereiteten Pfirsiche geben; sofort servieren.

Vorbereitungszeit: 15 Minuten
Pro Portion etwa 5 g Eiweiß, 5 g Fett, 34 g Kohlenhydrate = 904 Joule (216 Kalorien)

Wichtig: Bei schaumig aufgeschlagenen Eiersaucen kommt es darauf an, den Zeitpunkt abzupassen, zu dem sie die richtige Bindung haben. **Probe:** Wenn auf einem durch den Schaum gezogenen Holzlöffel ein leichter Film zurückbleibt, sind die Eierbestandteile verfestigt und binden so die eingeschlagene Luft.

Hirschfilet mit geschmorten Pflaumen

Für 4 Portionen:
500 g Pflaumen
25 g Butter
40 g Zucker
5 El Rotwein
1 El Rotweinessig
1 Tl Zimt
Salz, Pfeffer, Curry
4 Scheiben Hirschfilet (insgesamt 600 g)
20 g Pflanzenfett zum Braten

Pflaumen gut waschen, pellen, entsteinen, in der Butter kurz andünsten. Zucker, Rotwein, Essig, Zimt, Salz, Pfeffer und Curry zugeben, mitschmoren lassen, bis die Pflaumen beginnen zu zerkochen (10 Minuten). In der Zwischenzeit die Hirschfilets salzen, pfeffern und im heißen Fett von beiden Seiten 3 bis 5 Minuten braten lassen.

Vorbereitungszeit: 25 Minuten
Garzeit: Pflaumen 10, Fleisch 6–10 Minuten
Pro Portion etwa 32 g Eiweiß, 11 g Fett, 21 g Kohlenhydrate = 1526 Joule (365 Kalorien)

Das paßt dazu: Kartoffelkroketten, die Sie nach Anweisung von Seite 353 selber machen können.

Das passende Getränk: Ein Rotwein aus dem Languedoc-Roussillion, mit dem dann auch geschmort wird.

Wichtig: Zarte Hirschfilets sind zu edel und zu teuer, als daß man mit ihnen falsch umgehen sollte. Lesen Sie bitte auf Seite 226 unter dem Stichwort „kurz braten“, wie man mit Wildsteaks oder -filets umgeht.

Fischtopf mit Grapefruit

Für 4 Portionen:
750 g Lengfischfilet (oder anderes Fischfilet)
2 El Essig
Salz, Pfeffer aus der Mühle
20 g Margarine
250 g Zwiebeln
Thymian
1 Salatgurke, etwa 450 g
1 große Dose geschälte Tomaten
1 Prise Zucker
4 rosa Grapefruit

Fisch waschen, trockentupfen und mit Essig säuern, dann salzen und pfeffern. Margarine in einem Schmortopf erhitzen, die Zwiebeln pellen und halbieren, dann längs in Streifen schneiden und in der Margarine andünsten. Mit Thymian würzen. Salatgurke waschen, halbieren und in knapp fingerdicke Stücke schneiden. Kurz mit den Zwiebeln schmoren. Tomaten mit ihrer Flüssigkeit zugeben und erhitzen. Fischfilet in Streifen schneiden und in den Topf geben, alles mit Salz, Pfeffer und 1 Prise Zucker abschmecken und 15 Minuten leise ziehen, nicht kochen lassen.
Inzwischen Grapefruit wie einen Apfel schälen, dabei auch die weiße Haut vollständig mit abschneiden, die geschälten Grapefruit in Scheiben und dann in Stücke schneiden. Kurz vor dem Servieren die Grapefruitstücke vorsichtig unterheben und mit erhitzen.

Vorbereitungszeit: etwa 25 Minuten
Garzeit: etwa 15 Minuten
Pro Portion etwa 40 g Eiweiß, 6 g Fett, 32 g Kohlenhydrate = 1320 Joule (315 Kalorien)

Das paßt dazu: Salzkartoffeln oder körniger Reis.

Das passende Getränk: Weißwein oder ein leichter Rosé.

Lammkoteletts mit Bananen-Sauce

1 Schalotte
10 g Butter
4 Tl Curry
6 El Weißwein
2 Bananen (400 g)
75 ccm süße Sahne
Salz, weißer Pfeffer
4 Lammkoteletts (à 150 g)
1 kleine Knoblauchzehe
Öl zum Bepinseln

Schalotte sehr fein hakken, in zerlassener Butter andünsten. Curry darüberstäuben, unter Rühren kurz mitdünsten. Mit Weißwein und 4 El Wasser ablöschen. 1 Banane mit der Gabel pürieren, mit der Sahne in die Sauce geben. Mit Salz und Pfeffer abschmecken. Die zweite Banane in Scheiben schneiden, in der Sauce heiß werden lassen. Inzwischen die Fettkanten der Lammkoteletts einkerben. Koteletts mit Knoblauch einreiben, salzen und pfeffern. Mit Öl bestreichen und auf beiden Seiten 2 bis 3 Minuten grillen.

Vorbereitungszeit: 15 Min.
Garzeit: Sauce 10, Koteletts 4–6 Minuten
Pro Portion etwa 20 g Eiweiß, 51 g Fett, 17 g Kohlenhydrate = 2703 Joule (646 Kalorien)

Wichtig: Curry entwickelt sein Aroma sehr viel besser, wenn er kurz in Fett angedünstet wird. Das Fett darf aber nicht zu heiß sein, weil der Curry sonst verbrennt. Deshalb: Curry auf das heiße Fett stäuben, kurz durchrühren und sofort mit Flüssigkeit ablöschen.

Fischkoteletts mit Orangen-Sherry-Sauce

Für 4 Portionen:
5 große Orangen
250 g kleine Zwiebeln
200 g blaue Weintrauben
50 g Butter
50 g Zucker
10 Körner grüner Pfeffer
⅛ l trockener Sherry
Salz
Sojasauce
4 Fischkoteletts (à 200 g)
1 Zitrone
50 g Mehl
100 g Butter oder Margarine
½ Bund Dill

Orangen filieren, dabei den Saft auffangen. Zwiebeln pellen. Trauben waschen (eventuell halbieren und entkernen). Butter und Zucker in der Pfanne heiß werden lassen, bis der Zucker schmilzt und Karamel entsteht. Zwiebeln und den aufgefangenen Orangensaft zugeben. Pfefferkörner zerdrücken, auch zugeben. Zwiebeln bei mittlerer Hitze in etwa 10 Minuten gar dünsten, dann mit Sherry ablöschen. Die Orangenfilets und Trauben zugeben. Sauce mit Salz und einem Spritzer Sojasauce abschmecken.

Während die Zwiebeln garen, Fischkoteletts säubern, mit Zitronensaft säuern und salzen. Fischkoteletts in Mehl wälzen, im heißen Fett auf jeder Seite in etwa 8 bis 10 Minuten goldbraun braten. Die gebratenen Fischkoteletts auf einer angewärmten Platte anrichten, mit der Sauce übergießen und mit feingehacktem Dill bestreuen.

Vorbereitungszeit: 35 Minuten
Garzeit für die Sauce: 15–20 Minuten
Bratzeit für den Fisch: etwa 15–20 Minuten
Pro Portion etwa 38 g Eiweiß, 40 g Fett, 71 g Kohlenhydrate = 3542 Joule (847 Kalorien)

Das paßt dazu: Körnig gekochter Reis.

Das passende Getränk: Ein frisches Pils.

Wichtig: Wie Orangen filiert werden, ohne daß Saft verloren geht, wird auf Seite 545 genau erklärt und gezeigt.

Zitronenpoularde

Für 4 Portionen:
1 Poularde (etwa 1,5 kg)
3 Zitronen (unbehandelt)
Salz
2 Zimtstangen
1 Macisblüte
1 Messerspitze Safran
2 Lorbeerblätter
4 getrocknete Chilischoten
4 El Öl
1 Tl gemahlener Kardamom
1 Stück frischer Ingwer (etwa 2,5 cm)
75 g Zucker

Poularde häuten, Keulen und Brust (mit Knochen) abschneiden. Keulen am Gelenk noch einmal teilen. Brust längs halbieren und jede Hälfte noch einmal quer teilen. 1 Zitrone hauchdünn schälen, Saft auspressen und Poulardenteile damit beträufeln. Die Karkasse (siehe S. 271, Stichwort „Die gute Hühnersuppe") und die Flügel etwas zerhacken und mit 1 l Wasser zum Kochen bringen. Sorgfältig abschäumen. Sobald kein Schaum mehr aufsteigt, Brühe leicht salzen und mit Zimtstangen, Macisblüte, Safran, Lorbeerblättern und Chilischoten 30 bis 45 Minuten bei milder Hitze kochen lassen. 5 Minuten vor Ende der Garzeit Zitronenschale zugeben und mitkochen lassen. Am Ende der Garzeit muß sich die Brühe auf ungefähr ½ l reduziert haben. Brühe durch ein Haarsieb gießen und in einem Topf heiß halten.
Poulardenteile trockentupfen und salzen. Öl in einem Bräter erhitzen und die Poulardenteile darin von allen Seiten goldbraun anbraten. Mit Kardamom bestreuen und ⅛ l Brühe angießen. Dann den Deckel halb auflegen und bei milder Hitze schmoren lassen. Ingwerwurzel großzügig schälen, in 10 bis 12 Scheiben von etwa 2 mm Dicke schneiden. Restliche Zitronen wie einen Apfel schälen, so daß die weiße bittere Schale völlig entfernt ist. Dann Zitronen in dicke Scheiben schneiden. Zukker in einer Pfanne zu einem Berg anhäufen und bei mittlerer Hitze zu goldbraunem Karamel schmelzen lassen. Ingwer- und Zitronenscheiben in den Karamel geben und vorsichtig ½ Tasse der heißen Brühe zugießen (Achtung, Spritzgefahr!). Durchrühren und alles 5 Minuten vorsichtig dünsten. Zwischendurch die Poulardenteile einmal wenden und eventuell etwas Brühe nachgießen. Den Rest der Brühe in die Karamelsauce gießen, Ingwer- und Zitronenscheiben mit der Schaumkelle herausheben und warm stellen.
Sauce bei starker Hitze so lange einkochen, bis sie dunkelbraun und glänzend sirupartig ist. Dann über die Poularde gießen, Poulardenstücke wenden, daß sie ganz mit dem Sirup überzogen sind. Mit Ingwer- und Zitronenscheiben garnieren und eventuell mit etwas Kardamom überstäuben. Noch einmal heiß werden lassen und servieren.

Vorbereitungszeit: etwa 60 Minuten
Garzeit: insgesamt 45 Minuten
Pro Portion etwa 78 g Eiweiß, 32 g Fett, 23 g Kohlenhydrate = 3184 Joule (761 Kalorien)

Das paßt dazu: Körnig gekochter Reis.

Das passende Getränk: Entweder ein Bier oder ein säurearmer badischer Weißherbst.

Wichtig: Wie Sie rohes Geflügel perfekt schneiden, steht im 14. Kapitel: „Geflügel" auf Seite 269.

Zitronenflan

Für 4 Portionen:
125 g Zucker
½ Vanilleschote
350 ccm Milch
2 Eier (Gewichtsklasse 3)
2 Eigelb (Gewichtsklasse 3)
6 El Zitronensaft
Zum Garnieren:
1 Zitrone
2 El Orangenlikör
1 El Zucker

Backofen auf 150 Grad (Gas 1) vorheizen und 4 Flanförmchen (je ⅛ l Inhalt) darin erwärmen.
75 g Zucker bergartig in eine Pfanne schütten und bei mittlerer Hitze karamelisieren lassen. Wenn der Zucker klar und goldbraun ist, Pfanne vom Herd ziehen. Ein Förmchen nach dem anderen aus dem Ofen nehmen, je ein Viertel Karamel hineingießen und durch langsames Drehen vollständig damit auskleiden. Vanilleschote längs aufschlitzen, Mark herauskratzen, Mark und Schote in die Milch geben und langsam erwärmen. Dann den Topf vom Herd nehmen und die Milch wieder kühl werden lassen.
Eier, Eigelb und den restlichen Zucker sehr schaumig schlagen, dabei langsam den Zitronensaft zugießen. Vanilleschote aus der Milch nehmen und die Milch unter die Eimasse rühren. Eiermilch in die Förmchen füllen. Förmchen in die Saftpfanne des Backofens stellen und auf die mittlere Einschubleiste des Backofens schieben. Saftpfanne mit heißem Wasser füllen, so daß die Förmchen bis zur Hälfte im Wasser stehen. Bei 150 Grad (Gas 1) ungefähr 60 Minuten stocken lassen. Aus dem Backofen nehmen und kalt werden lassen, dann auf Portionsteller stürzen. Eine Zitrone wie einen Apfel schälen, so daß die weiße, bittere Schale vollständig entfernt ist. Zitrone in dünne Scheiben schneiden, mit dem Orangenlikör beträufeln und mit Zucker bestreuen. Die Flans damit garnieren.

Vorbereitungszeit: etwa 60 Minuten
Garzeit: etwa 60 Minuten
Pro Portion etwa 8 g Eiweiß, 9 g Fett, 41 g Kohlenhydrate = 1322 Joule (316 Kalorien)

Wichtig: Lesen Sie zu diesem Rezept bitte auch das 7. Kapitel: „Garen im Wasserbad“.

INHALTS-VERZEICHNIS

Alle kursiv (schräg) gedruckten Stichwörter sind Rezepte aus den Rezeptteilen. Alle normal gedruckten Stichwörter sind technische und warenkundliche Erläuterungen oder Kochanweisungen.

C

D

E

Alle kursiv (schräg) gedruckten Stichwörter sind Rezepte aus den Rezeptteilen.
Alle normal gedruckten Stichwörter sind technische und warenkundliche Erläuterungen oder Kochanweisungen.

H

I/J

K

Alle kursiv (schräg) gedruckten Stichwörter sind Rezepte aus den Rezeptteilen. Alle normal gedruckten Stichwörter sind technische und warenkundliche Erläuterungen oder Kochanweisungen.

M

N

O

P

Alle kursiv (schräg) gedruckten Stichwörter sind Rezepte aus den Rezeptteilen. Alle normal gedruckten Stichwörter sind technische und warenkundliche Erläuterungen oder Kochanweisungen.

Sch

St

Alle kursiv (schräg) gedruckten Stichwörter sind Rezepte aus den Rezeptteilen. Alle normal gedruckten Stichwörter sind technische und warenkundliche Erläuterungen oder Kochanweisungen.